Fürst Rainier III. und Fürstin Gracia Patricia 1962

Fürstin Alice, geb. Heine, ist die erste Amerikanerin in der Grimaldi-Dynastie. Fürst Albert I. heiratet sie 1890. Für beide ist es die zweite Ehe, doch auch diese scheitert.

Fürst Albert I. von Monaco.
Als Meeresforscher und erklärter Pazifist
geht er in die Geschichte ein.

Das Fürstenpaar Rainier III. und Grace nach einem Diner im Buckingham Palace. Im November 1957 weilen sie zu einem Privatbesuch in London.

Prinzessin Caroline von Monaco 1973
bei einem Schwimmwettbewerb in Monte Carlo.
Obwohl ihre Mutter Bikinis für ihre Tochter
»unschicklich« fand, setzte sich die 16-Jährige
durch und trug wie andere Teenager ihres Alters
modische Zweiteiler.

Erbprinz Albert als Neunjähriger mit seinem Vater.
Sie stehen sich sehr nahe, sind aber doch Konkurrenten.

Albert 1966 mit einem Modellflugzeug.
Öffentliche Auftritte behagen ihm nicht,
denn er ist von Natur aus schüchtern.

Der Fürst von Monaco mit Ehefrau Gracia Patricia
und den Kindern Caroline und Albert
1966 an Bord ihrer Yacht.

Bettina Grosse de Cosnac
Der Clan von Monaco

EUROPA
VERLAG

BETTINA GROSSE DE COSNAC

Der Clan von Monaco

GESCHICHTE UND GEGENWART DER GRIMALDIS

Europa Verlag
Hamburg · Wien

Die Deutsche Bibliothek – CIP-Einheitsaufnahme
Ein Titelsatz für diese Publikation ist bei
Der Deutschen Bibliothek erhältlich.

Erstausgabe

Umschlaggestaltung: Kathrin Steigerwald, Hamburg,
unter Verwendung eines Fotos von ullstein bild
Innengestaltung: Greiner & Reichel, Köln
Druck und Bindung: Wiener Verlag, Himberg bei Wien
ISBN 3-203-77520-4

Informationen über unser Programm erhalten Sie beim
Europa Verlag, Neuer Wall 10, 20354 Hamburg
oder unter www.europaverlag.de

Inhalt

Auftakt

Es ist einer jener grauen, verhangenen Tage, wie ihn auch die Länder am Mittelmeer im Winter kennen. Man schreibt den 18. November, ein Tag vor dem monegassischen Nationalfeiertag, ein wichtiger Tag für die Bürger. Der erste Akt beginnt.

Jenseits von Monte Carlo, weit weg von dem Goldenen Dreieck, in dem sich das Casino, glitzernde Rolls-Royce und die luxuriösen Vier-Sterne-Hotels der *Société des Bains de Mer* befinden, in einer schmal ansteigenden Straße unterhalb des Felsens, auf dem das alte Monaco und der Fürstenpalast liegen, vor einem unscheinbaren, nach dem regierenden Fürst Rainier III. benannten Altenheim hat sich eine kleine Menschenschlange gebildet. Grau- und weißhaarige, mehr oder weniger gebrechliche Senioren warten hier auf ihre vom Fürsten angekündigten Geschenke. Und auf eine Begegnung mit dem Landesvater oder seinem »Stellvertreter«, dem Erbprinzen. Was die Wartenden vor allem verbindet: Sie gehoren zu den 6000 »echten« Monegassen. Sie sind Einheimische und damit privilegierte Auserwählte. Das zählt im kleinen Fürstentum.

Jedes Jahr, aus Anlass des Nationalfeiertags, wird für sie die gleiche Zeremonie vollzogen. Nur dass inzwischen nicht mehr Fürst Rainier III. diese wohlwollenden Aufmerksamkeiten gegenüber seinem Volk wahrnimmt, sondern sein Sohn, Erbprinz Albert von Monaco. Das Überreichen der Geschenke aus Fürstenhand ist eine der zahlreichen lokalpolitisch wichtigen Aufgaben, die er wahrnimmt, ohne offiziell zu regieren.

Geduldig warten die Monegassen. Das akademische Viertel einhaltend fährt endlich ein blauer Mercedes vor. Aus der sechstürigen Limousine springt locker sportlich ein mittelgroßer Mann. Bubenhaft und unauffällig schaut er aus. Nur sein schütteres, angegrautes Haar lässt auf ein fortgeschrittenes Alter schließen: so um die vierzig. Auf der Straße würde sich wohl kaum jemand nach ihm umdrehen. Außer vielleicht Mütter auf der Suche nach einer guten, soliden Partie für ihre Töchter. Oder wenn man weiß, wer er ist.

Dieser Mann ist Gold wert. Er wiegt laut einer inoffiziellen Vermögenshochrechnung fast 200 Millionen Francs. Als Grimaldi gehört Albert von Monaco zu der ältesten durchgängig regierenden Dynastie Europas. Es ist ein über 700 Jahre altes europäisches Geschlecht.

Prinz Albert gilt als einer der begehrtesten Junggesellen der Welt. Seine Mitgift: ein Fürstentum, von dem man spricht und von dem viele träumen. Klein, aber mit Weltruf! Ein Briefmarkenstaat mit nur 1,95 Hektar, also kaum größer als der Vatikan, gerade mal so groß wie Helgoland, der Hyde Park in London, der Central Park in New York und kleiner als der weitverzweigte Bois de Boulogne in Paris. Doch konzentrieren sich in diesem Zwergstaat Macht und Geld. Und es gibt einen echten Thron zum Regieren. Monaco ist keine repräsentative, sondern eine fast absolute Monarchie mit legislativer und exekutiver Quasi-Vollmacht. Auch wenn die neue Verfassung von April 2002 ausdrücklich betont, es handele sich um eine »konstitutionelle« Erbmonarchie, und Demokratisierung gelobt und vorschreibt.

Trotz Westentaschenformat ist Monaco neben den großen Nationen auf dem internationalen Parkett präsent: Es besitzt die Vollmitgliedschaft in der UNO, strebt einen Sitz im Europa-Rat an und hat eine Stimme im IOC, dem Internationalen Olympischen Kommitee. Monaco steht zwar unter der Protektion Frankreichs, doch möchte es sich gerne von der »großen Schwester« absetzen, getrieben von dem jahrhundertealten Willen der Grimaldi-Dynastie, unabhängig zu bleiben. Getrieben auch von dem persönlichen Willen des seit 60 Jahren stolz regierenden Fürsten Rainier III.

Die High Society und Crème de la crème waren oder sind in dem Land zu Hause. Models wie Claudia Schiffer und Karen Mugler, Modeschöpfer wie Karl Lagerfeld, Spitzensportler wie Sergej Bubka, Jürgen Klinsmann, Michael Schumacher und Boris

Becker. Politiker wie Winston Churchill, Bill Clinton und Michail Gorbatschow gaben und geben sich gerne die monegassische Klinke in die Hand.

Wer in dieses kleine, schillernde Fürstentum am Mittelmeer kommen und auf Dauer verweilen darf, und wer wann womöglich wieder gehen muss, bestimmt nur einer: der Fürst höchstpersönlich. Seine Hoheit ist die Personifizierung monegassischer Macht. Im Zeitalter vielgepriesener Demokratien wirkt diese Monopolisierung teils anachronistisch, teils irreal – wie vieles in Monaco.

Pose für den Fotografen: Prinz Albert hat die Hand der Seniorin an der Spitze der Menschenreihe ergriffen. Er schüttelt sie und noch zwei, drei andere Hände mehr. Wer so geduldig wartet, wird belohnt. Der Erbprinz ist bemüht, ganz leger Richtung Fotolinsen zu lächeln. Die im Umgang mit der Presse weniger geübten Damen und Herren haben damit offenbar keine Schwierigkeiten.

Dann eilt er die Stufen hinab ins Foyer, wo an die hundert Papiertüten aufgereiht sind – in weiß und rot, den Nationalfarben Monacos. Die roten stehen links, die weißen rechts. Die roten sind für die Damen, die weißen für die Herren. Geordnet schreitet die Menge voran, einer nach dem anderen, keiner tanzt aus der Reihe, keiner drängelt sich vor. Erstaunlicherweise benehmen sich auch die Fotografen diszipliniert und halten sich ohne Ausnahme an den für sie vorgeschriebenen »Pas de deux«. Immer zu zweit, hübsch nacheinander, auf das befehlende Nicken der Palast-Pressedame hin, dürfen sie den Festsaal betreten und in wenigen Minuten drei, vier Fotos von dem wohltätigen Erbprinzen schießen. Es gibt weder Ausrutscher noch Ausfälle. Doch das Lampenfieber und heimliche Gerangel um die besten Fotos bleiben.

So viel Disziplin seitens der Fotojournalisten hat seinen Grund: Jedes unprotokollarische Verhalten wird in Monaco nicht nur getadelt, sondern gnadenlos geahndet. Das weiß die Presse längst aus bitterer Erfahrung. So hält sie sich zumindest in Monaco an die vorgeschriebenen Spielregeln. Bis auf die Paparazzi, deren Aufgabe es ist, sich nicht daran zu halten.

Zurück zum Prinzen: Ungezwungen plaudert dieser, lacht spontan auf, zeigt Emotionen und verbirgt nicht seine Überraschung angesichts mancher Seniorengeschichten. Nichts verrät Nervosität. Sogar seinen geliebten Kaugummi – ein Beruhigungsmittel – hat er zu Hause gelassen. Denn in diesem kleinen Menschenbad scheint er sich wohl zu fühlen.

Gut zwanzig Minuten dauert der diskrete Festakt am Rande von Monte Carlo. Dann sind Bonbonnieren und Ascher mit den Wappen der Grimaldis an Mann und Frau gebracht. Wie viele Regale sie in den Wohnungen der Einheimischen füllen, lässt sich am Alter ihrer Besitzer berechnen.

Akt I, ein Zwischenspiel: Der Prinz geht zu seinem Wagen zurück. Die Sicherheitskräfte folgen diskret im Schlepptau. Plötzlich löst sich ein blondes Mädchen aus der Menschenmenge. Mit ernstem Blick aus blauen Augen, stellt sie sich Prinz Albert tapfer in den Weg, stammelt ein Paar Sätze auf Französisch. Die Sicherheitskräfte zögern, greifen aber nicht ein.

»Woher kommen Sie?«, fragt Albert von Monaco das Mädchen – in fast akzentfreiem Deutsch.

»Aus Deutschland!«, antwortet sie verblüfft in schönstem Sächsisch.

»Schön!«, sagt der Erbprinz.

Und lässt sich nicht zweimal bitten. Ohne zu zögern schreibt er auf Deutsch in das blaue Schulheft, das sie ihm unter die Nase hält: »Alles Gute für Melanie! Albert de Monaco.« Er schreibt es schwungvoll und geht davon. Zum nächsten Termin. Er lässt eine sprachlose Melanie aus Leipzig, Tourismuspraktikantin in Cap d'Agdes und per Zufall vor das Rentenheim geraten, zurück. Aber so ist er: Spontaneität ist einer der Charakterzüge Alberts. Die Mehrsprachigkeit ist eine andere wichtige Seite seiner Person. Der Erbprinz wird noch manchen verblüffen ...

Akt II, der nächste Morgen. Es ist der 19. November, Tag des Heiligen Rainer und Nationalfeiertag. Traditionsgemäß entspricht er dem Namenstag des herrschenden Fürsten. Dieser hat angeordnet: 2001 gibt es kein rauschendes Fest, sondern nur eine zurückhaltende Feier aus Sympathie zu den von Terroranschlägen erschütterten USA. Warum so viel Aufhebens? Warum eine fürstliche Anordnung? Was hat das kleine Monaco an der Mittelmeer-

Riviera mit Amerika zu tun? Sehr viel. Denn die Mutter von Prinz Albert und den Prinzessinnen Caroline und Stéphanie ist keine Geringere als die legendäre Hollywood-Schauspielerin Grace Kelly. In einem nie ganz aufgeklärten Autounfall kam sie 1982 ums Leben. Ihr Leichnam ruht in der Kathedrale Saint-Nicolas, in der jetzt das traditionelle Te Deum erklingt.

Es ist fünf nach zehn: Ein schwarz-silbergrauer Daimler Jahrgang 1910 fährt vor, dicht gefolgt von einer blauen Mercedeslimousine. Aus dem ersten Wagen, der nur einmal pro Jahr, nämlich am Nationalfeiertag, die Palastgarage verlässt, steigen die derzeit politisch bedeutendsten Figuren der Grimaldi-Dynastie: ein kleiner, leicht korpulenter, ordengeschmückter Mann mit schönem weißem Haar, Rainier III., der gestrenge Landesvater. Daneben sein Sohn, der Erbprinz, ebenfalls in Prunkuniform. Er stützt seinen Vater, als dieser leicht gebeugt die Treppen der Kathedrale hochsteigt. Doch auch dieses Bild trügt: Im Grunde ist es der fast achtzigjährige Rainier III., der seinen Sohn stützt und festhält, um nicht zu sagen »am Zügel hält«, denn von seiner wirklichen Macht gibt der alte Grimaldi nichts ab. Der Dynastieerbe und Erbe Monacos kommt noch nicht zum Zuge. Aber er bereitet sich auf die Macht im Fürstentum und auf die Welt vor. So wie das Fürstentum und die Welt sich auf ihn. Im Verborgenen. Nur sichtbar für Eingeweihte.

Auf dieses physisch und charakterlich ungleiche Paar von Vater und Sohn folgen die Familienmitglieder aus der blauen Mercedeslimousine: Königliche Hoheiten, Prinzessin Caroline und Prinz Ernst-August von Hannover. Erstere, lange Zeit als Monacos First Lady gehandelt, ruft Applaus hervor. Letzterer, ein Verwandter der Queen, bewirkt Schweigen. Die in den Grimaldi-Clan eingeheiratete deutsche Hoheit wirkt eher wie ein braver – älterer – Schuljunge und nicht wie jener Wüstling, den die Presse bei seinen Ausfällen ertappt. Alles Show? Die Zeit ist zu kurz, um darüber zu entscheiden. Der Erzbischof segnet bereits die Familie. Dann schließt sich das Portal der Kathedrale.

Wer eine Minute später eintrifft, hat Pech gehabt: Er kann mit seiner fürstlichen Einladung draußen warten. Die Pforten zum

Gotteshaus bleiben verschlossen. Noch einmal zeigt sich: Das Protokoll in Monaco ist unerbittlich. Die Fürstenfamilie, so die Vorschrift, ist die letzte, die die Kathedrale zur Nationalmesse betritt. Wer zu spät kommt, hat das Nachsehen. Und während drinnen die Dynastievertreter gesegnet werden, Fürst Rainier III. sogar seine militärischen Carabinieri-Fanfaren wenig fromm erschallen lassen darf, hasten draußen die Medienvertreter von der Kathedrale bereits zum Palast, denn nach Ende der Messe wird alles sehr schnell gehen: Verleihung der Orden, Abnahme einer kleinen Truppenparade und das begehrte Familienfoto mit den Grimaldis. Dieses Mal erfolgt die Parade im Innenhof des Palastes, um den Pomp vor der Tür nicht zu groß werden zu lassen. Wie gesagt, der 19. November 2001 wird bescheiden begangen.

Akt III, auf den die Monegassen, Touristen und Fotografen aus aller Welt seit drei Stunden sehnsüchtig warten: Punkt zwölf Uhr öffnen sich die oberen Palastfenster, eines nach dem anderen, von links nach rechts, wie bei einem Adventskalender. Und an den Fenstern erscheinen nach und nach die Grimaldis, fügen sich Person für Person zu einem Ganzen, zeigen einen Ausschnitt des weitverzweigten Stammbaums.

Zunächst der Kern der Familie: Fürst Rainier III., Erbprinz Albert, Königliche Hoheit Caroline und ihr Mann nebst der zweijährigen Prinzessin Alexandra, Herzogin von Braunschweig und Lüneburg. Die junge lebhafte Dame hat Platz sechs im Rang der Erbfolge, in diesem Augenblick spielt sie selbstbewusst die Nummer eins. Wer auf dem intimen Familienfoto fehlt, ist Prinzessin Stéphanie. Wieder einmal schert sie aus. Wieder einmal wollen Presse und Öffentlichkeit wissen, warum. Ihre vom Palastsprecher nicht bestätigte Entschuldigung: eine vierte Schwangerschaft – oder ihre neue große Liebe ...

Dann folgen Prinzessin Antoinette, die Schwester Rainiers und Alberts Tante, ihre Kinder – seine Cousinen – genannt de Massy. Und so weiter und so fort. Vier Fensterflügel insgesamt werden von den weiß behandschuhten Händen der livrierten Diener in Sekundenschnelle nacheinander aufgeklappt.

Die Menge auf dem Kopfsteinpflaster vor dem Palast ist wohl

angetan. Ganz lässt es sich nicht ergründen, denn sowohl Touristen als auch Einheimische wirken versteinert. Leiser, zunächst verhaltener, dann anschwellender Applaus ertönt. Schließlich lässt sich schüchtern ein »Vive le Prince!« vernehmen. Es ist kein stürmischer Empfang, aber doch irgendwie respektvoll. Von den Touristen und gewiss auch von Monacos alteingesessener Finanz- und Notablenbourgeoisie, die sich am Palastfuße in angemessener Entfernung der jenseits der Absperrungen harrenden Touristenmenge zusammenschart. Die Privilegierten mit Frack und Chapeau Claque bilden ein Gruppenfoto für sich. Schweigsam und würdevoll stehen sie aufgereiht. Wären nicht die modernen Hüte und Kostüme der Damen, man glaubte sich in die Belle Epoque zurückversetzt.

Der Applaus schwillt an, ebbt ab, kommt erneut ins Wogen. Und wie auf einer Theaterbühne, tritt die Fürstenfamilie immer wieder ab und erneut ins Rampenlicht, dankt für den Applaus, den sie hervorruft. Nach einer Weile improvisiert Prinzessin Caroline mit ihrem kleinen Nachwuchs: Sie hebt ihn hoch, zeigt ihn den Wartenden, lässt ihn am Fenster Grimassen schneiden. Sie weiß, Kinder entzücken immer, zumal wenn sie so aufgeweckt reagieren wie Prinzessin Alexandra. Um 12.30 Uhr schließen sich die Fensterflügel. Auch dieser Festakt ist vorbei. Die Menge löst sich zögernd auf. Verschwindet in den Gassen der Altstadt. Das war's wohl bis zum nächsten Jahr.

Nicht ganz. Denn jetzt kommt das Monaco zum Zuge, das die Weltöffentlichkeit kennt: das Monaco der Gala-Abende, der Reichsten der Reichen, des Feinsten vom Feinen, des jungen und alternden Jetsets. Es ist eine geschlossene, millionenschwere Gesellschaft, die sich auf das Vergnügen bestens versteht. Die schönsten Frauen, die bekanntesten Stars und Sternchen sowie Männer, die vor allem finanziell oft weltweiten Einfluss haben. Akt IV, der letzte Akt, beginnt.

Eigentlich hat er schon am Vorabend begonnen. Mit einem mehrere Tausend Euro teuren Feuerwerk, wie es Monaco seit Jahrhunderten zu allen möglichen Anlässen liebt. Ein Feuerwerk scheint das beste Symbol für Monaco, für Monte Carlos Verschwendungssucht. Die Raketen und Schwärmer ergießen sich über den Hafen. Fünfzehn Minuten wird gefeuerwerkt. Dann folgt ein neues Schauspiel, denn Monaco weiß stets, sich selbst zu überbieten: Die Festungsmauern, die die Felsenstraße zur Altstadt und zum Fürstenpalast umsäumen, lodern in rot-weißem Rauch auf.

Dass im Fürstentum nur zum Schein gefackelt wird, nichts brennt und anbrennt, kein Raub und keine Attentate geschehen, keine nackten Oberkörper und barfüßigen Sommerfrischler das Stadtbild außerhalb der Strände unmanierlich trüben, ja, dass alles Sichtbare seine zivilisierte Ordnung hat, darüber wachen an die zweihundert Videokameras und Hunderte Sicherheitskräfte. Mehr oder weniger diskret, in Uniform oder Zivil, kontrollieren diese den Kleinstaat auf jedem Zentimeter. Im Notfall können die Landesgrenzen in Sekundenschnelle abgeriegelt werden. Diese Überwachung erfolgt zur Freude der einen, die ihren hochkarätigen Schmuck damit sorgenfrei zur Schau tragen können. Doch zum Leid der anderen, die sich gerne freier bewegen würden. Über letzteres spricht man nicht. Jedenfalls nicht offen.

Monaco ist janusköpfig. Vor allem für den, der es näher kennt. Von der Kehrseite der Medaille will die Weltöffentlichkeit in der Regel nichts wissen. Und das Fürstentum nicht allzuviel bekannt geben. Die Medien beschränken sich auf das Märchen Monaco, auf die Show, auf Glamour und Entertainment. Das verkauft sich gut. Besonders gut sogar, wenn es sich um die Grimaldi-Prinzessinnen handelt. Der Clan interessiert. Denn er versteht es, sich interessant zu machen. Die Kommunikationspolitik des Palasts unterstützt diese einseitige Richtung, auch wenn sich die Grimaldis in aufsehenerregenden Medien-Prozessen beschweren. Aber kritische, seriöse politische, soziale oder wirtschaftliche Informationen über Monaco zu bekommen ist schwer. Bislang.

Das könnte sich ändern. Ein Generationswechsel steht bevor, und damit eine andere Politik, verkörpert von Erbprinz Albert, dem Bruder von Caroline und Stéphanie. Zu Beginn des 3. Jahrtausend sind die Blicke auf ihn gerichtet. Als Albert II. wird er eines Tages das Land regieren und in eine neue Richtung führen, denn er ist ein Kind seiner Zeit. Er wird jedoch auf dem Alten aufbauen, denn das Alte war erfolgreich. Viele seiner politischen und wirtschaftlichen Wege sind bereits von Fürstenvater Rainier vorgezeichnet.

Doch wer kennt den Erbprinzen schon – jenseits seines Playboy-Images und dem einer »Sportskanone«, wie ihn ein deutsches Presseorgan flapsig bezeichnete? Nur die Insider, das heißt seine Familie, seine längeren Liebschaften und die Handvoll Freunde, die er hat, sehen ihn als das, was er ist.

Noch handelt er im Verborgenen. Noch steht er im Schatten seines Vaters und seiner publikumswirksamen, temperamentvollen Schwestern. Doch bald schon wird sich die Aufmerksamkeit auf ihn richten. Die Vorarbeit ist geleistet – Schwerstarbeit, hinter den Palastkulissen, wo ein kleiner Hof seine Intrigen spinnt, unbemerkt von der internationalen Boulevardpresse, die sich trotz Zoom auf das Vordergründige beschränkt. Und auf die Gegenwart, ohne die Vergangenheit zu sehen. Und auf den Familien-Clan ohne das Land.

Fest steht: Monaco, wie wir es kennen, wäre nicht Monaco ohne die Grimaldis. Ohne die Ahnen und Zukünftigen. Allein die letzten vier Generationen der über 700 Jahre alten Dynastie haben das Zepter gleich einem Zauberstab geschwungen. Mal aus der Nähe, oft aus der Ferne. Dabei haben sie das Spiel der Illusionen stets gut kalkuliert, beherrscht, beherrschend und vorausschauend regiert. Aus einem schlafenden, an einen rauen Felsen gelehntes Nest haben die Grimaldis ein florierendes Unternehmen gemacht. Das heutige Monaco wäre undenkbar ohne Charles III., der die Roulettekugeln ins Rollen brachte, ohne Albert I., den Ozeanforscher, vor allem ohne das Traumpaar Rainier III. und Fürstin Gracia Patricia, alias Grace Kelly, die aus dem Fürstentum den Märchenstaat machten, ohne die temperamentvollen Schwestern, Königliche Hoheit Caroline und Prinzessin Stéphanie. Und ohne Erbprinz Albert, späterer Fürst Albert II., in dessen Händen die Zukunft des Landes sowie die direkte Fortsetzung der ältesten durchgängigen Herrscherdynastie Europas liegen.

Aber umgekehrt gilt: Die Grimaldis von heute, wie wir sie am

19. November am Palastfenster sehen, wären auch nichts ohne Monte Carlo, ohne die Reichen oder Berühmten dieser Welt, die Monaco das spezifische Flair geben, das jährlich Tausende von Touristen anzieht. Und auch nichts ohne die weltweiten Medien. Die Familie allein birgt reichlich Stoff, um die Seiten der Regenbogenpresse zu füllen. Was letztere verschweigt, soll hier über die Grimaldis zur Sprache kommen. Ein anderes Porträt. Eine andere Familiensaga.

Eins

Wer sind die Grimaldis?

Als Prinz Albert im August 1995, knapp zweieinhalb Jahre vor der 700-Jahrfeier der Grimaldi-Dynastie, von seinem Vater mit der Leitung des Festkomitees beauftragt wird, äußert er in einem Interview: »Die Arbeit macht Spaß. Es ist doch immer interessant zu wissen, wer man ist« und macht sich daran, das Wichtigste über seine Familie herauszufiltern. Geflissentlich assistiert ihm Palastarchivar Régis Lécuyer, der in seinen engen Büroräumen im Palast die Dokumente zusammenträgt. Der von den Grimaldis beauftragte Regisseur Gad Weil will die archivierte, leicht angestaubte Grimaldi-Geschichte wirkungsvoll inszenieren und daraus eine moderne Bild-und Tonshow zaubern.

Am 8. Januar 1997 versammelt die Grimaldi-Familie in regnerischer Abenddämmerung 700 monegassische Kinder, in gelbe »Ostfriesennerze« gehüllt, setzt sie an improvisierte Schreibpulte unten am Hafen und diktiert ihnen im Schein von Öllampen die Geschichte des Geschlechts in die Hefte. Ein eigens engagierter Schauspieler hebt an: »Es war einmal ...« Francesco, Rainier I., Jean I., Honoré II., Charles III., Albert I., sogar der umstrittene Louis II. sowie der noch regierende Fürst Rainier III. bilden die glorreiche Ahnengalerie. Die anderen Mitglieder des weitaus umfasserenden Clans werden in der stilisierten Ton- und Bildshow übergangen. Sei es, weil ihre Verdienste nicht groß genug waren, sei es, weil sie nur Peinlichkeiten zur Familiengeschichte beigetragen hatten, sei es schlichtweg aus Zeitmangel wie oft bei Festivitäten. Jedenfalls lernen an diesem besonderen Festtag die Monegassen und Millionen andere die Fürstenfamilie unter ganz neuen, da alten, Aspekten kennen.

Menschen rund um den Globus nehmen an den Feierlichkeiten teil. Nur der alte Gotha Europas, so beispielsweise die Königin von England, »boykottiert« das Jahr hindurch die Festivitäten – angeblich, so interpretiert die konservative französische Zeitung *Le Figaro,* »aus Zeitgründen«. Der Grund mag ein anderer sein: Denn wenn auch die Grimaldis seit dem 17. Jahrhundert Fürsten, französisch »Princes Sérénissimes«, sind, so ist Adel doch nicht gleich Adel. Jedenfalls nicht für den Adel. Und so reisen nur, wie *Le Figaro* leicht konsterniert fortfährt, die »ungekrönten Häupter Europas« an. Oder wie die Satirezeitung *Canard Enchaîné* textet, die »entthronten Häupter«, darunter »Simeon von Bulgarien, Alexander von Jugoslawien, Michael von Griechenland, Ex-Kaiserin Iran Farah, Sophia von Rumänien«. Warum sind nur die Zweitrangigen unter den blaublütigen Ersten bei diesem Familienfest? Das wird sich im Falle der Dynastiegeschichte zeigen. *Noblesse oblige ...*

Wer oder was sind die Grimaldis? Zunächst einmal sind sie eine Dynastie der Superlative: Sie sind die älteste, eine der reichsten, in jedem Fall die am meisten mediatisierte Herrscherdynastie Europas.

Folgt man ihrer eigenen Geschichtsbetrachtung, bilden sie das älteste durchgängige Herrschergeschlecht der Alten Welt. Auch wenn der Name Grimaldi oft durch die Frauen und gar durch ein uneheliches Kind weiterlebt, nämlich durch die bürgerliche Charlotte, der späteren Prinzessin von Monaco und Mutter Rainiers. Charlotte, das betont der standesbewusste Gotha gern, ist die illegitime Frucht eines Techtelmechtels zwischen Erbprinz Louis, dem späteren Louis II., und einer Wäscherin, die erst nachträglich von ihrem Vater adoptiert und zur Erbprinzessin ernannt wird, um das Fortleben der Dynastie zu sichern. Deshalb sind summa summarum die jüngsten Grimaldis nach französischem Adels- und salischem Erbfolgegesetz längst keine Fürsten und Prinzen mehr, sondern schlicht Marquis des Baux und Grafen von Polignac. So benannt und betitelt nach dem Vater von Fürst Rainier III., Pierre Graf von Polignac.

Selbst wenn! Erfolg und Vermögen neiden ihnen viele. Die Grimaldis sind eines der reichsten europäischen Herrscherhäuser. Geworden sind sie dies allerdings erst nach der Französischen Revolution 1789, bei der sie – wie die meisten Adligen – jeglichen Besitz verloren. Doch während die Mehrheit des französischen Adels heute größtenteils verarmt und vergleichsweise ohne jeglichen politischen, wirtschaftlichen oder kulturellen Einfluss nur noch vom Namen lebt, haben es die Grimaldis zu etwas gebracht. Viele fragen sich wie.

Und: Die Grimaldis sind nicht monegassischer, sondern italienischer Herkunft. Sie stammen aus Genua, bekannt seit dem 12. Jahrhundert. In ihrer weitreichenden Familie gibt es Händler und Handwerker ebenso wie Seefahrer und Konsule. Die Seefahrt machte, wie viele Genuesen, den Clan reich. Und wo Reichtum ist, herrscht Kampf um Macht und Vorherrschaft.

So müssen die Grimaldis sich jahrzehnte-, gar jahrhundertelang nicht nur mit den genuesischen Familien Doria, Spinola und Fieschi um das Stück Felsen streiten, sondern sich zusätzlich bald auf die italienische, bald auf die spanische oder französische Seite schlagen. Der Pakt wird je nach politischer Vorherrschaft geschlossen. Doch dazu später.

Der Stammbaum der Grimaldis ist bereits zur Zeit der Eroberung der Festung Monaco im 13. Jahrhundert komplex. Er kompliziert sich durch die Jahrhunderte, denn mit einer einzigen Ehe und nur legitimen Kindern begnügt sich kaum ein Grimaldi. Was die Liebe und Liebeleien bertrifft, messen sie sich immer wieder mit dem Hochadel, gar mit dem Hofe, nur dass sie eher die Etikette missbilligen und auf nicht standesgemäße Damen, vorzugsweise Schauspielerinnen, zurückgreifen. Die Konsequenz ist, dass heute, so schildert Biograf Robinson, mancher Grimaldi aus dem Nichts auftaucht und den Thron für sich beansprucht, zumal der Name Grimaldi von Genua bis Marseille fast so häufig ist wie Sand am Mittelmeer. So meldete sich zum Beispiel ein gewisser George Grimaldi als Erbe, seines Zeichens Garagist und Pub-Besitzer in England. Er behauptete der 13. Marquis zu sein und der echte Prinz. Oder auch Rechtsanwalt Augustus M. O. Grimaldi aus Turin, Nachfahre aus der Herkules-Branche, der plädiert, sein Ur-Ur-Ur-und-so-weiter-Ahne sei ausgebootet worden und deshalb müsse er als einziger legitimer Nachfahre an die Macht. Oder auch ein deutscher Grimaldi, von dem Fürst Rainier aber nichts Genaueres weiß, nur dass es eine Verbindung über das Haus Urach-Württemberg gibt. Und sogar in Paris sind Grimaldi-Speditionen ein Begriff, aber das Umzugsunternehmen hat bisher keinen Thronanspruch angemeldet.

Der älteste Grimaldi, dessen Spur historisch gesichert ist, nennt sich Otto Canella, Konsul von Genua im Jahre 1133. Er hat drei Söhne, Bellamuto, Otto und Grimaldo Canella. Letzter, sogar mehrfacher Konsul von Genua, gibt der Dynastie seinen Namen. Grimaldos Sohn widerum, Oberto Grimaldi, auch »Vater der Grimaldi« genannt und verheiratet mit einer gewissen Corradine Spinola, hat ebenfalls vier Kinder, von denen nur Grimaldo Grimaldi interessiert. Grimaldo ist wie seine Ahnen politisch in Genua aktiv. Er stirbt Mitte des 13. Jahrhunderts und hinterlässt wiederum vier Nachkommen, darunter Lanfranco Grimaldi und Antoine. Der älteste, Lanfranco, wird den ersten Grimaldi-Herrscher von Monaco zeugen: Rainier I. (vermutlich 1267–1314), späterer Admiral der französischen Flotte. Antoine wiederum wird Vater von Francesco, genannt »Malizia«, der »Schlitzohrige« oder »Spitzbube«, dem legendären Cousin Rainiers.

Dank Francesco beginnt die gemeinsame Geschichte der Grimaldis und Monacos. Natürlich legendenhaft, wie es sich für ein »Märchenland« gehört. Die ungesicherte Überlieferung erzählt von der Eroberung der Festung auf dem Felsen im 13. Jahrhundert.

Das strategisch günstig gelegene Fleckchen Erde, das einen Hafen umfasst, ist seit dem 5. Jahrhundert v. Chr. als »Monaco, ligurische Stadt«, später als »Portus Herculis Monaeci« bekannt. Denn Halbgott Herkules soll in Monaco einige seiner Heldentaten vollbracht haben. Einen dem Herkules-Kult geweihten Tempel sucht man vergeblich ... Hannibal und Julius Cäsar, Ligurer, Phönizier, Griechen und Römer, Lombarden, Sarazenen und Genueser, sie alle überliefern den Herkules-Kult.

Das hohe Mittelalter ist geprägt von politisch-religiösen Kriegen. Es geht um kirchliche wie auch weltliche Vormachtstellung. Zwei verfeindete genuesische Familien, die Guelfen und die Ghibellinen, liefern sich erbitterte Gefechte, die ganz Europa mitsamt den Königs- und Kaiserfamilien in Atem halten. Die Guelfen sind Partisanen des Papstes, an ihrer Spitze stehen die Grimaldis und die Fieschis. Ihre Gegner sind die Ghibellinen, darunter die Familien Dora und Spinola, die auf der Seite des deutschen Kaisers kämpfen und Sizilien und andere Königreiche verteidigen. In einem dieser Gefechte, genauer in der 40-tägigen blutigen Schlacht in den Straßen von Genua, werden die Grimaldis und alle Guelfen besiegt – und davongejagt. Notgedrungen begeben sie sich westwärts nach Monaco zur alten, mit stämmigen Türmen gesicherten Feste auf dem Felsen neben dem sogenannten Herkules-Hafen.

Die Grundsteine der Festungsmauern werden bereits 1191, ein Jahrhundert zuvor, von Genuesern auf ehemaligem Boden des provenzalischen Herrschers Alfons II. von Aragon, gelegt. Gebilligt von Heinrich VI., dem Grausamen, staufischer Herrscher des Heiligen römisch-germanischen Kaiserreichs. Monaco, Festung und Enklave, das heißt der Hafen, der Felsen und die angrenzenden Gebiete, sollen laut Heinrichs kaiserlicher Verfügung vom 30. Mai 1191, der Goldenen Bulle, als Bastion der »Rechtgläubigen zur Ehre des Kaiserreichs« und als »Verteidigung der Christen gegen die Sarazenen« dienen, also gegen jene islamischen Araber, die auf dem Meere vor Monaco kreuzen. Die alte Feste mit ihren neun Meter hohen Mauern aus dem Jahre 1215 wird 1252 Richtung Halbinsel erweitert. Und um Siedler anzulocken, verspricht die Republik Genua den Leuten nicht nur Land, sondern auch Steuerfreiheit! Schon damals avanciert dieser Flecken zu einer Steueroase ...

Zurück zu den aus Genua geschassten Grimaldis. Der Legende zufolge schreibt man den 8. Januar 1297. Es soll ein besonders harter Winter gewesen sein. An der Riviera von Ponant, wie das Gebiet westlich von Genua genannt wird, bläst, so schildert Historiker Delorme, ein kräftiger Ostwind, der hohe Wellen bis in den sonst ruhigen Hafen Monacos treibt. Vergeblich versuchen Schiffer vor Anker zu gehen. Die Festung auf dem Felsen ist in Dunst gehüllt. Es ist schon tiefe Nacht, als ein Franziskanermönch, mit langer brauner Kutte und weißem Gürtel bekleidet, erschöpft an das Tor der Festung klopft. Den ganzen Weg ist er zu Fuß gegangen, von unten, der Kirche Saint-Marie-de-Port bis hoch auf den Berg, wie ein ausgehungerter Bettler schaut er aus, mitleidserregend, hilflos. Das Tor öffnet sich. Denn es ist Aufgabe der Christen, dem Nächsten zu helfen, noch dazu einem Gottesbruder. Der Pilger betritt die Festung, bekreuzigt sich. Auf der kleinen Wache befinden sich nur drei Soldaten. Zwei schlafen ihren Rausch aus, der dritte wendet sich ab, denn der Mönch macht Anstalten, seinen nassen Mantel vor dem Kamin auszuziehen. Doch stattdessen zückt er eine unter der Kutte geschickt verborgene Klinge und tötet einen Wachtposten nach dem anderen. Der falsche Mönch öffnet das Tor und lässt eine Handvoll Soldaten rein. Als endlich Alarm gegeben wird, ist es zu spät. Das alte und das neue Schloss sind erobert. Drinnen wartet bereits ein Komplize, Rainier Grimaldi, Cousin des ungläubigen Mönchs. Rainier I. wird, da er älter ist als sein Cousin, der erste Herrscher der Dynastie über Monaco werden.

In wenigen Stunden, so die Chronik, hat also ein gewisser Francesco Grimaldi aus dem benachbarten Genua, ein Schurke zu Recht »Malizia« genannt, die Festung vereinnahmt. Zwar vorerst nur für genau vier Jahre, aber das weiß er damals noch nicht. Und es schmälert nicht die Heldensage, die in den Archiven der Festung schlummert, und durch die Jahrhunderte überliefert wird: mit Stolz, denn die Grimaldis feiern den 8. Januar noch heute. Es ist ihr »Familienfeiertag«. Kaum ein Tag vergeht, an dem sie nicht einem Besucher, Journalisten oder auch sich selbst untereinander die Geschichte erzählen. Wie Fürst Rainier sagt: »Viele behaupten, es sei wirklich nur eine Legende. Aber manchmal finde ich es gut, an Legenden zu glauben.« Zumal es die eigene Familie betrifft.

Francesco, so soll kurz ausgeführt werden, hat im 20. Jahrhundert eine besondere Karriere gemacht. Dank der 700-Jahrfeier der Dynastie ist er aus den Archiven erwacht, sozusagen auferstanden, und wird in kürzester Zeit weltweit bekannt. Im Unterschied zu seinen heutigen Nachfahren ist er ein zugänglicher Grimaldi. Er lässt sich mit Touristen fotografieren, ohne dass ein durchtrainierter Leibwächter dazwischen geht. Japaner, Italiener, Amerikaner klopfen ihm in freundlicher Anerkennung ob der niederen Heldentat auf die Schulter, und er erträgt es geduldig, maliziös lächelnd, die Hand aufs Schwert gelegt, das unter seiner Kutte hervorlugt. Seit dem 8. Januar 1997, pünktlich zu den Jubiläumsfeierlichkeiten, steht der schlitzohrige Ahne Francesco als Bronze des niederländischen Wahlmonegassen und »Hofbildhauers« Verkade Kees[1] vor dem Fürstenpalast, genauer: vor dem rechten Nebeneingang, etwa an jener Stelle, wo der Überfall 700 Jahre zuvor gelang.

»Mit Gottes Hilfe« bekamen die Grimaldis ihre Feste. Das monegassische Wappen zeigt zwei Franziskaner in ihren Kutten. Sie stehen, Schwerter schwingend, auf einer Banderole mit der lateinischen Inschrift: »Deo Juvante« – »Mit Gottes Hilfe!« Ironie des Schicksals. Denn diesen Satz soll der falsche Mönch bei seiner hintertückschen Eroberung gerufen haben. Ist es Gotteslästerung oder Hinweis auf die göttliche Billigung der listigen Tat? Mit durch und durch irdischer Hilfe ist Francesco, neben Fürst Rainier III., Fürstin Gracia Patricia und ihren Kindern, eines der international bekanntesten Grimaldi-Gesichter geworden, unter anderem auf Postkarten, Postern oder Briefmarken. Der Vorfahre Francesco, dem alles zu verdanken ist, ist Schlüssel- und Symbolfigur des Geschlechts: »In Stein und Metall gehauen«, so Fürst Rainier III. bei der Einweihung des Denkmals, »möge unser ›Malizia‹ von Stund an das Symbol unserer Vereinigung sein.« Wobei er die schicksalhafte Union der Grimaldis mit den Monegassen meint.

Dass sie nicht ängstlich sind, sondern weiterhin bereit, ihr Schwert zur Verteidigung des kleinen Landes, aber auch für andere, wie die großen Nachbarn, zu zücken, beweisen die Grimaldis immer wieder in den folgenden Jahrzehnten und Jahrhunderten.

Ironie auch des Namens: »Monaco« bedeutet auf italienisch »Mönch«. Und »Grimaldi« geht vermutlich auf das seit dem 5. Jahrhundert im Abendland geläufige deutsche »Grimwald« zurück: »grim-« wie »grausam« oder auch »Maske«, und »walden« wie »herrschen, regieren«. Also »ein grausamer Regierender« oder auch »sich hinter einer Maske Versteckender«. Nomen est omen!

Zurück zu Rainier I. Noch nicht einmal 50 Jahre wird er alt, aber er hat den Grimaldis durch seine Seefahrt und Schlachten einen – gefürchteten – Namen hinterlassen. Er regiert gerecht, aber eisern seine Mannen, ist mutig und geschäftstüchtig. Von Beruf »Condottiere«, stellt er seine Soldaten und Galeeren anderen Herrschern zur Verfügung; denen, die am besten zahlen, versteht sich. Ob Prinz oder Oligarchie, das ist ihm egal. Wird das Geld knapp, schlägt er sich auf die Gegenseite und der Feind von gestern wird sein Freund von heute. Dieser opportunistische Wirtschaftssinn wird sich vererben.

Dank seines Cousins Francesco also gelangte er in den Besitz von Monaco. Nur währte das Glück nicht lange, so dass er den Titel »Seigneur« nicht tragen kann. Die Grimaldis haben zu jenem Zeitpunkt noch nicht die Kraft und das Geld, die Feste zu halten. Kämpferisch wie sie sind, verfolgen sie zudem auch die feindlichen Handelsflotten, die sie vor dem Hafen sichten. Das bringt Ärger. So oktroyiert Karl II., König von Neapel und durchaus unterstützt von den Truppen Rainiers I., in der Konvention von La Turbie am 23. Juli 1298, also knapp anderthalb Jahre nach der Eroberung der Festung, ein Kommunikations- und Lebensmittelboykott gegen die Grimaldis.

Die Blockade bleibt zunächst wirkungslos. Die kühnen Grimaldis kontrollieren weiterhin die Seezufahrt. Es geht zwischen vielen Parteien hin und her. Zwischen Genuesern, Papst Bonifaz VIII., dem Franzosen Karl von Anjou, bis schließlich am 11. April 1301 die Guelfen die Feste von Monaco den Offizieren des Königs von Neapel aushändigen. Am 4. Mai übergibt Bérenger Gantelme, Seneschall der Provence, Seigneur von Graveson, den genuesischen Gesandten den Felsen. Nicoloso Spinola, einer der Anführer der Ghibellinen-Fraktion, beansprucht die grimaldischen Bodenbesitztümer für sich und entschädigt die Grimaldis mit ganzen 6000 Pfund. Rainier I. hat sowohl den Seigneur-Titel als auch Monaco verloren.

Sohn Charles wird beides zurückerobern – gut 30 Jahre später, 1338. Bis dahin vertreibt sich Rainier I. die Zeit mit Schlachten, in denen er als erfolgreicher Condottiere Gelder, Besitztümer und

Titel für die Dynastie erkämpft. So erhebt ihn Philipp der Schöne 1304 aufgrund seines Beistands im englisch-französischen Krieg zum *Renerius de Grimaudis, admirandus noster* und entlohnt ihn königlich mit einer jährlichen Rente von 1000 Pfund. Der neuernannte Admiral Frankreichs bekommt ferner die Seigneurerie de Cagnes, das königliche Schloss in Villeneuve de Veuve und die Baronie San Demetrio im armen Kalabrien geschenkt.

Nur Monaco sieht der tapfere Rainier nicht wieder, denn in einer seiner letzten Schlachten gegen den deutschen Kaiser Heinrich VII. auf dem Vormarsch nach Rom, stirbt er den Heldentod. Es mag Winter oder Frühjahr 1314 gewesen sein. Sein Sohn Charles tritt das Erbe in Monaco an. Er ist der einzige Nachkömmling aus erster Ehe. Seine Mutter ist eine gewisse Mamsell Salvatico.

Drei Kinder – zwei Jungen, ein Mädchen – aus zwei Ehen hinterlässt Rainier I. Und vor allem einen Fluch! Eine hexerische Verwünschung, die bis heute, bis ins 3. Jahrtausend, auf dem Clan lasten wird: Rainier I. soll Ende des 13. Jahrhunderts eine schöne junge Flämin geraubt und vergewaltigt haben. Diese Frau wurde daraufhin eine Hexe und verfluchte die Familie bis in alle Ewigkeit. Ihr bitterböser Racheschwur: »Niemals wird ein Grimaldi wirklich glücklich in einer Ehe sein.«

Rainier I., so denken abergläubische Monegassen und vielleicht insgeheim manches Familienmitglied der Grimaldis, ist letztlich schuld an den tragischen amourösen Wendungen in der Dynastiegeschichte. Schuld an den Skandalen, die erstmals eine besonders untreue französische Grimaldi-Prinzessin im 17. Jahrhundert am Hofe Frankreichs verursachte. Schuld an dem bis ins hohe Alter geführten Junggesellenleben etlicher Grimaldi-Prinzen und Fürsten, wie Honore V., Albert I. und Louis II. Schuld an dem tragischen Autounfall 1982 von Fürstin Gracia Patricia, der Fürst Rainier III. zum Witwer macht. Und Schuld an den unglücklichen Liebesbeziehungen der jungen Prinzessinnen Caroline und Stéphanie in den 80er und 90er Jahren. Auch Erbprinz Albert, Dauer-Junggeselle, scheint der Fluch anzuhaften.

Zwei

Die Geschichte der Dynastie

Vom Mittelalter bis zum Ende der Aufklärung

Charles I. der »Große«

Das Schicksal des Staats Monaco und seiner Herrscher scheint zu Beginn des 14. Jahrhunderts ungewiss.

Während Rainier I. Admiral von Frankreich wird und in der Ferne kämpft, bleibt Monaco als strategisch wichtiger Punkt umkämpft. Es ist und bleibt im 14. Jahrhundert Zankapfel zwischen Italien und Frankreich, zwischen der Republik Genua und dem herrschenden Königshaus der Provence, zwischen den Familien der Guelfen und Ghibellinen. Das Stückchen Erde gehört mal mehr dem einen, mal dem anderen, je nachdem wie die Allianzen unter den großen Nachbarn verlaufen.

Zum Glück für Monaco und die Grimaldis taucht bald ein neuer Eroberer auf: die Spanier. Die Feinde von einst verbünden sich gegen den machtgierigen Neuankömmling, der am Mittelmeer bis zu den Balearen vordringt. Und so erhalten die Grimaldis in einer friedlichen Versöhnung am 12. September 1331 unter dem Einfluss des französischen Königs Robert I. Monaco für sich, während die Ghibellinen sich nach Genua zurückziehen.

Die Jahrzehnte währenden politischen Unsicherheiten bleiben nicht ohne Einfluss auf die Bevölkerung. Zum einen bekommen die Monegassen Steuerfreiheiten zugebilligt – schon damals ein probates Mittel, um Menschen ansässig werden zu lassen –, zum anderen ziehen die Kämpfe auch Vagabunden und Verbrecher an.

Monaco gilt als Land der Piraten und Plünderer. Der Handel geht zurück und um der Bevölkerung ein Mindesteinkommen zu sichern, werden 1324 Fischfanggesetze erlassen – die ersten für das Mittelmeer. Zwischen Genua, Monaco und der Provence werden das Meer beziehungsweise seine Produkte aufgeteilt. So wächst trotz aller Unruhen und dank einiger Eingemeindungen die monegassische Bevölkerung auf über 500 Einwohner an; eine stattliche Anzahl, bestand doch Monaco eine Generation zuvor nur aus einer Feste, einem Hafen und einer Handvoll Häuser.

Dieses Monaco übernimmt 1330 Charles Grimaldi (?–1357). In die Dynastiegeschichte geht er ein als Charles I., erster wahrhafter »Seigneur« von Monaco, aber auch von Menton und Roquebrune. In einer Urkunde von 1342 wird er erstmalig als solcher bezeichnet. Genau 27 Jahre wird er in diesem kleinen Staat herrschen, bis zu seinem Tode 1357.

Monaco und die Grimaldi-Dynastie verdanken ihm eine vorausschauende Politik des Gleichgewichts zwischen zwei politischen Schachfiguren: den Provenzalen und den Genuesen. Erstere befriedigt er, indem er seine Flotte dem Franzosen Robert I. zur Verfügung stellt und damit die Genueser von einem Überfall abhält. Gleichzeitig behauptet er gegenüber König Robert, dass die Genueser de jure die Herrschaft über Monaco hätten. Das hält diesen wiederum in respekvollem Abstand. De facto regiert jedoch der kluge Charles I. in Monaco, zunächst mit einem Cousin, Antoine, der ihm so nahe steht, dass manche Urkunden ihn gar als Bruder bezeichnen. Mit der Zeit aber macht sich Charles unabhängiger. Die Bevölkerung holt er auf seine Seite: Er erwirkt für sie von den Provenzalen eine Art »Meeresrecht«, ein Zoll auf die vor dem Felsen kreuzende Schiffe. Gleichzeitig gewährt er ihnen mehr Stadtfreiheiten und lässt die Konsule demokratisch ernennen. Auch die Verteidigung baut er aus: Der Hafen wird mit einer Wehranlage versehen, er unterhält eine Flotte und ein kleines Ritterheer, das er, ganz Grimaldi-Tradition, an ausländische Herrscher vermietet. Vor allem an die Franzosen, so an Königin Jeanne und Philipp VI., aber auch an den Papst. Von den Geldern erwirbt er Boden in Monacos Hafen, in der Provence und – das ist das

Besondere – auch genuesische Ländereien, wie 1346 Mentone und das kleine Roccabruna. Über fünf Jahrhunderte werden diese unter monegassischer Vormundschaft bleiben.

Bald ist Charles I. der reichste Seigneur des Mittelalters an der Riviera, weshalb ihn Historiker gerne als »Karl den Großen« bezeichnen – natürlich innerhalb der Grimaldi-Dynastie.

Seine erfolgreiche Expansionspolitik provoziert die eifersüchtigen Genueser. Mit einem breit angelegten Überraschungsangriff zu Lande und zu Meere, und mit 4000 Mannen fast zehnmal so stark wie die Grimaldi-Truppen, zwingen sie Charles I., sich zu ergeben. Er verliert seine Reichtümer und stirbt kurz vor der letzten Schlacht im Sommer 1357 unter nicht geklärten Umständen.

Sein Sohn, Rainier II. (1350–1407), trifft am 9. August 1357 folgende Vereinbarung mit Genua: Die Schlösser und den seigneurialen Grundbesitz seines Vaters behält er, Monaco aber tritt er für 20 000 Florinen an Genua ab. Die Regelung gleicht einem »Festungszoll«. Dieser Akt ist historisch bedeutsam: Er bildet nämlich den Ausgangspunkt für den bis ins 20. Jahrhundert währenden Streit um die eigentlichen Besitztümer der Grimaldis in und um Monaco. Was gehört der Fürstendynastie wirklich? Ist Monaco ihr ge- beziehungsweise verkauftes Privateigentum? Erst der monegassisch-französische Vertrag von 1962 wird diese Frage regeln.

Rainier II. wird also wie sein Großvater Rainier I. aus Monaco vertrieben und nie mehr zurückkehren. Sein Schwert, seinen Namen und das, was ihm an Mannen geblieben ist, verleiht er vor allem an die Franzosen. Bei aller Treue zu Frankreich ist er wie seine Ahnen wetterwendisch: Ehemalige Feinde werden durchaus seine Freunde, sollte der politisch günstigere Wind aus einer anderen Richtung wehen. Diese Grimaldi-Strategie gilt bis heute.

Rainier II. bekommt endlich auch einen Lorbeer: Aufgrund seiner hervorragenden Kriegsdienste ernennt ihn Karl V. 1369 zu seinem »Chambellan«, Kammerherrn, ein diplomatisch und strategisch wichtiger Posten. Rainier stirbt 1407 im Exil als Seigneur von Menton und Roquebrune.

Jean I. der »Langlebige«

Die drei Söhne des verstorbenen Rainier kaufen 1419 Monaco von der derzeitigen Besitzerin Yolande d'Aragon zurück. Ambroise, Antoine und Jean I. regieren zunächst abwechselnd, im jährlichen Turnus, denn das Testament ihres Vaters verbot die Aufteilung seines Erbes. Der älteste der Brüder, Jean I. (1382–1454), bleibt am längsten an Monacos Spitze: 72 Jahre wird er alt, gut 30 Jahre davon – ein Dynastierekord – regiert er allein. Seine Brüder hat er bereits nach sieben Jahren Co-Regentschaft ausbezahlt und entlohnt sie mit Menton und Roquebrune.

Für Monaco ist die lange Regierungszeit von Jean jedoch nicht günstig, interessiert er sich doch mehr dafür, sein Schwert an andere Herrscher zu vermieten, als Macht und Ansehen in Monaco zu festigen. Dreimal verkauft er das Land, dreimal scheitern die Geschäfte: Sei es durch plötzlichen Machtwechsel wie 1429, als Jean den Felsen an Philipp-Maria Visconti, Herrscher in Genua, für etwa 12 000 genuesische Pfund verkauft, dieser jedoch wenige Jahre später aus der Republik vertrieben und der Vertrag für nichtig erklärt wird. Sei es aus Angst vor Konsequenzen, als er 1448 dem Grafen von Savoyen Monaco gegen eine jährliche Rente anbietet, dieser jedoch aus Furcht vor den Feinden in Nizza und Turbia die Festung ablehnt. Oder sei es aus Insolvenz wie 1451, als er Monaco für 12 000 Goldtaler an den Dauphin Frankreichs, den angehenden Ludwig XI., verkauft, dieser aber zahlungsunfähig ist.

Jean verkauft aus bündnisstrategischen Gründen, aber auch aus Geldgier. Nicht umsonst geht Monaco damals ganz in der Condottiere-Tradition »adharentia und recommendatio«-Verträge mit Florenz (1421) und Neapel (1422) ein, das heißt Jean verspricht monegassische Verteidigungshilfe gegen Subsidarien für sich und sein Land. Und so zieht er, ohnehin von abenteuerlustigem Charakter, immer wieder in den Krieg, für Nizza gegen die Sarazenen, für Ludwig III. gegen die Katalanen, für den deutschen Kaiser Sigismund und immer wieder für seinen besten Freund, den »Guten« König René aus dem Hause Anjou.

Aufgrund seiner langen Abwesenheiten von Monaco tritt in der bislang von Männern geprägten Geschichte Monacos und der Dynastie eine folgenreiche Wende ein: Jeans Frau, Pomelline, übernimmt notgedrungen die Regentschaft. Sie entpuppt sich als taktisches Herrschertalent. Sie übersteht sogar ohne Beistand ihres Mannes eine einjährige Belagerung des Landes durch Ludwig, Prinz von Piemont, während Jean I. und sein Sohn Catalan in italienischer Gefangenschaft sind. Kaum befreit ziehen sie wieder für den Franzosenkönig René in den Krieg und überlassen Pomelline die Geschäfte in Monaco.

Am 20. November 1441 wird die Mailänder Lehnsherrschaft über Monaco aufgehoben. Monaco wird endlich unabhängig. Und diese Unabhängigkeit gilt es in den folgenden Jahrhunderten immer wieder gegen die gierigen Nachbarn zu verteidigen. Um wiederum den Herzog von Savoyen zur Ruhe zu bringen, veräußert Jean I. ihm am 19. Dezember 1448 als Vasall einen Teil von Roquebrune und die Hälfte von Menton. Er behält sich jedoch das Erbrecht für sämtliche Grimaldi-Nachkömmlinge bis in alle Ewigkeit vor. Natürlich lässt Jean sich auch diese Geste wieder bezahlen: als Rente von 200 Gulden auf Lebenszeit. Dafür muss Jean allerdings auf Befehl 1000 Armbrustschützen liefern und das savoyardische Heer beherbergen. Monacos Unabhängigkeit hat ihren Preis!

Am 8. Mai 1454 stirbt der zu Hause ungeliebte Jean I. In Menton wird er in der Sankt-Michaels-Kirche im Familiengrab beerdigt. Neben seinem Vater, Rainier II., seiner Mutter Isabelle und seinen Brüdern.

Was er als wichtigste Amtshandlung für Monaco hinterlässt, ist ein mutiges, weitsichtiges Testament, dass die Erbfolge der Grimaldis auf Jahrhunderte regeln und sichern wird. Bis ins 3. Jahrtausend. Entgegen dem herrschenden genuesischen und französischem salischen maskulinen Erbfolgerecht, verfügt besagter Jean als weitblickender Souverän, dass im Falle keiner direkten männlichen Nachkommen, die älteste Tochter Alleinerbin und auch Regentin werden kann. Vorausgesetzt, ihr Mann nimmt bei Eheschließung Namen und Wappen der Grimaldis an. Bis heute wird dieses von Jean I. verfügte Erbrecht angewendet. Fürst Albert I. hat zu Beginn des 20. Jahrhunderts die weibliche Thronerbfolge in seinem Testament noch einmal ausdrücklich festgelegt, aber aus einem anderen Grund: Die Grimaldis hatten zu diesem Zeitpunkt keine legitimen Erben, aber eine uneheliche Tochter. Und so verfügte Fürst Albert I. einerseits die Erlaubnis zur Adoption, andererseits fixierte er noch einmal die Möglichkeit der weiblichen Inthronisierung in Monaco. Als Herrscherdynastie können die Grimaldis beliebig verfügen – was direkt das Fürstengeschlecht betrifft.

Lambert der »Diplomatische«

Auf Jean I. folgt 1554 legitim sein Sohn Catalan (?–1457). Von schwächlicher Gesundheit stirbt dieser jedoch bereits drei Jahre später. Er hat nur noch eine Tochter, Claudine (1451–1515), seine Söhne sind verstorben. So ernennt auch er Claudine in seinem Testament von 1457 zur Erbin. Unter dem Druck seiner machtgierigen Mutter Pomelline allerdings, setzt er diese zunächst als Universal-Erbin und Vormund seiner sechsjährigen Tochter ein. Als Schwiegersohn designiert er Cousin Lambert Grimaldi (1420–1494), den er, im Gegensatz zu Pomelline, als Geistesmenschen schätzt. Lambert ist kein Mann der Waffen. Historiker, wie Jean-Baptiste Robert, beschreiben ihn als »Mensch der Neuzeit«, als »Diplomat«, »hartnäckig, konzentriert, seine Stunde abwartend«. Er hinterlässt eine reichhaltige Korrespondenz, aus der hervorgeht, dass er anfangs, nach einem Studium in Paris, anscheinend eine Kirchenkarriere anstrebte. Streng gläubig bleibt er jedenfalls ein Leben lang. Die junge Claudine wird somit mit ihrem 36 Jahre älteren Großonkel testamentarisch vermählt. Das war damals kein unübliches Verfahren. Tatsächlich wartet dieser Claudines heiratsfähiges Alter ab, sprich, Lambert geduldet sich neun Jahre.

Ab 1457 wird also doppeltes Grimaldi-Blut in Monaco herrschen, und die Güter werden sich zudem vermehren, denn Lambert besitzt unter anderem vier Zehntel von Menton.

Eine zweite Wende tritt mit Catalans Testament in der Geschichte der Fürstendynastie ein: Hatte in der ersten Hälfte des

15. Jahrhunderts mit Pomelline erstmals eine Frau in Monaco – inoffiziell – das Sagen, so kommen in der 2. Hälfte die Frauen jetzt offiziell an die Macht. Und: Es erlischt die männliche Linie des ältesten Zweigs der Monaco-Grimaldi. Über Tochter Claudine leben nunmehr der Name und die Grimaldi-Herrschaft in Monaco fort.

Lambert verlässt nach dem Tod seines Cousins Catalan sein Schloss in Cagnes und hält Einzug in Monaco. Ein Einzug mit Hindernissen. Denn die Rechnung Catalans wurde ohne Pomelline und ohne Genua gemacht, die beide auf Monaco scharf sind.

Pomelline nutzt die Zeit bis zur Heirat ihrer Tochter Claudine, um die Macht an sich zu reißen. Zwar schwört sie im Namen des Evangeliums und im Rahmen eines notariellen Aktes von Oktober 1457, die testamentarischen Vertragsklauseln einzuhalten, sozusagen mit ihrem neuen Schwiegersohn gemeinsam zu regieren und das Heer zu befehligen. Doch was nützt der Schwur auf die Bibel, wenn die Person nicht gottesfürchtig ist? Im Geheimen bricht die machtlüsterne Pomelline skrupellos den Eid und paktiert mit dem auf Lambert eifersüchtigen Dogen von Genua, Peter Fregoso, um Lambert ermorden zu lassen.

Zum Glück hat dieser rechtzeitig den Schutz des französischen Königs und des Königs der Provence gegen die machtgierigen Fregosi gesucht. Als Gegenzug aber – alles eine Frage von Verhandlungen – verspricht Lambert seinem provenzalischen Wohltäter Vorkaufsrecht auf Monaco zu, sollte er das Besitztum je veräußern wollen.

Geschockt von der komplottierenden Pomelline schwören am 16. März 1458 die führenden Familien Monacos ihm Treue. Sie übertragen ihm alle Rechte im Namen seiner Verlobten. Pomelline muss daraufhin ihren Lebensabend fern Monaco verbringen, was sie nicht hindert, weiterhin Monaco an sich reißen zu wollen. Trotz Bewachung zettelt sie drei Übergriffe an: 1459, 1460 und 1466. Doch zum Glück scheitern alle.

Am 29. August 1465 kann Lambert, Seigneur von Antibes, endlich auch die nunmehr 14-jährige Claudine, »Dame de Monaco«, ehelichen. In Ventimille wird Hochzeit gehalten. Fünfzehn Kinder, darunter acht Jungen, wird das Paar haben, trotz oder gerade wegen des Altersunterschieds. Die Ehe hält Lambert jung und die Diplomatie auf Trab: 79 Jahre wird er alt. Davon wird er 37 Jahre in Monaco regieren – die meiste Zeit im Kampf gegen die intrigierende Schwiegermutter.

Lamberts Verdienst um Monaco ist dreifach: Erstens baut er eine eigene Verteidigung auf, im Alltag auf rund 60 Mannen beschränkt. In wenigen Stunden kann diese um einige Galeeren und zahlreiche Freunde an der Riviera aufgestockt werden. Zweitens verfügt er über stattliche Einnahmen, so die Feudalrente auf Menton und Roquebrune, die der Herzog von Savoyen zahlt und die Gelder aus dem »Seerecht«, die an Monaco zurückfließen. Sein größter Verdienst aber ist politisch: Am 25. Februar 1482 stellt der junge Karl VIII., Nachfolger von Ludwig XI., auf Betreiben Lamberts das Lehnsgut ohne jegliche feudale Unterwerfung unter seinen persönlichen Schutz. Jeder Angriff auf Monaco kommt in Zukunft damit einem auf Frankreich gleich. Dies ist ein einmaliger Akt innerhalb des bis dato üblichen internationalen Rechts. Historiker interpretieren ihn als eine Art »Protektorat« – im Sinne der modernen Rechtsprechung. Ein solches Protektorat Frankreichs wird Monaco im 20. Jahrhundert sein.

Von Genua hat sich Monaco mit diesem Bund endgültig losgesagt und gleichzeitig die ständige Bedrohung durch Mailand abgewehrt. Lambert gelingt dies statt mit Waffengewalt durch Diplomatie. Er wird von den großen und kleinen Herrschern im Umkreise des Landes geschätzt, vor allem weil er seine Rechte und Forderungen stets bescheiden auf Monaco zu beschränken weiß, und weil er die Gunst jeder Stunde, das Schicksal und zuweilen auch das Glück für sich und sein Land zu nutzen versteht. Neue Zeiten für Monaco kündigen sich an: Die internationale Rolle ist gesichert, auch der nötige Reichtum, um die Unabhängigkeit zu wahren. In Frieden kann Lambert am 15. März 1494 sterben. Er geht als einer der großen Grimaldis in die Familiengeschichte ein.

Jean II. der »Herrliche«

Das 16. Jahrhundert mit seiner italienischen Raffinesse und seinen perfiden Familienmorden nach Art der Borgia beginnt. Beides wird sich in Monaco widerspiegeln. Jean II. (1468–1505), der älteste von acht Brüdern, tritt 1494 mit 26 Jahren die Nachfolge seines Vaters an. Seine Mutter Claudine hatte bereits 1483 ihrem Mann und ihren Söhnen eine Schenkung ihrer Ansprüche und Besitztümer gemacht, die ihr nur den ehrenvollen Titel »Dame souveraine« ließen.

Jean II. folgt der politischen Linie seiner Vorfahren. Wie sie unterstützt er Frankreichs Könige, zunächst den jüngeren Karl VIII. und nach dessen Unfalltod Ludwig XII. Beide Könige haben eine Obsession gemein: Italien zu erobern beziehungsweise Gebiete, wie Neapel, zurückzugewinnen, die sie erb- und damit rechtmäßig für sich zu beanspruchen meinen.

Für Jean II. und Monaco brechen mit den Italien-Feldzügen herrliche Zeiten an: Politisch rückt Monaco ins internationale Rampenlicht, da ein Teil der französischen Kriegsflotten und die Galeeren ihrer Helfer unter anderem in Monaco zu Wasser gelassen werden. Und Jean II. zeichnet sich aus, wird Oberkommandierender und Kammerherr der französischen Könige – trotz Scheitern beider Italienkriege. Die Gründe hierfür liegen in den übermächtigen Allianzen der Angegriffenen und in der Schwächung der Angreifer durch Hunger und Krankheiten wie Malaria und Syphilis.

Das »italienische Cappricio« der beiden französischen Könige entspricht in jeder Hinsicht Jeans kapriziösem Temperament. Als Kind seiner Zeit, der Renaissance, liebt er Luxus, Raffinesse, Vergnügen und Pomp. In königsblauem Mantel und mit Juwelen behangen zieht Ludwig XII. vor dem Italienangriff in Genua ein. Im Ehrengeleit aus 24 Adligen befindet sich auch Jean II., »Jehan de Grimault«, wie er damals genannt wird, in Damast gekleidet. Die Show ist ganz nach seinem Geschmack. Von seinen Verdiensten hat er bereits seine Schlösser in Monaco und Menton verschönern und mit Kunstwerken raffiniert ausstatten lassen. Künstler arbeiten jetzt an seinem »Hofe«, unter anderem der Maler Louis Bréa aus Nizza, dessen Altarbild mit dem Grimaldi-Wappen noch heute in der Kirche Saint-Nicolas zu bewundern ist.

Aber Jean II. hat noch eine andere Seite: Er ist eingebildet, jähzornig, gar gewaltätig. Launisch, ja übellaunig, regiert Jean II., der sich selbstherrlich gerne den Beinamen der »Herrliche« geben lässt. Das Volk hat bald genug von seiner Willkür. Nur knapp entgeht er einem Attentat in Ventimille. Dann wird er aufgrund der Gabella-Steuer, die er von den Getreide und Salz transportierenden Schiffen abkassiert, vor Gericht gebracht. Austragungssort ist das neu gegründete »Parlament« von Aix-en-Provence, in dem die Streitfälle nicht mehr nur nach Akte, sondern unter Anhörung der streitenden Parteien geschlichtet werden. Jean II. fährt also 1501 nach Aix-en-Provence, protestiert energisch, setzt sich aufs hohe Ross, hebt Monaco gar in den Rang eines echten Staats und fordert, nur der Papst solle den Fall entscheiden. Ein Skandal! Als die Ankläger, das Volk von Marseille, noch einmal einen Boten schickten, um zu vermitteln, erklärt Jean selbstsicher, er gehöre weder Frankreich, noch Spanien, noch Genua noch irgendjemandem sonst. Nein, er sei mehr als ein Herr, er habe schließlich Verbündete. Unerbittlich bleibt er, denn er weiß wiederum, wie wichtig die Schiffseinnahmen für Monaco sind. Außerdem diente die Gabella-Steuer letztlich auch dem Schutz der Ladeschiffe, damit diese unbehelligt die Küsten entlang segeln können. Genua und Nizza tun schließlich das Gleiche … Monaco triumphiert im Größenwahn. Dieser Streit ist nur einer von dutzenden unter Jeans Regierung, und seine Ermordung rückt näher.

Das Geschlecht besudelt sich die Finger mit eigenem Blut. In der Nacht vom 10. zum 11. Oktober 1505 hält sich Jean in seiner vornehmen Herrscherresidenz auf. Aus Sicherheitsgründen hat man die Festungsmauern bewahrt, so dass Fremde nicht eindringen können. Nur die eigenen Soldaten sind im Palast – und ein Teil der Familie, darunter Lucien. Er ist der drittälteste Sohn und einziger Tatzeuge. Ihm zufolge hätte Jean II. ihm in einem Streit gedroht, sämtliche Lehnsherrschaften der Grimaldis an Venedig zu verkaufen. Der Verkauf, so Lucien, wäre eine Katastrophe gewesen, denn er hätte sämtliche potenzielle Grimaldi-Erben ohne Ansprüche gelassen. Zudem versichert Lucien, sei Jean handgreiflich geworden und wollte sich auf ihn stürzen. Daraufhin habe er seinen Dolch gezückt und den Bruder aus Notwehr erstochen.

Auch wenn Historikern das Interesse der Venizianer an Monaco eher zweifelhaft scheint, muss man Lucien wohl oder übel glauben, denn es gibt keine anderen Zeugen. Und nur zu gern, wenn auch mit Tränen in den Augen und schmerzender Seele, tut es Claudine, die als Mutter die Charaktere ihrer Kinder am besten kennt. Lucien ist nie gewalttätig gewesen, im Gegenteil, er war der sanfteste von allen. Ein Porträt im Palast zeigt ihn etwas rundlich, träumerisch, ein wenig melancholisch, selbstvergessen. Jedenfalls folgt die ganze Familie dem Beispiel der Mutter, sogar der gottesgläubige Bruder Augustin, gerade zum Bischof von Grasse gewählt, und halten zu Lucien. Ein echter Clan.

Das ist von Vorteil, denn nach außen ist der Fall nicht so einfach gelöst. Der Herzog von Savoyen, Beschützer und Lehnsherr, muss von dem Todesstoß aus Notwehr überzeugt werden, sonst kann er das Feudalrecht anwenden und Lucien zwar die Nachfolge seines Bruders erlauben, ihm aber das Lehnsgut Menton und einen Teil von Roquebrune entziehen. Das wäre eine weitere, eine finanzielle Katastrophe für die Familie.

Zum Glück verzeiht der Herzog Lucien. Fünf Monate nach der Tat, am 13. März 1506, lässt er ihm einen schriftlichen Straferlass zukommen, eine Art Amnestiebrief, aufgrund dessen Lucien nie mehr vor Gericht kommen wird. Zu jener Zeit war dieses Verfahren durchaus üblich.

Der kluge Lucien

Erleichtert kann Lucien (1481–1523) regieren. Die Einwohner Monacos haben schon am Tag nach dem Vorfall ihrem neuen Herrn den Treueeid geschworen und das nur allzugern, denn schließlich waren sie auf den Bruder nicht gut zu sprechen. Lucien ist zwar der drittälteste in der Rangfolge, doch ist der zweitälteste Sohn Claudines geistig behindert und damit regierungsunfähig.

Ein politisches Hindernis: Der französische König Ludwig XII. ist schockiert, will nicht ohne weiteres den Brudermord verzeihen, zumal er Jeans Dienste schätzte. Kurzerhand entzieht er Lucien den Gouverneursposten Ventimille, den sein Bruder innehatte. Doch zum Jahresende zeigt sich Ludwig XII. nachsichtig. Zwar hält er immer noch an dem Tatbestand des Brudermords fest, was Lucien de facto nie geleugnet hat – auch das spricht für ihn –, aber aufgrund positiver Bescheide über Luciens Regentschaft macht er ihn Ende 1506 doch noch zu seinem Kammerherrn. Zwei königliche Galeeren treffen daraufhin in Monacos Hafen ein. Offiziell zum Schutz – inoffiziell aber vielleicht zur Überwachung.

Luciens Regierungszeit ist geprägt von den wohl erbittersten Kämpfen um Monaco, die auf dem kleinen Territorium ausgetragen wurden, und von diplomatischer Weitsicht. 100 Tage Belagerung ab Januar 1507 müssen Monaco und der »Seigneur de Monigue« aushalten, um dann eines der grausamsten Gemetzel um die Festung zu erleben. Schuld an allem ist wieder einmal die – wie immer neidische – Republik Genua. Die herrschenden Patrizier sind aus der Stadt vertrieben und stattdessen ein Färber, Paul de Novi, als Doge ernannt worden. Er macht die Eroberung Monacos, dem Vorposten Genuas, zur Chefsache.

Lucien ahnt dies von Anfang an und behält Genua – wie alle seine Vorfahren – im Auge. Rechtzeitig holt er sich militärische Hilfe – seitens Piemont und des französischen Königs. Auch die »Albergue Grimaldi«, jene Adlige gleichen Namens, jedoch aus verschiedenen Familien stammend, zeigt sich, wie es sich für einen Clan gehört, solidarisch. Sie stattet 250 Mannen mit Waffen und Rüstung aus. Lucien lässt auch die Reliquien der Heiligen Devote, Schutzpatronin Monacos, aus der Kirche ins alte Schloss bringen: eine wichtige Geste, denn die Heilige Devote erscheint auf dem Höhepunkt des Gemetzels auf den Festungsmauern und trägt damit zum Sieg bei.

In der Nacht zum 19. März 1507 beginnt die Schlacht um Monaco, das von mehreren Stellen zugleich angegriffen wird. Doch räumen am 22. März die Genuesen das Feld Richtung Osten, und Lucien folgt ihnen auf den Fersen, um die Lehen Roquebrune und Menton zu befreien. Die Schlacht geht in die Geschichte ein: eine nur 600 Mann starke monegassische Garnison hat 12 000 Mann Fußvolk mit etwa 20 schweren Geschützen nach dreimonatigem Belagerungszustand in die Flucht geschlagen.

Eine rege Korrespondenz mit Lobsprüchen aller Art auf Monaco, Lehnsherr Lucien und Bischof Augustin Grimaldi setzt zwischen Ludwig XII., Franz I., Richelieu, Karl V. und Philipp II. und ihren Beratern ein. Viele dieser Dokumente, teils mit Signaturen der Könige, sind in den Palastarchiven bis heute erhalten geblieben. Aber vom damaligen Monaco stand nicht mehr viel: Der Hafen war verwüstet, die Festung fast zerstört. Den Rest des Jahrhunderts wurde Aufbauarbeit geleistet.

Geradezu prophetisch hat Lucien gleich nach Amtsantritt verfügt, sein Bruder Augustin solle im Falle seiner Abwesenheit die Amtsgeschäfte führen. Ahnte er, dass auch er eines Tages ermordet werden würde, so wie später sein Nachfolger und dann sein Enkel Hercule? Das 16. Jahrhundert ist ein mörderisches für die Dynastie.

Bruder Augustin jedenfalls enttäuscht ihn nicht. Zwar ist er Bischof von Grasse, aber Monaco und die Familie liegen ihm so sehr am Herzen, dass der Kirchendiener den weltlichen Dingen immer mehr Aufmerksamkeit schenkt. Im Namen Gottes. Vielleicht kommen ihm die Gabe des Zuhörens, die auferlegte Zurückhaltung und der tiefe Glaube an eine letzte Gerechtigkeit zu Hilfe. So hält er Ludwig XII. geschickt hin, als dieser Monaco kaufen will, nachdem er Lucien ins Gefängnis geworfen hat. Einen zweiten Krieg konnte sich das kleine Monaco nicht leisten, und so lässt Augustin, scheinbar ruhigen Bluts, französische Experten kommen, um den Wert des Lehnstaats zu schätzen. Diese fixieren ihn im September 1507 auf 166 Tausend Dukaten: eine schwindelerregende Summe, unbezahlbar aus dem von den Italienkriegen geleerten königlichen Schatz. Ludwig XII. versucht daraufhin einen Kuhhandel nach dem Motto »gib mir Monaco, ich gebe dir die anderen Lehensgüter«. Aber auch das lehnt Augustin ab. Lucien bleibt in der französischen Gefangenschaft ebenfalls hart. Wie alle Grimaldis. Keiner gibt klein bei. Und so wird er im Mai 1508 befreit, verspricht 4000 Dukaten für seine Gefangenschaft an den König von Mailand zu zahlen (damals trug man selbst die Gefängniskosten) und im August nach Frankreich zu gehen. Zuvor hinterlegt er jedoch bei seinem Notar in Nizza eine Erklärung, die alle ihm »gewaltsam entrissenen Zugeständnisse gegen ein unabhängiges Monaco« für nichtig erklärt.

Ludwig XII. beruhigt sich und lässt Lucien 1509 nur »ewige Treue« und »ewiges Bündnis mit der Krone Frankreichs« schwören. Als Gegenleistung erhält dieser 500 Pfund jährliche Pension. Und »mourgue« (provenzalisch »Mönch«), so heißt Monaco 1512 in den königlichen Patentbriefen von Blois, wird von niemandem gehalten außer von »Gott und Schwert«. Mit anderen Worten: Monaco ist unabhängig. Definitiv!

Was bleibt noch von Luciens Regierungszeit zu erwähnen? Vielleicht der Besuch von Niccolò Machiavelli, angehender Verfasser des »Fürsten« und ausgezeichneter Staatsmann. Lucien schätzt ihn. So unterzeichnen beide bald Verträge, die ihnen die gegenseitige freie Schiffahrt in der Toskana und umgekehrt in Monaco für zehn Jahre sichern. Hellhörig geworden, räumt Ferdinand V., König von Aragon sowie von Neapel und Mallorca, Lucien ähnliche Privilegien ein. Der Franzose Ludwig XII. gerät damit in Zugzwang. Er muss bessere Konditionen bieten. Wie immer ist es ein Mächtespiel und Gerangel um Monaco.

Die letzten zwölf Regierungsjahre Luciens sind von Geldmangel geprägt. Zwar heiratet er 1514 provenzalischen Adel mit gutem Namen, eine gewisse Jeanne de Pontevès-Cabane, aber finanziell gesehen ist die Dame keine gute Partie. Und obwohl Lucien sparsam regiert, sich auch um die Statusfrage für Menton bemüht, gerät er unfreiwillig wieder in die nächsten Italienkriege, bei denen Karl V., König von Spanien und Kaiser Deutschlands, Mailand und andere französisch beherrschte Territorien einnimmt, darunter Genua. So schwankt Lucien zwischen drei Lösungen: Monaco an Frankreich zu verkaufen oder an Genua oder sich unter kaiserlichen Schutz zu begeben, wie der Rest der Albergue Grimaldi.

Doch es kommt ganz anders ... Unter den aus Italien vertriebenen Flüchtlingen befindet sich auch ein gewisser Andrea Doria, ein genuesischer Abenteurer und alter Erzfeind der Grimaldis aus Familientradition. (Man erinnere sich an das 13. Jahrhundert, bevor die Grimaldis Monaco einnahmen und in Genua gegen die Doria und Spinola kämpften.)

Hat er Wind von dem Verkauf Monacos bekommen? Sieht er eine Chance, sich zu bereichern? Jedenfalls verbündet er sich mit einem Cousin, Barthélémy Doria de Dolceacqua, ausgerechnet einem Sohn von Luciens Schwester Françoise, der jedoch seinen Onkel insgeheim gründlich hasst; aus welchem Grund auch immer.

Sie wissen um das Testament Claudines: 1515 legte sie ausdrücklich fest, dass Monaco in die Hände der Dolceacqua ginge, sollte die Linie Luciens und ihrer Nichte Marie de la Rovière aussterben. Um die Verfügung Wirklichkeit werden zu lassen, muss also gemordet werden. Andrea Doria spinnt die Pläne für den leicht beeinflussbaren Barthélémy.

Als ihm Doria in einer Depesche signalisiert, zur Tat überzugehen, schifft sich Barthélémy am 22. August 1523 in Ventimille ein. Angeblich will er in Lyon der königlichen Armee beitreten. Erfreut gewährt ihm und seinen Begleitern der gute Lucien in Monaco Gastfreundschaft und bittet ihn nach der Messe in sein Büro, um ihm ein Empfehlungsschreiben für den königlichen Hofe mitzugeben. Barthélémy gelingt es, die Bediensteten mit einer Ausrede zu entfernen. Nur ein riesiger schwarzer Sklave lässt seinen Herrn nicht aus den Augen. Die Wegbegleiter Barthélémys dringen plötzlich in das Amtszimmer ein, und der Junge durchtrennt mit einem Messer Luciens Kehle. Die Mörder lassen sich bestialisch an ihrem Opfer aus: über 40 Messerstiche, davon 32 tödlich. In den Fluren herrscht Chaos. Die Bediensteten schreien um Hilfe. Die Monegassen bewaffnen sich und wollen die Mörder ergreifen. Fast gelingt es diesen, ungeschoren davonzukommen, da sie drohen, die Familie als Geiseln zu nehmen. Doch zwei Umstände vereiteln alles: Zum einen können die Schurken nicht das vereinbarte Signal senden, damit Andrea Doria vom Meer in den Hafen fährt und sie unterstützt. Zum anderen legt ein nicht vorgesehener Gast unbemerkt im Hafen an: der treue Bruder Augustin, der die Garnison alarmiert. Der gelingt es tatsächlich, die Flüchtenden einzuholen. Allerdings erst auf dem Boden des Herzogs von Savoyen, was eine Gefangennahme vorerst unmöglich macht.

Claudines Testament enthält eine Klausel, die Augustin im Falle von Luciens Tod – und der Minderjährigkeit seiner Söhne – als dessen Nachfolger auf Lebenszeit vorsieht. Mit über 40 Jahren verlässt also Augustin sein Bischofsamt, um Herr von Monaco zu werden. Jahrhunderte später, genauer gesagt 1956, während der Trauungszeremonie von Fürst Rainier III. und Grace Kelly, erinnert der Bischof mit Anerkennung daran.

Natürlich sucht Augustin als erstes, die Kriminellen zu bestrafen. Doch trotz Prozessen ist dies nicht einfach. Andrea Doria bedroht Monaco weiter. Auf Anraten des Papstes, wendet sich Augustin von dem französischen König ab und orientiert seine Allianzsuche nach Spanien. Karl V., zugleich deutscher Kaiser, sagt zu, kann er doch über Monaco besser die Provence und Frankreich angreifen. Im Juni 1524 unterzeichnet deshalb ein gewisser Léonard Grimaldi in Burgos den Lehnsherrakt. Im November wird der Vertrag definitiv in Tordesillas aufgesetzt: mit einer erneuten Unabhängigkeitserklärung für Monaco. Über ein Jahrhundert lang wird Monaco nunmehr unter dem Schutz der Habsburger stehen und spanisch sein!

Barthélemy suchte vergeblich 1525 die Versöhnung mit Augustin: Dieser kann ihm den Mord einfach nicht verzeihen. Und eines Tages liegt der Mörder Luciens mit eingeschlagenem Schädel in seinem von Grimaldis besetztem Schloss in Penna, während der Anstifter, Andrea Doria, nunmehr Admiral Papst Clemens' VII. und später gar Meeresgeneral von Karl V., weiter auf freiem Fuße bleibt. Notgedrungen begegnen sich also Augustin und Andrea. Aber sie bleiben Erzfeinde.

Am 14. April 1532, drei Jahre nach dem französisch-spanischen Frieden in Cambrai, von dem auch Monaco mit neuen Besitztümern profitiert, stirbt Augustin auf ungeklärte Weise. Wurde er vergiftet, weil er in die Heirat seines Neffen Honorés I. mit Claudine von Savoyen, deren Vater zugleich Gouverneur der Provence ist, einwilligen wollte, und spanische Spitzel diese erneute profranzösische Haltung zu verhindern suchten? Oder war es schlicht eine Blinddarmentzündung? In Monaco wird jedenfalls eiligst Familienrat gehalten, denn wer sollte statt des zehnjährigen Honoré regieren? Ein gewisser Etienne Grimaldi, aus Genua herbeigeeilt, setzt sich durch, wurde er doch in Spanien erzogen und war Höfling unter Karl V. Mit 40 übernimmt er das Kommando in Monaco, sucht bald die Alleinherrschaft und löst sich vom spanischen Schutz. Ein echter »gubernant«. Der junge Honoré (1522–1581) unterdessen, besteht mit 13 Jahren seine Feuertaufe auf einer monegassischen Galeere in der Schlacht um Tunis.

Etienne und Honoré werden sich die Herrschaft in Monaco nach dessen Volljährigkeit teilen. Honoré I. hat Etienne als »auserwählten Vater« anerkannt und damit auf Lebenszeit als Co-Herrscher. Zudem heiratet er 1545, mit 23 Jahren, eine Nichte Etiennes, Isabelle Grimaldi, was die beiden Männer noch enger zusammenschweißt. Gemeinsam regieren sie, gemeinsam ruinieren sie sich. Ihre Flotte kostet Geld, mehr noch ihr Schloss, das unter ihnen zu einem wahren Renaissance-Palast erblüht. Der Ehrenhof des heutigen Palasts stammt in seiner Anlage aus jener Zeit, ebenso die Herkules-Galerie. 1561 stirbt Etienne. Und als Mensch der gebildeten Renaissance, begnügt sich der knapp 39-jährige Honoré I. mit »schönen Künsten, Waffenübungen und anderen ehrbaren Vergnügungen«, wie ein Botschafter Karl V. zu berichten weiß. Kriege und Gemetzel hingegen sind Honoré I. ein Greuel. Am 7. Oktober 1581, nach 20 Jahren alleiniger Herrschaft, stirbt auch Honoré. Seine Nachkommenschaft ist gesichert: 14 Kinder hat er mit Isabelle, davon neun, die ihn überleben. Darunter wiederum vier Knaben.

Der Friede ist dahin, als sein ältester Sohn Charles II. mit 26 Jahren das Erbe antritt. Acht Jahre lang wird er regieren. Von Haus aus stürmisch und impulsiv, also das Gegenteil seines vorsichtigen, beherrschten Vaters, schafft er es, sich mit allen zu verkrachen: mit den Genuesen, mit Savoyen und der Provence. In kurzer Zeit hinweggefegt sind die mühsam, diplomatisch aufgebauten Beziehungen. Monaco wird als Piratennest verwünscht, denn aus Geldmangel treibt er die Meeressteuern willkürlich ein. Der Junggeselle stirbt bereits im Mai 1589 – unerwartet und kinderlos. Charles II. hält in der Dynastie den Rekord der kürzesten Regierungszeit mit den meisten unliebsamen Zwischenfällen.

Nunmehr übernimmt der drittälteste der Brüder, Hercule (1562–1604), das Ruder, denn der zweite in der Erbschaftsfolge ist inzwischen verstorben. Hercule ist ein gebildeter Mann mit Universitätsdiplom aus Pavia. Seine Regierungsära beschränkt sich auf den Kampf gegen die leeren Kassen. Das, was an Geld reinkommt, geht zum größten Teil gleich wieder raus zur Begleichung der Schulden. Die Soldaten, die er unter anderem für Philipp II. unterhält, sehen jahrelang keinen Sold. Bittschriften an den spanischen König bleiben ohne Erfolg. Es kommt zu einer Hungersnot.

Am 11. Oktober 1595 heiratet Hercule Maria Landi de Valdetare, mütterlicherseits abstammend von den Königen Portugals und Aragons. Über sie sind die Grimaldis bis in alle Ewigkeit mit dem spanischen Königshaus verwandt. Die Mitgift ist üppig, reicht aber nicht, die Schulden zu tilgen. Die kurze Ehe ist glücklich, doch leider stirbt Maria bei der Geburt des dritten Kindes. Hercule, der ursprünglich Geistlicher werden wollte, wird zum Weiberheld. Er spannt manchem Monegassen die Frau aus, was tödliche Folgen hat. Denn als ein savoyardischer Notar und Doppelagent, Stefano Boccone, Komplizen sucht, um Hercule zu ermorden, findet er nur allzuschnell Helfer unter der monegassischen Bevölkerung. Am 21. November 1604, als Hercule nach einem Frauenbesuch aus einem der Häuser tritt, wird er hinterrücks erstochen und sein Leichnam wird ins Meer geworfen. Wahrlich, das 16. Jahrhundert ging schlecht aus für die Grimaldi-Dynastie.

Honoré II., Monacos »Sonnenkönig«

Das 17. Jahrhundert beginnt nicht besser. Eilig beratschlagen die Vertreter der Monegassen in ihrer »Universität«, wie der Rat damals hieß. Der Nachfolger, Honoré II. (1597–1662), Sohn von Hercule, ist gerade sieben Jahre alt. Sie bekräftigen ihre Treue nach außen in einem schallenden »Viva Grimaldo!« und in einem an Genuea gerichteten Schreiben vom 27. November 1604.

Als Vormund des kleinen Honoré II. wird sein Onkel mütterlicherseits bestimmt: Frederico Landi, Prinz von Valdetare, herbeigeeilt aus Mailand, wohin er, nachdem er Honoré II. den Treueid geschworen hat, auch wieder zurückgeht, aber nicht, wie die Monegassen hoffen, um für die Unabhängigkeit Monacos zu kämpfen, sondern um die Vorherrschaft Spaniens durch einen Vertrag von 1605 zu bekräftigen. Denn der Prinz ist Freund der Spanier. Eine spanische Garnison wird in Monaco installiert und den Monegassen bald das Tragen von Waffen untersagt – eine Demütigung. Der kleine Honoré II. und seine Schwestern müssen dem Vormund nach Mailand folgen.

Erstmals seit Ende des Mittelalters sind die Monegassen wieder von ihrem Grimaldi-Herrscher verlassen. Sie rufen 1607 ihren Rat ein, um die Änderung des spanischen Protektorats zu veranlassen. Doch die Spanier regieren absolutistisch und werden Monaco bis 1641 dominieren.

Unterdessen arrangiert der Vormund die Heirat der Kinder mit der Crème de la crème italienischer Familien. Jeanne, die ältere der Geschwister, ehelicht 1615 einen gewissen Trivulce, Prinz von Misochio, und eifriger Verfechter der Habsburger. Honoré II. folgt ein halbes Jahr später, im Februar 1616, und heiratet die Schwester seines Schwagers, Hippolyte Trivulce. Von nun an sind die Grimaldis auch in der lombardischen Aristokratie fest verankert.

Vor der Hochzeit aber, und das ist entscheidend für das Geschlecht, suggeriert Frederico dem kleinen Honoré: »Sie sind Herr von Monaco. Es ist Zeit, dass Sie sich zum Fürsten machen.« Honoré II., 15 Jahre jung, zögert keine Sekunde, wurden doch schon sein Vater und andere Vorfahren aus Höflichkeit »Prinz« beziehungsweise »Fürst« genannt, ohne jedoch den Titel zu besitzen. Und so taucht ab 1612, von einem Tag auf den anderen, der selbstgegebene Titel »Fürst und Gebieter« im monegassischen Briefwechsel mit den Spaniern auf. Die ehrgeizigen Grimaldis haben sich schon wieder einen Traum erfüllt.

Die Anerkennung braucht allerdings etwas länger, nämlich fast zwanzig Jahre. Schon damals mahlten die Mühlen der Bürokratie langsam. 1633 endlich erkennt der madrilenische Hof offiziell den Fürstentitel an. Monaco wird damit Fürstentum, erhält mit Honoré II. seinen ersten Fürsten, der, wie Sonnenkönig Ludwig XIV.

in Frankreich, sogar als »Sonne der Grimaldis« in die Geschichte Monacos und seiner Dynastie eingehen wird. Denn das 17. Jahrhundert wird für Monaco flamboyant.

Zusammen mit dem Titel erwirkt der Vormund für seinen Neffen das Recht, eigene Münzen zu prägen. Dieses Recht haben die Grimaldis noch heute – und damit ihre eigene, lokale Währung, den monegassischen Franc, seit 2002 den monegassischen Euro. Damals aber ist die Währung ein silberner Talaro. Er trägt auf der einen Seite die Wappen der Grimaldis und Landis mit den Siglen »Honora: II. D: G: Pri: Monoeci«, das heißt »Honoré II. durch Gottes Gnaden Prinz von Monaco«. Auf der anderen Seite prangt ein gekrönter Phönix mit der lateinischen Devise: »In senectute virescit«, was so viel heißt wie »Im Alter schöpft er Kraft«. (Noch im 21. Jahrhundert scheint sich Fürst Rainier III. an diese Devise seiner Vorfahren zu halten: Mit fast achtzig Jahren übt er die Macht aus.) Honoré gründet eine eigene Münzprägerei und lässt Gulden mit seinem Bildnis anfertigen. Die Münzprägerei wird das erste Staatssymbol Monacos.[2]

Der junge Prinz erkennt jedoch sehr bald, dass er in seinem Fürstentum nur nominell das Sagen hat. De facto regieren die Spanier. Den Sold allerdings soll er zahlen. Bitterlich beklagt er sich, doch um sein Schloss raffiniert und luxuriös zu verschönern, 30 Jahre daran herumzubauen, ihm viel der heutigen Form zu geben und die königlichen Gäste, denen Monaco eine Reise wert ist, fürstlich zu bewirten, dafür ist er reich genug. Honoré II. hält Hof. Und auf den ersten Blick sucht der monegassische »Sonnenkönig« nichts anderes als Frieden, beschränkt sich auf die Verwaltung seiner Besitztümer und gefällt sich in der Rolle des Ästheten.

Scheinbar. Denn dieser zurückhaltene, eher schüchterne Fürst, dessen größte Gabe die Geduld ist, wird eine stille Revolution in Monaco einleiten. Schon lange möchte er sich von der spanischen Protektion lossagen und die alten Bande seiner Vorfahren zu Frankreich wieder knüpfen. Mit einem geheimen Ziel vor Augen: die Unabhängigkeit Monacos langfristig zurück zu erlangen. Mehrfach scheitern diese Pläne, obwohl Ludwig XIII. ihm durchaus Interesse bekundet. Aber die äußeren politischen Umstände, neue Allianzen, verhindern, die schon ausgearbeiteten und im Februar 1635 paraphierten Pläne in die Tat umzusetzen. Zumal die Franzosen Monaco gewaltsam von den Spaniern befreien möchten, während Honoré die Sache lieber ohne Blutvergießen lösen möchte. Sechs Jahre muss er sich gedulden, bei dem fanzösischen Kardinal Richelieu immer wieder diskret antichambrieren, bis er 1641 erhört wird.

Sein Doppelspiel führt er folgendermaßen: Er verheiratet seinen Sohn, der als erster Grimaldi den Titel »Erbprinz« führen darf, mit entfernten Verwandten der spanischen Krone. Das schläfert, so seine Berechnung, die misstrauisch gewordenen Spanier ein. Parallel dazu verhandelt der Fürst jedoch mit den Franzosen, mit Richelieu und Ludwig XIII. Der Erfolg seiner Mühen ist schließlich der berühmte französisch-monegassische Vertrag von Péronne vom 8. Juli 1641: Jedes französische Einmischen in die monegassische Regierung oder Justiz wird untersagt. Nur der Garnisonsleutnant wird vom französischen König ernannt – unter Billigung des Fürsten. Dazu gibt es eine Rente von jährlich 25 Tausend Gulden. Honoré und seine Nachfolger bleiben Gouverneure bis in alle Ewigkeit, auch, so heißt es, von Roquebrune und Menton.

Leise und ohne Blutvergießen, ja anfangs nur durch eine List, wie sein Vorfahre Francesco »Malizia«, entledigt sich Honoré II. anschließend der spanischen Soldaten: Ein falscher Prozess von falschen Aufständischen wird initiiert, die scheinbaren Missetäter – alles Monegassen – werden in den Palast zur Verurteilung geholt, und am Abend des 17. November 1641 gibt Honoré seinen spanischen Soldaten ein üppiges Festessen mit viel französischem Wein. Die Wirkung bleibt nicht aus: Die Soldaten schlafen selig ein, werden in ihrem Rausch mit Leichtigkeit überwältigt und als Gefangene nach Hause, nach Spanien geschickt. Frankreich entsendet sogleich Galeeren und Soldaten, um den vertraglich fixierten französischen Schutz nach außen zu signalisieren. Honoré seinerseits schickt am 19. November 1641 ein Abschiedsschreiben an den spanischen Gouverneur in Mailand und gibt die vom König einst erhaltene *Toison d'Or* zurück, die fürderhin ein anderer spanischer Dienstherr tragen soll, denn er selbst trägt lieber die französische Königslilie. Gut ein Jahrhundert spanische Besatzung geht damit für Monaco zu Ende. Die alte Bündnis-Liebe zu Frankreich lebt weiter.

Natürlich verliert Fürst Honoré II. seine spanischen Gebiete in Italien, wie die Campagna. Aber dafür erhält er von Ludwig XIII. französische, darunter das Marquistum Les Baux. Seit dem 17. Jahrhundert sind also die Grimaldis sowohl Fürsten von Monaco als auch Marquis von Les Baux.[3]

Historiker, wie Jean-Baptiste Robert, loben wieder einmal die Weitsicht der Grimaldis, ihre Gabe, internationale Kräfteverschiebungen beizeiten zu spüren und sich ihnen anzupassen. Wie 1512 mit Ludwig XII., 1524 mit Karl V. und jetzt, 1641 mit Ludwig XIII., wenden die Grimaldis sich rechtzeitig an die aufsteigenden Königsmächte, solange diese Monaco noch strategisch brauchen, um ihre internationale Vorherrschaft zu sichern.

Das neue französische Protektorat wird 150 Jahre währen und verschiedene Phasen durchlaufen. Monaco erlebt, parallel zu Frankreich, zunächst sein »großes Jahrhundert« (1641–1701), das ganze 60 Jahre dauert. Es entspricht genau den letzten 20 Regierungsjahren Honoré II., der im Januar 1662 stirbt, sowie der Regierungszeit von Louis I. (1642–1701), seinem Enkel und Nachfolger, der 1701 das Zeitliche segnet. Beide halten sich strikt an den mit Frankreich geschlossenen Vertrag von Péronne.

Die zwei Fürsten machen Monaco zum französischen Abglanz und Spiegelbild, wie es viele europäische Höfe zu jener Zeit tun. Monaco nimmt jedoch auch italienische Zivilisationseinflüsse auf, um so mehr als auch der französische Hof sich »italienisiert« und der Klassizismus in Mode kommt.

Nicht nur in der Kultur, sondern auch in der Politik folgen Monacos Herrscher dem französischen Vorbild: Monaco erlebt die Geburt einer absoluten Monarchie wie Frankreich unter Ludwig XIV. Beruhte die Macht der Grimaldis bislang auf dem Volkswillen und den Freiheiten, denen sie dem Volk in puncto Handel, Versorgung, Polizei, Straßenbau zugestanden, so nimmt der Fürst nunmehr alles selbst in die Hände. Monaco wird ein allmächtiger Verwaltungsstaat, dirigiert von einem »Staatssekretär«. Das

Volksparlament tritt nicht mehr zusammen, außer, um den Eid zu schwören – zu Beginn jeder neuen Regierungszeit. Höhepunkt der Machtkonzentration ist der 1678 von Louis I. redigierte und veröffentlichte »*Code Louis*«, der den »Status des Fürstentums« definiert und das Zivilleben, die Kriminalität, die Polizei, die ländliche Gesetzgebung behandeln.

Ab 1671 wird der Fürst sogar mit dem schmückenden Beiwort »Sérénissime« versehen, eine Usance, die die Dynastie von anderen Königsfamilien kopiert. Monacos Fürsten kumulieren also im 17. Jahrhundert jene Reihe von Titeln, die das Geschlecht noch heute kennzeichnen: »S. A. S, Son Altesse Sérénissime, le Prince de Monaco, Marquis des Baux«.

Und während die Grimaldi-Herrscher noch zu Beginn des 17. Jahrhunderts von ihrem *castrum*, ihrer *arx*, gar von ihrer *fortezza*, der Festung, sprechen, beginnt Honoré II. dem neuen Adelstitel entsprechend, von seinem *palazzo* zu schwärmen, der dem französischen Klassizismus architektonisch angeglichen wird.

Auch Louis I., der anstelle des bei einem Schießübungsunfall verstorbenen, erst 27 Jahre jungen Hercule (1623–1651) im Januar 1662 auf den monegassischen Thron folgt, symbolisiert seine (All-)Macht architektonisch. Er legt die bis heute erhaltene zwei läufige weiße Treppe im Ehrenhof des Palasts an. Inspirieren ließ er sich beim französischen Königsschloss Fontainebleau. Das Inventar der immer reicheren Innenausstattung beläuft sich zu seiner Regierungszeit auf rund 700 Gemälde überwiegend französischer und italienischer Meister, eine reiche Goldschmiedesammlung, italienische Wandbehänge, Brokate; auch französische Gobelins zieren nunmehr die fürstlichen Gemächer.

Soviel Pracht und Prunk hat seinen Zweck: Wie später der französische König in Versailles umgeben sich Honoré II. und Louis I. ostentativ mit einem Hofstaat. Er setzt sich aus internationalen Edelleuten und neuem, vom Fürsten ernannten monegassischen Adel zusammen. Honoré II. versucht über die kleinen Landesgrenzen hinaus zu strahlen: rauschende Feste, Ballettinszenierungen wie in Paris, Bälle, Maskeraden und Unterhaltungen tragen ihren Teil dazu bei. Paris ist damals das Maß der Dinge für Monaco und wird es erneut um die Wende vom 19. zum 20. Jahrhundert mit der Geburt Monte Carlos sein.

Der einst schüchterne, aber beharrliche Honoré II. entpuppt sich als wahrer Staatsmann. »Er hätte«, schreibt Robert, »an der Spitze eines größeren Landes seine Zeit beeinflussen können.« Monaco ist zwar nicht der Nabel Europas, aber doch ein kultureller Anziehungspunkt und politischer (Gesprächs-)Partner.

Louis I., Enkel und Nachfolger von Honoré II., hat es folglich schwer in diese Fußstapfen zu treten. Wenn der Höhepunkt einmal erreicht ist, bleibt nichts anderes als der Erhalt oder Niedergang. Eine ähnliche Situation bietet sich aktuell bei der Thronfolge von Erbprinz Albert. Denn auch hier haben wir es mit einer schwer zu übertreffenden Glanzzeit Monacos unter Fürst Rainier III. zu tun.

Zunächst gelingt es Louis I., der Politik seines Großvaters zu folgen. Aber dann, überschattet von der Allmacht des Sonnenkönigs Ludwig XIV., führt Louis I. eine unglückliche Wendung in der monegassischen Politik herbei. Er verlässt Monaco, um sich beim Hof in Versailles eine Stellung zu verschaffen. Sein nur drei Jahre älterer Taufpate, Ludwig XIV., begrüßt diesen Schritt. Aber Louis I. kann nicht mithalten. Zwar ist er Fürst sowie Herzog und Peer, aber er hat nicht die Raffinesse des französischen Adels. Fast wirkt Louis von Monaco provinziell, mit seinen 17 Jahren jedenfalls schrecklich unerfahren. Zum Glück sieht er ungewöhnlich gut aus. Das hilft in der feinen Gesellschaft.

In den Augen der monegassischen Dynastie macht der junge Louis eine gute Partie, denn seine Gemahlin bringt die Grimaldis in greifbare Nähe des französischen Hofs. Marie-Charlotte-Catherine de Gramont (1639–1678) ist die erste Französin, die in die Grimaldi-Familie aufgenommen wird. Der temperamentvolle »Wirbelsturm«, wie Madame La Fayette sie dezent charakterisiert, der noch Alexandre Dumas zu einem Roman *Die Prinzessin von Monaco* inspirieren wird, ist es gewöhnt, an den pompösen Festen des Königs teilzunehmen. Ihre lebensgewandte Überlegenheit lässt sie den noch dazu drei Jahre jüngeren Erbprinzen unverholen spüren. Rücksicht braucht sie nicht zu nehmen, denn im

Herzen liebt sie einen anderen, einen ihrer Cousins. Aber auch sie hat genauso wenig die Wahl wie Louis I.: Die Eheschließung ist, wie so oft in jenen Zeiten, ein reines Politikum. Die von Kardinal Mazarin auf Wunsch seines Freundes Honoré II. eingefädelte Heirat mit Charlotte de Gramont im Jahre 1660 wird auf dem Papier ein Triumph, aber in der Realität ein Misserfolg. Schon die Hochzeit ist eine Schmach für die Grimaldis. Sie wird nicht, wie von Honoré II. geplant, in Monaco gefeiert, sondern bei den Gramonts in Pau. Eine bittere Pille für den Fürsten, der gerne seinen Prunkhof gezeigt hätte.

Die erste französische Frau in der Grimaldi-Dynastie hat die Hosen an, schwingt das Zepter – aus der Ferne, aus ihrem geliebten Paris. Aber nicht lange. Bald trennen sich die Wege des Paars, denn Charlotte lässt durch ihr freizügiges Leben sogar den Hof aufhorchen. Im Umkreis von »Madame«, gemeint ist Henriette von England, der Gemahlin von »Monsieur«, also von Philipp d'Orléans, dem Bruder von König Ludwig XIV., gilt Charlotte de Monaco bald als schwarzes Schaf. Sie gehört, so Historikerin Jacqueline Duchaîne, zu den »gierigsten, intrigantesten, unaufrichtigsten« Frauen am Hofe von Versailles. Zumal kolportiert wird, sie führe mit Henriette ein besonders zärtliches Verhältnis und, was besonders schwerwiegt, die Gemahlin des Sonnenkönigs keinerlei Sympathien für die Prinzessin von Monaco hegt.

Und so wird die monegassische Fürstin schließlich auf Anordnung des Königs 1661 auf den ihr verhassten »Felsen« verbannt. Charlotte, etwas gemäßigt durch die Geburt von drei Töchtern und der Gesellschaft von fünf sittsamen Schwägerinnen, entdeckt auf einmal ihre karitative Ader. Sie wird wohltätig, hilft minder bemittelten Einwohnern und gründet sogar ein Kloster, »De la Visitation«, um Töchtern aus gutem Hause in Südfrankreich eine Ausbildung zu gewährleisten. An Schulen mangelt es damals in Monaco und der Umgebung von Menton und Nizza.

Doch nur vier Jahre, von 1661–1665, hält es die lebenslustige Französin in Monaco aus: Louis ist 31 Jahre, sie 33 Jahre alt, als sie nach Paris zurückkehrt. Dort setzt sie ihre Hofkarriere fort, dieses Mal als enge Vertraute der Prinzessin (Liselotte) von der

Pfalz. Eine geistreiche Zeitzeugin, Madame de Sévigny, die den Hof aus der Nähe beobachtet, spricht in diesem Zusammenhang von Bisexualität und hebt den energischen Charakter der Fürstin von Monaco hervor: »Sie hat Ideen mit Folgen ...« Am Ende wird Charlotte de Monaco sogar eine Geliebte von Ludwig XIV. Auch wenn ihr erstes Stelldichein mit dem König etwas kompliziert ist, wie Daniel de Cosnac, zu jener Zeit Bischof von Valence und rühriger, einflussreicher Seelsorger von »Monsieur«, dem Bruder des Königs, sich erinnert: Um zwei Uhr morgens gibt »Madame de Monaco« dem König ein Rendezvous in ihrem Gemach. Doch ihre Zofe, die den Schlüssel über Nacht stecken lassen soll, plaudert gegenüber einem gewissen M. de Lauzun, der sie großzügig für den guten Tip entlohnt und besagten Schlüssel abzieht – nachdem er die Tür verschlossen hat. In dieser Nacht wartet Madame la Princesse de Monaco vergeblich.

Charlotte stirbt 1678, mit knapp 40 Jahren, an den Folgen einer langen Krankheit. Ihr Bildnis hängt im Fürstenpalast, weil sie, wie gesagt, die erste Französin in der Dynastie ist. Sechs Kinder hat sie mit Louis I., trotz unglücklicher Ehe. Unter ihnen ist Antoine, der Älteste, der seinem Vater auf den Thron in Monaco folgen wird.

Louis I. engagiert sich in der königlichen Armee, um seinen berühmten Taufpaten, Ludwig XIV., zu unterstützen, ihm gar zu imponieren. Mit seiner von ihm zusammengestellten, im Unterhalt sehr teuren »Monaco Kavallerie« nimmt er aktiv am Hollandkrieg teil. Die Kosten des Regiments trägt jedoch im Gegensatz zu vergangenen Jahrhunderten nicht mehr der ihn protegierende König. Die Zeiten ändern und Monacos Staatskassen leeren sich.

»Geliebt und geschätzt von allen«, so schreibt der Marquis des Souches, hat Louis I. im Alter nur noch eine Ambition: den Titel »ausländischer Prinz« – beziehungsweise Fürst – beim französischen Hof zu erwerben. Das gelingt ihm. Aber erst durch eine weitere Titel-Heirat, nämlich die Hochzeit seines Sohns Antoine mit Maria von Lothringen, Tochter des Grafen von Armagnac und Oberstallmeister des Königs.

Noch einmal ruft Ludwig XIV. den Fürsten aus seinem monegassischen Ruhestand nach Paris. Wer kann einem solchen Ruf widerstehen? Kein treuer Grimaldi. So zieht Louis I., fast 60-jährig, als gesandter französischer Diplomat des Königs zum Papst, bei dem er Fürbitte leisten soll. Ein hoher Posten, der auch Jahrhunderte später, 1997 bei der 700-Jahr-Feier der Dynastie, nicht unerwähnt bleibt, so bedeutungsvoll ist er für die Geschichte der Grimaldis, Monacos und Frankreichs: Erstere steigen im internationalen Ansehen, die zweiten gehen pleite, die dritten sehen ihren Auftrag erfolgreich ausgeführt ... Im Rückblick sieht es so einfach aus.

Doch damals gibt es erst mal nur Ärger: Statt bescheiden und respektvoll, wie es sonst seine Natur ist, im Namen der französischen Krone aufzutreten, die sich vom 84-jährigen Papst als Nachfolger auf den verwaisten, spanischen Thron ernannt sehen will, verkörpert Louis I. Frankreichs Prunk in eigener Person. Am 27. Juni 1700 bietet er den Schaulustigen einen grandiosen Triumphzug, ein glanzvolles Spektakel aus Uniformen, 100, bei der ersten öffentlichen Papstaudienz sogar 300, sechsspännigen Karrossen, 67 Prälaten, fast 100 römischen und 40 französischen Rittern. Für all den Pomp muss sich der gute Louis I. sogar Geld leihen. Den Papst lässt das eher unbeeindruckt: »Da kommen sie mit Pferden und Karrossen, obwohl wir doch nur den Wegen Gottes folgen wollen.« Aber letzten Endes gelingt es Louis, den französischen Kandidaten, einen Kardinal, für den spanischen Thron durchzusetzen. Die Mission ist erfüllt. Der finanzielle Ruin stört Louis I. nicht weiter, denn er stirbt noch in der Nacht vom 2. zum 3. Januar 1701 in Rom. Wahrscheinlich an Unterkühlung, Herzinfarkt oder Lungenembolie. Weit weg von Monaco segnet er also das Zeitliche.

Die Grimaldis sammeln einmal mehr Pluspunkte in der Geschichte: Fürst, Marquis des Baux, ausländischer Prinz – und Diplomat beim Vatikan! Dies ist Ende des 17. Jahrhundert die Titel-Galerie der Grimaldis, zusammengetragen in nur knapp 60 Jahren durch taktische Eheschließungen, politische Bündnisse sowie treue Dienste. Die Ernte des 17. Jahrhunderts ist eine Auslese mit Prädikat.

Der musische Antoine I.

Antoine (1661–1731) ist 40 Jahre alt, als er vom Tod seines Vaters erfährt. Flugs eilt er vom französischen Hof nach Monaco, und zwar gemeinsam mit seiner Frau Maria von Lothringen. Dreißig Jahre, von 1701 bis 1731, wird er regieren. Davon wird er 13 Jahre, bis zu ihrer endgültigen Trennung 1713, in einer Art »gentleman agreement« mit Maria im monegassischen Palast verbringen.

Nebenbei hat er eine Liebschaft, eine »glückliche Idylle«, wie er sie umschreibt. Es handelt sich um eine gewisse Elisabeth Dufort-Babé, ohne Zweifel hübsch, die er auf der Bühne eines Theaters kennen gelernt hat. Nebenbei gesagt: Viele männliche Grimaldis werden bis ins 20. Jahrhundert bei Schauspielerinnen schwach. Ein unehelicher Junge, Antoine, nach seinem Vater benannt, geht aus der Beziehung hervor. Er ist der angehende, vom Vater anerkannte »Ritter Grimaldi«, der Monacos Schicksal immerhin 50 Jahre lang positiv beeinflussen wird …

Trotz der von Louis I. hinterlassenen katastrophalen Finanzlage, erlebt Monaco zunächst einen leichten Aufschwung unter Antoine I.: Es werden mehr Münzen geprägt, eine Druckerei und Glaserei gegründet, sowie in den 20er Jahren die erste befahrbare Straße von Monaco nach Menton angelegt.

Es gelingt dem neuen Fürsten sogar, seinen in Paris und bei Hofe erworbenen musischen Interessen nachzugehen. Anders als sämtliche Vorfahren ist Antoine, Sohn von Charlotte de Gramont, nun einmal mit der französischen Kultur aufgewachsen und von ihr durchdrungen. Er ist der erste, von klein auf »französisierte« Grimaldi. Ludwig XIV. wird deshalb für ihn bis ins hohe Alter ein Vorbild bleiben, eine Art Halbgott. So frönt Antoine I. auch im kleinen Monaco abseits der französischen Weltbühne seiner Liebe zur Musik, lässt ein Orchester gründen, holt gar ein Ballett – das erste im Fürstentum – und Komponisten nach Monaco, sammelt Partituren und Taktstöcke. Über 1000 hat er davon. Die 30 Jahre seiner Regierung, so rühmen die fürstlichen Jahrbücher, die *Annales Monégasques* im 20. Jahrhundert, gelten als die »größten« hinsichtlich der musikalischen Entfaltung Monacos. Alle Grimaldis spielen damals ein Instrument, alle heißt: Antoine I., und sein weibliches Quintett – bestehend aus seinen fünf Töchtern.

Der Riese Antoine, bereits in seiner Jugend aufgrund seiner wuchtigen Gestalt »Goliath« genannt, hat keine legitimen männlichen Erben. Deshalb kommt wieder einmal die testamentarische Vorsorge von Jean I. aus dem 15. Jahrhundert zum Tragen, das die Erbfolge der Töchter vorsieht. Vorausgesetzt, diese ehelichen einen Mann, der bereit ist, Namen und Wappen abzulegen und ein Grimaldi zu werden.

Ein solcher Mann muss erst einmal gefunden werden, obendrein soll er reichlich Mitgift mitbringen, um die Finanzlage Monacos zu verbessern. Der Auserwählte für die älteste Tochter Marie-Hippolyte, Coco genannt, ist ein normannischer Lehnsherr: Jacques-François Léonor de Goyon, Sire de Matignon, Graf von Torigni. Unter den nicht-herzöglichen Familien einer der besten Namen.

Zum Glück scheint bei all diesen berechnenden Heiratsplänen auch Gott Amor – endlich wieder – mitzuspielen. Marie-Hippolyte schwärmt von ihrem angehenden, 25 Jahre jungen Ehemann: »Sie fragen mich, ob ich ihr Porträt ansehe: ich schwöre Ihnen, liebes Grauhaar (Anm. d. Verf.: franz. »grison«, der Spitzname, den Antoine seinem jungen Schwiegersohn wegen seiner grauen Haare gab), dass ich niemals meine Augen davon abwende …«

Jacques de Matignon, »Prince de Monaco« in spe, ist in der Tat ein attraktiver, eleganter Mann, mit samtenen braunen Augen. Und da er durch diese Heirat »Prince« und Herzog wird – denn sein Schwiegervater Antoine schenkt ihm mit Erlaubnis des französischen Königs das Herzogtum Valentinois – und vielleicht sogar in Monaco mitregieren darf, verzichtet er gerne auf seinen alten Namen und sein Wappen.

Frankreichs König hat in die Ehe eingewilligt, ebenso Antoines von ihm getrennt lebende Ehefrau. Sie hat, das weiß aber der Fürst nicht, die Ehe sogar geschickt eingefädelt, nachdem ihre Tochter bereits zwei Anwärter abgelehnt hatte und daraufhin vom Vater zornig ins Kloster verbannt wurde.

Die Heirat wird mit der Unterschrift des damals erst fünfjährigen König Ludwig XV. besiegelt. Es ist die erste Amtshandlung des gerade inthronisierten König Frankreichs und für Monaco eine geschichtsträchtige Geste.

Am 20. Oktober 1715 ist Hochzeit. Der musikalische Antoine schreibt höchstselbst das Libretto für die Zeremonie. Doch bald schon verschlechtert sich die Beziehung zu seinem Schwiegersohn. Es folgen Prozesse über Prozesse, zumal Torigni den Bruder Antoines für dessen Thronverzicht nicht, wie abgemacht, ausgezahlt hat.

Nach und nach verfällt Antoine I. in Depressionen. Er, der seine Kinder über alles liebt, verliert seine jüngste Tochter vermutlich aufgrund von Leukämie. Fünf Jahre nach ihrem Tod folgt er ihr ins Grab, am 20. Februar 1731 im Alter von 70 Jahren. Zuletzt hat Riese Goliath nur noch für die Musik und seinen jungen Enkel Honoré gelebt, obwohl dieser die meiste Zeit mit seinen Eltern in Paris verbringt. Seine europaweite Korrespondenz füllt 31 Bände und ist heute als Archivmaterial einzusehen.

Seine Tochter Louise-Hippolyte (1697–1731) ist zu diesem Zeitpunkt 34 Jahre alt, voller Grazie und, um mit Historiker Decaux zu sprechen, die »Penelope der Dynastie«. Allzuoft hat ihr Mann Jacques sie alleine gelassen. Acht Kinder haben sie, zwei davon sind mit noch nicht einmal sechs Monaten gestorben. Eine Schwangerschaft alle 18 Monate – das zehrt an Nerven und Kräften. Am 4. April 1731 verlässt Marie-Hippolyte also Paris, um ihr Erbe in Monaco anzutreten. Ihr Mann hat keine Eile mitzukommen. Nur ihr elfjähriger Sohn Honoré begleitet sie. Elf Tage brauchen Mutter und Sohn, bis sie in Monaco eintreffen. Die Monegassen empfangen sie als Herrscherin: mit Vivat und Kanonensalut, so dass, wie die Prinzessin später ihrem Mann berichtet, »die Fensterscheiben im Palast zerspringen«. Das Volk schwört ihr den Treueeid. Als Jacques ihr zornig nacheilt, ist der Empfang durch die Monegassen merklich kühler. Drei Monate hält er es in Monaco aus und merkt, dass eine Co-Regentschaft laut Testament und Brauchtum nicht möglich ist, obwohl Marie-Hippolyte in allen offiziellen Schreiben ihn namentlich mitgenannt hat. Wütend verlässt Jacques das Fürstentum, trotz der Bittbriefe und Liebesbeteuerungen seiner Frau. Ehrgeizig und jetzt, in diesen schweren Zeiten, seine wahre Natur zeigend, lässt er Hippolyte am 2. November wissen, dass er nichts mehr von ihr hören will. Vielleicht wird er durch die im 18. Jahrhundert aufkommende Presse angestachelt. Bereits damals, so analysiert Historiker Jean des Cars, gibt es einige Journalisten, die »mit extremer und indiskreter Aufmerksamkeit alles verfolgen, was sich auf dem Felsen abspielt«. Seither besteht also der Mediendruck, das »Paparazzi«-Interesse am Grimaldi-Clan.

Das Schicksal nimmt seinen tragischen Lauf: Am 29. Dezember desselben Jahres stirbt Marie-Hippolyte an den Pocken, eine Krankheit, die viele Monegassen dahinrafft und »Gott sei dank«, wie sie sagt, ihren geliebten Sohn verschont. In ihrem letzten Brief, datiert am Todestag, bekräftigt sie dem abtrünnigen Ehemann ihre Liebe und Treue und den Wunsch, ihm immer von dem kleinen Honoré zu berichten.

Nur zehn Monate konnte Marie-Hippolyte in Monaco an der Macht bleiben. Ihre Regierungszeit blieb nur ein Interludium. Es ist die kürzeste Regierungszeit in Monacos Geschichte und in der Geschichte des Geschlechts. Immerhin konnte Fürstin Marie-Hippolyte einige Reformen durchsetzen, darunter das Verbot, Waffen zu tragen.

Kaum hört er von ihrem Tod, begibt sich Jacques I. nach Monaco. De jure darf er das Erbe antreten und »regierender Fürst« als Vormund seines Sohns werden. De facto aber stößt er bei den Monegassen auf Antipathie und gibt deshalb bald auf. Nach bloß fünfmonatiger Regierungszeit verlässt er im Mai 1732 endgültig das Land und tritt ab. Als Generalgouverneur bestimmt er Ritter Grimaldi, den unehelichen Sohn seines Schwiegervaters Antoine, was sich als Glücksgriff für Monaco und die Dynastie erweist, denn Ritter Antoine Grimaldi enpuppt sich als kluger Regierungschef. Er bleibt auf seinem verantwortungsvollen Posten noch unter Fürst Honoré III. bis zu seinem Tod 1784, also 52 Jahre lang. Schade, dass er nicht Fürst ist. Nur Fürst Rainier III. im 20. und 21. Jahrhundert ist auch so lange an der Macht!

Jacques dankt also bereits 1733 zugunsten seines 13-jährigen Sohns Honoré III. (1720–1795) ab und zieht in sein Schloss in der Normandie. Das Wetter ist zwar trüber als im Süden, aber die Stimmung besser. Hier schreibt der Entthronte, als Philosoph seiner Zeit, seine »moralischen und bedachten Überlegungen«, erzieht seine zwei Söhne, Honoré und Charles-Maurice, sowie seine Tochter, die ins Kloster gehen wird. Honoré ist ein hübscher Knabe, der den sanften, träumerischen, nachdenklichen Blick seiner Mutter geerbt hat. Der Empfang des neuen Herrschers 1733 in Monaco ist herzlich und echt. Sogar ein Ball wird ihm zu Ehren gegeben.

Schon in jungen Jahren zeichnet Honoré III. sich mit dem monegassischen Regiment bei Schlachten aus. Aufgrund seiner Verdienste wird er Gouverneurskapitän der französischen, in Monaco stationierten Garnison. Er kann sie aber nur aus der Ferne befehligen, denn sein Leben spielt in Paris. Honoré III. ist unsterblich verliebt in die Marquise de Brignole, eine verheiratete Italienerin aus höchsten Genueser Kreisen. Dass sie um einiges älter ist als er, stört keinen in jenen Zeiten und schon gar nicht die beiden Turteltauben. Ihre Liebschaft dauert bereits über fünf Jahre.

Liebe macht bekanntlich blind, und so schlägt Honoré etliche Partien aus, obwohl er weiß, dass seine Marquise sich nie scheiden lassen wird. Eines Tages kommt ihm die rettende Idee: Er wird die Tochter der Marquise ehelichen, hält also deren »Fleisch und Blut« in seinen Armen und kann für immer, ganz legitim, in der Nähe seiner Geliebten weilen. Die 16-jährige blonde, blauäugige Marie-Catherine entflammt sofort. Ihre Mutter, als sie davon erfährt, ebenfalls – jedoch vor Zorn. Honoré III. rettet sich auf seinen Felsen und lässt, aus taktischen Gründen, von einer anderen Heirat melden, die jedoch scheitert. Denn Honoré will Catherine. Schließlich gibt die Marquise nach und willigt in die Ehe ein, vorausgesetzt der Vater tut es ebenfalls. Und nach mehrmonatigem Zögern folgt dieser dem Willen seiner Frau.

Am 15. Juni 1757 wird die Hochzeit von Honoré und Marie-Catherine per Prokuration in Genua gefeiert. Doch Honoré ist es damit nicht genug: Er ist eitel und weiß, was er will. Seine Schwiegermutter ebenfalls. Kaum ist die Heirat geschlossen und die Familie der Braut auf einer Galeere in den Hoheitsgewässern Monacos angelangt, wartet sie – vergeblich – auf den Bräutigam.

Dieser weigert sich, als herrschender Fürst, den Quai Monacos zu verlassen. Die Braut solle zu ihm kommen, verlangt er. Die Marquise explodiert und untersagt ihrer Tochter an Land zu gehen: der Bräutigam habe seine Braut an Bord zu empfangen. Es ist ein kleines, süffisantes Machtspiel, in das sich die Kräfte der Natur einmischen: Das Meer fängt an zu tosen und die Galeere entfernt sich zusehends von Monaco.

Zehn Tage dauern die Verhandlungen, bis eine diplomatische Lösung gefunden wird. Eine Brücke soll von dem Boot gebaut werden, die mit einer anderen verbunden wird, die wiederum am Steg von der monegassischen Condamine endet. Ein schwieriges Unterfangen, das hartnäckig von beiden Seiten betrieben wird. Die Brückenenden wollen sich aber nicht so recht vereinen. Da packt es auf einmal den verliebten Honoré III. Er lässt sein taktisches Spielchen bleiben, springt in eine Schalupe und rudert seiner Braut entgegen. Fröhliches Artilleriefeuer und Freudenrufe des Volks begleiten ihn. Die Eltern kehren erleichtert nach Genua zurück, und die neue Prinzessin bleibt in Monaco. Doch leider bleibt die Liebe nicht …

Zwei Söhne hat das Paar: Honoré IV., geboren 1758, also ein Jahr nach der Hochzeit, und Joseph, den fünf Jahre jüngeren Bruder. Doch wie sein Vater und viele seiner Vorfahren hält auch Honoré III. es nicht an der Seite seiner Frau. All zuoft lässt er sie für längere Zeit alleine. Hinzu kommen kleine Familienzwiste und, so analysiert Historiker J.-B. Robert, Geldstreiterein.

Ab 1768 geht es mit dem Paar bergab. Marie-Catherine wird von Louis-Joseph de Bourbon-Condé, einem eleganten, gebildeten Prinzen, hofiert und lässt sich nicht lange bitten. Erstaunlicherweise zeigt Honoré sich eifersüchtig, anders als es die Etikette für einen Mann seiner Zeit vorschreibt, und sucht sich eine Geliebte an der Comédie-Italienne. Wieder einmal wird eine Schauspielerin die geheime Auserwählte eines Grimaldi-Fürsten.

Am 31. Dezember 1770 gibt das Parlament von Paris die »körperliche und wohnliche Trennung« der Marie-Catherine von Honoré III. bekannt. Zornig erteilt Honoré III. in seinen Gebieten folgenden Erlass: Marie-Catherine »ihres Ranges, ihrer Titel und ihrer Honneurs« entzogen. Sie verliert damit das Recht, den Namen Monaco zu führen.

Marie-Catherine ist dies egal. Sie verbringt glückliche Zeiten mit ihrem neuen Prinzen Condé, Herzog von Bourbon, in dem schönen Schloss Chantilly, dreißig Kilometer nördlich von Paris. Später folgt sie dem Prinzen ins deutsche und englische Exil. Dort erfährt sie 1795 von dem Tod Honorés. Und da Condé sich nicht entschließen kann, die frei gewordene Witwe sofort zu heiraten, sondern 13 Jahre lang überlegt, tritt eines Tages 1808 ein rührendes Paar vor den Altar: Sie ist 70 und er 72 Jahre alt. Marie-Catherine stirbt 1813 in England, ohne je Frankreich oder Monaco wiedergesehen zu haben.

Ihr Ex-Mann Honoré III. fährt jedoch nach der Trennung immer öfter nach Monaco und kehrt schließlich ganz zurück zu diesem Fleckchen mediterraner Erde, das die Grimaldis bekannt und zu wichtigen Strategen in den europäischen Verhandlungen gemacht hat. 1777 arrangiert Honoré III. die »Hochzeit des Jahrhunderts«. Am 15. Juli verheiratet er seinen ältesten Sohn Honoré mit Louise-Félicité-Victoire d'Aumont, Herzogin von Mazarin, Erbin eines Herzogtums und des immensen Vermögens des gleichnamigen Kardinals, das er seiner Nichte Mancini vermachte.

Arrangierte Heiraten bringen nur leider selten Glück. Die jungen Leute streiten viel – auch ums liebe Geld. Die Trennung steht bald ins Haus, zumal sich die temperamentvolle Herzogin nicht an die schwache Gesundheit ihres Gatten gewöhnen kann. Der junge Honoré IV. (1758–1819) leidet an Epilepsie, die damals nicht heilbar war. Die Söhne werden auseinandergerissen: Der Vater bekommt den ältesten, Honoré-Gabriel, geboren am 13. Mai 1778. Er ist als Thronerbe der wichtigere. Die Mutter kümmert sich um den jüngsten, Florestan, geboren am 10. Oktober 1785. Zwei Brüder, zwei Charaktere, zwei Schicksale. Doch beide werden sie im 19. Jahrhundert über Monaco regieren.

Honorés Bruder wiederum, Joseph, hat inzwischen eine von Choiseul geheiratet und zwei Töchter. Honoré III. wird trotz der räumlichen Entfernung als »gerechter und liberaler« Herrscher von der Geschichtsschreibung angesehen, dessen Verwalter und

Vollstrecker vor Ort bis 1784 der kluge Ritter Grimaldi bleibt. Unter ihm erfährt der Handel einen Aufschwung, man pflanzt Zitrusfrüchte, züchtet Seidenwürmer. Sogar die erste Zeitung wird 1768 gegründet: das Wochenmagazin *Le Courrier de Monaco*.

In der Rückschau geht Monaco jedoch seinem Niedergang entgegen. Das hat zum einen mit der kritischen Lage der Aristokratie im 18. Jahrhundert zu tun, zum anderen mit dem Nachlassen des französischen Protektorats über Monaco und nicht zuletzt, so Historiker Robert, mit der privaten Krise der Fürstenfamilie.

Hatte Antoine I. Anfang des Jahrhunderts hunderttausende Pfund in die Modernisierung der Verteidigungsanlagen Monacos gesteckt, so macht Honoré III. gerade mal 30 000 Pfund locker, für die von Frankreich georderten, und auf 260 000 Pfund geschätzten Modernisierungsarbeiten an seiner Festung. Und hatte sein Vater sich bei dem spanischen Erbfolgekrieg nach außen neutral verhalten, aber im Geheimen loyal neben den französischen König gestellt, so befiehlt Fürst Honoré III. seinem treuen Ritter Grimaldi, beim österreichischen Erbfolgekrieg die strikte Neutralität zu wahren und Kriegsschiffe beider Parteien, der englischen wie auch der französischen, in den Hafen einlaufen zu lassen. Obwohl er selbst in der französischen Armee kämpft. Diese politische Größe, Mensch und Herrscher zu trennen, muss man erst einmal haben, verbunden mit dieser für die Grimaldis typischen Weitsicht. Denn England entpuppt sich bald als aufsteigende Kraft auf dem Schachbrett der europäischen Herrscherhäuser.

Verhängnisvoll für die Größe Monacos wird allerdings der drohende Verlust von Roquebrune und Menton, die bereits unter Antoine I. von dem savoyischen Lehnsherrenhaus als Vassallenstaaten an die französische Krone gehen, wie auch der Verlust von dem Hinterland La Turbie, dem seit Ende des 12. Jahrhunderts umstrittenen Gebiet, dessen Grenzen zwischen Monaco und dem sardischen Königreich in den Vereinbarungen vom 14. und 24. November 1760 festgelegt werden. Nicht mehr gestützt von dem französischen König, gibt der Fürst soweit nach, dass Monaco ungefähr zwei Drittel seines einstigen Hinterlands verliert und bis heute als schmaler Streifen ans Meer gepresst erscheint. Die

1760 gezogenen Hinterlandsgrenzen sind Teil der heutigen Staatsgrenzen.

Als Abkehr von der zentralistischen Herrschaft und Rückbesinnung auf einstige liberale monegassische Gepflogenheiten, zwingt ein Teil des Volks Honoré III., eine Art Verfassung zu erstellen. Jede der drei Kommunen darf einen Rat wählen, der bei größeren Finanzausgaben Mitspracherecht erhält. Diese Forderung, obwohl fast zeitgleich mit der Französischen Revolution, ist keinesfalls, so Robert, von dieser beeinflusst worden. Erst später, innerhalb der gewählten Räte, stehen sich wie in Frankreich »monarchistische« Kräfte und »Reformer« hitzig gegenüber. Und im Unterschied zu Frankreich, siegen in Monaco letztlich die Moderaten. Sie nötigen dem wieder in Paris lebenden Honoré III. Restriktionen ab, die jene zuvor gewonnenen Freiheiten, wie die Räte, annullieren. Und während in Frankreich längst die Köpfe rollen und Ludwig XVI. im Gefängnis schmort, wird Honoré III. als quasi absolutistischer Herrscher in seinem Amt von den Monegassen bestätigt.

Doch Frankreichs Revolution von 1789 hält eines Tages auch in Monaco Einzug. Es ist der 22. Oktober 1792: General Anselme schickt eine französische Garnison nach Monaco mit der Order, hier einen Club zu eröffnen. Damit verletzt er sowohl den monegassisch-französischen Friedensvertrag von Péronne als auch Honorés Neutralitätsbeteuerungen zu Ausbruch des Krieges. Honoré III. kann noch so viel protestieren, die Revolutionäre überrollen jetzt auch ihn – und Monaco. Der jakobinische »Club der Freunde und Gleichheit Monacos« wird ins Leben gerufen. Mehrmals ändert er seinen Namen. Unterstützt von den französischen Garnisonssoldaten, beschließen die Clubmitglieder die Annexion Monacos an Frankreich. Mehrere Petitionsschreiben werden nach Paris geschickt. Die Antwort kommt postwendend: Der Anschluss sei nur möglich, falls es dem Volkswillen entspricht. Eine »Convention« mit zwölf Mitgliedern aus den Gebieten Monaco, Menton und Roquebrune legt in 57 Sitzungen am 19. Januar 1793 die Hinfälligkeit der Grimaldis fest, die Enteignung ihrer Besitztümer und die erneute Bitte um Annektierung. Am 14. Februar 1793 stimmt die französische Konvention auf Betreiben eines gewissen

Reformers Carnot dafür. Aus zwei Gründen: Der monegassische Volkswille scheint gewährleistet und die Annexion entspricht eindeutig dem nationalen Interesse Frankreichs.

So verliert Monaco von 1793 bis 1814 seine schwer errungene Unabhängigkeit. Es wird namentlich sogar von der Landkarte radiert und 1805 per Dekret als Teil des Départements Alpes-Maritimes, zu Nizza gehörig, eingegliedert. Monaco heißt von Stund an Fort Herkules. Wie zur Zeit der Alten Römer.

Die Grimaldis sitzen nunmehr im erzwungenen Pariser Exil. Wie viele Adlige denken sie an Emigration. So übergibt Honoré III. seinem Bruder Joseph seine letzten 300 000 Francs am Abend vor seiner Auswanderung. Laut Gesetz macht Joseph sich damit der Flucht mitschuldig. Er wird deshalb in der Nacht vom 19. zum 20. September 1793 verhaftet. Das gleiche Schicksal ereilt seinen Sohn Honoré IV. Auch seine geschiedene Ehefrau, die Herzogin Aumont-Mazarin, wird zusammen mit dem achtjährigen Florestan ins Gefängnis geworfen. Die Revolutionäre kennen kein Pardon.

Die Ehefrau von Joseph Grimaldi, Françoise-Thérèse de Choiseul-Stainville, wird ebenfalls festgenommen, als sie leichtsinnigerweise aus dem Exil zurückkehrt, getrieben von der Sehnsucht nach ihren zwei kleinen Töchtern. Sie soll enthauptet werden, kann aber einen Tag vor der Hinrichtung Aufschub erwirken, angeblich weil sie schwanger ist. Statt rasiert zu werden, schneidet sie sich selbst die blonden Haare ab und lässt die Locken über »Bürger Fourquier-Tinville« an ihre Kinder schicken. »Es ist das Einzige«, schreibt sie dazu, »was ich meinen Kindern hinterlassen kann. Deshalb soll das Erbe zumindest unbefleckt sein.« Eine menschliche Geste einer liebenden Mutter angesichts politischer Utopien.

Sämtliche Güter und Vermögen der Grimaldis werden von den Revolutionären konfisziert. Der Palast in Monaco steht leer: vom Keller bis zum Dach vom Volk geplündert und zum Teil ausgebrannt. Von der einstigen Prunkarchitektur bleibt nur noch eine gespenstische Hülle. Die Ruine wird zeitweilig als Krankenhaus oder Bettlerlager dienen.

Das 19. Jahrhundert

Unpopuläre Grimaldi-Fürsten

Monaco von der Landkarte radiert. Monaco geografisch und politisch inexistent. Die Fürsten titellos und entmachtet. Die »Monacos« sind einfache Bürger geworden: Citoyen Grimaldi. Im unfreiwilligen Exil. Das ist der Auftakt für das 19. Jahrhundert. Das neue »Fort Herkules«, von jetzt an schlichtweg Bestandteil des Département Alpes-Maritimes, wird sich in der Zeit der französischen Annexion ziemlich wandeln.

Trotz starkem passiven Widerstand der Bevölkerung bleibt der französische Einfluss im Alltag nicht aus. Sprachen die Monegassen bislang noch einen ihnen eigenen italienisch-provenzalischen Dialekt, das so genannte »monascù«, so fangen sie nach und nach an, französisch zu parlieren. Sämtliche Revolutionslieder und offizielle Dekrete sind auf Französisch verfasst. Die meisten stimmen nur widerwillig die Lieder an und lesen die Verordnungen. Immer wieder versuchen die widerspenstigen Monegassen, ihre eigenen Leute in die lokale Regierung zu schicken, zum Beispiel den Bürgermeister, der jedoch mit der gleichen Beharrlichkeit von den Revolutionären regelmäßig gekippt wird.

Nein, die Monegassen mögen Frankreichs Revolutionäre nicht: Zum einen sind sie streng katholisch und sehen es nicht gern, dass die atheistischen Staatsumwälzer die Kirchen schließen. Zum andern leiden sie unter der Lebensmittelknappheit. Bald werden Rufe nach der guten alten Zeit und den Grimaldi-Fürsten laut. Diese, aus der Gefangenschaft entlassen, gelten nunmehr als einfache Bürger. Wie aller Adel, der sich nicht auf die Seite der Revolutionäre schlug, leiden die Grimaldis. Honoré III. stirbt bereits 1795. Sein theoretischer Nachfolger, Sohn Honoré IV. ist krank, die Familie gespalten. Jeder denkt nur noch an sein eigenes Überleben.

Talleyrand ermöglicht schließlich Joseph, dem Bruder Honorés III., aus dem englischen Exil zurückzukehren. Das, was nicht verkauft wurde, kann er zurückerwerben, so das Pariser Hôtel de Matignon und das normannische Schloss Torigni. Allerdings sind die Schulden der Grimaldis so hoch, dass Joseph sich von beiden wieder trennen muss. Auch wenn er innerlich seinem alten Prinzen Condé die Treue hält, dient er doch, wie der meiste Adel nach der Revolution, dem neuen Kaiser Napoléon. Er tritt in die kaiserliche Garde ein und wird sogar Kammerherr von Kaiserin Josephine.

Auch Honoré-Gabriel, Sohn des kranken Honoré IV., dient in der Armee Napoléons. Er wird in der Schlacht von Hohenlinden schwer verletzt. Trotz der Nachwirkungen seiner Verletzung kämpft er noch in Berlin und Schlesien. Bald muss er jedoch das aktive Soldatenleben aufgeben und avanciert, ebenfalls unter dem wohlwollendem Einfluss Talleyrands, zum Stallmeister der Kaiserin. Er wird sogar – ironischer Höhepunkt einer ungeahnten napoleonischen Karriere – zum Baron ernannt. Mit anderen Worten: Der Grimaldi-Fürst fällt zunächst um fünf Adelsgrade in das einfache Bürgertum zurück, um dann wiederum erneut in den Adelsstand, wenn auch in den niederen, erhoben zu werden. Das ist ein Paradox einer Zeit, in der mit dem alten Adel symbolisch Schluss gemacht und ein neuer Adel, der des Kaiserreichs, aus der – napoleonischen – Taufe gehoben wird. Dieser ist jedoch bei Adelspuristen bis heute nur »halb so viel Wert« wie der alte Adel des »Ancien Régime«.

Joseph zögert nicht, Talleyrands Wohlwollen auszunutzen und ihn zu bitten, dass man 1814 bei den Verträgen des Wiener Kongresses erwähnt: »Und der Fürst von Monaco kehrt in seine Staaten zurück.« Das geschieht tatsächlich. Denn Monaco erlangte auf Talleyrands Betreiben bereits mit dem Pariser Vertrag am 30. Mai 1814 seine Souveränität und das Fürstenhaus seine Rechte zurück. Währenddessen weilte Napoléon im Exil auf Elba.

Der immer schwächer werdende Honoré IV. übergibt 1815 seinem Sohn Honoré-Gabriel die Regierungsvollmachten, ohne jedoch abzudanken. Honoré V. (1778–1841) regiert somit noch zu Lebzeiten seines Vaters – eine Premiere innerhalb der Dynastie. Sein Vater, Honoré IV. ertrinkt im Februar 1819 in der Seine. Aufgrund eines Epilepsieanfalls? Oder weil der 61-jährige unheilbar Kranke seinem Leben bei einem Spaziergang auf den Seine-Quais ein Ende setzen wollte? Es bleibt eines der Geheimnisse der Fürsten-Dynastie.

Infolge seiner Verpflichtungen eilt Honoré V. umgehend von Paris nach Monaco und kreuzt in Cannes überraschend eine kleine Truppe von Getreuen Napoléons. Am 1. März 1815, nachmittags um fünf Uhr, als die europäischen Mächte Napoléon noch in Elba wähnen, wird Honoré V. von diesem angehalten und morgens um zwei Uhr dem Kaiser persönlich vorgestellt. Ein historischer, obschon in seinem genauen Wortlaut umstrittener Dialog entspannt sich: »Wohin gehen Sie, Monaco?«, fragt Napoléon. »Nach Hause, Sire.« »Gut, gut. Ich tue das Gleiche«, soll Napoléon lakonisch geantwortet haben.

So jedenfalls lautet der Bericht des Bürgermeisters von Cannes, M. Poulle, der ebenso wenig wie andere dem Wortwechsel lauschen konnte. Natürlich wird Napoléon den Grimaldi gründlich ausgefragt haben über das Leben in Paris und die politischen Geschehnisse, ist Honoré doch der erste »Bote« auf seiner Route. Dann geht jeder seines Weges. Die Fürstendynastie aber wird dieses Ereignis für alle Nachfahren in der Familienchronik festhalten und in ihrem monegassischen Wachsfigurenkabinett zur Schau stellen.

Nach der Schlacht von Waterloo und dem endgültigen Fall des Kaiserreichs stellen die siegreichen Alliierten Monaco am 20. November 1815 unter sardisches Protektorat. Das bedeutet, Land und Leute sind dem Haus von Savoyen verpflichtet, das auch die Grafschaft Nizza erhält. Honoré V. muss sich ungefragt dem Beschluss beugen. Italienisch wird nunmehr Amtssprache und Honoré Gouverneur einer sardischen Garnison.

Der frustrierte Honoré V. bleibt deshalb doch lieber in Paris wohnen, fernab von seinem Felsen. Ein folgenschwerer Fehler.

Zwar kümmert er sich intensiv um das Schicksal des Landes, versucht die Lebensmittelknappheit zu reduzieren und eine kleine Lokalindustrie – Strohhüte und Seidenwürmerzucht – aufzubauen. Doch ist Honoré V. in etlichen Punkten schlecht beraten: Er regiert absolutistisch, was der eher liberalen Tradition seiner Dynastie und den Gewohnheiten der Monegassen widerspricht. Er verfolgt einen wirtschaftlichen Staatsdirigismus und schafft Staatsmonopole, deren Gewinn er allerdings mit den Sarden teilen muss. Um die Einnahmeverluste auszugleichen, erhöht er deshalb nach französischem Modell die Steuern. Und nicht zu knapp. Ein weiterer Fehler. Die Bevölkerung missbilligt seine Entscheidungen, um so mehr als sie aus dem fernen Paris kommen und eine die andere jagt. Das ist zu viel. Und da der Fürst sich während seiner 20-jährigen Regierungszeit nur zweimal in Monaco blicken lässt und lieber Reden im französischen Parlament über soziale Gleichheit schwingt und noch heute lieferbare Bücher schreibt statt Öffentlichkeitsarbeit in Monaco zu betreiben, geht alles Wohlgemeinte schief.

Die Bevölkerung von Roquebrune und vor allem von Menton – beide sind noch Grimaldi-Territorien – proben den Aufstand. Unterstützt von italienischer Seite, den sardischen Protektoren, verlangen sie die Unabhängigkeit von Monaco. »Hinweg«, so die Rufe, »mit dem Pariser Fürsten!«

Honoré V. stirbt mit 63 Jahren am 2. Oktober 1841, unverheiratet und ohne rechtmäßige Kinder. Nur einen unehelichen Sohn hat er 1814 in die Welt gesetzt. Obwohl er immerhin die Kinderarbeit eingeschränkt und die monegassische Polizei, die Carabinieri, ins Leben gerufen hat, weint ihm das Volk keine Träne nach. Auf seinem Grabstein lässt er folgende Inschrift eingravieren: »Hier ruht, der Gutes tun wollte.«

Florestan I., Prinzessin Caroline, Charles III.

Der jüngere Bruder Honorés, Florestan (1785–1856), übernimmt im November 1841 gänzlich unvorbereitet das Fürstentum. Er ist schon relativ alt – 56 Jahre – und politisch und wirtschaftlich vollkommen unerfahren. Florestan versteht sich vor allem als Literat, als Feingeist.

Seine Vita beginnt mit einer unschönen Kindheit: Zuerst trennen sich die Eltern, und er wird von seinem Bruder weggerissen. Mit acht Jahren stecken ihn die französischen Revolutionäre mit seiner Mutter ins Gefängnis. Dann schickt die Mutter ihn zur Ausbildung in eine Pension, die ebenfalls einem Gefängnis gleicht. Anschließend wird er zu einer Militärlaufbahn gezwungen, die er jedoch schon nach wenigen Monaten an der Militärschule von Fontainebleau abbricht. Damit beweist er Mut. Florestan versucht sich lieber als Schauspieler. Am liebsten spielt er Liebhaberrollen. Und das von 1798–1802 in Pariser Theatern. Er tritt ohne Scham unter seinem richtigen Namen auf. Florestan Grimaldi liebt eben die Schönen Künste. Erfolgsromancier Alexandre Dumas lobt nach dessen Thronbesteigung: »Mein ausgezeichneter und künstlerischer Freund Fürst Florestan I.«

Als 29-jähriger bekommt der bislang ohne Liebe aufgewachsene Florestan seine Chance: Er lernt eine gewisse Caroline Gibert kennen. Sie ist 21 Jahre jung, stammt aus einfachen Verhältnissen, aus der Champagne. Sie ist nicht gerade hübsch, aber ihr Blick verspricht Intelligenz und Güte. Ein Jahr lang belagert Florestan seine Eltern, um diese Frau »unter Rang und Stand« zu heiraten. Und da er als jüngster Sohn weniger wichtig für die Erbfolge zu sein scheint, willigen Honoré IV. und die Herzogin Mazarin irgendwann ein. Zum Glück für Florestan. Zum Glück aber auch für das Fortbestehen der Dynastie. Zum ungeahnten Glück für Monaco.

Denn Caroline Gibert wird als Fürstin Caroline ihren Mann zur Ordnung rufen, ihn liebevoll und entschlossen an seine Pflichten erinnern, als dieser sein Amt hinwerfen möchte und seine Titel dazu. Florestan ist damals vielleicht das maskuline Pendant zur heutigen Prinzessin Stéphanie. »Er lehnte alles ab, was ihm nicht gefiel«, so sein Biograf Léon-Honoré Labande, Archivar im monegassischen Fürstenpalast.

Da man der fürsorgenden Ehefrau, Mutter und wachsamen Landesmutter alsbald Machtgier vorwirft, sieht sich die Fürstin genötigt, ihrem Sohn Charles ihre Haltung zu erklären. In einem

Brief von April 1842 schreibt sie: »Als Ausgleich der fehlenden Vorteile, die ich nicht in die Ehe einbringen konnte, bin ich es meinen Kindern schuldig, die Vorteile ihres Vaters zu bewahren; ich bin meinem Sohn vor allem schuldig, das Gut, das die Vorsehung in die Hände seines Vaters gelegt hat, intakt zu bewahren … Da ich selbst keinerlei Rechte habe, bleibe ich unter dem Mantel deines Vaters verborgen, der die volle Autorität behält.« Mit anderen Worten: Sie regiert im Hintergrund. Und wird dies auch bei Charles III. tun und dabei die Weichen für Monacos Zukunft maßgeblich stellen, zum Vorteil des Fürstentums.

Noch bevor Florestan den Thron besteigt und noch »einfacher« Graf ist, regelt Caroline die komplizierten Erbfolgeverhältnisse Honorés IV. und kämpft erfolgreich um die verlorengegangenen Besitztümer der geschiedenen Herzogin Mazarin. 1827 kauft sich das Paar ein neues Domizil: das Hôtel de Créqui in der Pariser rue Saint-Guillaume. Hier leben sie eine glückliche Idylle, fern von Mondänitäten. Ihre Zeit vertreiben sie sich mit Musik und Aquarellmalerei.

Als ihn die Nachricht vom Tode seines Bruders ereilt, begibt sich Florestan umgehend, wenn auch innerlich zögernd, nach Monaco. Seine prompte Reaktion zahlt sich aus: Bei seiner Ankunft am 21. November 1841 empfängt ihn das Volk stürmisch. Und sogar die Einwohner von Menton, so kritisch wie sie seinem Bruder gegenüber eingestellt waren, sind zu ihm freundlich und voll des Lobes.

Florestan führt zunächst soziale Reformen ein, wie beispielsweise die Reduzierung der Abgaben für kinderreiche Familien. Um den Patriotismus zu stärken und den Sarden zu zeigen, dass Monaco eine selbstständige, nationalbewusste Einheit bleibt, gibt Florestan 1845 eine Nationalhymne in Auftrag. Ein musikalischer Präfekt, François Bernard-Henri Blaze, komponiert eine Art Marsch für Flöte, Geige und Pianoforte und ein gewisser Theophile Bellando textet: »Halt, da, für den, der mich angreifen will, Halt da, für den, der uns betrachten will …«

Aber das Paar zögert zu lange, die notwendigen wirtschaftlichen Reformen auch für Menton und Roquebrune zu erlassen, so dass diese, im Zuge der europaweiten Revolution 1848 und den Einheitsbestrebungen Italiens, sich als Freistädte erheben und einhellig für ihre Annexion an Italien, an den Piemont stimmen.

Florestan, der genug von der Politik hat, ruft seinen Sohn Charles nach Monaco und überträgt ihm die Aufgabe des »Administrateur Général«, eine Art Generalverwalter mit sämtlichen Vollmachten in seinem Namen. Er selbst kehrt mit seiner Frau und Tochter Florestine nach Paris zurück. Dort stirbt er am 26. Juni 1856 im Alter von 71 Jahren.

Caroline geht als Witwe nach Monaco zurück, um ihren Sohn Charles III. (1818–1889) zu beraten. Er ist 37 Jahre alt. Vergeblich hoffen sie in ihrem Bestreben nach erneuter Unabhängigkeit auf die Unterstützung Napoléons. Dieser hat sich längst mit dem Piemont verbündet und erhält als Ausgleich für seine im Namen Italiens geführte Schlachten im März 1860 Savoyen und die Grafschaft Nizza. In einer Volksabstimmung, die Charles III. energisch anfechtet, stimmen 90% der Anwohner von Menton und Roquebrune nunmehr für ihre Annektierung an Frankreich. Charles III. muss sich beugen und auf seine Territorialrechte über Menton und Roquebrune zugunsten Frankreichs verzichten. Als Entschädigung für die verlorenen Gebiete zahlt Napoléon dem Fürsten vier Millionen Francs. Das gleicht einem Schnäppchen.

Im historisch wichtigen Vertrag vom 2. Februar 1861, der Monaco in den heutigen Staatsgrenzen festlegt, verpflichtet sich Charles III. im Namen seiner Nachkommen, die Unabhängigkeit niemals aufzugeben, außer für Frankreich, und kein anderes Protektorat, außer einem französischen, zuzulassen. Gleichzeitig gehen beide Staaten ein Zollabkommen ein und planen eine gemeinsame Post- und Telegrafenstruktur. Kaiser Napoléon verspricht ferner den Bau einer Küstenstraße von Nizza nach Monaco sowie den Eisenbahnanschluss. Kurzum: Monaco soll eine bessere, zeitgemäßere Infrastruktur bekommen.

Charles III. herrscht über ein zwar arg reduziertes, jedoch wieder souveränes Fürstentum: Es besteht aus einem Felsen, einem Küstenstreifen und genau 1143 Einwohner. Das heißt 93,7% seines einstigen Herrschaftsgebiets und über 80% der Bevölkerung hat der Fürst verloren. Die lieblichen Zitronen- und Orangenbäume stehen jetzt auf französischem Territorium. Monaco bleiben viele Steine und ein paar Olivenhaine. Der Staat gleicht einem mittelalterlichen Dorf. Zwar hat sich das persönliche Vermögen der Grimaldis inzwischen konsolidiert, dank der guten Verwaltung Carolines und der satten Aussteuer von Antoinette-Ghislaine de Mérode, die sie in ihre Ehe mit Charles III. mitbringt, aber das Geld der angeheirateten belgischen Aristokratin reicht nicht, um einen Hofstaat und eine Verwaltung auf Dauer zu unterhalten. Das Fürstentum galoppiert seinem Ruin entgegen.

Was tun? Die rettende Idee kommt in Form eines wahrhaften Deus ex machina aus Deutschland, Bad Homburg. Dieser Gott in Menschengestalt, der Monaco gleich Phönix aus der Asche auferstehen läßt, nennt sich François Blanc. Und sein dankbares Publikum ist der reiche Adel und die High Society von damals.

Wer ihn ruft und die Metamorphose Monacos einleitet, ist Charles III. – allerdings stark beeinflusst von seiner Mutter Caroline. »Fürstin Caroline«, bestätigt Fürst Rainier III. fast ein Jahrhundert später, »kommt der eigentliche Verdienst um Monte Carlo zu.« Sie hat erkannt, wie die Nachbarstädte Nizza und Cannes nach und nach ein betuchtes Publikum von Rang und Namen an das Mittelmeer locken. Was die reiselustigen Reichen, darunter Regierungschefs, viele Grafen und Herzöge, ein paar Könige – und auch etliche Hochstapler – suchen, ist das milde Klima, einen guten Service sowie ein paar Vergnügungen.

Plötzlich ist die französische Mittelmeerküste »in«. Man will die Riviera sehen und an der Riviera gesehen werden. Der Riviera-Tourismus ist geboren, ein neuer, lukrativer Dienstleistungssektor. Die Presse stachelt Ehrgeiz und Eitelkeiten an, indem sie über das aristokratische Leben im sonnigen Süden ausgiebig berichtet.

Das Gleiche könnte Monaco bieten, denkt Charles III. Nur dass der Weg in das Fürstentum noch steinig ist, denn Napoléon hat entgegen seiner vertraglichen Verpflichtungen bisher nichts für Monacos Infrastruktur getan. Außerdem fehlt es dem kleinen Staat, der von Lokalindustrie und ein paar Olivenhainen lebt, an Vergnügungsstätten. Die rauschenden Feste des 17. und frühen

18. Jahrhunderts sind längst Vergangenheit. Monaco scheint ein unwirtliches Land. Aber nicht mehr lange.

Zwei Monate vor seinem Tod beauftragt Vater Florestan zwei Pariser Journalisten, Léon Langlois und Albert Aubert, das Projekt eines Thermenbades auf dem Felsen zu untersuchen. Nach deutschem Vorbild soll es angelegt werden, nach einer »Bademode« im Schwarzwald. Das Ziel ist hochgesteckt. Höchste Qualität wird der Maßstab aller Dinge sein. Von Anfang an – bis ins 21. Jahrhundert – bleibt dies das wichtigste Kriterium beim Bau der »Bains de Mer«.

Charles III., der sich in Europa ein wenig umgehört hat, bekommt von einem Berater seiner Mutter, einem gewissen Eylau eine Idee: Ein Casino muss her. In Frankreich ist das Glücksspiel verboten, im Gegensatz zu Deutschland. In Bad Homburg und Baden-Baden trifft sich die High Society, dort gibt sie ihre Gelder aus, kassiert Gelder ein und lässt gleichzeitig die Städte reich werden. Das zählt. Diese Städtenamen sind in aller Munde. Monaco soll sie, wenn auch nicht ablösen, so doch ergänzen.

Am 10. November 1856 unterzeichnet Charles III. die Erlaubnis, eine touristische Infrastruktur zu schaffen: die »Société des Bains de Mer«, bis heute kurz S. B. M. genannt, wird gegründet. Quellen und Meerwasseranlagen sollen ebenso wie Gärten, Hecken, Pavillons und Promenaden angelegt werden, »damit die Ausländer einen komfortablen und somptuösen Aufenthalt verbringen«. Vergnügungen wie Bälle und Konzerte werden wie in den deutschen Kurorten geplant, zusätzlich Kartenspiele und vor allem das Glücksspiel schlechthin angeboten: Roulette. Monaco setzt auf die Kugel.

Der Bau für diese Anlagen kann einsetzen – und damit die Immobilienspekulation. Der gewandte Charles III. denkt auch an eine professionelle Kommunikationspolitik. Um bekannt zu werden und Kunden anzulocken, das weiß der Fürst, muss Monaco in die Zeitungen kommen. Werbeplakate – die ersten zu jener Zeit – werden in den Eisenbahnen aufgehängt. Eine neue Ära kann beginnen.

Sie beginnt auch, aber bescheiden und mit einigen Fehlstarts. In dem neuangelegten Zitrusfrüchtegarten von La Condamine entsteht ein kleiner Spielsaal, das Maison La Bellevue, Vorläufer des eigentlichen Casinos. Bereits ab dem 14. Dezember 1856 kann hier gespielt werden. Der Weg dahin gleicht allerdings einem Hürdenlauf: Man muss schon ein passionierter Spieler sein, um vier Stunden Anfahrtsweg ab Nizza in Kauf zu nehmen, zunächst auf einem Mini-Dampfer für elf Passagiere, dann in einer Kutsche; der Weg zu Lande führt über einen Mauleselpfad. Am Ort gibt es nur eine gute Herberge: das Hôtel de Russie gegenüber vom Fürstenpalast. Immerhin sorgt ein kleines, ausgezeichnetes Orchester für Unterhaltung, man kann sogar tanzen. Aber sonst ... So geht die erste Saison im April 1857 zu Ende, ohne dass sich die Kassen gefüllt haben. Im November, bei der Wiedereröffnung, taucht nur ein Spieler auf, der seine zwei Francs Einsatz gleich wieder verliert und geht ... und mit ihm das Personal. Es sieht so schlecht aus, dass die Investoren Langlois und Aubert den schmerzlichen Entschluss fassen, das euphorisch begonnene Unternehmen bereits wieder zu schließen.

Charles III., der inzwischen die Finanzlage seines Staats etwas saniert hat, lässt sich jedoch nicht entmutigen. Er wagt einen zweiten Anlauf: Ein neuer Spielsaal wird im alten Hotel eingerichtet. Doch die viktorianisch-puritanische Kundschaft will wieder nicht recht mitspielen. Ohne die erholsamen Thermen, das zeigt sich, wird nichts aus dem Roulette-Geschäft. Also wird noch einmal in einer breit angelegten Werbekampagne Monaco als Thermalort gepriesen, Kultur inklusive. »Monaco ist kulturell so gut wie Paris« wird versprochen. Immerhin 4000 Kunden zieht die nächste Saison an. Aber das reicht noch nicht. Das Geschäft bleibt unrentabel. Wieder wechselt der Konzessionär. Man versucht die Werbung zu verbessern, zu präzisieren, dass »Monaco zwischen Genua und Marseille« liegt, also sowohl von Italien als auch von Frankreich aus gut erreichbar ist.

Am 13. Mai 1858 legt Charles III. zusammen mit seinem neunjährigen Sohn Albert – dem angehenden Fürst Albert I. – den Grundstein für das erste richtige Casino an der heutigen »Spelugе«. Man nennt es den »Elysee Alberti«, zu deutsch »Alberts Himmlische Gefilde«. Fünf Jahre dauern die Bauarbeiten. Als dann endlich am 18. Februar 1863 feierliche Eröffnung ist, kommt der erste große Spieler: ein Spanier – im Gewinnen erprobt. Mit seinem Einsatz sprengt er die Bank. Das ist das erneute Aus für das Casino.

Wieder verkauft ein entmutigter Konzessionär, Herr Le Febvre, seine Casino-Anteile. Fürst Charles schickt seinen Berater Eylau aus, um Ersatz zu finden. Er kommt, wie bereits angedeutet, in der Person von François Blanc, ehemaliger Wechselmakler aus Bordeaux, ein Selfmademan und bereits legendärer »Hexenmeister« oder »Zauberer« in Sachen Glücksspielvermarktung. Charles III. bekniet ihn, seinen sicheren Chefsessel im hessischen Homburg zu verlassen, wohin er die Reichsten der Reichen seit zwanzig Jahren hinlockt. Nur zögernd folgt Blanc dem Ruf aus Monaco. Aber als echter Unternehmer reizt ihn die Herausforderung und – da er fast Ende 40 ist – vielleicht die Aussicht auf eine zweite Karriere.

Es beginnt die Zeit einer »erfolgreichen Symbiose« zwischen Charles III. und François Blanc. Das Vertrauen und die gegenseitige Wertschätzung, die zwischen dem Business-Tandem herrschen, beeindrucken. Sie strahlen aus. Nach wenigen Jahren gehen in dem kleinen Riviera-Staat die Lichter nicht mehr aus. Monaco brilliert. Die Reichen kommen, die Neider auch. Ein moderner Staat entsteht. Der dritte Anlauf hat endlich den Durchbruch ermöglicht.

Am 6. April 1863 tritt Fürst Charles III. die Konzession der *Société des Bains de Mer et Cercle des Etrangers* an den Unternehmer François Blanc für 50 Jahre ab: bis 1923. In dieser langen Zeit, so legt der raffinierte Vertrag fest, müssen die Gewinne aus dem Spielmonopol der Unterhaltung des öffentlichen Lebens dienen. Mit anderen Worten: die privatwirtschaftliche S. B. M. finanziert die Elektrizitätsversorgung und die öffentlichen Verkehrsmittel der Stadt. Statt staatliche also privatwirtschaftliche öffentliche Versorgung. Die S. B. M. wird damit Banker des Fürstentums und einziger Leistungsträger. Eine fortschrittliche Idee einer absoluten Monarchie, die Vertrauen weckt.

François Blanc, zahlt für die Exklusivrechte bar in Gold 1,5 Millionen Francs. Er träumt von einer Luxusindustrie und treibt das

Geschäft zügig voran: Innerhalb weniger Jahre werden neunzehn Hotels und zwanzig Villen gebaut, breite Boulevards, neue Straßen und Gärten angelegt. Avantgardekonzerte mit Werken von Gounod, und der Bau einer neuen Oper durch den Pariser Star-Architekten Garnier soll die Musikelite nach Monaco locken.

Und da sich das Zentrum des Staats allmählich in das neue Unterhaltungsviertel rund um das Casino verlagert, überlegt sich Charles III. einen neuen Namen für diesen »Bezirk«. Charleville und Albertville werden verworfen. Am 1. Juni 1866 verfügt eine fürstliche Note: Das neue Zentrum wird Monte Carlo getauft. Carlo für Charles. Der Name ist kurz und bündig, ergo einprägsam und werbeträchtig.

Monte Carlo also wird die blühende »Hauptstadt« des Fürstentums – und dessen Ernährer. Neue Erwerbszweige entstehen, alte werden umgewandelt. Die monegassischen Fischer beliefern die Restaurants, ausländisches Hotelpersonal wird angeworben. Einstige Zitronenverkäufer werden zu Hausmeistern der Luxusvillen. Und was noch provinziell, altertümlich und verstaubt anmutet, wie das Holzchalet Café Divan, wird bald in neuem Glanz erstrahlen.

Gleichzeitig umsorgt der clevere François Blanc die Presse. Darauf versteht sich Monaco von Anfang an bis heute. Für einen Spottpreis überlässt er zum Beispiel dem Direktor der französischen Zeitung *Le Figaro* eine Villa – die Berichterstattung ist eine entsprechende Lobhudelei. Und als einer der Journalisten kritisch ausschert und deshalb vom fürstlichen Blitz erschlagen zu werden droht, kann ihn nur ein einflussreicher Mann retten.

»Es ist, als ob eine Fee mit der Spitze ihres Zauberstabs Monaco berührt hat«, säuselt Herr von Villemessant, seines Zeichens Direktor des *Figaro*. Die Fee aber ist kein anderer als der geschäftstüchtige Blanc und der Zauber ist durch den Bau neuer Eisenbahnverbindungen greifbare Wirklichkeit geworden. Am 9. Juni 1868 besteigt das Fürstenpaar den ersten Zug Monte Carlo – Paris. Im Oktober beginnt der reguläre Zugverkehr.

Damit ist Monte Carlo für Nizza, wie der *Figaro* etwas übertreibt, das, »was der Bois de Boulogne für Paris« darstellt – nur wesentlich schicker und lebhafter. Einfach unschlagbar. Denn, so folgert der *Figaro*-Direktor: »Monaco ist das Paradies auf Erden!« Das versichern einem manche – zugereisten – Anwohner übrigens noch heute, knapp 150 Jahre später.

In nur neun Jahren also hat es Monaco geschafft, aus einem vergleichsweise kleinen fürstlichen Hofstaat umgeben von Wasser und Felsen mit einer armen Bevölkerung aus Fischern, Handwerkern und Bauern ein modernes Eldorado zu machen. 1869 erlässt Charles III. zur Feier sämtliche direkte Steuern. Monaco kann es sich leisten. Denn ob Sommer oder Winter, die illustren Gäste kommen tausendfach. Baron de Rothschild und Jacques Offenbach sind unter den ersten, gefolgt vom König Griechenlands, Kaiser Franz-Joseph, Russlands Großherzögen, die nur mit Gold spielen, sowie Kaiserin Eugenie. Auch Otto von Bismarck, seines Zeichens ebenfalls Fürst, wird mehr als einmal nach Monaco reisen – und das nicht nur dienstlich. Ein gern gesehener berühmter Dauergast ist auch »Edwie«, Prinz von Wales und angehender Eduard VII. Er beehrt Monaco 30 Jahre lang, von 1870 bis zu seiner Krönung 1901, mit regelmäßigen Besuchen. Hier geht er nicht nur dem Spiel, sondern auch seinen Leidenschaften für gutes Essen und schöne Frauen nach: Im Grand Hotel geben sich unter anderem Schauspielerin Lily Langtry und die englische Gesellschaftslöwin Alice Keppel die Klinke zum »Prinzenzimmer« in die Hand.

Die Werbung in den Printmedien geht unterdessen weiter. Ganze Seiten werden geschaltet: Der »einzige Thermalort, der ein Casino besitzt, das dieselben Vergnügungen und Annehmlichkeiten bietet wie die Einrichtungen am Rhein«. In Sachen Spielbank muss sich Monte Carlo damals noch mit Deutschland vergleichen.

Die französische Niederlage 1870 im Deutsch-Französischen Krieg zwingt Monaco allerdings seine Casinotüren vorübergehend zu schließen. Der Franzose François Blanc öffnet sogar den Safe und macht zwei Millionen Francs locker: ein kleiner monegassischer Solidaritäts-Beitrag für die von Bismarck geforderte Fünf-Milliarden-Entschädigung.

Als die Roulettekugel wieder fröhlich rollt, leistet sich Monaco bald eine polizeiliche Spezialeinheit, abgerichtet auf absonderliche und suspekte Casino-Kunden. Dazu zählen jene Damen, die den professionellen Spiel-Betrieb durch geschickte Ablenkungsmanöver wie Koketterie mit den Casinoangestellten stören, ohne je einen einzigen Franc am Tisch zu spielen. Oder solche Ganoven, die schlichtweg Falschspieler und Hochstapler sind. Oft agieren sie zu zweit oder dritt.

Außerdem bietet die S. B. M. einen Sonder-Service für jene Gäste von Rang und Namen, die inkognito spielen wollen. Eigens für sie führt ein Tunnel vom Hôtel de Paris direkt an die Spieltische. Den Geheimgang gibt es noch heute: Hinter der großen Spiegeltür links in der Hotelhalle bringt ein Fahrstuhl die Gäste diskret zu einem Tunnel, dann zu einem zweiten und von dort geht es über einen anderen Fahrstuhl hinauf in den Spielsaal des Casinos mit den höchsten Einsätzen – und Verlusten.

Kurz vor seinem Tod am 27. Juli 1877 auf der letzten Frühjahrs-Hauptversammlung der *Société des Bains de Mer* entpuppt sich Unternehmer François Blanc noch einmal als Prophet in Sachen Management: »Gebt großzügig aus und spart an nichts«, gibt er der S. B. M. als Devise auf den Weg. Bis heute wird sie befolgt. Und: »Unsere Kunden sind Menschen, die an unserer Zeit kranken. Wir verkaufen jenen Hoffnung, die sie schlecht ertragen.« Auch daran hat sich nichts geändert. Blancs erfolgreiche Geschäftsphilosophie ist deprimierend einfach: »Alles ist Spiel: die Gesellschaft, die Geschäfte, der Krieg, die Politik, und mehr als alles, das Leben.« Er selbst setzt aufs Ganze und gewinnt. Doch er gibt auch vollen Einsatz, kontrolliert persönlich bis ins Detail sein Geschäft.

Auch diese Präzision ist ein Merkmal der heutigen S. B. M. Von einigen aufsehenerregenden Nachlassigkeiten und Casino-Skandalen seitens der Croupiers in den 60er und 90er Jahren mal abgesehen.

Während die Roulettetische des Casinos am Tag der Beerdigung Blancs mit einem schwarzen Trauerflor überzogen werden, bereitet sich die junge, reiche deutsche Witwe Marie Blanc, geborene Hensel aus Friedrichsdorf bei Bad Homburg, auf ihre Zukunft in Monaco vor. Es ist aber nicht sie allein, sondern der Sohn Blancs aus erster Ehe, Camille, der das Weiterleben der S. B. M. ermöglicht. Camille lässt Monte Carlos Oper erbauen, von keinem geringeren als dem renommierten Pariser Opernarchitekten Charles Garnier. Monaco hat vorher dem französischen Staat über vier Millionen Francs geliehen, damit dieser seinen Pariser Opernbau à la Garnier vollenden konnte.

Am 25. Januar 1879, nach knapp achtmonatiger Tag- und Nachtschicht, wird die Oper eingeweiht. Die berühmte Schauspielerin Sarah Bernhard eröffnet das Mozart- und Gounod-Programm mit einem Recital. Ein Triumph.

Der inzwischen erblindete Fürst Charles III. kann ihn nicht miterleben. Statt seiner sitzt seine Schwester Florestine, Herzogin von Urach-Württemberg, in der Fürstenloge und heftet dem Erbauer Garnier den Orden Charles III. als Dank an die Brust. Dieser Kultur-Orden wird noch heute von der Fürstenfamilie verliehen.

Zehn Jahre später, am 10. September 1889, stirbt Charles III. an einer Lungenentzündung auf seinem Landsitz Marchais bei Laon unweit der Champagnerstadt Reims, der genauso groß, aber längst nicht so lärmend und steinig ist wie Monaco und der auch heute noch von den Grimaldis genutzt wird. Charles' Krankheit hat ihn jahrzehntelang von den Monegassen isoliert. Zu Grabe getragen wird ein versierter Herrscher mit den besten Beratern, »Vater eines modernen Staats«, Grundsteinleger und Namenspatron des heute noch florierenden Monte Carlo. Er verhalf dem kleinen Monaco zum ersten – viel geneideten – Weltruf. Er war einer der erfolgreichsten Grimaldi-Fürsten für sein Land. Allerdings wurde er dies nur mit Hilfe seiner Mutter Caroline.

Im 20. Jahrhundert, nach dem Zweiten Weltkrieg, wird ein anderer Fürst noch erfolgreicher sein. Sogar im Alleingang, ohne enge familiäre Berater: Fürst Rainier III., der »Erbauerfürst«, der »Boss« und »Manager«, der Gründer der »Monaco GmbH«. Doch zuvor besteigen zwei andere Dynastiemitglieder den Thron.

Das 20. Jahrhundert

Ururgroßvater Albert I.

Als Albert Honoré Charles Grimaldi (1848–1922) als Albert I. – und damit Namenspatron für den heutigen Erbprinz – 1889 den monegassischen Thron besteigt, ahnt man bereits, dass dieser stattliche Mann in die Geschichte eingehen wird, nicht aber als Fürst, sondern als Ozeanforscher. Bis zu diesem Zeitpunkt hat der 41-jährige bereits zahlreiche Forschungsreisen erfolgreich durchgeführt. Albert hatte Zeit, denn er regierte nicht, und wollte von Monaco nicht viel wissen.

Die Grimaldi-Dynastie freute sich im Nachhinein: endlich ein Wissenschaftler in der Familie. Nach den passionierten Seefahrern, Soldaten, Laienmusikern, den amateurhaften und professionellen Schauspielern, dem angeheirateten Schriftsteller, den Vollblutpolitikern, endlich ein Geistesmensch anderer Art. Albert ist Mann seiner Zeit mit Fortschrittsglauben und Forscherdrang, ein typischer Zeitgenosse von Jules Verne, ein wahrer »Cousteau«, bevor der Meeresforscher Jacques Cousteau Jahrzehnte später vor Monaco seinen Anker wirft und unter Rainier III. Direktor des Ozeanografischen Museums in Monaco wird.

Schon mit 17 Jahren, vielleicht um der Enge des Palastes zu entfliehen, engagiert sich Albert in der spanischen Marine. Dann kreuzt er für Napoléon III. als französischer Marinesoldat im Krieg gegen Preußen in der Nordsee. Am liebsten schifft er jedoch auf seinen Forschungsbooten als freier Mann auf den Gewässern einher. Sein erstes, von insgesamt vier selbstgebauten Schiffen, ist die 400 Tonnen schwere *Schwalbe.* Mehrmonatige Expeditionen führen ihn unter anderem auf die Azoren, nach Neufundland, in den hohen Norden. Seine Meereskarten sind so exakt, dass die Alliierten sie im Zweiten Weltkrieg für ihre Landung in der Normandie benutzen. Müsste Albert nicht regieren, so wäre er sicher Professor geworden oder wie Alexander von Humboldt Naturforscher auf Lebenszeit. Doch die Staatspflicht ruft.

Im Oktober 1889 wird Albert Fürst von Monaco. Er heiratet kurz darauf die verwitwete Herzogin von Richelieu, geborene Maria-Alice Heine, eine milliardenschwere Amerikanerin und angebliche Großnichte des deutschen Dichters Heinrich Heine, oder, so vermuten einige Historiker, eines Hamburger Bankiers, Salomon Reich. Es ist Alberts zweite Ehe, seine erste wurde 1880 nach zehn Jahren Bittstellung endlich vom Heiligen Stuhl annulliert. Ein langes Verfahren, wie es auch seine Ururenkelin Caroline von Monaco, die knapp 80 Jahre später den Papst um Annullierung ihrer ersten Ehe mit Playboy Junot bittet, erdulden muss.

Nun hat Albert zwar kein »Playgirl« geehelicht, aber wie seine Ururenkelin Prinzessin Caroline heiratet er zu früh. Er hat noch keine Lust, ist egozentrisch und oft abwesend. Er ist 20 Jahre alt, seine Braut 18. Da die Heirat von keinem geringeren als Kaiser Napoléon III. eingefädelt wird, kann sich der junge Albert seinen Eltern nicht widersetzen. Nach fünf Monaten scheitert die Ehe bereits.

Albert ist Einzelkind, durchsetzungsfähig und neigt zur Kompromisslosigkeit. Er weiß, was er will, und er bekommt, was er will. Richtig glücklich ist er nur als Seebär.

Die erste Auserwählte, Mary-Victoria, Tochter des Herzogs von Hamilton und mütterlicherseits eine von Baden, Urenkelin von Stephanie von Beauharnais, der Adoptivtochter Napoléons I., ist ebenfalls nicht ohne. Wie Albert, weiß auch sie genau, was sie will. Gleich nach ihrer Hochzeit auf dem Grimaldi-Schloss Marchais im Norden Frankreichs lässt die Braut verlautbaren, sie wolle weder Hofetikette, noch Anstandsdame und schon gar nicht mit anderem Namen als mit Mary unterzeichnen. Ein Skandal. Wo sie doch nunmehr die Ehre hat, eine »von Monaco« zu sein.

Der Empfang in Monaco ist entsprechend kühl. Und trist. Der kranke, fast blinde Schwiegervater Charles III. hat andere Sorgen, als sich mit der rebellischen jungen Dame auseinanderzusetzen. Noch immer trauert er um seine 1864 verstorbene Gattin Antoinette de Mérode. Sie starb an Krebs. Auch seine Schwester Florestine, Herzogin von Urach, trauert. Sie tröstet sich allerdings, indem sie immer mehr versucht, im Palast zu »regieren«. Doch noch hat ihre Mutter Caroline das letzte Wort – und nun kommt noch eine Frau hinzu. So viele einander fremde oder entfremdete Damen unter einem Dach, zumal wenn jede regieren will, ist eine delikate Angelegenheit, mag das »Dach« auch noch so groß sein, wie der Palast mit seinen über 200 Zimmern. Das muss schiefgehen. Noch dazu hält sich die Mutter von Mary-Victoria ebenfalls im Palast auf.

Fürst Albert, auf den es ankommt, erweist sich als schwach. Er flieht aufs Meer, statt seiner Braut zur Seite zu stehen. So verlässt ihn Mary-Victoria bereits nach knapp halbjähriger Ehe, im Februar 1870. Ohne viel Federlesens. Nur schwanger mit einem kleinen Louis. Sie kehrt mit ihrer Mutter, der Prinzessin von Baden, nach Baden-Baden zurück, wo Louis-Honoré, später Louis II., am 12. Juli geboren wird. Er ist der erste in Deutschland geborene Grimaldi. Dort verbringt er seine Kindheit, dort ist seine Heimat. Das bleibt nicht ohne Bedeutung für die Haltung des Furstentums im Zweiten Weltkrieg.

Der Junge wird zehn Jahre lang ohne Vater aufwachsen. Vorübergehend, als sein Vater die Annullation der Ehe erhält, wird er sogar illegitim werden. Albert I. interessiert das nicht: Er navigiert bereits im Deutsch-Französischen Krieg. Er ist und bleibt ein Ehefeind – ein wahrer Eheschreck für die Damen.

Auch die zweite Ehefrau, die amerikanische blonde Schönheit Alice, Herzogin von Richelieu, wird Albert nicht oft sehen, zumindest nicht nach der Eheschließung 1890. Vorher hofiert Albert sie zehn Jahre lang nach ihrer ersten Bekanntschaft auf Madeira, wo sie als Witwe trauert und er forscht. Doch kaum kehren sie dem Traualtar den Rücken, verbringt der Einzelgänger mehrere Monate pro Jahr auf See. Während des Ersten Weltkriegs lebt er sogar ganz auf seinem Schiff und lässt die Palasttüren vorübergehend schließen.

Alice, als frühere Witwe durchaus ans Alleinsein gewöhnt, stört die Abwesenheit ihres Mannes zunächst kaum. Die intelligente Society-Frau hielt vorher in Paris Salon. Viele Berühmtheiten und solche, die es werden wollten, gingen bei ihr ein und aus. Auch der 17-jährige Marcel Proust schaute bei ihr vorbei, beschreibt sie als »rothaarige Schönheit mit ausgeprägter Nase«, mit »großem Urteilsvermögen und viel Herz«. Jetzt tut sie das gleiche – nur in Monaco. Schriftsteller und Künstler folgen ihr an die Côte, machen das Land zu einem Treffpunkt der Kultur. Sie holt Raoul Gunsburg als Orchesterchef an die Oper. Er seinerseits bringt das Russische Ballett von Diaghilev nach Monaco.

13 Jahre vergnügt sich die lebenslustige, kultivierte Fürstin auf diese Weise, vertreibt sich als Mäzenin und Salonlöwin die Zeit, bringt Monaco ins Gespräch. Sie ist die beste Publicity für das Land. Doch dann hat auch sie es satt. Am 30. Mai 1902 wird die kinderlos gebliebene Ehe geschieden.

Fürst Albert wird noch bis 1922, 20 Jahre, allein regieren. Und er wird versuchen, alle Spuren seiner Exgattin im öffentlichen Leben zu tilgen. Keine Zeile darf mehr über sie veröffentlicht werden. Er duldet keine anderen Götter neben sich. Auch die historischen Dokumente im Palast lässt er vernichten. Weshalb auch die Nachwelt sich nur schwer an Alices kulturelle Spitzenverdienste um Monaco erinnert. Albert überschattet sie jetzt.

Albert I. ist ziemlich rigide. Seine Überzeugungen vertritt er mit Nachdruck. Unerschütterlich glaubt er zum Beispiel an Gerechtigkeit und Wahrheit. Das ist sicher eine positive Haltung, die auch Zivilcourage erfordert. Doch sie macht ihm das Leben schwer. Denn wo liegt die Wahrheit? Wahrheit kann relativ sein.

Das zeigt sich, als Albert I. aufgrund eigener Recherchen für den der Spionage angeklagten und zur Verbannung verurteilten französischen Offizier Alfred Dreyfus Partei ergreift. Er hält ihn für unschuldig. Als neutrales monegassisches Staatsoberhaupt, aus der Distanz heraus und als Nicht-Franzose, hat er den Fall analysiert. Er schlussfolgert wie die Deutschen, die Affäre sei ein Irrtum. Der Schuldige sei nicht ein anderer, was ihm wiederum sein deutscher Noch-Freund Kaiser Wilhelm II. bestätigt, ohne jedoch den Schuldigen in der Spionageaffäre zu nennen.

Getrieben von einem geradezu fanatischen Gerechtigkeitssinn spricht Fürst Albert I. wegen des jüdischen Offiziers beim französischen Präsidenten Felix Faure vor. Er bittet um Revision des Falls. Eine diplomatisch äußerst delikate Angelegenheit, handelt es sich doch um einen zugleich ausländischen und von Frankreich abhängigen Fürsten. Eine Lösung scheint nicht in Sicht, denn Faure erweist sich in dieser Sache als genauso halsstarrig wie der Fürst. Da greift das Schicksal ein: Aus ungeklärten Umständen stirbt der französische Präsident nach Alberts Besuch noch am selben Tag. Die einen meinen durch Aufregung, die anderen meinen auch durch Aufregung – aber sexueller Natur. Bedienstete wollen hinter einer Tür die Maîtresse des Präsidenten gesehen haben. Der alte Faure, so wird gemunkelt, habe zu viele Liebeselixiere geschluckt. Fürst Albert I. kann es egal sein. Er hat jedenfalls erreicht, was er wollte, denn Faures Nachfolger bewilligt die Revision.

Auch öffentlich macht Albert I. mit seiner fast »Allein-gegen-alle-Haltung« gerne Druck. Nur Georges Clemenceau und Anatole France stehen auf seiner Seite. Im konservativen *Le Figaro* – dem, rückblickend betrachtet, traditionellen französischen »Sprachrohr« Monacos – veröffentlicht er einen Brief, der ihn auf die Seite von Dreyfus' Frau stellt. Und auf die Seite der Juden, denn die Dreyfus-Affäre ist auch ein antisemitischer Prozess. Aber die Religion ist nicht das Entscheidende für Albert. Er tritt für Dreyfus ein, nicht etwa, weil seine eigene Frau jüdischer Herkunft ist und nur zum katholischen Glauben konvertierte, um den katholischen Fürst heiraten zu können, oder weil er mit den Rothschilds, Steins und anderen jüdischen Bankiers verkehrt, sondern weil für ihn die Unschuld zählt. Natürlich handelt der Fürst sich wegen Dreyfus wüste Beschimpfungen ein. Das stört ihn wenig, als Regierender ist er Opposition gewöhnt. Hauptsache er hat ein ruhiges Gewissen. Bis in das 20. Jahrhundert zieht sich der Skandal. Am 11. Juli 1904 tritt Fürst Albert I. sogar als Zeuge auf, um Dreyfus' Unschuld zu beteuern. Endlich, nach elf Jahren Verurteilung, wird

Offizier Alfred Dreyfus 1906 für unschuldig erklärt, in die französische Armee reintegriert, sogleich befördert und als – angeblich tröstende – Rehabilitation mit der Ehrenlegion ausgezeichnet.

Fürst Albert kreuzt bei Urteilsverkündung vor Bergen, Südnorwegen. Per Funk bekommt er die Nachricht auf seine *Prinzessin Alice II.* übermittelt. Er feiert sogleich den Ausgang als Triumph über die »menschliche Dummheit«, »über den unsinnigen Religions- und Rassenhass« angesichts »des Fortschritts der Sitten«. Ein Dankesschreiben des Rehabilitierten folgt ihm auf seine Forschungsreise in die Arktis. Alberts Glaube an Gerechtigkeit in dieser Affäre hat gesiegt.

Doch wie regiert er eigentlich Monaco? Nun, in jenen Monaten der Abwesenheit, regiert er mit einem der modernsten Kommunikationsmittel seiner Zeit: per Funk. So wie andere heute per Handy. Das tut er anscheinend gut, darin ist sich die Mehrheit der Historiografen, die sich auf Archivalien stützen, einig. Die üppigen Gewinne der S. B. M. inverstiert er, wie vorgeschrieben, größtenteils in das öffentliche Leben. Er macht Monaco zu einem kleinen Vorzeigestaat in Sachen Lebensqualität und Umweltschutz: So lässt er beispielsweise Pissoirs installieren und schreibt eine Kleiderordnung für die Kutscher vor. Schließlich versteht sich Monaco schon damals als Inbegriff der Eleganz.[4]

Albert gilt auch als erster großer Baumeister der Dynastie. Der Hafen wird modernisiert und zum Meer hin erweitert, ein Eisenbahntunnel wird angelegt, um Fontvielle, das neue kleine »Industrieviertel« mit Mehlhandel und Brauerei, erreichen zu können. Der Palast wird renoviert, ebenso die Gebäude des neu gegründeten Lizeums Albert I. und des Nationalrats. Auch entsteht ein neuer *Jardin exotique*. Dieser exotische Park entzückt die französische Schriftstellerin Colette derart, dass sie Monaco vorübergehend zu ihrer Zweitresidenz macht und verkündet: »In Monaco sind die Blumen die Grenzen!«

Auch die Verfassung modernisiert Albert I. Er erlässt Anfang 1911 eine von Franzosen – ohne Mitspracherecht der Monegassen – ausgearbeitete neue »Konstitutionelle Organisation«; allerdings erst unter dem nicht nachlassenden Druck einer monegassischen Opposition, die sogar auf die Straße geht. Doch Opponenten dürfen in dem Fürstentum, wenn überhaupt, nur diskret auftreten. Das gilt noch bis heute, knapp hundert Jahre später.

Die Fürstengegner erwirken das allgemeine Wahlrecht für den kommunalen Rat. Nur der Bürgermeister und sein erster Stellvertreter werden weiterhin vom Fürsten ernannt. Auch behält er die Exekutive. Erstmals jedoch erfolgt die Teilung der Legislativgewalt zwischen Nationalrat und Fürst: Albert bleibt die eigentliche Gesetzes- und Verordnungsinitiative vorbehalten. Doch der auf vier Jahre gewählte Nationalrat darf nunmehr über sie abstimmen. Neu sind auch die Regierungsbildung mit einem Minister und drei Beratern, sowie die Aufteilung Monacos in drei Gemeinden mit eigenem Rat: Monaco, La Condamine, Monte Carlo. Diese »aufoktroyierte Charta«, wie Historiker Robert sie bezeichnet, denn der Fürst ist souverän, löst die alte Verfassung von 1848 ab. Sie bleibt bis zum Ersten Weltkrieg gültig.

Auch die Roulettekugeln rollen unter Albert I. zunächst munter weiter, trotz Neider in den Nachbarstädten Nizza und San Remo, trotz des Vorstoßes einer internationalen Anti-Spiel-Liga gegen Monaco, trotz der Missbilligung seitens der Fürstin Alice. Als gebürtige Amerikanerin hegt sie eher eine puritanische Abneigung gegen das Glücksspiel. Noch immer spielt die High Society lieber mit Goldmünzen als mit Jetons. Das wird bis zum Ersten Weltkrieg so bleiben.

Wer immer Rang und Namen hat, oder auch nur das teure Laster des Glücksspiels, reist in jenen Jahren nach Monte Carlo. Sogar Kaiser Wilhelm II. wagt einen Einsatz, verliert 100 000 Francs und spielt daraufhin nie wieder. Sein »Amtskollege« Kaiser Franz-Joseph hingegen lässt sich wiederholt im Casino blicken. Manchmal bleibt er, zum Entsetzen der Geschäftsleitung, sogar unerkannt, so bescheiden treten Kaiserliche Hoheit auf.

Albert I., der trotz seines fürstlichen politischen Monopols demokratisch denkt, wenn es um Wissenschaft geht, richtet 1902 ein Anthropologisches Museum in Monaco ein und legt am 25. April 1899 den Grundstein für das Ozeanografische Museum. Hier sollen die Forschungsergebnisse dokumentiert und allen Menschen, ob gebildet oder nicht, reich oder arm, zugänglich gemacht werden. Das Museum wird 1910 eingeweiht: In 80 Bassins werden die vielfältigen Lebensbedingungen der Meerestiere, Muscheln und Korallenriffe dargestellt. Darüber hinaus gibt es eine riesige Sammlung von Seefahrtsinstrumenten, Meereskarten und eine umfassende ozeanografische Bibliothek. 1911 wird eine metereologische Radarstation eingerichtet, und heute gibt es bedeutende Forschungslabore nebst seismografischem Observatorium drei Etagen unter der Erde. Monaco wird damit, so Des Cars, in den weltweiten »Club der Forscher und Colloquien« aufgenommen. Die ersten Kongresse finden somit unter Fürst Albert I. statt. Fast 100 Jahre später, unter Rainier III. und mit Hilfe von Prinz Albert, wird der Kongresstourismus zu einer wichtigen Einnahmequelle für das Fürstentum.

Damit Monaco touristischer Anziehungspunkt bleibt, sucht Albert I. zusammen mit Camille Blanc, dem Sohn des verstorbenen S. B. M.-Unternehmers, nach neuen Attraktionen, wie zum Beispiel 1911 ein Automobilrennen, die Rallye Monaco, deren Teilnehmer in ganz Europa starten. Das Ziel heißt Monte Carlo. Auch Tennisspieler und Luftfahrtpioniere kommen. Monaco steht fortan auch für Sport.

Albert pflegt, wie gesagt, freundschaftliche Verbindungen mit dem deutschen Kaiser Wilhelm II. Gerne treffen sie sich auf ihren Yachten *Prinzessin Alice II* und der *Hohenzollern*. Beide versuchen sie in der Dreyfus-Affäre sachlich zu argumentieren, um weder die französisch-monegassischen, noch die deutsch-französischen Beziehungen unnötig zu vergiften. Doch in einem wesentlichen Punkt unterscheiden sich die beiden: Fürst Albert ist und bleibt Pazifist. Er ruft sogar 1903 ein Internationales Friedensinstitut ins Leben. Von dem pangermanischen Expansionsdrang der Deutschen will er nichts wissen. Der Erste Weltkrieg bedeutet deshalb das Ende ihrer Freundschaft.

Als die französische Kathedrale in Reims durch deutsches Bombardement in Schutt und Asche fällt, schickt der empörte Albert sämtliche deutsche Dekorationen an seinen Verleiher zurück. Und kurz vor dem Friedensvertrag 1918 und der Abdankung des Kaisers lässt Albert Seiner Kaiserlichen Hoheit ein 170 Seiten langes Manuskript zukommen. Es ist ein Pamphlet über den »Deutschen Krieg und das universelle Gewissen«. Eine der vielen fürstlichen Schriften, die später in Buchform erscheinen. Wahrlich, über Monaco zu regieren, ließ damals noch Zeit zum Schreiben und Forschen übrig.

Der Erste Weltkrieg bedeutet auch für die Grimaldi-Dynastie respektive für ihr Fortbestehen eine enorme Gefahr. Bislang ist der einzige Thronfolger, Erbprinz Louis, ohne legitimen Nachwuchs geblieben. Er ist dato immerhin 48 Jahre alt und Junggeselle. Aus einer Liebschaft mit einer Wäscherin ist ein uneheliches Kind, Charlotte, hervorgegangen. Zwar wird sie in den Palast geholt und sogar geadelt, aber nur ihr Vater Louis mag sie, der regierende Fürst hingegen meidet sie, wann immer er ihr in den langen Palastfluren begegnet. Angesichts des Ersten Weltkriegs hat er jedoch keine andere Wahl: Sollten die Grimaldis bei seinem oder Louis' Tod keine legitimen Erben nachweisen, wird, so der Status, Monaco an Frankreich übergehen oder an den deutschen Zweig der Grimaldis fallen. Das würde bedeuten, dass der Thron an die Söhne seiner Tante Florestine, der Schwester seines Vaters, also an Urach-Württemberg, ginge.

Die einzige politische Lösung wäre, dass Louis seine außereheliche Tochter adoptiert. Albert I. verfügt am 7. November 1918 in einem entsprechenden Erlass, dass im Falle fehlender Thronerben, der Fürst und der Erbprinz ein Kind mit vollem Erbrecht und Thronanspruch adoptieren können. Das sahen auch die Verträge mit Frankreich von 1918 vor. Die inzwischen 20-jährige Charlotte, bereits im November 1911 in den Adelsstand gehoben, wird zur rechtmäßigen Thronerbin Monacos gekürt. Fürst Albert stellt, wenn auch widerwillig, die politischen Belange vor seine Privatinteressen. Die Adoption findet am 16. März 1919 in der monegassischen Legation in Paris statt. Die Paten sind keine geringeren als Frankreichs Präsident Raymond Poincaré – zugleich Familienanwalt der Grimaldis – sowie ein radikaler Abgeordneter, ehemaliger Botschafter in China und derzeitiger Außenminister, Stephen Pichon.

Um den ihr nicht wohlgesonnenen Großvater zufrieden zu stellen, heiratet Prinzessin Charlotte, seit dem 20. Mai 1919 auch

Herzogin des Valentinois, ein Jahr später Pierre Graf von Polignac. Poincaré hat diese Verbindung eingefädelt. Prinzessin Charlotte und Prinz Pierre werden die Eltern von Prinzessin Antoinette und dem heutigen Fürst Rainier III. Jetzt kann Albert I. beruhigt sein: Das wichtigste, das Fortbestehen der Dynastie, ist gesichert.

Am 26. Juni 1922 segnet Fürst Albert I. in Paris das Zeitliche. Am 8. Juli wird er in Monacos Kathedrale beigesetzt: Ein Fürst, der Monaco wieder aufs internationale Parkett gehoben hat, ein vielseitiger Pionier unter Pionieren, der Begründer der Ozeanografie. Die Zeitungen beschäftigen sich in ihren Nekrologen allerdings eher mit seinen gescheiterten Ehen und seinem Posten als »Chef des Casinos«, wie ihn die *Sunday Post* nennt.

Historiker Jean des Cars bezeichnet Albert I. 75 Jahre später aufgrund seiner pazifistischen Haltung und seines Gerechtigkeitssinns als den »Ritter-Fürst«. Traditionell bleibt er der »Forscher-Fürst«. Von diesem sagt 1989 der 66-jährige Rainier III.: Sollte er einmal mehr Zeit haben, also in Rente sein – ein Begriff, der ihm nur schwer über die Lippen kommt –, so würde er gerne die zahlreichen Tagebücher des Urgroßvaters lesen, »handgeschriebene Berichte seiner wissenschaftlichen Expeditionen«. Und wie dieser wäre er gerne zur See gefahren ... oder Zirkusdirektor geworden. Doch dazu später.

Auch Erbprinz Albert erinnert sich gerne an diesen Ururahnen. Vielleicht, weil man soviel – aber noch lange nicht alles – über ihn weiß. Vielleicht, weil er ein Vorzeige-Ahne scheinbar ohne Tadel ist. Vielleicht, weil er seinem Ururenkel als Mann der Jahrhundertwende »greifbar« scheint, dessen Erbe noch heute in Monaco deutlich sichtbar ist. Wahrscheinlich ist es ein wenig von allem.

Urgroßvater Louis II.

Während Albert I. schon als Kind eigensinnig und kompromisslos gewesen sein dürfte, gilt der kleine, in Baden-Baden geborene Louis (1870–1949) als sanft, ruhig und friedfertig. Während der eine von der schaukelnden See angezogen ist, hat der andere lieber festen

Boden unter den Füßen. Der eine liebt das Forschen, der andere die Jagd. Und während Fürst Albert I. als erklärter Pazifist sogar eine Friedensakademie gründet, entscheidet sich Erbprinz Louis früh für eine lebenslange Militärkarriere, die nur von seiner Pflicht als Thronerbe unterbrochen wird. General wollte er werden.

Louis' militärische Karriere an Frankreichs berühmter Militärakademie Saint-Cyr wird vom Vater erstaunlicherweise sofort gebilligt. Vielleicht, weil alle Grimaldis den Soldatenhelm neben der »Fürstenkrone« aufgesetzt haben, also militärisches Engagement eine Familientradition ist. Vielleicht aber hält er ihn auf diese Weise gekonnt von den Amtsgeschäften in Monaco fern – und von sich selbst. Mehr oder weniger versteckte Animositäten sind auf beiden Seiten vorhanden. Sie erklären sich aus ihrer Vita.

Der in Deutschland geborene Louis wächst die ersten zehn Jahre, wie bereits erwähnt, ohne seinen Vater auf. Dieses Desinteresse kann er ihm schwerlich verzeihen. In Baden-Baden, im mütterlichen, grandiosen Hamilton-Schloss, wird der »Vaterlose« zum Glück abgöttisch geliebt, vor allem von seiner Großmutter. Das mondane Baden-Baden, das kleine Sigmaringen und das universelle Wien prägen seine Kindheit. Louis verkehrt in seiner Jugend mit der deutschen Aristokratie und spricht, auch noch Jahrzehnte später, fließend und akzentfrei seine Muttersprache. Immer wieder kehrt er als Erwachsener an die Stätten seiner Kindheit zurück. Als erster, angehender Grimaldi-Fürst besitzt er sogar die deutsche Staatsbürgerschaft, da seine Mutter Deutsche ist. Louis wird auch im Zweiten Weltkrieg an seiner Germanophilie festhalten. Unerschütterlich.

Als der kleine Louis erstmals seinen Vater sieht, schreibt die besorgte Mutter, Herzogin Hamilton an ihren Exmann.: »Er (Louis, Anm. d. Verf.) war sehr glücklich, Sie zu sehen, Monseigneur. Er spricht mir gegenüber oft davon und macht keinerlei Bemerkungen über die Vergangenheit. Er nimmt die Dinge ganz natürlich und wir sollten dafür Gott danken und versuchen, ihm so lange wie möglich noch diese wunderbare Unschuld zu bewahren.«

Mit zwölf Jahren wird der von seiner weiblichen Umgebung verwöhnte Louis in Pariser Internate geschickt. Erstmals kommt er mit der französischen Kultur in unmittelbare Berührung. Während er 1889 sein Abitur besteht, besteigt sein Vater, Albert I., den Thron. Louis wird offizieller Erbprinz. Aber jahrzehntelang bleibt er nichts anderes als »Sohn seines Vaters«, ohne politische oder andere Funktionen, wie der Journalist Pierre Abramovici feststellt.[5]

Mit 20 Jahren verlässt Louis die Elite-Militärschule mit dem Grad eines Unteroffiziers. Er geht in das Afrikakorps, möglichst weit weg von Monaco, wo er ohnehin keine Aufgabe hat. In Konstantin lernt er seine »Jugendliebe« kennen, die junge Marie-Juliette Louvet, eine Wäscherin und geschiedene Frau eines Fotografen »schöner Damen«, wie es damals euphemistisch hieß. Aus dieser jahrelang währenden Beziehung geht die bereits erwähnte Charlotte am 30. September 1898 als uneheliches Kind hervor. Vater Louis erkennt sie zwei Jahre später als sein Kind an und kümmert sich um Mutter und Tochter. Später interessiert ihn dann nur noch die Tochter, denn die Beziehung zur Mutter bleibt aussichtslos: Sein Vater, Fürst Albert, verbietet ihm ein für allemal, die unstandesgemäße Juliette zu heiraten. Der gute Louis fügt sich, holt jedoch wenigstens Charlotte in den monegassischen Palast.

Louis, der in Monaco politisch nichts zu tun hat, bekommt endlich 1910 mit 40 Jahren eine Aufgabe von Albert übertragen. Er soll pro forma eine Bevölkerungsumfrage starten, um zu wissen, was die Monegassen von einer neuen Verfassung erwarten. Es ist eine unangenehme Aufgabe, da sich eine kleine aufmüpfige Opposition gegen den alten Fürsten gebildet hat. Journalist Abramovici spricht von Demonstrationen, die sich nicht nur gegen Albert I. richten, sondern auch gegen den militärisch förmlich und streng wirkenden Erbprinzen.

Aus seiner Militärlaufbahn, die in die Jahre des Ersten Weltkriegs fällt, kehrt Louis II. mit Auszeichnungen zurück: 1915 erhält er das Kriegskreuz mit Palmen, 1916 den Grad eines Schwadronschefs. Und 1922 wird er sogar Brigadegeneral. Doch bleibt dies ein »fiktiver« Titel, wie die Franzosen in Geheimakten ausdrücklich betonen. »Fiktiver« Titel bedeutet »politischer« Titel, opportun verliehen, wie ihn sonst Diplomaten erhalten, um Rangesgleich mit Berufssoldaten zu sein. Im Falle Louis II. wird der Grad »Brigadegeneral« wenige Monate nach dem Tod seines Vaters Albert I. verliehen. Die Beförderung ist also ein Politikum.

Peinlicher ist, dass Louis' Vater, Fürst Albert, zu Lebzeiten eine wahre Staatsaffäre auslöste, als er wiederholt erbost Frankreichs Präsidenten ersuchte, seinen immerhin 40-jährigen Sohn unverzüglich um einige Dienstgrade aufsteigen zu lassen. Schließlich habe dieser einen fürstlichen Namen. Bis zu dreizehn Mal am Tag soll der Fürst zur Feder gegriffen haben, um seiner Forderung entsprechenden Nachdruck zu verleihen. So vermerkt in der Akte »Berühmtheiten« des französischen Militärarchivs.

Es kommt noch besser: Louis II. wird 1939 sogar zum Truppengeneral befördert. Es ist die vorletzte ranghöchste Auszeichnung in der französischen Armee. Auch diese Beförderung ist wieder ein Politikum: Der Titel wird die Krönung von Louis' II. – inzwischen passiver – Militärlaufbahn sein. Die Uniform trägt der inzwischen 69-jährige längst nicht mehr auf dem Feld, sondern nur noch in den Straßen Monacos. Aber er trägt sie ...

Die politische Karriere von Louis beginnt im fortgeschrittenen Alter von 52 Jahren. Erst zu diesem Zeitpunkt wird er Fürst. Der, so Abramovici, unter »seinem zu kleinen Kriegshelm Herablassung ausstrahlende« Louis regiert ab 1922. Die schwierige Zwischenkriegszeit, ein von der amerikanischen und europäischen Wirtschaftskrise gezeichnetes Monaco sowie der Zweite Weltkrieg fallen in seine Regierungsära.

Der politisch unerfahrene Fürst muss sich zunächst mit wirtschaftlichen Problemen auseinandersetzen. Der Erste Weltkrieg hat die Einkünfte der S.B.M. erheblich beschnitten. Entlassungen und radikale Sparmaßnahmen sind die Folge. Zu allem Unglück werden 1933 auch in Frankreich und Italien das Glücksspiel und »Trente et Quarante« offiziell erlaubt. Man spielt jetzt auch in San Remo und Cannes. Konkurrenz belebt zwar das Geschäft, aber Louis II. hält es für klüger, nicht mehr alles auf die Casino-Karte zu setzen. Er privatisiert die S.B.M. und erlässt, dass sie von nun an 5% ihrer Einnahmen an das öffentliche Finanzwesen abzuführen habe, ein Prozentsatz, der nach Überschreitung einer gewissen Einnahmenhöhe überprozentual steigt. Er baut ferner den Tourismus aus und erweitert den Sportsektor um neue Attraktionen. Die Rallye Monte Carlo wird immer populärer und 1929 findet der erste Grand Prix von Monaco statt: 318 Kilometer für 20 auserwählte Rennfahrer. Mehr als 100 000 Zuschauer sehen sich das gefährliche, kurvenreiche High-Speed-Rennen quer durch die Stadt an. Angelockt von dem attraktiven Vergnügungsangebot kommen auch die illustren Gäste wieder: indische Maharadjas, Gustav V., König von Schweden, Lloyd George und Milliardäre wie der Amerikaner Pierpont Morgan. Internationale Investoren lassen sich dauerhaft in Monaco nieder, angelockt von den weltweit einzigartigen Steuerermäßigungen: Gründungsrechte, jährliche Funktionskosten, Erbschaftssteuern für Firmen sind am niedrigsten von allen Steuerparadiesen. Direkte Steuern gibt es gar nicht. Seit 1934 sind über 100 Aktiengesellschaften und Holdings in Monaco ansässig. So gewonnenes, »überflüssiges« Geld von Privatinvestoren fließt nicht selten in das Casino und damit wieder an Monaco zurück. Die Steuerermäßigung beziehungsweise -freiheit ist das beste Werbeinstrument für das Fürstentum.

Doch während Monaco langsam seinen Aufschwung nimmt, kriselt es privat wieder einmal heftig im Fürstenhaus. Den Junggesellen Louis betrifft es nicht, sondern seine Tochter Charlotte. Die von Raymond Poincaré arrangierte Heirat zwischen ihr und dem mittellosen, wenn auch von allerbestem französischen Adel stammenden Pierre Graf von Polignac verläuft von Anfang an schlecht. Trauzeuge Prinz von Faucigny-Lucinge berichtet in seinen *Memoiren,* dass bereits am Hochzeitstag Polignac seine Braut rügt, weil sie ihm auf dem Kirchenvorplatz, in der Menschenmenge, um einige Schritte vorausgegangen war. Mit anderen Worten: Der in den Prinzenstand dank seiner Frau Erhobene tadelt das »ungehobelte« Benehmen seiner in Wahrheit armen *routurière.* Gleichzeitig bekennt Prinz Pierre mit seiner Haltung, dass ihm ein Schattenleben, wie er es aufgrund der Annahme des Grimaldi-Namens und derer Wappen führen muss, keinesfalls behagt, obwohl er zusätzlich den Herzogtitel Duc de Valentinois erhält.

Wieder einmal eine unglückliche Geld- und Titelheirat in der Familie.

Zwei Kinder gehen dennoch aus der Ehe hervor. Am 28. Dezember 1920 wird Antoinette Louise Alberte Suzanne geboren. Zweieinhalb Jahre später, am 31. Mai 1923, Rainier. Erstere wird ihrem jüngeren Bruder den Thron noch streitig machen. Aber in einem werden sich die zankenden Geschwister immer einig sein: in der Kritik an Großvater Louis und seinen politischen Machenschaften während des Kriegs.

Je weniger Prinz Pierre seine Frau liebt, je mehr ergreift ihr Vater Louis für sie Partei. Am 8. Februar 1930 werden Pierre und Charlotte auf Verordnung des Fürsten geschieden. Louis II. behält sich, als »fürstliches Familienoberhaupt und Chef der Dynastie« das Sorgerecht vor. Ein monegassischer Anwalt, Louis Auréglia, der schon immer gegen den Fürsten opponierte, verteidigt Prinz Pierre. Schiedsrichter spielt Raymond Poincaré, Familienanwalt der Grimaldis.

Polignac kommt gut bei der Scheidung weg: Neben der Rückerstattung seiner persönlichen Besitztümer, erhält er eine kapitalisierte Rente auf Lebenszeit. Für die Kinder werden 100 000 Francs Unterhaltskosten pro Jahr festgelegt. Beide Ausgaben werden aus dem monegassischen Staatssäckel finanziert – ein Schachzug des Fürsten, um sein Privatvermögen nicht anzutasten. Ein weiterer Schachzug ergibt, dass Polignac zwar die Kinder zugesprochen werden, er aber in Erziehungsfragen Schwiegervater Louis II. konsultieren muss. Nur im Sommer und zu Weihnachten dürfen die Kinder beim Großvater und bei ihrer Mutter weilen. Bei Rainier und Antoinette hinterlässt diese Erfahrung Narben. So vertraut Rainier in den 90er Jahren der amerikanischen Grimaldi-Monografin Anne Edwards an: »Nie durfte ich dem einen von den anderen erzählen ... Das hat mich als Kind ziemlich bedrückt.« Zwar bleibt der Wohnsitz von Pierre de Polignac offiziell der Fürstenpalast. Doch darf er sich ohne die Genehmigung des Fürsten nicht in Monaco aufhalten, geschweige denn wohnen. Ein ewiger Streitpunkt. Er eskaliert zwischen 1940–43. Zusätzlich kommt die Erbfrage ins Spiel, denn die großmütige, herzensgute, aber auch eigenwillige und politisch desinteressierte Prinzessin Charlotte beantragt schon 1933 in einem Schreiben an ihren Vater, auf den Thron zugunsten ihrer Kinder Antoinette oder Rainier zu verzichten. Fürst Louis II. nimmt das nur unter Schaffung eines »conseil de couronne« beziehungsweise Regentschaftsrat an, in dem die Franzosen die Stimmenmehrheit wahren. Damit sind nicht nur die potenziellen Ansprüche des deutschen Grimaldi-Zweiges aus dem Hause Urach-Württemberg ausgeschaltet, sollten Prinzessin Charlotte oder Fürst Louis II. sterben, bevor die Kinder die Volljährigkeit erreicht haben, sondern es ist auch der womögliche Einfluss Pierre de Polignacs auf seinen Sohn reduziert. Den fürchtet Louis II. besonders.

Politisch beginnt ab Mitte der 30er Jahre das vielleicht schlimmste Kapitel für Monaco. Ein Kapitel, das bis heute noch nicht ganz geklärt ist und worunter Monaco und die Fürstenfamilie am liebsten den in Deutschland beliebten und berühmt gewordenen Schlussstrich ziehen würden: Monacos Kollaborations-Politik mit den Nazis.

Da das Land beziehungsweise die Fürstendynastie sich des »peinlichen« Herrschers Louis II. posthum nicht einfach entledigen kann, hält Fürst Rainier III., Enkel von Louis II., die Dokumente jener Epoche in seinem Palastarchiv sorgsam unter Verschluss. Rainier will verhindern, dass sein Großvater und das heutige Monaco in Verruf geraten. Und er fürchet, Entschädigungen in Millionenhöhe zahlen zu müssen. Sämtliche Bio- und Monografen hüllen sich über diese Epoche in Schweigen. Weshalb, so Pierre Abramovici, seines Zeichens in Monaco geboren und investigativer Journalist mit Tätigkeit in Frankreich, Louis II. ein »Stiefkind der Geschichte« und der Grimaldis bleibt. 1997 jedoch packt besagter Abramovici das heiße Eisen an, und 2001 schreibt er ein Buch über das politische Wirken des Füsten Louis II.

In seiner Historiografie *Un rocher bien occupé* schreibt er: Die Jahre des Zweiten Weltkriegs sind »Jahre des Zögerns, der Kompromittierung, der Kollaboration und der Geschäftigkeit«, geprägt von einer »naiven Nachsichtigkeit gegenüber Deutschland«. Im Interview mit der Autorin resümiert er: »Monaco, vor allem der Fürst, ist reicher als vorher aus dem Zweiten Weltkrieg hervorgegangen.« Anders: Sie haben sich am Krieg bereichert.

Denn das offiziell neutrale Monaco ist vor allem ab 1939 Zufluchtsort vieler deutscher und österreichischer Juden. Fürst Louis II. scheut sich jedoch nicht, sie vereinzelt dem Vichy-Regime beziehungsweise der französischen Gendarmerie auszuliefern. Weniger, so Pierre Abramovici, weil sie Juden sind, denn der Fürst ist nicht antisemitisch, vielmehr weil sie größtenteils mittellos sind. Und da Monaco auf seinen Luxus-Ruf achtet und von sozialer Unterstützung der Anwohner ohnehin wenig hält, werden die unwillkommenen Gäste auf Anfrage von Louis II. von den Franzosen, so Abramovici, »entfernt«. Der Fürst will, so sagt man ihm nach, »kein Palästina der Reichen«.

Monaco ist kein Wohlfahrtsstaat. Zwar lebt es sich dort wie im Paradies auf Erden, doch nur für Auserwählte. Gegenüber den Monegassen bleibt Fürst Louis autoritär und sparsam. Die wenigen Opponenten, darunter Anwalt Louis Auréglia, werfen ihm eine Diktatur vor. Zu Recht, als er angesichts des bevorstehenden Kriegs kurzerhand die Verfassung aussetzt und mit alleiniger Verfügungsgewalt regiert.

So kommt es aufgrund der Wirtschaftskrise, die ab 1935 zu hunderten von Entlassungen innerhalb der S.B.M. führt, zu Demonstrationen. Jedes Mal, wenn der Fürst sich endlich einmal wieder ab Dezember in Monaco blicken lässt, um für gut vier Monate im Palast Quartier zu nehmen, wird er am Bahnhof von Demonstranten empfangen. Er führt dies Verhalten seiner Untertanen auf ein ausländisches Komplott zurück. Im Klartext beschuldigt er Frankreich, seine Kommunisten nach Monaco zu schicken, um die Bevölkerung aufzuwiegeln. Immerhin an die 40% der Angestellten, darunter auch gut 20% der Polizisten, sind damals der kommunistischen CGT Frankreichs beigetreten. Frankreich soll auch hier gewaltsam eingreifen, fordert Louis II. Doch Frankreich hält sich zurück, verstärkt allerdings seine Polizei im Fürstentum.

Louis begeht den Fehler, den schon viele Grimaldi-Fürsten vor ihm begangen haben: Er regiert aus der Ferne, per Telegraf, von seinem geliebten Landsitz Marchais aus. Der französische Generalkonsul in Monaco, Victor Jeannequin, urteilt später aus Anlass eines angeblich von italienischen Faschisten geplanten Putsches gegen den Fürsten in einem Brief über Louis II: »… ihm geht jeder politische Sinn ab. Wo sollte er auch diese Qualität erworben haben? Fern von Monaco aufgewachsen, auf Wunsch eines Vaters, der ihn nicht liebte, verbrachte er seine Jugend und sein reiferes Alter in der Fremdenlegion. Nach seiner Machtübernahme zeigte er mehr Geschmack am Wild in Marchais als an monegassischer Politik. Monaco und vor allem seine Untertanen sind ihm unerträglich. Vor dem Krieg wohnte er noch nicht einmal zwei Monate pro Jahr im Fürstentum.«

Die Demonstranten fordern im Grunde nur die gleichen Arbeitsbedingungen wie im Nachbarland Frankreich, mit dem Monaco ein vielschichtiges, bilaterales Abkommen unterhält. Doch in dieser Angelegenheit behält das Fürstentum, sprich der Fürst, Nationalhoheit. Das gilt bis heute.

Am 7. April 1937 kommt es zum ersten massiven Konflikt und Streik in der Geschichte Monacos: Die Angestellten der Gaswerke legen die Arbeit nieder. Fürst Louis sieht darin erneut ein vom Ausland angestiftetes Komplott der Kommunisten und ersucht wiederholt die französische Intervention. Mit höheren Lohnversprechungen wird der Streik letztlich beigelegt. Doch im September kommt es zu weiteren Arbeitsniederlegungen, dieses Mal auch im Privatsektor. Wieder beruhigen Lohnversprechungen und Sonderleistungen, sowie Aufträge für die französische Rüstungsindustrie die Streikenden.

Die dunklen Wolken verdichten sich am politischen Horizont. Das heraufziehende Gewitter nähert sich aus Italien. Schon lange drohen die italienischen Faschisten, an der Côte d'Azur aufzumarschieren, Nizza zu besetzen und das Fürstentum zu annektieren. Ein jahrhundertealter italienischer Traum, zumal Monacos größte ausländische Gemeinde mit etwa 9700 Mitgliedern die italienische ist. Die Mehrheit von ihnen ist zudem pro-Mussolini eingestellt. Ein jahrhundertealter monegassischer Alptraum, der bisher immer erfolgreich verjagt werden konnte.

Als im Juni 1940 Italien Frankreich den Krieg erklärt, kommt es zu Bombardierungen und Artilleriegefechten an der Côte d'Azur. Elf Tage lang. Erstmals wird auch Monaco von zwei Raketen getroffen. Panik geht um. Wird Mussolini in Monaco einziehen? Zum Glück bleibt das Fürstentum weiterhin nicht-besetzte Zone. Aber das hindert die italienischen Faschisten nicht, in Monaco aufzumarschieren – und von einer jubelnden italienischen Gemeinde empfangen zu werden. Da Monaco jedoch zum entmilitarisierten Gebiet erklärt wurde und der Friedensvertrag von 1918 besteht, dürfen die französischen Truppen in Monaco für Ordnung sorgen. Monaco bleibt also nach außen ein souveräner Staat, wobei Louis II. in einem Briefwechsel mit Marschall Pétain mehrmals seine Treue gegenüber dem französischen Regime und seine persönliche Bewunderung für den »Militärkameraden« bekräftigt. Nur nicht mit den italienischen Faschisten paktieren.

Diese »italienische Angst« ist ein historisches Grimaldi-Erbe. Sie erklärt teilweise die Haltung von Louis II. nicht nur gegenüber Pétain, sondern auch gegenüber den Deutschen, als diese ab 1941 Verhandlungen aller Art mit ihm führen wollen und dürfen. So wird zum Beispiel ein gewisser Hauptmannn Laubenthal, deutscher Militärbefehlshaber in Paris, von der S. B. M. fürstlich beherbergt und herumchauffiert – von Monaco bis Marseille –, und vom Fürsten persönlich empfangen. Ihm teilt Laubenthal mit, die Deutschen überlegten, ein Pendant der ihnen eigenen Pariser »Aerobank« auch in Monaco zu gründen und Aktionäre der S. B. M. zu werden. Zwar misslingen diese Absichten, weil die Aktionäre unter anderem ihre Aktien nicht abtreten wollen, aber Laubenthal lobt den Fürsten und die Regierungsmitglieder als »äußerst verständnisvoll« gegenüber den Deutschen. Im Anschluss an seinen Besuch, empfiehlt er Hitler, Monacos Unabhängigkeit zu unterstützen. Die Nationalsozialisten werden von Stund an Monacos Neutralität gegenüber den italienischen Territorialansprüchen verteidigen. Genau das erhoffte Louis II. sich von seiner deutschfreundlichen Haltung.

Noch ein anderer, höchst persönlicher Grund bewegt Louis II., mit den Deutschen zu verhandeln: Seit 1940 befindet sich sein geliebtes Schloss Marchais in der deutschen Besatzungszone und wird von der Luftwaffe als militärisches Hauptquartier genutzt. Louis kann sich dort ohne Risiko nicht mehr blicken lassen. Er bangt um Möbel und Besitz. Und so lässt sich aller Gefahren zum Trotz Prinzessin Charlotte in Marchais nieder: Ob im Hauptgebäude, in einem Nebenflügel oder in Stallungen ist nicht überliefert. Jedenfalls empfängt Louis auch deshalb die Deutschen. Was scheren ihn deren Millionen Raubmorde, er möchte um alles in der Welt verhindern, dass Marchais noch einmal wie im Ersten Weltkrieg geplündert wird, und will seine auf rund 50 Millionen Francs geschätzte Habe aus der Gefahrenzone bringen. Die Deutschen gewähren ihm den Abzug seiner Reichtümer, außer den amerikanischen Wertpapieren. Ja, sie tun ihm sogar noch Gutes, als sie von Louis die deutschen Wertpapiere zu einem Preis von einer Mark für 20 Francs – dem von ihnen selbst, den deutschen Besatzern für die Franzosen, fixierten, überzogenen Währungskurs – in Berlin zurückkaufen.

Wahrlich ein fürstliches Geschenk, das der reiche Grimaldi nicht nötig gehabt hätte. Denn das Palastleben wird seit eh und je mehr auf monegassische Staats- als auf private Kosten des Fürsten geführt. Auch während des Kriegs. Frankreichs Zahlungen im Rahmen des französisch-monegassischen Vertrags von 1918 erreichen auch nur bedingt die Monegassen, stellen vielmehr eine persönliche Einnahmequelle für den Fürsten dar. Wieviel Vermögen Louis II. letztlich in die freie Zone hinüberrettet, bleibt eines der bestgehüteten Familiengeheimnisse. Damals wie heute lässt sich das Vermögen des Grimaldi-Clans nur ansatzweise schätzen. Der heute regierende monegassische Fürst besitzt allein an die 200 Millionen Francs und ist damit reicher als die Queen.

Zum Zwecke der Zusammenarbeit mit den Deutschen wird ein sehr geschäftstüchtiger, welterfahrener Lebemann, Pierre du Pasquier, 1942 einer der Hauptaktionäre der S.B.M., »technischer Berater« der Fürstenregierung. Er erhält bald die »fürstliche Vollmacht« gegenüber den Deutschen. Du Pasquier wird bei seinen zahlreichen Reisen in die Schweiz und ins Deutsche Reich unter anderem mit Göring gesehen. Viele neue Unternehmen beziehungsweise Industriegeschäfte dienen als Deckmantelfirmen für deutsche Kapitalinvestitionen in Monaco, so die Aussage des damaligen US-Vizekonsuls in Monaco, Walter W. Orebaugh, nach Kriegsende.

Du Pasquier erwirkt auch, dass Louis die besetzte Zone Paris betreten darf. Dort wird er unter anderem von Marschall und Staatschef Pétain, dem Justiz- sowie dem Kriegsminister empfangen. Und, was Louis noch mehr am Herzen liegt, er erhält einen »Passierschein« für die verbotene Zone um Marchais. Am 25. September besucht der Fürst erstmals wieder seinen von der Luftwaffe besetzten Landsitz. Er kommt sogar zu einem kurzen Aufenthalt im Oktober wieder. Bei seiner Rückkehr speist Louis mit Pétain in Vichy.

Für Marchais, und weiter gefasst als Gegenleistung für den deutschen Schutz gegenüber den italienischen Thron- und Territorialansprüchen, muss Louis den Nazis versprechen, sich strenger gegenüber den Juden und Engländern zu zeigen. Bei seinen Gesprächen empfängt Louis im Palast unter anderem den deutschen Gesandten Heinrich Kleinschrott, ein Nazispion, und Feldmarschall Riefer, alias Legislationsrat von Rieser, zuständig für die »verbotenen Zonen«. »Die Nazis gehen in Monaco bald ein und aus«, so Abramovici. »Das Vichy-Regime trägt sich immer besser in Monaco.«

Einer, der Louis II. dabei als engster Berater – und bald Vertrauter – zur Seite steht, ist ein gewisser Emile Roblot, seines Zeichens französischer Premierminister in Monaco. Eigentlich müsste er die französischen Interessen gegenüber dem Fürsten vertreten, aber sehr schnell wird er pro-monegassisch beziehungsweise profürstlich in seinen Interessen und Ansichten. Mit anderen Worten: Viele der verbrecherischen Geschäfte, politischen Intrigen, strategischen Ränkespiele werden von ihm angezettelt und unter letzter Absegnung des Fürsten durchgeführt. Er ist Louis' skrupelloser Berater für die Zeit des Zweiten Weltkriegs und bereichert sich sowie Louis II. am meisten an den eingefädelten Geschäften. Louis II. überträgt Roblot immer mehr Aufgaben. Und mit der Zeit scheint es, als ob Roblot regiert und der Fürst nur noch unterschreibt. Denn inzwischen ist Louis über 70 Jahre alt und seit langem schon amtsmüde. So stützt er sich in diesen heiklen Jahren zumindest bis 1943 politisch nur allzugerne auf Roblot, der ihn wiederum fest in der Hand hat.

Der französische Konsul Jeannequin, ein Erzfeind Roblots, notiert säuberlich in einem privaten Brief vom 10. Februar 1942 anlässlich einer neuen Aktienausgabe der S. B. M. folgenden Dialog: »›Mein lieber Minister (gemeint ist Roblot, Anm. d. Verf.), Sie sind sehr unvorsichtig, mit Casino-Aktien faule Geschäfte machen zu wollen, schließlich sind Sie ein Staatsminister.‹ Daraufhin antwortete mir dieser genauso zynisch wie unbefangen: ›Ich bin kein Kind mehr. Sie können sich doch wohl denken, dass diese Geschäfte nicht unter meinem Namen laufen. Ich habe einen Strohmann. (...)‹« Monaco widert den rechtschaffenen Jeannequin immer mehr an. »Das Klima Monacos und die Casino-Atmosphäre nehmen den Menschen wahrlich jede Scham.«

Im Sommer 1942 sind die Nazis mit ihren Geschäften bereits gut in Monaco etabliert, wie französische Geheimdienstberichte verlautbaren lassen. Zwar scheitern eine geplante internationale Bank sowie ein Filmfirmenprojekt, aber die deutschen Investitionen werden teilweise direkt getätigt wie die der in Köln beheimateten Versicherungsgesellschaft Aachener und Münchner Feuerversicherung, meistens aber indirekt wie im Banksektor oder unter Decknamen. So steckt zum Beispiel der mächtige Nazi-Industrielle Otto Wolf hinter einer gewissen Société commerciale de Méditerranée (SOCOMEE)-Holding. Oder ein Neffe Görings ist Chef der Firma Fanly und kauft sich die schönste Villa direkt gegenüber dem Casino. Oder auch die neuen monegassischen »Ankaufsbüros«, auf deutsch geläufig als »Interhandel« oder »BDK«, mittels derer die Nazis, vor allem die Kriegsmarine, die Luftwaffe und die SS, ungehindert knapp gewordene Waren zu Höchstpreisen aufkaufen.

Das einzige, was den Fürsten bei den »unmoralischen« Machenschaften zu jener Zeit ernsthaft zu beunruhigen scheint, so Abramovici, sind die gewaltigen Immobilientransaktionen, die das milliardenschwere Stoffhandel-Ehepaar Skolnikoff vornimmt. Von Monaco, der Côte d'Azur bis nach Paris werden Immobilien massenhaft von ihm aufgekauft. Auch die Luxus-Hotels stehen auf dem Investitionsprogramm. Hinter den Investoren steckt eine gewisse »Groupe Michel«, wie Michel oder Mandel Skolnikoff, der für die Nazis diese Geschäfte aushandelt. Seine Investitionshelfer beziehungsweise Komparsen findet er in Angestellten des Monte Carlo-Palace oder dem edlen Hôtel de Paris sowie einem monegassischen Notar. Skolnikoff, der halb Monaco aufkauft, sogar den Fürsten beziehungsweise Roblot mit seinen Beziehungen zu Himmler erpresst, stellt hie und da einen Scheck für die »Wohltätigen Zwecke des Palastes« aus. Darunter 1943 für die »Kriegsgefangenen-Wohlfahrt«, die Prinzessin Antoinette leitet. Es ist ein Geschenk des Teufels.

Juden werden in Monaco bis 1942 weitgehend in Ruhe gelassen. Es kommt zu keinen Demonstrationen oder öffentlichen Feindseligkeiten. Im Gegenteil: Viele arbeitslose jüdische Künstler, die aus Frankreich fliehen, werden von der S.B.M. eingestellt; ihre Talente, das erkennt die S.B.M. schnell, locken Kundschaft an. Fürst Louis erhält zwar anti-semitische Anordnungen des Vichy-Regimes und muss diesen Folge leisten, doch nimmt er sie nicht so genau und zögert sie hinaus. Eine jüdische Volkszählung wird erst drei Monate nach dem Erlass durchgeführt und die monegassischen Listen bleiben geheim. Bei den jüdischen Bürgern in Monaco handelt es sich mehrheitlich um Rentner und von Renditen lebende, alteingesessene jüdische Familien. Ausnahmen bilden zwei jüdische Lehrer, die aus Frankreich Arbeitsverbot erhalten. Von dort entsandt müssen sie nun wieder dorthin zurückkehren. Und der jüdische Opernintendant Raoul Gunsburg wird aufgrund eines Fürstenerlasses vom 28. Februar 1942, der bestimmte Berufszweige für Juden sowie Geheimbünde wie die Freimaurer verbietet, sein 50. Intendantenjahr nicht antreten.

Nur einmal, am 28. August 1942, auf Geheiß von NS-Freund Bosquet und dem Deutschen Oberg, ordnet der Fürst eine antisemitische Razzia an. Eine mobile Brigadeeinheit aus Nizza führt sie durch. 66 Juden – davon 56, die erst in den letzten 24 Stunden Zuflucht in Monaco gesucht hatten –, werden an Frankreich ausgeliefert. 42 werden deportiert. Nur zwei überleben. Die Monegassen schweigen. Allein zwei katholische Priester protestieren öffentlich. Einer von ihnen, italienischer Faschist, wird in den Folgemonaten etliche Juden in Monaco zum Katholizismus übertreten lassen, um sie zu retten.

Im Privatleben der Fürstendynastie eskaliert der gärende Konflikt zwischen Louis II. und seinem Ex-Schwiegersohn Pierre de Polignac 1941–42, im Zuge dessen die Kinder, Antoinette und mehr noch Rainier, gegen Vater und Großvater aufständisch und erstmals politisch aktiv werden. Rainier ist zu diesem Zeitpunkt 18 Jahre alt. Louis hat ihn endlich aus einem Schweizer Internat für Millionäre nach Hause geholt. Jetzt studiert er in Montpellier, Südfrankreich. Natürlich unter Aufsicht. Der französische Offizier Ardent, Vater der späteren Schauspielerin Fanny Ardent, wird für ihn abgeordert.

Es ist Frühling 1941. Pierre Grimaldi, alias de Polignac, hat sich in einem Nachbarort von Monaco, in Cap d'Ail, niedergelassen. Täglich darf er nach Monaco einreisen, da er eine ärztliche Behandlung benötigt. Das kann ihm Ex-Schwiegervater Louis II. nicht verwehren. Spürhund Jeannequin, dem kein Detail im monegassischen (Palast-)Leben entgeht, wittert seit langem Intrigen von Seiten Pierre. So oft wie möglich bemüht sich dieser, seine Kinder zu sehen, wenigstens Antoinette, die in Monaco lebt. Er nutzt seine Tochter, um sie bei Louis II. vorsprechen zu lassen, als er ein Grundstück in Cap d'Ail für den Bau einer Villa erwerben möchte. Wie üblich möchte Fürst Louis nicht aus eigener Tasche zahlen und beauftragt deshalb Minister Roblot, das Geld aus Monacos Staatskassen zu nehmen. Dieser widersetzt sich erstmals. Nicht etwa, weil er auf einmal ehrlich wird, sondern weil er den steigenden Einfluss Pierre de Polignacs auf den Erbprinzen Rainier fürchtet, sollte Pierre definitiv in dessen Nähe wohnen. Roblot ahnt nämlich, dass seine Karrierre abrupt beendet wäre, sobald Rainier an die Macht kommt.

Als Alternative bietet Louis dem Schwiegersohn eine andere Villa in Cap d'Ail an. Doch Prinz Polignac lehnt ab: Diese sei seines Ranges nicht würdig. Erstmals ergreifen die Kinder Partei für den Großvater. Doch Polignac bleibt standhaft. Er verfolgt ein Ziel:

Den »von Spekulanten und gaunerhaften Finanzhaltern völlig eingewickelten Louis«, so analysiert er, zum Abdanken zu bewegen, Rainier auf den Thron zu heben und solange selbst zu regieren, bis dieser volljährig ist. Diese Lösung schlägt er Frankreich vor und betont, dass er im französischen Interesse handele. Aus diesem Grunde versucht er auch wieder die französische Staatsangehörigkeit zu erlangen, denn seit seiner Hochzeit besitzt er den monegassischen Diplomatenpass. Die französische Antwort bleibt aus.

Am 2. Juni 1941, drei Monate nach seinem ersten Vorstoß, fordert Polignac nochmals alle betroffenen Parteien heraus. Er richtet sich im Hotel Royal ein – ohne französische Hilfe. Innerhalb von 24 Stunden spricht Minister Roblot in Vichy vor, überbringt Marschall Pétain ein eiliges, persönliches Schreiben des Fürsten: »Mein Ex-Schwiegersohn ... hat sich in diesem Land niedergelassen ... Wie ich Ihnen berichtet habe, ist er in Kontakt mit ›verdächtigen‹ Elementen, um eine Partei zu gründen, und bevor er hierher kam, hat er diese Personen in Nizza getroffen, wahrscheinlich, um ihnen Anweisungen für Unruhestiftung zu geben ... Ich bitte Sie, Herr Generalfeldmarschall, mir zu helfen, diese Situation, die nicht andauern darf, ein für allemal zu beenden.«

Rainier ist drei Tage vorher, am 31. Mai, offiziell volljährig geworden. Zwar weiß der Fürst, dass er auch angesichts eines monegassischen Aufstands seiner Untertanen nie abdanken wird, aber er befürchtet, dass Polignac auf Rainier einwirkt, sollte er, Louis, plötzlich sterben. Aus diesem Grunde beschließt Louis II. kurzerhand, die Volljährigkeit in Monaco auf 21 Jahre heraufzusetzen. Rainier ist also wieder minderjährig. Wieder einmal handelt ein Fürst von Monaco nach seinem Belieben und seinen Interessen. Und sollte Louis II. sterben, so wird der Regentschaftsrat mitregieren. So einfach ist das.

Gleichzeitig befiehlt Louis seinem Ex-Schwiegersohn, das Land zu verlassen, was dieser nur gegen eine anständige Auszahlung tun will. Louis will natürlich seinen Geldsack nicht öffnen und wendet sich deshalb an Generalfeldmarschall Pétain. Als ob dieser 1941 nichts anders zu tun hätte, als sich um monegassische Familienangelegenheiten zu kümmern. Aber der vorgeschobene politische Vorwand von Louis ist, dass die Italiener von der prekären Situation profitieren könnten.

Der junge Rainier unterdessen schreibt ebenfalls an Pétain und bittet um Nachsicht für seinen Vater. Wer hätte das Eingreifen seinerseits vermutet? Innerhalb von acht Tagen trifft die Antwort Pétains bei Polignac ein: Pétain ersucht ihn, das Land »unverzüglich« zu verlassen und sich einen Wohnsitz möglichst außerhalb des südfranzösischen Départements Alpes-Maritimes zu suchen. Polignac trotzt, Louis verliert die Geduld und will ihn hinauswerfen lassen, und nur Tochter Antoinette gelingt es am Ende, den Vater zu überzeugen, Monaco zu verlassen. Widerstrebend lässt sich Polignac in Nizza nieder. Sowohl Monaco als auch der Präfekt im Auftrag der Vichy-Regierung werden ihn dort überwachen.

Doch der Fürst ist unzufrieden mit der Lösung. Es ist für ihn nur ein halber Sieg. Im September 1941, bei einem Besuch seines Landsitzes in der besetzten Zone, sucht er Pétain auf. Dessen Kabinettschef Henri du Moulin de Labarthère porträtiert ihn in seinen Memoiren als »gealtert, dick, beschäftigt mit 1000 Nichtigkeiten« und schließt: »Der Fürst bot nur noch ein schlaffes Bild von Herrschaft.« Eigensinnig bittet Louis Pétain, den lästigen Schwiegersohn endgültig zu entfernen. Pétain erfüllt natürlich die Bitte seines alten Freundes Louis. Ehemalige Militärkameraden halten zusammen – auch bei Privataffären.

Ende Dezember 1941, nachdem es in Monaco zu nationalistischen Ausschreitungen gegen den Fürsten kommt, muss Polignac Nizza, gar das Département verlassen. Er erklärt sich sogar einverstanden. Doch dieses Mal sind alle Grimaldis außer Louis erbost. Erbprinz Rainier schreibt einen wütenden Brief an seinen Großvater und streitet sich von Angesicht zu Angesicht mit Minister Roblot, dem er Machtgelüste vorwirft. Von Stund an sind Roblot und Rainier erklärte Feinde, und die Beziehung Rainiers zu seinem Großvater bleibt getrübt.

Noch haben Roblot und der unter seinem Einfluss stehende Louis den längeren Arm: Am 9. Juni 1942 berichtet Konsul Jeannequin, dass Fürst Louis sein Testament ändert. Rainier ist nicht nur erst ab 21 Jahren volljährig, er hat nun zusätzlich bis zu seinem 30. Lebensjahr den Regentschaftsrat als Vormund, was ihn abermals entmündigt. Zusätzlich bestimmt Louis seinen Mitstreiter Roblot *ad personam* zum Präsidenten, selbst wenn dieser nicht mehr Minister sein sollte. Rainier allerdings erfährt nichts von der Testamentsänderung und der oktroyierten Vormundschaft.

Der autoritäre Fürst, von seiner Anti-Polignac Haltung geradezu besessen, geht noch einen Schritt weiter: ein halbes Jahr, nachdem Pierre du Polignac in die Schweiz gezogen ist, bittet Louis die Vichy-Regierung, seine Enkel zu überwachen, damit diese Frankreich nicht verlassen und den Vater besuchen. Er befürchtet, dass sie nicht mehr zurückkommen. Damit lebt Polignac endgültig allein im Exil.

In Monaco herrscht, je länger der Krieg dauert, zunehmende Lebensmittelknappheit. Aber Monte Carlo bleibt trotz der Gefechte im Umland in Partystimmung. Die Gala-Abende sind weiterhin so zahlreich, der Champagner fließt in einem solchen Übermaß, dass sich sogar Prinzessin Antoinette empört. Sie selbst unterstützt mehrere monegassische Wohlfahrtseinrichtungen und kümmert sich um die Ärmsten der Armen. Doch kann sie nicht verhindern, dass die knappe, für Säuglinge und Kinder bestimmte Milch in den Kaffeetassen der reichen Hotelgäste landet. Bis acht Uhr früh wird Baccara gespielt. Die Casino-Einnahmen erreichen astronomische Höhen. Sylvester 1942/43 wird ein rauschendes Fest mit vielen Persönlichkeiten gegeben, wie Fotograf Jacques-Henri Lartigue in seinen Notizen festhält. Denn die monegassische Regierung setzt trotz der Kriegsunruhen weiter auf Touristen und ihre Unterhaltung. Auch trotz der italienischen Besatzung, die fast ein Jahr von November 1942 bis September 1943 dauert und von den italienischen Faschisten in Monaco vorbereitet wurde.

Doch am 9. September 1943 werden die italienischen Besatzer geschasst und von den Deutschen abgelöst. Fürst Louis hat um ihre Hilfe gebeten, und bei der Gelegenheit in einem der Öffentlichkeit vorenthaltenen Brief unumwunden auf seine »seit 1940 währende treue Kooperation mit den Deutschen« hingewiesen.

Mit ihren Panzergrenadieren halten die Deutschen Einzug in Monaco. Der Aufmarsch vor dem Casino und vor dem Fürstenpalast, wo ein Panzer geduldig ausharrt, gleicht einem Spektakel. Doch unter den Monegassen herrscht Misstrauen gegenüber den Nazis.

In dieser Zeit werden auch die Ausbaupläne für den Hafen konkretisiert, nach dem Motto: »Nach dem Regen kommt die Sonne«, wie der Präsident der Finanzkommission Crovetto gut gelaunt verlauten lässt. Die Geschäfte hierfür werden in der Schweiz eingefädelt.

Am 1. Juli 1943 geht *Radio Monte Carlo* auf Sendung, obwohl dessen offizieller Beginn jahrzehntelang von Monaco auf Juni 1945 fixiert wird. Es ist ein sehr enges deutsch-französisches Projekt mit dem Ziel, ein Propagandaorgan im Mittelmeerraum zu installieren. Offiziell jedoch stellt RMC ein neutrales Presseorgan dar. RMC avanciert während des Kriegs zu einem einmaligen Informationsradio: nicht nur die Reichs- und Vichy-Depeschen werden verlesen, sondern auch jene der Alliierten und Meldungen von Agenturen wie Reuter. Der Sender bringt Monaco und dem Fürsten viel Geld ein; eine Einnahmequelle mehr.

Die Geschäfte mit den deutschen Besatzern florieren. »Ludwig, Fürst von Monaco«, wie er selbst ein Foto auf deutsch signiert, empfängt nicht nur den neuen deutschen Konsul Hellenthal in Monaco, nein, er und sein Minister sprechen einen Toast auf ihre Gäste aus: Louis auf Deutsch mit badischem Akzent, ein hörbares Relikt seiner Kindheit. Die pro-deutsche Haltung geht soweit, dass Louis beantragt, ein Konsulat in Berlin zu eröffnen – mit einem deutschen Unteroffizier als offiziellen monegassischen Vertreter. »Die Germanophilie des Palasts erreicht nie dagewesene Höhepunkte«, resümiert Abramovici.

Und während das Reich an Konsul Hellenthal zurückdepeschiert, dass Monaco in jedem Fall »ein Freundesland« sei, wenn auch besetzt und nach außen neutral, und es dem Fürsten sogar Gelder für die Stationierung der Wehrmacht in Monaco zahlt, torpedieren wieder einmal private Grimaldi-Affären die politischen Beziehungen. Eine deutsch-monegassische Liebelei wird zur

Staatsaffäre. Die Protagonisten sind ein deutscher Student, derzeit Unteroffizier, und keine geringere als Louis' Enkelin, Prinzessin Antoinette. Diese hat sich in ihren Teutonen gleich nach Einmarsch der deutschen Truppen verliebt. Sie will ihn unbedingt heiraten. Bei aller Deutschfreundlichkeit ist Fürst Louis entsetzt. Aber nicht etwa, weil der Auserwählte ein Deutscher ist, sondern »unter Stand«. Der Regierungsrat tagt eigens für diese Affäre und stuft die Hochzeit als »throngefährdend« ein. Sollte Frankreich als Sieger aus dem Krieg hervorgehen, könnte diese Heirat zu einer Einverleibung Monacos seitens der Deutschen führen. Fürst Louis lässt am 9. Februar 1944 offiziell verlauten, dass er keine Heirat eines Dynastiemitglieds während der anhaltenden Feindseligkeiten wünscht. Sprich, Antoinette müsste bis Kriegsende warten. Weitere Nachforschungen des Palasts ergeben, dass der Mann ein armer Schlucker und der Sohn eines Bahnschrankenwärters ist. Welche Schande! Das bedeutet das definitive »Aus«: Louis beantragt die Versetzung des verliebten Soldaten an die russische Front. Die Deutschen leisten dem umgehend Folge. Damit verliert sich die Spur des jungen Mannes für immer. Ein Fürst regiert auch das Liebesleben der Prinzen und Prinzessinnen. Bis heute. Im umgekehrten Fall gilt: Keiner hat sich einzumischen. Als sich zwei Jahre zuvor der immerhin 71-jährige Fürst in eine über 30 Jahre jüngere Schauspielerin verliebt hatte und ein Jahr lang von Rendezvous zu Rendezvous geeilt war, ging das niemanden etwas an. Diese Hals-über-Kopf-Liebelei endete mit dem Einzug der Geliebten in den Palast und der heftigen Missbilligung seiner Enkel Charlotte und Rainier.

Fürst Louis jedoch, noch immer verliebt und die Amtsgeschäfte darüber vernachlässigend, wird 1946 die Schauspielerin Ghislaine Dommanget heiraten und drei Jahre, bis zu seinem Tod, mit ihr in Monaco residieren, sowie sein Testament zu ihren Gunsten ändern. Das wiederum wird Rainier anfechten.

Und was bleibt von der deutsch-monegassischen Kollaboration? Nun, der Fürst wird noch bei Landung der Alliierten in der Normandie ungerührt weiter mit den Nazis um eine internationale Bank in Monaco verhandeln, von der auch er, im Falle eines Sieges der Deutschen, profitieren wird. Erst als die amerikanischen Truppen die Riviera befreien und Monaco ebenfalls bombadiert wird (zum letzten Mal am 2. August 1944), da hier deutsche Feinde stationiert sind, sucht sich Louis andere »Gesprächspartner«. Das politische Blatt hat sich gewendet und so wendet sich Louis. Ganz wie seine Vorfahren. An Naivität kaum zu übertreffen, fragt er einen amerikanischen Befehlshaber, ob dieser Monaco unter amerikanischen Schutz stellen könnte. Das überschreite seine Kompetenzen, ist die Antwort des belustigten GI's. Am 3. September 1944 trifft der erste amerikanische Jeep in Monte Carlo ein. Und der letzte. Denn die Amerikaner sollen »neutrales« Gebiet nicht betreten.

Demzufolge hängt sich der Fürst wieder an Frankreich. Hätte er geahnt, dass damals der neue Präfekt der Alpes-Maritimes dem General De Gaulle die Annexion Monacos mit einem strategisch ausgeklügelten Plan vorschlug, so hätte Louis II. sich wohl nach einer neuen Allianz-Macht in Europa umgeschaut. So aber antichambriert er bei De Gaulle, der dies geschehen lässt und Monaco wieder in den Schoß Frankreichs aufnimmt. Allerdings lehnte er »eine Annexion als Staatsmann ab, auch wenn er sie«, wie er in einer berühmt gewordenen Wendung sagt, »persönlich billigt«.

Enkel Rainier ist zornig, weil er die Franzosen nicht leiden kann, engagiert sich nach Landung der Alliierten aber erst einmal in der französischen Armee, um zu zeigen, dass Monaco es mit den Befreiern hält – und um sich von seinem Großvater zu entfernen. Das Soldatenleben wird ihn mit der Wirtschaftskommission der französischen Streitkräfte sogar für mehrere Monate bis nach Berlin führen. Von dort wird er mit einigen Medaillen nach Hause kommen. Aber bis zum Tod seines Großvaters wird er nicht mehr im Palast wohnen, sondern in einer kleinen Villa in Cap Jean-Ferrat.

Am 9. Mai 1949 stirbt Louis II., eher Soldat als Fürst. Eher Deutscher als Monegasse. Eher Jäger als Politiker. Eher Kollaborateur als neutral. Kein Aushängeschild. Eben ein »Stiefkind«. Historische Wahrheit, so Pierre Abramovici nachdrücklich im Interview mit der Autorin, »gibt es für Fürst Rainier III. nicht.

Es gibt keine historische Wahrheit, denn Monaco ist ein Privatbesitz. Die Archive sind privat. Der Palast nimmt alles ein, den ganzen Raum. Und wenn Platz übrig ist, dann ist es eine Gruppe von (alten) Familien, die ihn einnehmen.» Erbprinz Albert wird sehr wahrscheinlich die Archive öffnen, öffnen wollen und öffnen müssen: Dann kann auch Monaco endlich so tun, als gehöre mit der sogenannten Aufarbeitung der Geschichte diese der Vergangenheit an.

Drei

Märchen und Realität

Vater Rainier der Dritte

Heimweh nach Monaco

Rainier Louis Henri Maxence Bertrand wird am 31. Mai 1923 als Sohn von Charlotte, Erbprinzessin von Monaco und Herzogin von Valentinois und von Pierre Grimaldi, Prinz von Monaco, Herzog von Valentinois, ehemals Graf von Polignac aus dem Hause der Herzöge von Polignac geboren. Seine Eltern verstehen sich nicht und leben bald getrennt. Der kleine Rainier hat eine zwei Jahre ältere Schwester, Antoinette, die extrem eifersüchtig auf ihn ist und jahrzehntelang bleiben wird. Keine unbeschwerte Kindheit. Dennoch, oder gerade deshalb, wird Rainier III. ein außergewöhnlich erfolgreicher Fürst werden. Er ist der 33. Fürst von Monaco und beansprucht eine Sonderstellung innerhalb der Grimaldi-Dynastie aus vielerlei Gründen.

Zunächst einmal ist er seit Honoré V. (1778) der erste »authentische« monegassische Grimaldi, denn er wird im heimatlichen Palast geboren. Nach Jahrhunderten ist er ein Fürst, der sich auf den Thron freut, euphorisch das Regierungserbe antritt und seine Arbeit, das Regieren, als »Full-time-job« ansieht, im Gegensatz zu seinen Ahnen, die sich entweder nach Paris flüchteten wie im 16. Jahrhundert oder 19. Jahrhundert, oder auf dem Meer rumtrieben wie sein Urgroßvater Albert I. oder lieber auf Jagd in Frankreich und Schottland waren wie Louis II. »Damals gab es nicht den selben Umfang an Geschäften oder Ereignissen wie heute. Nun ist alles wesentlich wichtiger. Man kann nicht länger ein Teilzeit-Fürst sein, weil es ein Vollzeitjob ist und die Leute das hier wissen«, erklärt Rainier gegenüber Autor Jeffrey Robinson und entschuldigt damit seine Ahnen. Und nicht zuletzt ist er der Grimaldi-Fürst mit der längsten Regierungszeit innerhalb seines Geschlechts: 1999 feierte er sein 50-jähriges Thronjubiläum. Im Jahr 2002 regiert er 53 Jahre. Weltweit ist er somit der am längsten dienende Monarch. Ein Rekord.

Ferner ist Fürst Rainier der Mann mit den meisten Titeln Europas, wenn nicht der Welt. Schon am Tag seiner Hochzeit will die schier endlose Aufzählung kein Ende nehmen. Rainier III. ist nicht nur seine Durchlauchtigste Hoheit, »Son Altesse Sérénissime« (S. A. S.), Fürst von Monaco, sondern auch Herzog von Valentinois, Marquis des Baux, Graf von Carladès, Baron von Buis, Lehnsherr von Saint-Rémy, Sire von Matignon, Graf von Torigni, Baron von Saint-Lô, Baron von La Luthumière, Herzog von Mazarin, Herzog von Mayenne, Prinz von Château-Porcien, Graf von Ferrette, von Belfort, von Than, von Rosemont und so weiter und so fort. Insgesamt 142 sind es, die meisten über Jahrhunderte angeheiratet oder als Belohnungen für militärische Verdienste erkämpft. Adelspuristen anerkennen aber nur den Titel des Marquis de Baux.

Rainier III. ist der erste Fürst, der sich als »Manager« bezeichnet, als Vorstand oder Präsident oder noch besser als »Aufsichtsratsvorsitzender« des »Unternehmens Monaco«. Daran anknüpfend ordnen Kritiker des Fürsten das Wirtschaftsunternehmen eher als »Monaco GmbH« und Co. ein, denn Monaco bleibt trotz internationaler wirtschaftlicher Verflechtungen und politischer Verpflichtungen ein Familienbetrieb, dessen unanfechtbares Oberhaupt Rainier III. ist. Der Fürst genießt absolute Immunität. Und er regiert am liebsten resolut. »Er hat einen tierischen Willen, das Staatsschiff zu lenken«, so Monograph Robinson, der die Fürstenfamilie ein Jahrzehnt lang von seinem Sitz an der französischen Riviera beobachtet. Der Fürst ist zäh. Die Monegassen begreift er als seine – entfernte – Familie. Monaco ist und bleibt seine wahre Liebe, seine große Passion. Nie würde er woanders wohnen wollen. Wie erklärt sich diese Verbundenheit mit dem Land?

Rainier wächst überwiegend bei seiner Mutter auf. Diese bekommt in Gegenwart der Kinder mitunter hysterische Anfälle, die von Unmut über ihr nicht selbst gewähltes Dasein zeugen. Aber auch ihr Gemahl Pierre ist unzufrieden, weil er keinen Anspruch auf den Thron hat. Eine schwierige Position, wenn man aus einer Familie mit eigenem Adelstitel und Wappen kommt und auf all dies verzichtet hat. Hinzu kommt, dass Schwiegervater Louis II. ihn nicht ausstehen kann. Jedenfalls veranlasst dieser schon in den ersten Ehejahren, dass ihm seine Tochter Charlotte und die Kinder überall in seine Residenzen folgen, sei es nach Paris, sei es nach Marchais. Auch ohne Vater. »Wir kamen nach Monaco für nur ungefähr drei Monate pro Jahr«, erinnert sich Rainier. »Im Allgemeinen im Frühjahr, zu Ostern, wenn das Wetter schön wurde. Ich liebte das, denn es gab immer eine Menge zu tun und die Leute waren sehr gastfreundlich. Den Winter verbrachten wir auf Marchais. Der Palast in Monaco blieb geschlossen. Meine Familie, alle Bediensteten meiner Großmutter – Köche, Kammerdiener, Diener, Zimmermädchen – alle gingen nach Marchais für fünf, sechs Monate. Nur die Regierung nicht.« Und: »Jedes Jahr, für zwei Monate, zog die Familie zur Jagd nach Schottland. Ich hasste das. Es regnete die ganze Zeit. Es war furchtbar langweilig.« Im Gegensatz zum quirligen Fürstentum. Der kleine Rainier kennt Monaco nur von seiner Sonnenseite. Je ferner er dem Land ist, desto größer seine Nostalgie. Bald steigert sie sich in heftiges Heimweh.

Als Rainier sechs Jahre alt ist und Antoinette acht, trennen sich die Eltern und lassen sich 1933 scheiden. Auf Wunsch seiner Mutter und unter Billigung seines Großvaters. Dieser erlässt extra ein fürstliches Gesetz, das seinem ungeliebten Schwiegersohn den Aufenthalt in Monaco verbietet, diesem aber das Sorgerecht zuspricht, wobei der alte Fürst sich ein Mitspracherecht einräumt. De facto bleibt Pierre zunächst im Palast wohnen, zieht dann aber, wie wir wissen, nach Cap d'Ail und später in die Schweiz.

Die Kinder pendeln von nun an zwischen zwei Haushalten und diversen Wohnorten hin und her. Das irritiert und verstört sie. »Als wir bei unserer Mutter waren, sagte sie immer: Wenn ihr euren Vater seht, erzählt ihm nichts von mir oder eurem Großvater. Wenn wir bei unserem Vater waren, sagte er immer: erzählt nichts von mir eurer Mutter oder eurem Großvater. Es war nicht leicht. Wie alle Kinder geschiedener Eltern fühlte ich mich deshalb verletzt«, so Rainier gegenüber Robinson. Der kleine Rainier wird verschlossen. Die Kinder zweifeln an der Liebe ihrer Eltern. Und es wird über ihre Erziehung gestritten. Großvater Louis möchte Rainier in eine französische Schule schicken, Vater Pierre plädiert für eine englische Eliteschule und siegt, zum großen Leidwesen Rainiers.

So kommt er mit knapp elf Jahren auf die Privatschule »Summerfields« im südlichen Sussex, auch »Nursery von Eton« genannt. Eine harte Zeit beginnt. Nichts hat Rainier auf diese Schule vorbereitet, außer dass seine englische Nanny den Kindern, Rainier und Antoinette, perfektes Englisch beigebracht hat. So muss sich der kleine pausbäckige und materiell verwöhnte Erbprinz unter raufenden Knaben behaupten. Riesige Schlafsäle und zugige Korridore prägen seine Erinnerung. Keine Intimität, kein Respekt vor der Privatsphäre. Körperliche Züchtigungen und Ungerechtheiten stehen auf der Tagesordnung. Ein jähzorniger Schuldirektor vergiftet die Atmosphäre. Rainier verspürt, wie viele seiner Schulkameraden, Groll, der natürlich unterdrückt werden muss oder untereinander zum Ausdruck kommt. Hier, so schreibt Rainiers Lehrer und späterer britischer Schriftsteller Cecil Day Lewis, drückt »(...) der primitive Herdeninstinkt sich in seiner ursprünglichen Unschuld aus und seiner unbewussten Brutalität«. Bald schon läuft der kleine Rainier bei seinen Mitschülern unter dem Namen »der kleine, dicke Monaco«. Sie hänseln ihn wegen seiner Speckröllchen. Er ist oft den Tränen nahe – wie viele der kleinen Jungen. Von zu Hause erhält er keinen Besuch und leidet unter Heimweh.

Rainier flüchtet sich in den Sport, er hat das Boxen entdeckt. Hier darf er mit den Fäusten ganz legitim um sich schlagen, auf den anderen »eindreschen«, seinen Frust auslassen. In dieser Disziplin wird er sogar Schul-Champion und verschafft sich dadurch Respekt. »Davon abgesehen fand ich das Ganze furchtbar«, sagt der Fürst noch Jahrzehnte später.

Trotz seiner heftigen Proteste muss er 1935 ein neues Schuljahr in Summerfields beginnen. Er droht den Eltern auszubüxen, wird daraufhin nach Stowe in die Nähe von Oxford umgeschult. Doch damit kommt Rainier vom Regen in die Traufe: Unter 500 Briten ist er der einzige Ausländer. Die Aufnahmerituale, die unter den Schülern im Verborgenen praktiziert werden, sind gnadenlos. Drei Tage später flieht Rainier tatsächlich. Die Titelseiten der französischen und britischen Presse berichten von dem Vorfall, zum Leidwesen seiner Familie. Obwohl er nur bis zum Bahnhof unweit der Schule gekommen ist – und keine Station weiter, gibt es einen Skandal.

Mit seiner Flucht provoziert der kleine Prinz einen britisch-französischen Zwischenfall und eine Änderung des Sorgerechts. Als Großvater Louis II. von der Flucht seines Enkels hört, beantragt er in Frankreich umgehend das alleinige Sorgerecht für ihn und seine Schwester und erwirkt bei den britischen Gerichten, dass der Vater Polignac seinen Sohn nicht aus England zurückholen darf. Den britischen Behörden ist der ganze Vorfall unangenehm und peinlich, sie mischen sich nicht gerne in ausländische Familienangelegenheiten ein. Wenige Monate später, im März 1936, bekommt Louis in der Tat das Sorgerecht zugesprochen und holt den kleinen Rainier umgehend nach Monaco zurück. Der entschlossene, heimwehkranke Junge hat gesiegt! Innerlich gestärkt geht er aus dem Eklat hervor.

Eigentlich liebt er seinen Großvater: »Er, der Soldat, war absolut nicht streng. Er war unglaublich nett zu uns. Er war der Traum-Großvater.« Der inzwischen 76-jährige Rainier vergisst bei diesem Interview, das er 1999 aus Anlass seines 50-jährigen Thronjubiläums dem französischen »Monarchie-Spezialisten« Stéphane Bern Einblicke gewährt, die er vergessen will. So verklärt er, was er verklären will: »Ich war der eigentliche Chef der Familie.« Chef war Rainier vielleicht mit 13 Jahren, als er erreichte, aus den englischen Internaten nach Monaco zurückgeholt zu werden. Ansonsten muss er sich der Allmacht des Großvaters fügen.

Nach den Osterferien wird er zur weiteren Ausbildung auf ein Schweizer Internat geschickt, La Rosey, auch »Schule der Königskinder« und Millionäre genannt. Aber hier geht es ihm gut. Hier herrschen Wohlstand und Geborgenheit. Auch Respekt, Selbstverantwortung und Mitbestimmung. Beispielsweise dürfen die Schüler ihre Fächer selbst zusammenstellen. Rosey ist eine fortschrittliche Schule. Toleranz ist hier kein leeres Wort aus Lehrbüchern, sondern wird unter den Schülern, die aus aller Herren Länder kommen, praktiziert. Es ist die ideale Ausbildung für einen angehenden Herrscher, zumal sich hier die Elite von morgen trifft.

Nebenbei entdeckt Rainier seinen Hang zum Verkleiden und zu Späßen. Seine Liebe zum Zirkusleben erwacht und vielleicht sein Traum, ein Zirkusfestival ins Leben zu rufen. Die Clowns haben es ihm angetan, das lachende und das weinende Auge, das Kaschieren wahrer Gefühle hinter der Maske.

In Rosey fühlt er sich wohl. Der verschlossene Rainier entfaltet sich. Bei Eintritt wird er von seinem Schuldirektor als »schüchtern lächelnd, aber auch leicht beunruhigt über das neue Milieu« beschrieben. Doch unheilbar trägt er bereits seelische Verletzungen in sich. Er misstraut anderen, was ein Leben lang bleiben wird. Er hat sich innerlich abgehärtet. 1939 beendet er seine Schullaufbahn in Rosey.

Erbprinz Rainier wird nach Montpellier geschickt. Dort soll er seine Ausbildung fortsetzen. Mit dem Abitur in der Tasche, schreibt er sich an der Universität für Politikwissenschaft, Schwerpunkt Geschichte ein. Nach dem Krieg will er an der berühmten Pariser Universität »Sciences Po« weiterstudieren. Doch der Zweite Weltkrieg wird für Rainier, wie schon im vorigen Kapitel erwähnt, zur ersten politischen Bewährungsprobe. Er bleibt in Montpellier, begleitet und beaufsichtigt von seinem persönlichen Adjutanten, dem nur wenige Jahre älteren Leutnant Ardant. Dieser wird in jenen Tagen sein Vertrauter und eine Art Ziehvater. Ardant wird ihm auch in den Palast folgen und nach der Thronbesteigung dienen.

Zwar folgt Rainier pro forma den Lehrplänen, aber er wird das Studium nicht mit hohem Diplom abschließen und bald nach Monaco zurückkehren. Immerhin findet er in jenen Monaten einige

Freunde auf Lebenszeit, die er später sogar in die monegassische Regierung ruft. Das ist ein besonderes Geschenk für jemanden, der durch seinen Status beziehungsweise seine Herkunft meist als Sonderling behandelt wird und nur schwer Kontakte aufnehmen kann. Darunter litt Rainier in seiner Kindheit und Jugend furchtbar. Seine Kinder wird er deshalb später auf »ganz normale« Schulen in Monaco schicken, wo sie »normale« Freunde finden.

In die Staatsgeheimnisse oder das Regieren weiht ihn der Fürst nicht ein, im Gegenteil: Louis hält ihn unter Einfluss von Premierminister Roblot vom Thron fern. Und so mietet sich Rainier 1941 eine Villa in Cap Ferrat. Hier wohnt er. Neunzehn Jahre jung beginnt er eine sechs Jahre währende Beziehung zu der Schauspielerin Gisèle Pascal, Tochter eines Blumenhändlers. Sie ist ein wenig älter als er. Ihre Herkunft und ihre etwas leichten Filme machen sie nicht gerade zu einem willkommenen Gast im Palast. Rainier bekniet sie, um ihrer Beziehung willen, das Filmen aufzugeben, aber sie hört nicht auf ihn. Louis II. will jedenfalls die unstandesgemäße Beziehung unterbinden. Ausgerechnet er, der fünf Jahre später, vernarrt und unsterblich verliebt, eine Schauspielerin, Ghislaine Dommanget, ehelichen wird.

Wohlwollend betrachtet könnte man den Hang der Grimaldis zu sogenannten einfachen Leuten wahrhafte Volksnähe nennen, wären die Damen nicht zumeist Schauspielerinnen oder Tänzerinnen, und die Männer der Grimaldi-Prinzessinnen in der Regel Sportshelden oder gar Hochstapler. Für das Ansehen der Dynastie gereicht dieser Hang eher zum Nachteil. Wobei es aber genau das extravagante Liebesleben der Fürstenfamilie ist, das die Presse und Leute am meisten interessiert.

Auch wenn Fürst Louis II. gegen die Beziehung ist, bleibt der junge Rainier seiner Schauspielerin lange treu, auch nach der Thronbesteigung, zumindest noch ein Jahr. So wie Louis seiner Wäscherin jahrelang die Treue hielt. Oder später Rainiers jüngste Tochter, Prinzessin Stéphanie, lange zu dem von ihrer Familie missbilligten und nicht geduldeten Fischhändler und Leibwächter Daniel Ducruet steht. Treue mit oder ohne oder trotz Seitensprünge scheint die Grimaldis auszuzeichnen.

Was Rainier an politischen Erfahrungen im Zweiten Weltkrieg macht, wird seine eigene Politik in Monaco bestimmen. Die französische Unterwerfung des Fürstentums wird Rainier zeitlebens ein Dorn im Auge bleiben, wie der junge Oberleutnant Ardant später erklärt: »Rainier verrannte sich richtig in die Idee. ›Was, solchen Leuten sollen wir dienen‹, rief er mehr als einmal nach heftigen Diskussionen in seiner Studentenwohnung in Montpellier aus.« Zeit seines Lebens wird er deshalb versuchen, Monaco aus dem für ihn zu engen französischen Protektoratskorsett von 1918 zu befreien, das die Einmischung Frankreichs in wirtschaftliche und steuerliche Belange erlaubt und außenpolitische Interessen Monacos nur unter Absprache mit Frankreich vorsieht.

Aber noch hat er keinerlei Einfluss. Er muss nach Kriegsende seinen Militärdienst leisten – und auf den Thron warten. Sich gedulden, obwohl er am liebsten schon regieren möchte, und sich eigene Hobbies an der Côte d'Azur suchen, um sich die Zeit zu vertreiben. Dabei behält er jedoch Monaco im Auge, um, wenn auch nur aus der Ferne, zu verstehen, was im Umkreis seines Vorfahren gespielt wird. Denn auf dem Laufenden hält ihn der misstrauische Louis nicht.

Mit Freude auf den Thron – mit List gegen Intriganten

1949 wird Rainier III. von seinem schwerkranken Großvater, Louis II., kurz vor dessen Tod als Thronerbe bestimmt. Der alte Premierminister Roblot, der, so wollte es ein früheres Testament von Louis, ursprünglich statt seiner bis in die 50er Jahre mit einem Regentschaftsrat regieren sollte, wurde nach Frankeich zurückversetzt. Rainiers Mutter, Prinzessin Charlotte, hatte im Juni 1944, mit der Volljährigkeit Rainiers bereits endgültig auf ihre Rechte zu Gunsten ihres Sohns verzichtet.

So übernimmt Rainier am 5. Mai 1949 mit knapp 26 Jahren die Regierungsgeschäfte. Vier Tage später stirbt Louis. Rainier bleibt keine Zeit, von seinem Ahnen eingearbeitet zu werden. Es ist zu spät. »Die einzige Vorbereitung, die ich erhielt, waren im Grunde die wenigen Empfehlungen und Ratschläge meines Großvaters und seiner Umgebung. Die Dinge waren ziemlich weitgefasst, vage. Den ganzen Rest habe ich mir selbst beigebracht.« Die offizielle Version im *Journal de Monaco* lautet dagegen: »Seit der alte Fürst sein Krankenlager nicht mehr verlassen kann, vergeht kein Tag, an dem er nicht seinem Enkel die Kunst einimpft, mit Vorsicht, Weisheit und Liebe zu regieren.« Diese Diskrepanz zwischen Schein und Sein, zwischen offizieller Pressemitteilung und Realität wird uns noch oft begegnen.

Als Rainier am 9. Mai 1949 offiziell sein Erbe in Monaco antritt, ist er stolz und voller Tatendrang. Zwar meint seine Schwester Antoinette: »Für meinen Bruder war ich glücklich und traurig zugleich. Es bedeutete das Ende seiner Jugend und Freiheit.« Aber der junge Rainier sieht das anders: Er steckt voller Pläne für Monaco. Endlich hat er freie Hand, endlich kann er loslegen. Rainier III. ist der geborene Unternehmer. Er ist dynamisch, will das stagnierende Fürstentum auf neue Wege führen. Was seinen knallharten, monopolistischen Management-Stil jedoch betrifft, der ihn bis heute charakterisiert, ist er einer von der »alten Schule«.

Die »Krönung« findet am 11. April 1950 im Thronsaal des Palastes statt. Gottesdienst, Festessen, Truppenabnahme und Hissen der rot-weißen Fahne auf dem Palast. Es ist der symbolische, offizielle Beginn der neuen Ära. Auf manche wirkt der junge, noch immer leicht pausbäckige Fürst etwas »linkisch«, so Biograf Robinson, oder »schüchtern«, so Grace-Spezialist Meyer-Stabley. Doch dahinter verbirgt sich ein Patriarch.

Wer daran zweifelt, wird sofort nach Amtsantritt eines Besseren belehrt. Rainier führt umgehend die erste Änderung alter fürstlich-familiärer Gepflogenheiten ein: Seine Residenz wird der Palast im Herzen von Monaco sein, und zwar das ganze Jahr hindurch, außer an Wochenenden, die er in seiner neuen Villa Iberia in St.-Jean-Cap Ferrat verbringt. Wie es sich für einen Landesvater gehört. Und als solcher versteht er sich von Stund an gegenüber den Monegassen.

Im Palast lebt Rainier weiterhin relativ bescheiden. Der neue Titel und das neue Amt ändern daran nichts. Die eigens für ihn modernisierten Gemächer direkt über dem Thronsaal entsprechen einem durchschnittlichen Zwei-Zimmer-Appartement. Das genügt ihm. Pomp braucht er nicht …

Die zweite Maßnahme: Er holt seinen aus Monaco verbannten Vater zurück, quartiert ihn in einer Luxusvilla gegenüber dem Ozeanografischen Museum ein. Das zeigt, wie fürsorglich Rainier III. sein kann.

Drittens: Er ruft 1951 den Literaturpreis »Prince Pierre Ier de Monaco« ins Leben. Eigens für seinen Vater, der zeitlebens Vorsitzender des »Literaturrats«, der Jury, wird. Zur Ehrenvorsitzenden wird die französische Schriftstellerin Colette bestimmt. Ein Leben lang betrachtet Rainier seinen Vater als Mentor in Sachen Literatur und Schöne Künste. Eine Domäne, die auch seinen Kindern, insbesondere Caroline und Albert, am Herzen liegt. Der Literaturpreis für französisch-schreibende ausländische Autoren wird erstmals am 10. April 1951 verliehen. Der erste Preisträger ist kein geringerer als der in Paris lebende anglo-französische Schriftsteller Julien Green.

Und da sich Orden und Ehrungen immer gut für ein Land machen, kreiert Rainier im Laufe der ersten Regierungsjahre den »Ordre du Mérite Culturel« (1952), eine Ehrung für kulturelle Verdienste sowie den »Ordre des Grimaldi« (1954). Dieser ist eine Belohnung für diejenigen, die für »das Prestige des Fürstentums« einen wesentlichen Beitrag geleistet haben. Diese Orden ergänzen die bisherigen Auszeichnungen seiner Ahnen, wie den »Ordre de Saint-Charles« (1858) für besondere Verdienste um den Staat oder bloß die Person des Fürsten. Aber selbst die Bedingungen des Verleihs alter Orden regelt der junge Fürst neu, wenngleich aus taktischen Gründen zeitlich später. Wer keinen Orden im Fürstentum bekommt, schafft es vielleicht bis zu einer der zahlreichen Medaillen. Seit 1924 gibt es zum Beispiel die Arbeitsmedaillen in Silber und Bronze als Belohnung für fleißige Monegassen. Rainier wird das Angebot an Dekorationen noch erweitern.

Dann gilt es, so schnell wie möglich Erbstreiteren beizulegen. Denn Großvater Louis II. hat seiner Ehefrau Ghislaine 50 % sowie seinen Enkeln, Rainier und Antoinette, je 25 % seiner Güter beziehungsweise zu gleichen Anteilen seiner Tochter Charlotte und seinen Enkeln seinen Besitz hinterlassen, der zum Teil nicht ihm, sondern dem monegassischen Staat gehört. Diese »großherzige« Geste ficht Rainier III. höchstpersönlich an. Es stört ihn sicher weniger, monegassischen Besitz zu erben, vielmehr, dass die angeheiratete Altersliebe seines Großvaters mehr bekommt als die Nachfahren des Geschlechts. In einem geheimen Gerichtsverfahren bekommt er Recht: die Fürstenwitwe Ghislaine erhält nunmehr eine bescheidene Lebensrente, darf allerdings den wertvollen geerbten Familienschmuck behalten und bis zum Tode im Palast wohnen. Platz ist genug vorhanden, um sich aus dem Weg zu gehen.

Endlich macht Rainier sich an die eigentliche Arbeit. »Harte Arbeit«, erinnert er sich 1979, dreißig Jahre nach Amtsantritt: »Ich war der Herrscher über 2000 Monegassen mit den Traditionen von hunderten von Jahren und in der Verantwortung für die 25 000 anderen Bewohner Monacos. Ich wurde mir schnell bewusst, dass ich eine Vollbeschäftigung geerbt hatte.« Wenn er sie ernst nahm, und das wollte er. »Mit tierischer Entschlossenheit will er das Staatsschiff steuern«, urteilt Robinson.

So erklärt der junge Rainier voller Arbeitseifer den ehrwürdigen Herren des Nationalrats, Monaco müsse internationale Investoren und Unternehmen anlocken, die Eisenbahn übertunnelt, Land aus dem Meer gewonnen werden. Warum, fragen sich die verdutzten Mitglieder des Conseil National, warum bloß soll ihr gutes altes Monaco aus dem friedlichen Dornröschenschlaf gerissen werden, wo es so gut schlummert? Eine Braut, die wacht, kostet mehr als eine, die schläft. Und woher die Millionen nehmen, die das alles kostet? Der Fürst will Monaco eiligst wachküssen. Doch gut gepflegte Gewohnheiten ändert man nicht über Nacht und alte Herren brüskiert man nicht. So legen sie erst einmal ihr Veto ein, blockieren die Ideen und den Fürsten. Sie halten an ihrem »Briefmarkenstaat« fest. Fürst Charles III. hatte die winzigen Sammlerstücke erfolgreich eingeführt.

Ausgebremst und leicht verzweifelt packt Rainier das nächste heiße Eisen an: die defizitäre S. B. M. Allein im Casino ist die Besucherzahl unter Louis II., auch noch nach Kriegsende, um 75 % zurückgegangen. Allerdings kommt ihm ein gewisser Tankermillionär, Aristoteles Onassis, zuvor. Dieser griechische Selfmademan, nur 1,63 Meter groß, keine Schönheit, aber mit seltener Ausstrahlung, erkauft sich kurzerhand über Deckmantelfirmen die Aktienmehrheit in der S.B.M. Rainier steht vor einem *fait accompli.* Zögernd glaubt er Onassis, als dieser ihm von seinen hochtrabenden Plänen für eine neue florierende »Société des Bains de Mer« erzählt. Zwar wird Onassis griechische Millionäre, Reederei- und Tankerkönige wie er, sowie den amerikanischen Jet-set und mit ihnen viele Dollar nach Monaco holen. Aber mit der Modernisierung der S. B. M. lässt er auf sich warten.

Zu allem Unglück meldet die halboffizielle »Société monégasque de Banques et de Métaux précieux« bald Konkurs an. Ein Skandal. Das riecht nach Korruption. Wer steckt hinter den zahlreichen Briefkastenfirmen, die unter Louis II. und in den ersten Jahren unter Rainiers Regierung in Monaco ansässig geworden sind? Die alte Garde im Nationalrat, ohnehin misstrauisch gegenüber Rainiers Bau-, Geschäfts- und Internationalisierungsvorhaben, macht Front. Drahtzieher ist ein gewisser Jean-Charles Rey, Präsident der Untersuchungs- und Finanzkommission des Nationalrats, der den jungen Fürsten bewusst falsch berät und ihm geflissentlich suggeriert, die verdächtigen verhafteten Personen wieder ins Amt zu heben. Was Rainier gutgläubig tut. Kurz darauf erfährt er: Rey ist der neue Liebhaber seiner noch immer rasend eifersüchtigen Schwester Antoinette, die ihn vom Thron stoßen möchte und statt seiner ihren zehnjährigen, außerehelich geborenen Sohn Christian (17. Januar 1949), Baron de Massy, beziehungsweise sich selbst dort sieht. Was tun angesichts dieser Intrigen?

Zum Glück ist Aristoteles Onassis dem Fürsten persönlich wohlgesonnen, auch wenn sie geschäftlich Konkurrenten sind. Ihm tut der unerfahrene Fürst leid. Er rät Rainier, seine Schwester Antoinette weder aus Monaco zu verbannen, noch sie verhaften zu lassen, stattdessen für alle Welt sichtbar eitel Sonnenschein und eine vereinte Familie vorzutäuschen.

Es ist die beste Strategie, um den Intriganten und den Feinden den Wind aus den Segeln zu nehmen. Und Skandal zu vermeiden. Wie aber Rainier es schafft, seine Schwester zum Familienfoto zu bewegen, auf dem er ihr zulächelt und einem strahlenden Neffen die Hand auf die Schulter legt, bleibt ein Rätsel. Er jedenfalls bezwingt seine Rachegefühle und lässt offiziell verlauten, dass sämtliche Putschgerüchte über seine Schwester eben nichts als Gerüchte seien.

Antoinette wiederum heiratet 1961 ihren Liebhaber Rey, wird aber mit ihm bis zu ihrer Scheidung 1973 keine Kinder haben. Und auch nur schweren Herzens später aus dem Palast ausziehen.

Angesichts dieser Herausforderungen lernt Rainier III. in relativ kurzer Zeit, geschickt durchzugreifen – und hart zu bleiben. Er wird an seiner Modernisierungsvision von Monaco festhalten und sich am Ende mit seiner Hartnäckigkeit über die Jahre stückchenweise durchsetzen. »Er ist ein sehr couragierter Mann. Sehr entschlossen in seinem Mut, aus Monaco das zu machen, was es über die Jahre geworden ist«, bewundert Prinzessin Stéphanie ihren Vater anlässlich seines 50-jährigen Thronjubiläums.

Schon in den ersten Regierungsjahren zeigt sich, was Rainier noch immer charakterisiert: Privat schätzt der Fürst einen unprotokollarischen und unkomplizierten Lebensstil, in friedlicher Atmosphäre, fern jeglicher Mondänitäten. Seine Hobbys sind damals Autorennen – fast hätte er dabei mal den Tod gefunden – und das Sammeln erster Oldtimer, wobei er die in einem Palastflügel von Touristen gegen Eintritt zu besichtigende Kollektion erst ab 1961 beginnt. Rainier versteht sich auch als Tierfreund. Während sein Großvater Albert I. die Fische liebte, hält er es mit exotischen Raubtieren. Er richtet sich einen kleinen Privatzoo ein, der ihm in den 70er Jahren allerdings wegen »mangelnder Hygiene und unwürdiger Tierhaltung« den Prozess einer amerikanischen Tierschützerin einbringt. Später wird er Zirkustieren das Gnadenbrot geben: im weitläufigen Schlossgarten von Marchais, dem französischen Landsitz. Seine Lieblingstiere sind Hunde. Glücklich ist der Fürst, wenn er in seiner Werkstatt, die er später im Landhaus Roc Agel einrichtet, an seinen Metallfiguren schweißt, die oft

Tierfiguren darstellen: eine Eule, einen Vogel mit spitzem Schnabel unter anderem. Holz schnitzt er ebenfalls gerne. Der Fürst als Bildhauer.

Auch politisch schreckt Rainier III. vor keinem noch so harten Gegner zurück und greift notfalls selbst zur Härte, um die Dinge nach seinem Willen zurechtzubiegen. Das zeigt sich bei dem ersten großen Konflikt mit dem Nationalrat Ende der 50er Jahre, als er diesen kurzerhand aussetzt. Das wiederholt sich im Jahr 1962, als unter seiner Regie Monaco den Aufstand gegen Frankreich probt sowie beim Kick-out von Onassis aus der S.B.M. 1966. Seine Unbeugsamkeit erfährt noch manche Probe.

Rainier hat die ersten kleinen Staatskrisen hinter sich. Er spürt, dass das erst der Anfang ist. Das Wichtigste und Schwierigste liegt noch vor ihm. Was die Monegassen vorübergehend von den politischen Querelen ablenken und zusammenschweißen könnte, ist eine junge Fürstenfamilie. Familienglück zieht immer. Und Nachwuchs innerhalb der Dynastie schafft Vertrauen in die Zukunft. Vielleicht braucht Rainier, der nur mit der ungeliebten Stiefmutter Ghislaine und Schwester Antoinette sowie den Bediensteten den riesigen Palast bewohnt, eine verständnisvolle Seele an seiner Seite. Immerhin ist er über 30 Jahre alt. Der vom Papst geschickte, lebenstüchtige Hofkaplan Tucker, der zugleich Rainiers Freund und Vertrauter ist, rät ihm: »Monsignore, wäre es nicht an der Zeit sich eine Frau zu suchen?«

Im Frühjahr 1955, also sechs Jahre nach seiner Thronbesteigung, begegnet Rainier seiner zukünftigen Braut. Es ist eine arrangiertes Rendezvous für die Presse mit der amerikanischen Hollywood-Schauspielerin Grace Kelly. Für den manchmal zu schüchternen, oft zu misstrauischen und meistens unter Zeitmangel leidenden Fürsten eine hübsche Gelegenheit, eine Frau kennenzulernen. Grace wird Rainiers Karriere als Herrscher von Monaco maßgeblich mitbestimmen. Wenn dessen politische Errungenschaften, sowie die Krisen und Skandale im Fürstenstaat ein Teil von Alberts Erbe sind, wird der andere Teil von seiner Mutter geprägt, von ihrer Lebensgeschichte, von der Geschichte der Fürstin Gracia.

Mutter Grace Kelly

Vom hässlichen Kelly-Entlein zum Hollywood-Schwan

Als Grace Patricia Kelly am 14. November 1929 im amerikanischen Philadelphia geboren wurde, stieß niemand in der Familie einen Freudenschrei aus. Grace war das dritte Kind. Der Vater, John Brendan Kelly, genannt Jack, ein gutaussehender, athletisch getrimmter Goldmedaillensieger im Rudern und schwerreicher Klinkerfabrikbesitzer war bereits auf die älteren Kinder fixiert. Tochter Peggy war sein Liebling. Abgöttisch bewunderte und bevorzugte er sie ein Leben lang. Und aus John Jr. wollte er sein Ebenbild schaffen. Deshalb galt auch diesem seine Aufmerksamkeit.

So wandte sich die kleine Grace an ihre Mutter, in der Hoffnung, dort Anerkennung und Zuneigung zu erfahren. Eine vergebliche Hoffnung, denn Margaret Majer, kurz Ma gerufen, war, wie die Kelly-Kinder später bemerkten, der protestantische, »preußische General« der Familie. Ihr deutscher Stammbaum, auf den sie besonders stolz war, endetete angeblich mit einem Adelstitel im 16. Jahrhundert. Sie selbst war Ex-Mannequin und diplomierte Sportlehrerin sowie eine der ersten Frauen, die Sport an der Universität von Pennsylvania lehrte. Also: Ma war nicht nur Hausfrau, wie damals üblich, sondern eine Karrierefrau. Genauso ambitiös wie ihr Mann, der als Sohn einfacher irischer Einwanderer mit zehn Geschwistern aufgewachsen war. Noch 1860, eine Generation zuvor, waren die Kellys kleine Farmer in Irland, arme

Schweinezüchter. In Amerika fristeten sie zunächst als Nobodys ein Schlucker-Dasein. Inzwischen hatten sie sich – zumindest in Pennsylvania – einen kleinen Namen gemacht.

Bald blieb Grace innerhalb der Familie nicht mehr die Letztgeborene. Als sie drei Jahre alt war, kam noch Elizabeth Anne, kurz Lizanne, auf die Welt. Damit konnte Grace nicht einmal mehr durch ihre Rolle als Letztgeborene auf Interesse hoffen. Lizianne beherrschte Grace bald genauso, wie die anderen lebhaften, dominanten Geschwister.

Die kleine Grace war recht untypisch für eine Kelly. Zart, oft kränkelnd, äußerst schüchtern und sehr feminin, was den robusten Vater eher abstieß. Der pragmatische Unternehmer wusste nichts mit der unsportlichen, verträumten Natur seiner Tochter anzufangen und verließ nur achselzuckend den Raum, wenn jemand auf Graces Interessen zu sprechen kam, wie Lesen und Theaterspielen – mit ihren Puppen als Spielgefährten.

Die Puppen waren ihr Trost und Refugium. Hier lebte und sprach sie aus, was sie ansonsten in der Familie vermisste. Stundenlang konnte sie alleine dasitzen und spielen. Es wurde ihr nie zu lang. Es kümmerte sich eh keiner um sie: weder die Eltern noch die Geschwister schenkten ihr Aufmerksamkeit. Bezeichnenderweise nahm Grace ihre Puppen später in den Monaco-Palast mit. Sie blieben das wichtigste Relikt ihrer Kindheit.

Grace beklagte sich nie. Sie schwieg. Es war ihre Art, gefällig zu sein. Um das merkwürdige, gezwungene, rücksichtslose Familienleben zu verstehen, braucht man sich nur die Schilderung ihrer ersten großen Liebe anzuhören. Don Richardson, Schauspiellehrer an der New Yorker American Academy of Dramatic Art und später erfolgreicher Theater- und TV-Show-Direktor, war, wie fast alle ihre Liebschaften, um etliche Jahre älter. Noch Jahrzehnte später erinnert er sich an seinen ersten Besuch bei den Kellys. Damals war Grace bereits zwanzig Jahre alt. »Sie saß da wie eine Fremde in der Familie. Ein Außenseiter. Die ganze Zeit hielt sie den Kopf gesenkt. Niemand sprach mit ihr. Niemand beachtete sie.« Und dass sie Schauspielerin werden wollte, wurde als vorübergehender Spleen abgetan. Ständig demütigte ihr Vater sie, indem er sie ignorierte. Sie und ihre Leistungen. Für Don blieb es bei diesem einzigen Besuch. Er hatte genug gesehen. Grace bei sich zu Hause zu erleben, war etwas ganz anderes, als Grace alleine in New York zu begegnen. Sie war wie ausgewechselt.

Andere Kinder hätten als Erwachsene mit einer solchen Familie gebrochen, nicht aber Grace. Im Grunde hoffte sie ein Leben lang, endlich anerkannt zu werden.

So verlief Graces Kindheit in einem reichen, lieblosen Elternhaus. »Wir kämpften um alles, sogar um die Liebe«, erinnert sie sich später. Und das formte ihren Charakter: nach außen zurückhaltend, aber innen, das wussten nur wenige, loderte das Feuer.

»Sie war schön, intelligent und lustig«, schwärmt Jugendfreund Joseph Kenworthy gegenüber Graces Biograf John Spada. »Jeder, der mit ihr ein Rendezvous hatte, verliebte sich in sie.« Denn sie passte sich wunderbar an, war überaus liebenswürdig und behandelte jeden, der mit ihr ausging, wie einen auserwählten Märchenprinzen.

Während die Eltern und Geschwister sie als das hässliche, kurzsichtige und ewig verschnupfte Kelly-Entlein ansahen und entsprechend umgingen, war Grace bei Gleichaltrigen, vor allen den männlichen, sehr beliebt. Dabei blieb sie im Grunde einsam.

Auf der High-School hatte Grace über mehrere Jahre eine von ihren Eltern nicht ernstgenommene Beziehung: Harper Davis, ein Freund ihres Bruders. Er führte sie oft aus, besuchte mit ihr Sportveranstaltungen und Feste. Mit ihm war sie glücklich. Als er 1946 an Multipler Sklerose erkrankte, besuchte Grace ihn jeden Tag in der Klinik, obwohl sie es seelisch stark belastete. Doch das zeigte sie nicht. Grace war ausdauernd und charakterstark. Als Harper sieben Jahre später, 1953, starb, sagte sie: »Ich habe ihn geliebt.« Mehr nicht.

Eine Lebensdevise war ihr und den Kelly-Geschwistern von der strengen Mutter eingeimpft und strikt vorgelebt worden: Es galt, »den Schein zu wahren«, immer, egal was geschieht und vor allem in der Öffentlichkeit. Scheidungen gab es nicht bei den katholischen Kellys. Seitensprünge wurden vielleicht gelebt, aber nach außen verleugnet und eine perfekte Ehe vorgepielt. Mama

»General« war darin das beste Beispiel. Grace wird es ihr später nachtun, als die Öffentlichkeit ihre Ehe und ihr Familienleben in Zweifel zieht. Etikette und Selbstdarstellung waren bei den Kellys alles.

Zwar gehörten die Kellys nicht zu den »besten« Familien Philadelphias, aber sie waren eine der reichsten und lebten in einem 14-Zimmer-großen Haus in Germantown, East Falls. Noch dazu waren sie ein Clan, der, so schreibt James Spada, »in seiner Art unvergleichlich, mindestens genauso berühmt und von Intrigen (...) geprägt war wie der Clan der Kennedys«.

Zurück zur Kindheit. Grace wusste schon relativ früh, etwa als zehnjährige, dass sie Schauspielerin werden wollte. Ein seltsamer Wunsch in den Augen ihrer auf Sport fixierten Eltern, obwohl oder erst recht weil ihr homosexueller Lieblingsonkel George ein erfolgreicher Autor von Theaterstücken war. Bei ihm, den viele als Snob bezeichneten und mieden, lernte sie jene Eleganz und Raffinesse, die fortan zu ihrer Aura gehören sollten.

Im übrigen galt sie als die kühle Blonde, »ohne Sex-Appeal«. So lautete das allgemeine Urteil, als sie gegen den Willen ihrer Eltern die New Yorker Schauspielschule »American Academy of Dramatic Art« besuchte und nach fünf intensiven Lehrjahren, vielen TV-Shows und zahlreichen Ablehnungen, endlich in Hollywood vorsprach. Mangelnder Sex-Appeal und ihre Körpergröße wurden Standardfloskeln der Absagen.

Eigentlich wollte Grace gar nicht nach Hollywood gehen. Doch Richardson und einige ihrer vielen einflussreichen Liebhaber, wie Aly Khan, Schauspieler Genet Lyons, sowie vor allem ihre Agentin sahen das anders. Sie meinten, Grace sei für Hollywood einfach geschaffen.

In ihrem ersten Film »Fourteen Hours« wurde sie tatsächlich gleich die Partnerin von Gary Cooper. Zwar war der Western kein großer Erfolg und ihre Rolle mehr als klein, aber immerhin wurde sie beachtet: Ein junges Mädchen gründete daraufhin den weltweit ersten Grace-Kelly-Fan-Club, so sehr schwärmte sie für die blonde Schönheit. Dieser erste Fan rührte Grace und machte ihr vielleicht auch Mut.

Ihre zweite Chance bekam Grace ebenfalls mit Hauptdarsteller Gary Cooper in dem berühmten Western »High Noon« (Zwölf Uhr mittags). Sie war glücklich, denn der über 26 Jahre ältere Gary war einer ihrer vielen, vielen Affären mit älteren Männern, bei denen sie mehr als einmal von einer Hochzeit träumte. Im Grunde lebte die junge Grace mit diesen sich irgendwie gleichenden Liaisons ihren Vaterkomplex aus, suchte nichts als Bestätigung bei den erfahrenen und meist autoritären Männern. Und auf diese wirkte sie erfrischend, ganz zu schweigen von ihrer Schönheit.

Auf den ersten Blick mochte sie wie ein puritanisches Mädchen aus gutem Hause wirken, doch wer sie näher kannte, wurde eines Besseren belehrt. Privat zeigte sich Grace leidenschaftlich und ungezwungen: »Sie stand nackt mit einem Kreuz um den Hals auf, zog sich an, ging zur Kirche und ging danach nackt mit einem Kreuz wieder ins Bett. Der Katholizismus ist eben eine flexible Religion«, so die etwas karikierende Darstellung von Graces langjährigem Liebhaber und Freund Don Richardson gegenüber Grace-Biograf Spada.

Grace eine Frau ohne Sex-Appeal? Wahrhaftig nicht. Ihr Ruf im Filmgeschäft sollte sich bald ändern. In die Annalen der Filmgeschichte ging sie schließlich als das Gegenteil ein. Graces unbeabsichtigte Hollywood-Karriere erwies sich als eine verblüffende Kette glücklicher Fügungen. Bereits für den dritten Film »Mogambo« warb sie Regisseur John Ford an. Sie wurde Partnerin von Clark Gable und Ava Gardner, die beide damals schon sehr berühmt waren. Grace war so begeistert von der Idee, in Afrika und mit dem legendären Gable zu drehen, dass sie sich entgegen ihrer Prinzipien 1952 auf acht Jahre mit den MGM-Studios vertraglich festlegte. Allerdings handelte sie aus, in ihrem geliebten New York statt in Hollywood zu wohnen. Grace konnte durchaus ihren Kopf durchsetzen.

Mit Feuereifer – und der ihr eigenen Disziplin – machte sie sich an die Dreharbeiten. Als einzige der Filmcrew lernte sie Swahili, ging mit Clark auf morgendliche Safaris und war einfach glücklich, weit weg von zu Hause zu sein. Der Film wurde ihr Durchbruch: 1953 wurde sie zur »besten Schauspielerin« gewählt und war, wie Spada bemerkt, bereits 1954, drei Jahre nach ihrem Karrierebeginn, im Filmgeschäft ein »Hollywood-Phänomen«.

Ihr Image hatte sie ebenfalls weg: Grace galt als »sexuelle Eleganz«, wie Spada es formuliert. Zu allen Castings trug die »kühle Blonde« weiße Handschuhe und wirkte dabei so unprätentiös wie keine andere. Dabei widersprach die Realität dem Image des Unschuldsengels: Mehr als einmal machte Grace Schlagzeilen mit ihren Romanzen mit berühmten, verheirateten Männern. Die amerikanische Klatschspaltenkolumnistin Holy Hooper bezeichnet sie gar als »mannstoll«, was so nicht stimmte.

MGM und später andere Filmverleiher, so Paramount, hatten händeweise zu tun, um Grace wiederholt vor Rufschädigung zu wahren. Denn das hätte das Ende ihrer Karriere im prüden Amerika bedeutet. Journalisten wurden bezahlt, um die Love-Stories zu beschönigen – oder gar nicht zu bringen. Das puritanische Amerika kannte strikte Grenzen: Im Jahre 1953 bedeutete Ehebruch das gesellschaftliche Aus.

Letztlich war es Alfred Hitchcock, der Grace zu dem machte, was sie wurde: ein Film-Star. Hitchcock war der erste Regisseur der ihr genaue Anweisungen gab, ihr erklärte, warum das zittrige, fieberhafte Händespiel genauso aussagekräftig und spannend sein kann wie ein bedeutungsvoller Blick. Grace war eine dankbare Schülerin. Mit die beste, die er je hatte.

Hitchcock hatte sofort ihr Potenzial und vor allem ihre Doppelnatur erkannt: Grace war Madonna und Hure zugleich. Diese Ambiguität spielte Hitch, wie ihn seine Freunde und bald auch Grace nannten, in allen seinen Filmen mit ihr aus. Und Grace befolgte seine Anweisungen genaustens.

Parallel dazu arbeitete sie an ihrer von Profis als »zu dünn und hoch« eingestuften Stimme. Da sie stets »ihre Hausaufgaben machte« und immer liebenswürdig und geduldig bei den Dreharbeiten blieb, wurde sie in der Branche bald geschätzt. Auch von den Filmteams. Selbst auf dem Höhepunkt ihres schnellen Ruhms 1954/55, als sie längst die Titelseiten der Magazine füllte und den Oscar für ihren vierten Film »The Country Girl« erhielt, zeigte Grace nie Starallüren. Hitchcocks Assistent Coleman bemerkt:

»Sie war sehr herzlich und sehr, sehr freundlich zu den Menschen, die sie mochte und mit denen sie zusammenarbeitete.« Grace war eine Rarität unter den Hollywood-Stars.

Freunde bedeuteten ihr sehr viel. Für sie hatte sie stets ein offenes Ohr, auch wenn es noch so stressig war. Andere nahm sie fast wichtiger als sich selbst. »Sie war eine echte, freundliche, humorvolle, fürsorgliche und wundervolle Person«, erinnert sich Lebensfreund und Filmpartner James Stewart. Und wer sie in der Öffentlichkeit als »Eisberg« einstufte, der hatte nur die schüchterne Grace erlebt.

Mit ihrem Entdecker und Beschützer Hitchcock verband sie recht bald nicht nur eine Reihe von Filmen, sondern Humor und Lebensfreude.

Von dieser war allerdings im Jahre 1955 kaum mehr etwas zu spüren. Beruflich hatte die junge Schauspielerin erreicht, was sie wollte. Privat aber hatte sie nichts erreicht. Ihr Hochzeitstraum war unerfüllt geblieben. Die Kellys hatten mehr als einmal dagegen gearbeitet. Von den vielen Affären blieben ihr Erinnerungen und zum Glück auch lebenslange Freunde.

Was Grace aber suchte und wollte, war eine stabile Beziehung. Ihr letztes Verhältnis mit dem Modeschöpfer und Charmeur europäischer Abstammung, Oleg Cassini, lebte Grace zwar, trotz Verbot ihrer Eltern, monatelang weiter, aber dann verließ sie auch ihn, denn gegen ihre Familie zu rebellieren, wagte sie nicht. Schon gar nicht in einer so wichtigen Sache wie der Ehe. Dazu war sie wohl zu religiös.

Inzwischen hatte Grace sich jedoch auf einem anderen Gebiet »emanzipiert«. Sie hatte das enge Appartement in Manhattan, das sie mit zwei Mitbewohnerinnen geteilt hatte, verlassen und war erstmals in ein eigenes Zwei-Zimmer-Appartement gezogen. Ihre Wohnung lag in der vornehmen New Yorker 5th Avenue gegenüber dem Metropolitan Museum. Zum ersten Mal richtete sich Grace ganz nach ihrem Geschmack ein, mit französischen Möbeln des 18. Jahrhunderts.

Obwohl sie die Erste in ihrer Familie gewesen war, die das Haus immerhin schon mit achtzehn Jahren verlassen hatte und sich frühzeitig selbst den Lebensunterhalt verdiente, hing Grace immer noch an der »Nabelschnur« der Familie. Sie stand trotz psychologischer Hilfe, die sie vorübergehend gesucht hatte, weiterhin in einem »pathologischen Verhältnis« zu ihrem Vater, so Spada. Selbst der Oscar 1955 für ihre Rolle in »The Country Girl« (Ein Mädchen vom Lande) hatte nichts an dem Verhältnis geändert. Gegenüber einem Reporter erklärte sie zwar nach der Verleihung: »Ich bin einfach nur glücklich. Endlich gehöre ich zur Kelly-Familie«, doch sie irrte. Der Oscar war in den Augen des Vaters nichts wert.

Was Grace also weiterhin suchte, waren Halt, Schutz und Geborgenheit. Das gnadenlose Hollywood deprimierte sie, wie sie knapp zwanzig Jahre später, 1973, in einem Interview freimütig bekannte: »Es ist eine Stadt ohne Mitleid. Was zählt, ist nur der Erfolg.« Und 1979 in *Die Bunte*: »Niemand in der verlogenen Kinowelt verzieh mir, dass ich ohne Mann und Manager meinen Weg alleine gehen wollte.« Alleine? Das stimmte nicht ganz, denn Grace hatte vereinzelt durchaus von berühmten Männern und ihren Visitenkarten profitiert.

Von Hollywood angewidert, wissend, dass sie niemals eine anerkannte Theaterschauspielerin werden würde und ahnend, dass sie schon den Höhepunkt ihres Ruhms erreicht hatte, dabei noch immer seelische Gefangene des Kelly-Clans, reiste Grace im Frühjahr 1955 nach Frankreich, um die Filmfestspiele in Cannes mit ihrer Teilnahme zu beehren.

Erst wollte Grace ablehnen. Nur das gute Zureden ihres Freundes Rupert Allan, Herausgeber des *Look* Magazins in Los Angeles, und seit Jahren beaufragt, amerikanische Stars für Cannes zu gewinnen, stimmte sie um.

Vielleicht lockte sie auch ein wenig die Erinnerung an besonders schöne Dreharbeiten mit Hitchcock und Cary Grant für »To Catch a Thief« (Über den Dächern von Nizza) im Sommer 1954 an der Riviera, an laue Sommerabende, romantische Restaurants – und einen kleiner Abstecher nach Monaco, bei dem sie erstmals die schönen Gärten des Zwergstaats erspähte.

Und so nahmen die Dinge ihren Lauf. Graces Leben änderte

sich fast von heute auf morgen, zumindest in wenigen Monaten des Jahres 1955 zwischen Mai und Dezember, vollständig.

Doch nicht Grace allein beeinflusste mit ihrer Zusage ihr weiteres Leben. Weitere Personen kümmerten sich bereits um ihre Zukunft ...

Arrangierte Begegnung und Märchenhochzeit mit Alpträumen

Schuld an allem war *Paris-Match*. An allem Guten, ist man geneigt hinzuzufügen – wenigstens für Fürst Rainier, Filmschauspielerin Grace und für den Briefmarkenstaat Monaco. Vermutlich unterhalten deshalb die Grimaldis noch immer eine besondere Beziehung zu diesem Presseorgan, das vergleichsweise wenig Prozesse, dafür relativ viele Exklusivstories von der Fürstenfamilie bekommt. Es scheint eine Art lebenslanger Dank der Dynastie darin zum Ausdruck zu kommen.

Was war geschehen? Je naher das Filmfestival rückte, desto fieberhafter suchten die Redakteure von *Paris-Match* – und nicht nur sie, sondern Journalisten rund um den Globus – nach geeigneten Titelstories, die ihre Leser über Wochen ködern könnten. Rauf und runter gingen die Journalisten die Liste der geladenen Gäste bis einer meinte: »Grace – das ist unser Star.« Die Anwesenden waren sich sofort einig. Jetzt musste nur noch ein männliches Pendant, ein Prinz für die Hollywood-Grazie her. Und zumindest sollte eine Begegnung, noch besser eine leichte Romanze und am allerbesten eine echte Love-Story folgen.

Gesagt, getan. Das Storybord war innerhalb von Minuten in dem Pariser Redaktionsbüro geschrieben. Hauptakteure und Szenario standen fest: kühle Hollywood-Prinzessin, ledig und atemberaubend schön, trifft monegassischen Fürsten mit südländischem Charme, ebenfalls ledig und seit längerem auf Brautschau. Olivia de Havilland, Filmschönheit aus »Vom Winde verweht« und damals mit *Paris-Match*-Chefredakteur Pierre Galante verheiratet, sollte die Begegnung arrangieren. Selten war eine Redaktion in solcher Euphorie. Es war übrigens nicht das erste Mal, dass die Zeitschrift Heiratsvermittler spielte.

Die MGM-Studios gaben ihr Einverständnis, dass ihr Vertragspartner nach Monaco reiste und *Paris-Match* darüber berichten würde.[6] Auch Grace Kelly willigte ein, dank des guten Zuredens ihres Freundes Rupert Allan, den, so James Spada, *Paris-Match* bekniet hatte, Grace zu überzeugen. »Auftritte oder Interviews abzulehnen blieb für Grace zeitlebens ein Problem«, so Jeffrey Robinson. Und last but not least: Aus dem monegassischen Fürstenpalast kam ebenfalls die erhoffte Einladung. Der junge Rainier kannte Grace bereits von ihren Filmen.

Was zu diesem Zeitpunkt jedoch weder die ausgebufften *Paris-Match*-Reporter, noch Grace wussten, war, dass in Monacos altem Palast ein Teil des Szenarios ebenfalls geschrieben wurde. Längst vor allen anderen. Wieso?

Ganz einfach: Es war an der Zeit, den Fürsten zu vermählen. Und da dieser von Natur aus schüchtern war und ihn seine Amtsgeschäfte an ausgiebiger Brautschau hinderten, übernahmen andere die delikate Aufgabe. Nicht nur Reedereimillionär und Wahlmonegasse Onassis ging pro forma in Amerika auf Brautschau und fühlte zusammen mit Freunden heimlich bei Marilyn Monroe vor, auch der psychologisch äußerst geschulte und pragmatische irische Hofkaplan Francis Tucker hatte, wie gesagt, seinen Einfluss auf Rainier geltend gemacht. Er hatte erste Pläne in seiner kleinen Palastkapelle ausgetüftelt und sie mit Gottes Hilfe – und der fürstlichen Hand – verfeinert …

In letzter Minute allerdings, scheint sich alles gegen das geplante Rendezvous zu verschwören. Die für 16 Uhr anberaumte Begegnung muss auf 15 Uhr vorverlegt werden, denn um 17.30 Uhr ist ein wichtiger Empfang für Grace geplant. Zum Glück willigt der Palast kurzfristig ein. Dann aber streiken unvorhergesehen die Angestellten der Elektrizitätswerke in Cannes, so dass die Stadt, sämtliche Häuser und Hotels, ohne Strom dastehen. Grace sitzt mit nassem Haar und ungebügeltem Kleid in ihrem Zimmer, kann sich weder föhnen, noch ihre Garderobe plätten. Von ihrer MGM-Kostümbildnerin Gladys beraten, steckt sie schließlich ihre Haare schlicht hoch und einen Blumenreif rein und entscheidet sich in letzter Sekunde für ein pink und grün geblümtes Kleid, das die wenigsten Falten zeigt. Eine Garderobe, die, so die bissigen Zeitungskommentare, für alle Gelegenheiten geeignet scheint, nur nicht für den Besuch eines Fürsten in seinem Palast. Dass sie Grace steht, den »bezirzenden« Zweck erfüllt und auf den Fotos vor dem mediterranen Hintergrund des grünen Palastgartens gut hervorsticht, sind andere Aspekte ... Um dem Hindernislauf die Krone aufzusetzen, rammen die *Paris-Match*-Reporter auf dem 90-minütigen Weg nach Monaco versehentlich den Wagen von Grace Kelly. Sie sind im Reportageeifer zu dicht aufgefahren.

Trotz dieser Pannen und Verzögerungen kommt das von vielen – bis auf die Hauptdarsteller – herbeigesehnte Treffen endlich doch zustande. Und als Rainier ihr schließlich mit einstündiger Verspätung gegenübersteht, sei sie angenehm überrascht gewesen, erinnert sich Grace Kelly. Er sieht gut aus mit seinen dunklen braunen Augen, den schwarzen Haaren und seinem Schnauzer. Dass er etwas kleiner ist als sie, stört Grace nicht. Seine Verlegenheit nimmt ihr die eigene Scheu und Angst. Sie spürt, dass Rainier und sie eine gewisse Wellenlänge haben. Der Presse gegenüber sagt sie schlicht: »Der Fürst war charmant.« Mehr nicht. Auch gegenüber Freunden und der Familie kein weiteres Sterbenswörtchen.

Grace kehrt nach New York zurück und spielt im Dezember in der MGM-Produktion »Der Schwan« bezeichnenderweise eine Prinzessin. Ein Vorzeichen, deuten die eifrigen »Heiratsvermittler« von der Presse, und vielleicht denkt auch dies die abergläubische Grace. »Der Schwan« wird jedenfalls ihr letzter Film als Ledige.

Der Fürst von Monaco und die Noch-Schauspielerin haben eine Korrespondenz begonnen, die sich von förmlichen Danksagungen in eine, man möchte sagen, echte Brieffreundschaft wandelt, bei der sie sich näher kennen lernen und ihre Anschauungen und Interessen offenbaren. Allein: Papier ist geduldig. Die Offenbarungen spiegeln nicht die ganze Realität wider.

Grace mit ihrem höflichen Dankesschreiben, Hofkaplan Tucker mit dem seinigen haben die Korrespondenz initiiert. Im Namen Rainiers schreibt der Kaplan: »Ich danke Ihnen, dass Sie dem

Fürsten gezeigt habe, was ein amerikanisches, katholisches Fräulein sein kann und für den tiefen Eindruck, den Sie bei ihm hinterlassen haben.« Und da Tucker nicht nur ein Vertreter Gottes, sondern auch, wie die Kellys, irisch-amerikanischer Abstammung ist, gewinnt er schnell das Vertrauen von Grace und ihrer Familie. Vorsichtig formuliert er Monate später, der »Fürst habe die Begegnung sehr geschätzt und plane eine – geschäftlich bedingte – Amerikareise für Dezember«. Ob Grace und er sich dann in Philadelphia sehen könnten?

Natürlich verrät Rainier mit keinem Wort, dass er nach ihrer ersten und vorläufig letzten Begegnung ausgerufen hat: »Ich habe sie gefunden!« und stundenlang, ja nächtelang, über Grace und ihre Filme mit Hofkaplan Tucker im Vertrauen geredet hat.

Grace ahnt dies nur, bleibt aber genauso zurückhaltend wie Rainier. Ganz hat sie ihre Beziehung mit Oleg Cassini noch nicht überwunden. Andererseits – Fürstin zu werden, das ist eine Lebenskrönung, die keinem anderen der eingewanderten Kellys zuteil wurde und wahrscheinlich nie zuteil werden würde. Papa Kelly müsste dies – und damit endlich auch sie – anerkennen! Durch die fürstliche Heirat hofft Grace von ihrem Vater auf den Familien-Olymp gehoben zu werden, nach dem sie sich so sehnt. Das gibt den Ausschlag.

Ihre Hoffnung ist jedoch vergeblich – auch dieses Mal. Zwar willigt der Vater in die Heirat ein, spekulierend, dass er die »feine Gesellschaft« von Philadelphia und ganz Amerika mit einem hochadligen Familienmitglied »überbieten« und ausstechen wird, aber Grace gegenüber äußert er sich negativ über Rainier und lässt diesen seine Antipathie auch spüren. Nur Rainiers Box-Leidenschaft erkennt er an, der ganze »Hof-Schnick-Schnack« ist jedoch »nicht sein Ding«. Außerdem muss Vater Kelly noch eine bittere Pille schlucken: Er soll Geld dafür zahlen, dass jemand seine Tochter heiratet. Der reiche Jack bezeichnet es als eine »schlechte«, gar »altmodische« europäische Tradition. So feilscht er mit Pater Tucker um die Dollar. Es geht um Millionen. Biograf Jeffrey Robinson möchte das widerlegen, in dem er, nach Einsicht des Ehevertrags, folgert, es habe gar keine Mitgift gegeben, denn sie wird nicht erwähnt. Es sei ein »klassischer« Vertrag der »Gütertrennung«, der »séparation des biens« gewesen.

Über den Fürsten und sein Land weiß Grace nur so viel, wie in amerikanischen Zeitungen steht. Fürst Rainier weiß seinerseits auch noch nicht, was es heißt, eine Grace Kelly – Hollywoodstar und Mitglied eines sturen Clans – zu heiraten. Beides reibt ihn bald auf: die Journalistenhorden, die das Familienhaus in Philadelphia Germantown umlagern und jeden Schritt des Paars und ihrer »Gracie« begleiten. Mit ihrem professionell-rüden Umgangston schockieren sie »Monsignore«. Die Kellys wiederum sind auch nicht einfacher im Umgang, mit ihren festgefahrenen Familienritualen und dem hohen Standesdünkel des Familienvorstehers, der sich auf einer Ebene mit dem Fürsten sieht. Das grenzt haarscharf an Majestätsbeleidigung.

Das, was die Medien insgeheim bereits als »Hochzeit des Jahrhunderts« handeln, entwickelt sich in Wahrheit wenig romantisch, denn Rainier lässt mit Rücksicht auf seine Dynastie, sein Land und sein Volk, wie unter anderem Rupert Allen mutmaßt, zwischen Mai und Dezember die Kelly-Familie von Kopf bis Fuß durchleuchten. Ferner muss sich Grace einem Fruchtbarkeitstest unterziehen, nicht nur durch ihren Vertrauensarzt, sondern auch durch einen Mediziner aus Nizza, Dr. Robert Donat, der Fürst Rainier auf seiner Amerikareise begleitet. Die Monegassen wären im Falle einer negativen Diagnose womöglich gegen die Heirat gewesen, denn der Vertrag von 1918 mit Frankreich betont, wie wir wissen, ausdrücklich, dass ohne Thronerben Monaco an Frankreich fällt. Das bedeutet also für Rainier, so oder so, das Staatsinteresse vor sein Privatinteresse zu stellen. Der Fürst handelt, wie die meisten Monarchen zu allen Zeiten.

Trotzdem erklärt er 1989 gegenüber Jeffrey Robinson, Biograf des Fürstenpaares: »Es gab definitiv nie einen Fruchtbarkeitstest.« Rainiers Begründung: Sie hätten laut Gesetz ein Kind adoptieren können. Halten wir es mit der diplomatisch vieldeutigen Aussage eines Cousins des Fürsten, Prinz Louis de Polignac: »Es war alles wirklich bezaubernd. Aber man muss bei Rainier eines verstehen: Von dem Tag an, als Rainier den Thron bestieg, waren in seinem

Geist und Denken immer die Entwicklung und Liebe zu Monaco präsent. Er heiratete Grace nicht, weil sie die Richtige für das Land war. Er heiratete, weil er sie liebte. Aber ich sage Ihnen kategorisch, dass er sie niemals geheiratet hätte, wenn sie die Falsche für Monaco gewesen wäre.«

Weihnachten 1955 verbringt der Fürst erstmals mit den Kellys, übernachtet sogar mit seinem Arzt, Dr. Donat, in deren Gästezimmer. Grace steht zum ersten Mal in ihrem Leben im Mittelpunkt der ganzen Familie. Jeder ahnt, dass Rainier um Graces Hand anhalten wird. Längst vor der USA-Reise sind auch der monegassische Staatsrat und der französische Konsul in Monaco über die Absicht des Fürsten, »eine Amerikanerin« zu ehelichen, informiert worden. Allerdings wurde aus Vorsicht der Name der Auserwählten geheim gehalten. Alles scheint also in bester privater und staatlicher Ordnung.

Am Donnerstag, dem 5. Januar 1956, gibt Fürst Rainier seine Verlobung mit Grace Kelly offiziell bekannt. Die Nachricht löst unterschiedliche Reaktionen aus. Zwar jubeln die meisten Amerikaner, denn Königshäuser haben in den Vereinigten Staaten bis heute ein besonderes Flair, und auch die Monegassen freuen sich, aber Graces engste Freunde schütteln nur ungläubig den Kopf. Sie finden, Grace kennt den Fürsten nicht gut genug. Und bei den Medien löst die Nachricht zugleich Euphorie und Stress aus. Ein mediales Tohuwabohu beginnt, das bis zum Ende der »Märchenhochzeit« des »Traumpaars« anhalten wird. Für die Brautleute beginnt einer von vielen weiteren Alpträumen. Der Druck geht soweit, dass Prinzessin Caroline später einmal sagt: »Im Grunde haben meine Eltern die Hochzeit gehasst. Mindestens ein Jahr lang wollten sie sich den Hochzeitsfilm nicht ansehen.«

Bevor die Hochzeitsvorbereitungen ihren Höhepunkt erreichen, schließt Grace die Dreharbeiten zu ihrem letzten und elften Film, »High Society«, ab. Das setzt sie durch, denn es ist ihr erstes Musical, und sie hat monatelang Gesangsunterricht genommen, um ihre zu dünne Stimme zu formen. In dem Film trägt sie bereits ihren von sagenhaften, zwölfkarätigen Brillanten und Rubinen gezierten Verlobungsring.

Und dann geht sie ihre Aussteuer einkaufen. Nur in Luxusgeschäften wie Neiman Marcus in Dallas oder in New Yorker Designer-Shops. Angeblich kostet die neue Garderobe um die 25 000 Dollar. MGM schenkt ihr die luxuriösen Kostüme ihres letzten Films. Das über 7000 Dollar teure Brautkleid kreiert Helen Rose, die talentierteste Kostümdesignerin von MGM: Es wird ein meterlanger Traum aus Taft und Seide, ein Kleid der Superlative.

Auch Fürst Rainier versucht sich – erstaunlicherweise – als Designer, entwirft für seine Hochzeit eine Uniform, ähnlich der eines napoleonischen Marschalls. Sie soll ihm die nötige Würde verleihen.

Am 4. April 1956 tobt in New York der Bär. Stadt und Hafen sind in dichten Morgennebel gehüllt. Am Pier 84 drängen sich hunderte von Menschen, um Grace Kelly, ihrer »Gracie«, »good luck« zu wünschen. In das fröhliche »good bye« mischt sich auch Trauer um den Verlust einer amerikanischen Filmdiva an das alte Europa. Um die aufgewühlte Presse zu beruhigen, wurde vorab eine Pressekonferenz im Pool Café organisiert. Es wird ein Chaos. Grace, bleich und erschrocken angesichts der Medienschlacht, beschwört vergebens die Journalisten, ruhig zu bleiben. Der Ohnmacht nahe antwortet sie auf alle möglichen und unmöglichen Fragen zu ihrer Vergangenheit und Zukunft. Um elf Uhr endlich ist sie erlöst. Unter lautem Tuten des Ozeanriesen, den peppigen Klängen einer Jazz-Band und einem nicht enden wollenden Konfettiregen legt die *SS Constitution* ab. Mit Grace sind über 70 Freunde und Verwandte an Bord. Nur Schwester Lizianne fehlt, da sie hochschwanger ist.

Acht Tage dauert die Reise, Grace wird, so gut es geht, von Neugierigen abgeschirmt. Von Bord sendet sie während der Transatlantikreise einen kleinen, höflichen Radiogruß an die Monegassen, sagt, sie freue sich sehr auf das neue Land.

Die meiste Zeit verbringt sie mit ihren Eltern und dem neuen Pudel Oliver. Manchmal auch nachdenklich allein an Deck. Oft auch mit vorbestellten Presseterminen und Fotositzungen, denn ihre Reise über den Atlantik wird ein begehrter Fortsetzungsroman in den Medien.

Nebelig war es, als sie Amerika verließ, nebelig ist es, als sie sich im Morgengrauen dem Hafen von Monaco nähert. Es ist 6.30 Uhr am 12. April, als Rainier sich dem Schiff auf seiner neuen Yacht *Deo Juvante II* nähert. Und als sie die Brücke zwischen dem Ozeanriesen und der Yacht hinunterschreitet, zerreißt auf einmal die Wolkendecke und Monaco, die rund vierzigtausend Monegassen, Reporter und Schaulustigen an Land, erstrahlen in mediterranem Sonnenglanz. Von Stund an heißt schönes Wetter in Monaco »Grace-Kelly-Wetter«. Das ist auf Dauer mehr wert für die Legende als der – nicht erfolgte – Begrüßungskuss.

Ein ohrenbetäubendes Orchester aus Schiffshörnern, Schiffssirenen und 21 Salutschüssen aus Kanonen, sowie ein vom Öl- und Reedereimilliardär Onassis gespendeter rot-weißer Nelkenregen im Wert von 15 000 Dollar geleiten die *Deo Juvante* II zurück in den Hafen. Dann ein sich fast endlos hinziehender Champagnerempfang mit Monacos Persönlichkeiten, Prinz Pierre und Graces Eltern an Bord. Endlich, gegen 11 Uhr, betritt Grace monegassischen Boden. Durch das Verkehrschaos bahnen sich die Limousinen ihren Weg zum Palast. Eine drei viertel Stunde später steht Grace erstmals auf dem Balkon des Fürstenpalastes, ihrem neuen Zuhause, vor einheimischen Bewunderern. »Ich werde von Augenblick zu Augenblick glücklicher«, erklärt sie.

Während der knappen Woche bis zur Hochzeit absolviert das Brautpaar täglich ein volles Programm: Bälle, Empfänge, private Essen – ein Termin jagt den anderen. 1600 Journalisten tummeln sich auf der Suche nach täglichen Stories, die sie nicht kriegen, denn die meisten Feste finden unter Ausschluss der Presse statt. Der Umgang mit den Journalisten ist problematisch, denn das Fürstenhaus Monaco besitzt zu jener Zeit keine Pressestelle, das heißt keinen Medien-Generalstab. Den aber hätte es gebraucht.

Die ersten Paparazzi kommen zum Einsatz. So wirft sich eines Tages ein Fotograf vor den Wagen der Verlobten, als diese von einem privaten Dinner heimfahren. Rainier bremst scharf, will aussteigen und helfen – und schon wird er von Dutzenden Fotografen abgelichtet. Die unfairen, ja eigentlich gestellten Bilder gehen als Verkaufsschlager um den Globus. Rainier zürnt.

Um den größten Schaden zu verhindern, stellt MGM-Presse- und Werbeprofi Mortgan Hudgins seine langjährigen Kenntnisse in den Dienst des medienunerfahrenen Fürsten. Er überzeugt Rainier, wenigstens ein paar Pressetermine anzubieten, um die Journalistengemüter zu beruhigen und der nach Stories hungernden Pressemeute einige »Kost« zuzuwerfen, was der Fürst widerstrebend tut. Zu spät allerdings, um die Publikation bissiger, satirischer, narzistischer und teils erfundener Reportagen frustrierter Journalisten zu verhindern.

Endlich ist es soweit: Am Mittwoch, dem 18. April 1956, morgens um 11 Uhr im Thronsaal, wo sonst nur die Fürsten zu Beginn ihrer Regierung den Thron besteigen, erfolgt die Ziviltrauung. Grace erscheint in zartem Pink und Silber, Rainier in graugestreiftem Anzug. Rund 100 Gäste sind präsent, Persönlichkeiten aus 24 Nationen sind versammelt. Rainier als Landesherr wird gefragt, ob die Zeremonie eröffnet werden kann. Er bejaht – recht leise. Nervös nestelt er an seinem Kragen. Grace hat Ringe unter den Augen, ist angespannt. Der zuständige »Magistrat« in seiner Funktion als Standesbeamte zahlt samtliche Paragraphen des Zivilrechts, so Artikel 6, Paragraph 181, 182, 183 auf, damit Rainier und Grace um ihre Ehepflichten wissen. Er erwähnt jeden Trauzeugen, dessen Herkunft, die Volljährigkeit und seinen Wohnort. Das Lampenfieber ist nicht nur Rainier und Grace anzumerken. Gute 40 Minuten dauert die Trauungszeremonie, davon sind allein zwei Minuten der Aufzählung sämtlicher Titel des Fürsten vorbehalten. Die Zeremonie ist ausschließlich auf Französisch, zum Leidwesen der Kellys.

Als endlich die standesamtlichen Bücher dem Paar zum Unterzeichnen hingehalten werden und zuerst Rainier, dann Grace unterschreiben, wird »Miss Grace Kelly« zu einer »Madame Grimaldi«. Denn Fürstin darf sie sich erst am nächsten Tag nach der kirchlichen Trauung nennen. Aufatmen will das Paar. Aber es kann nicht. Die MGM-Studios, die die Exklusivrechte für den Hochzeitsfilm haben, bitten um eine Nachstellung. Das ganze also noch einmal …

Am 19. April 1956 herrscht schönster Sonnenschein, eben

Grace-Kelly-Wetter, wie es sich gehört. Ganz Monaco, ja fast die gesamte Côte d'Azur ist auf den Beinen und mit ihnen 30 Millionen Fernsehzuschauer in neun europäischen Ländern, die auf die Übertragung der Hochzeit durch den belgischen, französischen und schweizerischen Fernsehverbund Eurovision warten.[7]

Das Fürstentum ist mit rot-weißen Fähnchen, sowie mit französischen und amerikanischen Flaggen geschmückt. Die Kathedrale ist bis auf den vorletzten Platz besetzt – ein Stuhl wird leer bleiben. Frank Sinatra hat abgesagt, nachdem seine Ex-Frau Ava Gardner die Titelseiten der Illustrierten nach ihrer Ankunft in Monaco schmückt. Ihr Scheidungskrieg liegt ihm noch im Magen.

800 Gäste sind geladen, man rechnet mit 1000. Gegen 10 Uhr tritt Grace aus dem Palast auf die Freitreppe im Innenhof und wartet mutterseelenallein fast eine Viertelstunde lang. Was mag ihr durch den Kopf gehen? Niemand wird es je erfahren. Endlich kommt ein Fotograf, dann ihr Vater, elegant mit Zylinder, und die erste der sechs bestellten Brautjungfern. Als schließlich alle Brautjungfern versammelt sind, schreiten sie im Geleit gemeinsam die weiße, geschwungene Marmor-Freitreppe à la Schloss Fontainebleau hinunter. Unten angekommen, bittet der Fotograf, sie wieder hinaufzuschreiten – und erneut hinunterzukommen – für die Fotos. Sie werden Gold wert sein. Beherrscht lässt Grace es über sich ergehen.

In einer Limousine fährt sie anschließend zur Kathedrale. Es ist 10.30 Uhr. Wie jede Braut wird Grace am Arm ihres Vaters zum Altar geführt. Doch ihr Cortège ist größer als das der meisten anderen Bräute: vier Blumenmädchen, zwei – später sich als recht geschwätzig – erweisende Pagen und sechs Brautjungfern. Ein weiterer protokollarischer Unterschied: ihr angehender Ehemann wartet nicht am Altar auf sie. Er hat seinen eigenen spektakulären Auftritt. Genau sieben Minuten später erscheint Rainier. So schreibt es das fürstliche Protokoll vor. Trompetenfanfaren kündigen den Fürsten an. Zügigen Schrittes durchschreitet er die Kathedrale in seiner napoleonischen Prunkuniform. Er wartet mit drei Trauzeugen auf, darunter seine Mutter, Dame Charlotte, sowie Leutnant-Colonel Jean-Marie Ardant, zugleich sein persönlicher Freund und Hausgouverneur.

Die Zeremonie verläuft ohne Zwischenfälle. Fast. Nur der kleine Page, Sebastian von Fürstenberg, der dem Paar die Trauringe auf einem Samtkissen bringt, stolpert und verliert fast einen. Zum Glück fängt der allgegenwärtige Kaplan Tucker den Ring auf. Und nur, dass Fürst Rainier Schwierigkeiten hat, seiner Grace den Ehering überzustreifen. Geistesgegenwärtig hilft sie ihm, was zu einem entzückenden Foto von vier vereinten Händen führt. Der Fürst wirkt hochgradig nervös, die Hollywood-Prinzessin wie versteinert. Sein Jawort haucht er. Auch Graces »Ja« wird kaum von den Mikrofonen eingefangen. Dies alles macht das steife Zeremoniell etwas menschlich. Zumal die kleinen Pagen nach etwa 40 Minuten Trauungszeremonie auf Französisch, von Monseigneur Gilles Barthes, und auf Englisch, von Graces Beichtvater aus Philadelphia, nach Verlesung der Glückwünsche des Papstes Pius XII. durch den Pariser Nuntius Paolo Marella, nach Kommunion der Familien und Tenor- und Sopran-Soli sowie dem wunderschönen Ave Maria genug haben und auf ihren Bänken unruhig hin- und herrutschen und lausbubenhaft schwätzen, was ihnen missbilligende Blicke der Priester einbringt.

Endlich ist es vollbracht. Die Glocken der Kathedrale und in den Kirchen rund um Monaco läuten. Sie verbreiten die gute Nachricht. Monaco hat ein neues Fürstenpaar. Millionen Menschen atmen auf. Das Fürstenpaar auch, denn für sie war es eine Prozedur ohne »Dignität und Ruhe«, wie Rainier III. Jahre später sagt. Als der offene Roll's Royce zur Rundfahrt durch Monte Carlo anfährt, löst sich deren Spannung. Das frisch getraute Paar beginnt zu strahlen. Zu küssen wagen sie sich nicht. Doch das Verlangen steht ihnen ins Gesicht geschrieben. Auf dem Weg zum Palast halten sie bei dem nach der Heiligen Devote, der Schutzpatronin des Landes, benannten, zwischen zwei Berghängen und an einer lebhaften Kreuzung gelegenen Kirchlein. Dort betet die neue Fürstin Gracia Patricia und legt nach monegassischem Brauch der Heiligen Devote den Brautstrauß zu Füßen.

Nach dem Champagnerempfang im Innenhof des Palastes und dem Festessen, so gegen 17 Uhr, macht das Fürstenpaar sich reisefertig für die Flitterwochen. Ein letztes »au revoir« an Freunde und

Familie, ein paar Tränen, und ein tiefer Seufzer der Erleichterung seitens des Brautpaars. Dann gehen die frischgebackenen Eheleute an Bord der *Deo Juvante II* und brechen zu ihrer sechswöchigen Kreuzfahrt im Mittelmeer auf. Die aufreibende Hochzeit wirkt jedoch noch nach: die erste Woche ist Grace seekrank, dann infiziert sie sich grippal. Aber endlich ist doch »Honeymoon«.

Auf dem Weg zum Traumteam

Glaubt man Graces Biografen, den hohen Telefonrechnungen für Auslandsgespräche – vor allem in die USA – und den seltenen, freimütigen Geständnissen, die Grace später gegenüber Journalisten macht, so war das erste Jahr im Palast für Grace alles andere als ein Traum.

Zwei Fremde lebten unter einem Dach. Sie entdecken im Alltag, was sie sind: zwei starke Ckaraktere mit festen Ansichten. Bei den häufigen Auseinandersetzungen hatte Rainier natürlich Statusvorteil: Als absoluter »Monarch« ist er es gewohnt, dass sich ihm letztlich niemand widersetzt. Hinzu kommt das Heimspiel: Er kennt die Gepflogenheiten Monacos und des Palastes.

Grace ist von Hause aus gewohnt, Vater Kelly klein beizugeben, den Mund zu halten – und sich indirekt durchzusetzen. Aber sie kennt weder den Palast noch Monaco genug, um sich geborgen zu fühlen und daraus Stärke zu ziehen. Ihre Freunde sind weit weg und neue kann sie in ihrer isolierten Position als Fürstin kaum finden. Sie fühlt sich einsam, noch dazu spricht sie kaum Französisch.

Ihre Tage im unwirtlichen, da seit Louis II. nicht mehr renovierten Palast, verbringt die junge Fürstin mit Briefe schreiben, telefonieren und warten. Warten auf den Fürstengemahl in den schummrigen Räumen seiner einstigen Junggesellenwohnung im Erdgeschoss des Palastes. Vom gleißenden Sonnenlicht Monacos ist, wie in den meisten niederen Räumen entlang der Galerie im ersten Stock, den Arbeitszimmern des Fürstenstabes, nicht viel zu spüren. Das hebt nicht die Stimmung.

Bei den Streiteren mit Rainier beweist Grace eine erstaunliche Gabe, die schon Freunde an ihr vorher bewundert haben. Schauspielkollege Stewart Granger zum Beispiel beobachtete: »Ihre Mentalität war so angelegt, dass sie, wenn sie an einer schlechten Situation absolut nichts ändern konnte, völlig ruhig blieb. Gab es aber etwas, das sie tun konnte, dann blieb sie nicht ruhig.« So gibt sie bei Rainiers Zornesausbrüchen zunächst nach, um dann doch manches von dem zu erreichen, was sie will. Vieles bleibt ihr allerdings versagt.

So müssen Grace und Rainier, das Traumpaar, sich erst zu einem Traumteam zusammenraufen – im Namen der Dynastie und vor allem Monacos. Denn das war ja erklärtes Ziel dieser Hochzeit: aus dem kleinen, unscheinbaren, renovierungsbedürftigen Monaco eine Touristenattraktion zu machen und einen Staat, der auf dem internationalen Parkett präsent sein sollte. Jedenfalls waren das die Ambitionen Rainiers. Grace muss erst einmal die Rolle einer »Fürstin von Monaco« für sich und das Land definieren. Denn seit der gescheiterten zweiten Ehe Alberts I. mit einer Amerikanerin hatte keine Frau mehr in Monaco an der Seite eines Fürsten gelebt. Die kurze Ehe des betagten Fürsten Louis II. mit seiner Schauspielerin zählt in diesem Falle nicht.

Als Fürstin wird Grace zunächst noch nicht einmal von dem Palastpersonal akzeptiert. Ihr amerikanischer – unprotokollarischer – Lebensstil, ihre amerikanischen Essgewohnheiten und Vorlieben stören in einem von europäischen, vor allem französischen Traditionen und Noblesse geprägten Haushalt. Die Sprachbarrieren machen es nicht leichter. Mit Rainier spricht sie Englisch. Franzosen und Monegassen denken aber nicht daran, ihren behänden Redefluss zu verlangsamen, wenn sie mit der Fürstin Französisch parlieren, geschweige denn Englisch zu benutzen, weshalb Grace bei Empfängen oft schweigt, was wiederum als »kühl« und »distanziert« missinterpretiert wird. Selbst die von Rainier als Sprachlehrerin und *dame de compagnie* angeheuerte Madge Tivey-Faucon erzielt bei Grace keine Fortschritte. Das liegt wahrscheinlich eher an der gegenseitigen Abneigung, die sechs Jahre nach Kündigung, Madge zu Hofverrat verführt.

Die Chance sich als Traumteam in einer Traumehe zu zeigen, bietet sich für Grace und Rainier mit der Geburt Carolines. Schon am 2. August 1956, knapp dreieinhalb Monate nach der Hochzeit, gibt Rainier über Radio Monte Carlo bekannt, dass sie Nachwuchs erwarten. »Dies soll unsere Hoffnung in die Zukunft bestärken.« In der Tat: Die Nachricht löst eine neue Euphorie unter den Monegassen aus. Denn sie bedeutet die Fortsetzung der Fürstendynastie und damit des Landes. Und nicht zuletzt, abgesehen vom natürlichen Vaterstolz, will Rainier durch die frühzeitige Ankündigung das Interesse der Medien wachhalten. Rainier hat bei der Hochzeit ein für allemal verstanden, wieviel weltweite Aufmerksamkeit dem Land durch ein wenig PR zuteil werden kann und welche positiven ökonomischen Auswirkungen eine solche Pressearbeit nach sich zieht. Aber Grace erinnert nur: »Gleich nach der Hochzeit wurde ich schwanger, das hieß also, dass ich bei den ersten offiziellen Anlässen nicht nur mit meiner Unsicherheit, sondern auch noch mit einer ungeheuren Übelkeit zu kämpfen hatte.«

Als Grace und Rainier im September für zwei Monate in die USA reisen, zeitweise in Graces New Yorker Appartement wohnen und viele ihrer Freunde sowie ihre Familie besuchen, verfolgen die Reporter das Paar auf Schritt und Tritt. Vor allem in Philadelphia ist wieder einmal der Presse-Bär los. Menschentrauben hängen vor dem roten Klinkerhaus der Kellys. In einem der vielen Interviews, so Spada, wird Grace gefragt, ob das Kind denn schon einen Namen hätte. »Nein«, sagt sie zögernd mit Blick auf Rainier. Daraufhin wendet der Reporter sich an den Fürsten mit derselben Frage und bekommt, was bei ihm selten genug in der Öffentlichkeit vorkommt, die verschmitzte Antwort: »Wir wissen, welchen Namen wir unserem Kind nicht geben: Elvis ...« Damals, 1956, erreicht die Elvis-Manie in den USA ihren Höhepunkt.

Die Reise in die Heimat tut Grace gut sowie auch die ihr von Rainier zugestandene Neueinrichtung des Palastes, genauer: dessen Privatgemächer. Ihr vorenthalten bleiben die historischen Räume, wie der Thronsaal, die bald der Öffentlichkeit zur Besichtigung freigegeben werden, damit ein wenig Geld in die »leere«

Fürstenkasse kommt. Ein Teil der Einnahmen wird außerdem dem Monegassischen Roten Kreuz zufließen.

Die letzten Monate der Schwangerschaft verlaufen in gesellschaftlicher Hinsicht ruhig, da es Grace nicht gut geht und sie sich nicht mehr in die Öffentlichkeit wagt. Alles in allem, so die Bilanz des ersten Ehejahres, sind die ersten Monate nach der Hochzeit eine harte Bewährungsprobe für das Paar. Wäre Grace keine Kelly gewesen, hätten die schwierige Kindheit und das knallharte Hollywood-Geschäft sie nicht diszipliniert, so hätte sie vermutlich das Handtuch geworfen. Aber Fürstin von Monaco zu sein ist nunmehr eine Rolle fürs Leben, das hat sie geschworen.

Und so unterstützt sie Rainier, wo sie nur kann. Ungekehrt gilt das nicht. Es wird deshalb Jahre dauern, bis das Traumpaar sich zu einem wirklichen Traumteam eingespielt hat. Die Interessen des Paares sind sehr verschieden: Rainier liebt das Meer, die Jagd, seinen Zoo und Autorennen. Grace ist von Natur aus seekrank, was sie Albert vererben wird, hasst die Jagd und lärmende Autorallyes. Dafür liebt sie Ballettaufführungen – bei denen Rainier oft einschläft – und kleine Empfänge im Palast, die Rainier hasst. Abgesehen von ihrem tiefen katholischen Glauben, den sie beide teilen, sind sie sich nur in einem ähnlich: Rainier ist eifriger Freizeitkünstler, ein Bildhauer, der gerne Tierfiguren bastelt, während Grace sich später auf dem Gebiet der Blumenkunst hervortut und ein Buch über getrocknete Blumen herausgibt. Kreative Hobbies pflegen sie also beide.

»Es brauchte einige Zeit, bis echte Liebe zwischen uns entstand«, räumt Rainier seinem ersten Biografen Peter Hawkins 1965 gegenüber ein und bekräftigt damit, was viele vermuteten: Dass die Hochzeit eher ein gutes Kalkül als eine wahre Liebesheirat war. Und Grace gesteht in den siebziger Jahren: »Es war die Religion, die uns am meisten verband. Sonst gab es nicht viel.« Auf gut Deutsch: »Kinder, Küche, Kirche« schweißen sie zusammen. Vor allem treibt sie beide der Wunsch, ein echtes Familienglück aufzubauen, das sie in ihrer Kindheit vermisst hatten.

Und natürlich haben beide das Ziel vor Augen, das Beste für Monaco herauszuholen. Das steht zwar nicht im Ehevertrag, ist aber ein ungeschriebenes Gesetz. Erst ab Mitte der 60er Jahre wird das Paar ein richtiges Team, das gemeinsam für Monaco arbeitet sowie privat und öffentlich zusammenhält. In guten wie in schlechten Zeiten … für gut ein Jahrzehnt.

Graces Cousin John Lehmann behauptet gegenüber Robinson: »Sie waren sehr verschiedene Charaktere. Aber man kann sie nicht trennen. Rainiers Vision von Monaco war die treibende Kraft. Aber sie war auch kein Mauerblümchen, wenn es um ihre eigenen Ansichten ging.« Und Louis de Polignac bestätigt: »Es gibt keinerlei Zweifel daran, dass es Rainier und Grace zusammen waren, die das kleine Land im Westentaschenformat überall in der Welt bekannt machten.« Mit Weitsicht, Perfektionismus – und schmerzlicher Selbstaufopferung auf beiden Seiten, wobei Grace mehr aufgibt als Rainier, denn sie tauscht Karriere, Freunde und Heimat gegen eine Nebenrolle, Einsamkeit und Fremdheit im »eigenen« Land, auch wenn Grace vordergründig das mediale Aushängeschild für das Fürstentum bleibt. Über die Jahre wird sie eine echte, geliebte Landesmutter.

Junges Familienglück im Scheinwerferlicht

Am 23. Januar 1957 bekommt Monaco eine Prinzessin, eine Thronerbin. Auch wenn Rainier, wie die meisten Monegassen, insgeheim auf einen Sohn gehofft hat, ist das Glück über das gesunde Baby groß. Die Nachricht verbreitet der Fürst über Radio Monte Carlo und die ersten Bilder der jungen Prinzessin verkauft er für mehrere tausend Dollar an eine Illustrierte. Mit seiner Heimkamera filmt er Mutter und Tochter. Diese Bilder gehen um die Welt.

Die von Rainier III. gesteuerte PR-Maschine erwacht zum Leben. Er engagiert Graces Vertrauten Rupert Allan, um das »anständige« Familienmarketing für Monaco in Amerika zu betreiben. Richtige PR-Firmen sind ihm zu teuer. Zweimal pro Jahr, meint Rainier, sollte man ein auserwähltes Top-Magazin eines Landes mit Stories bestücken. In Frankreich wird *Paris-Match* die Favoritin sein. Jahrzehnte später werden auch *Figaro-Magazine* und die Royal-Zeitschrift *Points de Vue – Images du monde* ihren Anteil bekommen. Die Reporter arbeiten mit vorgefertigten »Briefings« aus dem Palast. Eine neue Pressesekretärin wird eingestellt: die anglophone junge Nadia Lacoste, die bis über das Jahr 2000 hinaus eine Institution sein wird.

Pressefreiheit und Konkurrenz verlangen jedoch schon bald ihr Recht. Redakteure wollen selbstständig arbeiten und recherchieren. Hausgemachte PR-Kampagnen sind, so muss der Palast schmerzlich erfahren, schwer zu kontrollieren. Die Presse überrollt im Laufe der Jahre die Grimaldis, nimmt ihnen fast jedes Privatleben, was zu heftigen, zum Teil handgreiflichen Auseinandersetzungen führt, bei denen auch Fürst Rainier und später Ernst-August, Prinz von Hannover, sich nicht zimperlich zeigen.

Trotz oder vielleicht gerade wegen der Unstimmigkeiten, bleibt die Presse ein dauerndes lukratives Geschäft für das Fürstenhaus. Wenn die Medien inzwischen auch längst nicht mehr jeden Preis für jede Foto-Story zahlen, wie Marco Schenz, Chefredakteur der deutschen *Gala*, erläutert, klingelt dennoch das Geld weiterhin in der Fürstenkasse. Es sind Einnahmen aus »Schmerzensgeldern«, »Entschädigungen«, gewonnen aus ungezählten Grimaldi-Prozessen gegen die Medien. Doch dazu später.

Grace schwebt jedenfalls nach der Geburt von Caroline im siebten Himmel. Mutter zu sein, ist für sie ein Full-Time-Job, dem sie sich ganz hingibt und auf den sie sich in Mutterkursen vorbereitet hat. Obwohl damals das Stillen in sogenannten »guten« amerikanischen Kreisen als »rückständig« verpönt war und auch aus europäischen Adelshäusern als »unschicklich« verbannt wurde, setzt sich Fürstin Grace durch und stillt ihr Baby. Jahre später unterstützt sie sogar öffentlich die »La Leche League«, eine mächtige Vereinigung, die sich gegen Flaschenernährung amerikanischer und europäischer Multikonzerne einsetzt.

Fünf Monate nach Carolines Geburt ist Grace wieder schwanger. Am 14. März 1958 wird Thronerbe Prinz Albert geboren, ebenfalls in dem kleinen, eigens hergerichteten Geburtszimmer im

Palast. Und damit erscheinen die Grimaldis fortan als glückliches Kleeblatt vor der Linse von Howell Conant, Graces amerikanischem Lieblingsfotografen, den sie zum offiziellen Hoffotografen bestellte. Von jetzt an strahlen die Grimaldis Harmonie und trautes Familienglück aus. Sie sind die Vorzeigefamilie der 60er.

Sowohl Grace als auch Rainier sind ihren Kindern zärtlich zugewandt. »Papa weiß immer genau, was ich mir zum Geburtstag wünsche, ohne dass ich es ihm sagen muss«, erzählt Caroline ihrer Hauslehrerin beispielsweise. Die Mittagsmahlzeiten werden gemeinsam eingenommen, daran halten Grace und Rainier strikt fest. Sie wollen ihre Kinder sehen und erlauben ihnen sogar, den Fürsten in seinem Büro bei der Arbeit zu »stören«. »Ich hasste es, meine Eltern nur nach 17 Uhr und für anderthalb Stunden sehen zu dürfen«, erinnert sich Rainier an seine eigene Kindheit. Die Fürstin spielt mit Albert und Caroline selbst, liest ihnen vor, wickelt sie, wie andere Mütter auch. Sie lädt die kleinen Freunde ihrer Kinder in den Palast ein und versucht, so gut es ihre Zeit erlaubt, das Kindermädchen Maureen King zu ersetzen.

Geht das Fürstenpaar auf Dienstreise, kommen die Kinder nebst Nurse und junger Hauslehrerin mit. Manchmal sagen Grace und Rainier sogar abendliche Verabredungen ab, wenn die Kinder, besonders Caroline, in Tränen ausbrechen und sie nicht fortlassen wollen. Mit schierer Engelsgeduld tröstet die Mutter Grace den kindlichen Kummer.

Mit Engelsgeduld fängt die Ehefrau Grace auch immer wieder die Launen des gereizten und gestressten Fürsten ab, als dieser Ende der 50er bis Mitte der 60er Jahre politische Schwierigkeiten im In- und Ausland hat. Es ist politisch wohl die schwerste Zeit für den Fürsten.

Im Inland weigern sich die alteingessenen Familien Monacos, die im Nationalrat, dem Conseil National, das Sagen haben, Rainiers Modernisierungsplänen für Monaco zuzustimmen. Die Projekte, wie der Bau eines Autotunnels und eines neuen Industrieviertels, Fontvieille, scheinen den alten Herren zu ehrgeizig und zu teuer. Da Rainier gegen Mauern rennt, wird er radikal und löst die Versammlung auf, was ihm natürlich umgehend den Vorwurf eines »Despoten« einbringt und sein Ansehen bei den Landsleuten auf den Nullpunkt sinken lässt.

Im Ausland kommt es zwischen Monaco und Frankreich 1961 zur schwersten Krise seit 1945. Sie geht soweit, dass Monaco vorübergehend Grenzblockaden seitens der Franzosen hinnehmen muss. Die Monegassen – und das ist nur eine der kleinen Unannehmlichkeiten – müssen ihre Post in Frankreich einstecken, sonst würde sie nicht befördert werden. Nur mühsam, nach 18 Monaten Boykott, verbalen Gefechten und zähen Verhandlungen kommt es am 18. Mai 1963 zu den noch heute gültigen Steuer- und Zollverträgen zwischen Frankreich und dem Fürstentum.

Während dieser Konflikte hält Grace in der Öffentlichkeit stets zu Rainier und versucht auf ihre charmante Art politisch positiv mitzuwirken. Vor dem Staatsbesuch des Fürstenpaars bei de Gaulle 1959 in Paris beispielsweise liest sie seine drei Memoirenbände und konversiert beim Essen im Elysée-Palast ausschließlich auf französisch mit dem Präsidenten. De Gaulle unterliegt ihrem Charme. Die Tageszeitung *Le Monde* hat bereits vor dem Besuch getitelt: »Die Präsenz der Fürstin wird den franko-monegassischen Beziehungen zweifellos mehr Glanz verleihen.«

Graces Einfluss macht sich auch innenpolitisch bemerkbar. Im langjährigen Streit um die Vorherrschaft innerhalb der privaten Société des Bains de Mer, der zwischen dem »ungekrönten König« Aristoteles Onassis und Fürst Rainier erbittert geführt wird, schafft Grace es, zwischenzeitlich einen »Waffenstillstand« herbeizuführen, bis es 1966 zum endgültigen Eklat zwischen den ehrgeizigen Männern kommt und Onassis sozusagen aus der S. B. M. hinausvotiert wird, indem der Fürst kurzerhand das Kapital aufstocken lässt, die neu ausgegebenen Aktien vom monegassischen Staat aufgekauft werden, der Fürst beziehungsweise Monaco sich damit die Aktien-und Stimmen-Mehrheit sichert und Onassis von der S. B. M. quasi ausgezahlt wird. Seit diesem wirtschaftlich naheliegenden und juristisch legitimen Schachzug, der ihren Krieg beendet, sind sie wieder Freunde bis Onassis' Tod 1975.

Als am 1. Februar 1965 Stéphanie geboren wird, das jüngste und letzte Kind des Fürstenpaars, gehen auch hier wieder Bilder einer heilen Welt um den Globus. Dass die Fürstin zwischenzeitlich zwei Fehlgeburten – durch Überanstrengung – erlitten hat, wissen nur wenige. Auch nicht, dass sie eine weitere zwei Jahre nach Stéphanies Geburt erleiden wird. Die sechste – und definitiv letzte – Schwangerschaft in elf Jahren.

Die Filme für die Presse sind, so der Fernsehsender M6, »minutiös einstudiert. Nichts wird dem Zufall überlassen«. Weder Situation, noch Gesten, noch Kleidung. Dass es hinter der Fassade manchmal heftig kriselt, wissen nur einige Angestellte des Palastes und Graces engste amerikanische Freunde jenseits des Atlantiks.

Ein großer Streitpunkt und der zeitlebens wahrscheinlich größte Frust für Grace ist die Unmöglichkeit für sie als Fürstin, in das Filmgeschäft zurückzukehren. Mehrmals werden ihr Rollen angeboten, sei es, um in einem Bibelepos die Jungfrau Maria zu spielen, was die MGM-Produzenten für vereinbar mit der Rolle einer Fürstin halten – nicht aber der Fürst. Sei es, um in der Romanverfilmung von Winston Grahams *Marnie* eine frigide Diebin zu verkörpern, die noch dazu vergewaltigt wird. Dieses Angebot kommt 1962 von ihrem Lieblingsregisseur Alfred Hitchcock. Grace ist überglücklich und – erstaunlicherweise willigt Rainier ein unter der Bedingung, dass die Dreharbeiten während der Familienferien stattfinden und Grace ab November für die Wintersaison wieder in Monaco sein soll. Einem Freund gegenüber rechtfertigt er sich, dass eine Absage die reinste Verschwendung sei für »jemanden, der so viel Zeit auf sein Handwerk verwendet hat wie die Fürstin, und der dabei so gut ist«. Rainier hat endlich erkannt, wie wichtig die Schauspielerei für Grace ist – und für ihr gemeinsames Eheglück. Außerdem schätzt und vertraut er dem guten, alten Hitchcock. Am 18. März 1962 verkündet MGM: »Ihre Durchlaucht die Fürstin Grace von Monaco wird einen Film drehen«.

Doch die Rechnung wird ohne die Monegassen gemacht. Hatten sie einst Schwierigkeiten, die Schauspielerin als ihre Fürstin anzuerkennen, so haben sie jetzt Schwierigkeiten, ihre Fürstin wieder Schauspielerin werden zu lassen. Während Monaco in einer tiefen politischen Krise mit Frankreich steckt, will die Fürstin das Land verlassen, sich »amüsieren«, einem unschicklichen

»Metier« (für ein Königshaus) nachgehen? Das Volk war sich einig: Ein Film ihrer Fürstin würde dem Land schaden, und so proben sie den Aufstand.

Es kommt noch besser: Das Filmprojekt wird sogar eine kirchliche Angelegenheit. Wie Jeffrey Robinson berichtet, bittet Papst Jean XXIII. Grace als »Katholische Fürstin«, das Filmen zu unterlassen. Also: Filmen ist nicht königlich und nicht katholisch. Das Rad kann anscheinend nicht mehr zurückgedreht werden. Und so geben Rainier und Grace schließlich klein bei, beugen sich dem Volkswillen und der päpstlichen Macht. Aber es fällt schwer. Vor allem Grace.

»Das war ein großer Fehler«, wie Monaco-Insider Pierre Abramovici – und nicht nur er – nachdrücklich betont. »Rainier hätte hart bleiben sollen. Die Monegassen wären ihrem Fürsten letztlich in seiner Entscheidung gefolgt. Monaco hätte noch einen ganz anderen Glanz erhalten können, wenn Grace weitere Filme gedreht hätte.« Und sie wäre vielleicht nicht zu dem geworden, was ihr Umfeld im Laufe der Jahre beobachtet: »Eine gute Trinkerin«, die, wie fast jeder Alkoholiker, trinken konnte, ohne betrunken zu werden …

Grace ist deprimiert. Auch den Tod ihres Vaters 1960 hat sie noch nicht überwunden. Und wie schon in ihrer Jugend flüchtet sie sich in die Religion. Dem *Playboy* gegenüber erklärt sie 1966 nach der Krise: »Man muss im Leben wählen.« Und sie wählt die Pflicht, entscheidet sich noch einmal für ihre Lebensrolle »Gracia von Monaco«, die sie von ganzen Herzen erfüllen will. Hinzu kommt, dass Grace auf keinen Fall ihre Familie, ihre Kinder aufs Spiel setzen will. Die Frauenbewegung hat sie – und die Weltöffentlichkeit – noch nicht erreicht, und wird sie auch nie erreichen, denn Kinder kommen bei Grace vor Karriere. Sie ist und bleibt eine Vorzeigemutter. »Ich kenne niemanden, der eine erfolgreiche Ehe führt … ohne Opfer zu bringen«, tröstet sie sich. Bekennt aber: »Ich hätte noch fünf Jahre länger Filme drehen sollen …«

1976 darf sie zumindest in der Einleitung an einem Dokumentarfilm »The Children of Theatre Street« über das Leningrader Vaganova Ballettinstitut mitwirken. Das Projekt lässt sich gut rechtfertigen, da Grace seit Jahren versucht, das Monte Carlo-Ballett wieder aufleben zu lassen. Mit dem jungen, etwas bohèmehaft wirkenden österreichischen Regisseur rumänischer Herkunft, Robert Dornhelm, verbindet sie eine intensive Freundschaft. Es ist ein künstlerischer Austausch wie in alten Hollywood-Tagen. Gemeinsam ziehen sie durch Paris, wo Grace zu jener Zeit mit ihren Töchtern wohnt. Dornhelm ist einer ihrer vielen *princes consorts* der letzten Jahre. Die jungen Männer bringen ihr jene Bewunderung entgegen, die ihr in der Ehe fehlt. Sie sind ihre *protégés*. Fürst Rainier duldet sie, hat er doch selbst – das ist ein offenes Geheimnis – weit weniger platonische Liebschaften. Wie Grace wahrt er Diskretion.

Anlässlich der 200-Jahrfeier der Amerikanischen Unabhängigkeitserklärung bietet sich im selben Jahr eine weitere Chance: Grace soll beim Edinburgh-Festival amerikanische Gedichte unter dem Titel »Ein amerikanisches Erbe« vortragen. Grace sympathisiert mit Regisseur John Carroll. Sie unterbreitet das Projekt dem Fürsten, und der Palast genehmigt. Die Lesung wird ein Erfolg, und angesichts dessen lässt John Carroll nicht locker. Er drängt auf weitere Aufführungen. Grace steht 1977 erneut auf der Theaterbühne, dieses Mal mit Shakespeare beim Sommerfestival im romantischen kleinen Stratford-Upon-Aven. Der Erfolg steigt ihr nicht zu Kopfe. Sie ist nicht von sich eingenommen. Sie anerkennt und respektiert die Führung anderer, in diesem Falle des Regisseurs. Grace Kelly bleibt Schauspiel-Profi. Sie ist einfach gut. Sie kommt an. Sie beeindruckt wieder einmal alle mit ihrer natürlichen Schlichtheit und beruflichen Professionalität. Sie ist wieder glücklich, auch in der Ehe – und damit eine gelungene Werbung für Monaco.

Davon überzeugt, erlaubt der Fürst ihr 1978 eine weitere Lesereise, die Grace durch ihre Heimat führt: eine Tournee von Pittsburgh über Philadelphia bis Harvard. Schwerpunkt der Lesungen sind »Vögel, Biester und Blumen«. Der Erfolg ist noch größer.

Die Fürstin lebt auf. Sie »tourt« durch Europa, tritt bei Festivals oder Wohltätigskeitsveranstaltungen auf, unter anderem in Wien, wo Grace ihre Deutschkenntnisse zeigen kann, die sie von ihrer

Mutter erworben hat, und wo sie mit ihrem Charme die Wiener Herzen bricht. Regisseur Carroll ist noch heute bewegt, wenn er von den Wiener Auftritten der Fürstin spricht.

Grace, das muss auch Rainier zugeben, ist ein Bühnenerfolg. Und der Erfolg zieht andere Erfolge nach sich. Grace ist voller Tatendrang. Gemeinsam veröffentlicht sie mit ihrer ersten Biografin und späteren Freundin Gwen Robyns »A Garden of Flowers«, ein Buch über Blumenarrangements. In Monaco, Paris und den USA stellt sie ihre Kunst aus. Die Publicity-Tour lässt die Kassen des monegassischen Roten Kreuzes und anderen Einrichtungen klingeln. Das Unternehmen ist somit mehr als gerechtfertigt.

Mitte der 70er Jahre zieht Fürstin Gracia nach Paris in das riesige, luxuriöse Familien-Appartement in der noblen Avenue Foch. Hier haben reiche Öl-Scheichs, Royals und Filmstars ihre Zweit- oder Dritt- oder Viert-Wohnungen. Grace wohnt dort zusammen mit ihren Töchtern, um deren Ausbildung und Studium aus der Nähe zu überwachen. Außerdem genießt sie es, den vielen gesellschaftlichen Verpflichtungen, denen sie in Monaco nachgehen muss, ausweichen zu können.

Fürst Rainier bleibt derweil mit dem jungen Erbprinzen in Monaco. Beide Eheleute pflegen zu dieser Zeit mehr oder weniger platonische Beziehungen und man fragt sich: Hätte Grace nicht den Fürsten geheiratet, wie wäre ihr Leben verlaufen? Gary Grant, lebenslanger, sehr nahestehender Freund und Schauspielkollege der Fürstin, weiß die Antwort: »Hätte sie nicht den Fürsten geheiratet und die Schauspielerei aufgegeben, dann hätten sie, Hitch und ich unsere eigene Produktionsfirma gegründet (…) Es wäre berauschend geworden.«

So aber bleibt Hollywood Heimkino bei den Grimaldis im von Rainier errichteten Palastkino, in dem zweimal pro Woche die besten Filme der Welt gezeigt werden, und zwar gratis. Der Kinobesuch ist ein heiliges Ritual, das der Familienclan liebt. Immer wieder werden natürlich auch die »alten« Grace-Kelly-Filme geguckt, die MGM nach zähen Verhandlungen mit dem Fürstenpaar dem Palast in einer 16-Millimeter-Kopie zur Verfügung stellt. Etwas verbittert erinnert sich der Fürst daran, dass der riesige

Filmproduzent und Verleiher, bei dem Grace von Anfang bis zum Ende ihrer Filmlaufbahn und darüber hinaus unter Vertrag stand, den Palast zwang, zu unterschreiben, dass diese Kopien ausdrücklich nur für den Privatgebrauch gedacht waren und nicht in der Öffentlichkeit gezeigt werden durften. Etwas mehr Vertrauen hätte er begrüßt.

Es erstaunt kaum, dass sich sowohl Prinzessin Stéphanie als auch Erbprinz Albert später in kleinen Filmrollen versuchen werden. Ob es sich ziemt oder nicht: Sie sind nun einmal in einer cineastischen Atmosphäre aufgewachsen, mit einem Hauch Hollywood. »Es war großartig, eine Schauspielerin als Mutter zu haben«, erinnert sich Stéphanie, »anstatt nämlich mit dummen Gute-Nacht-Geschichten groß zu werden, erklärte mir meine Mama, was in den Filmstudios passierte. Auch den letzten Hollywood-Klatsch wusste sie zu berichten. Sie sang und steppte und erzählte mir alles über ihre Filme.«

Eine richtige Filmkarriere hat Stéphanie bis zu ihrem 37. Geburtstag allerdings nicht begonnen. Dafür aber hat sie ein anderes künstlerisches Talent entdeckt: den Zirkus. Eine Leidenschaft, die sie mit ihrem Vater teilt.

Bruder Albert zeigt sich weniger ambitiös, obwohl er in einem Interview gesteht: »Ich wäre gerne Schauspieler geworden oder Regisseur.« Ein kurzer Auftritt in »One Man's Hero«, der jedoch später herausgeschnitten wird, reicht ihm. Immerhin wird die Rolle in seinem offiziellen Lebenslauf erwähnt. Und: »Ob amerikanische, französische oder italienische Filme – ich liebe alles. Und gehe oft ins Kino.«

Fazit ist, Filmstar Grace Kelly blieb für die Welt ein Mythos und für die Kinder ein unerreichbares Vorbild. Für die Enkelkinder, vor allem für das jüngste, Königliche Hoheit Alexandra, aber, ist sowohl Grace Kelly als auch Fürstin Gracia Patricia eine Märchenfigur vom Hörensagen. Sie haben ihre legendäre Großmutter nicht persönlich gekannt. Grace hat das Glück Großmutter zu sein, nie erfahren dürfen.

Die Fürstin stirbt nach einem Autounfall am 14. September 1982 – gut zwei Jahre vor der Geburt ihres ersten Enkelkindes.

Es gibt viele Schilderungen über den Hergang des Unfalls. Nicht jeder, der sie schildert, hatte Zugang zu den Polizeiprotokollen und Unfallberichten. Aber auch diese variieren.

Am Montag, den 13. September, morgens kurz nach neun, weckt Grace ihre Tochter Stéphanie im Urlaubsdomizil Roc Agel auf. Sie wollen zeitig los – lange vor der Mittagshitze. Dann geht sie ihren Sohn Albert wecken. Sie unterhalten sich, wie so oft, ein wenig zu zweit. Dann sagt sie: »Bis später!« Und Albert erwidert: »Bis nachher.« Es sind die letzten Sätze zwischen Mutter und Sohn.

Der Chauffeur fährt den grün-metallisch glänzenden Rover 3500 vor das Haus. Oft macht das schon die 17-jährige Stéphanie, denn alle drei Grimaldi-Kinder dürfen, bevor sie ihren Führerschein haben, auf dem Feriengrundstück Auto fahren. Aber Stéphanie döst noch ein wenig, während Grace und ihre Zofe die Rücksitze des Autos mit Kleidern und Paketen vollladen. Der Rover ist 11 Jahre alt, weist aber vergleichsweise wenig Kilometerzahlen auf. Grace beschließt an diesem Tag, ausnahmsweise selbst zu fahren. Wegen ihrer starken Kurzsichtigkeit tut sie das nicht gern, und der Chauffeur insistiert, aber Grace winkt ab: »Nein, nein. Es geht schon.« Gegen zehn verlassen Mutter und Tochter Roc Agel.

Die Straße von dem hoch auf einem Berg gelegenen Landhaus Roc Agel hinunter nach Monaco ist streckenweise sehr kurvenreich und so schmal, dass kaum zwei Autos aneinander vorbeipassen. Vor allem die D 37, die nach Monaco rein führt, hat ein starkes Gefälle und die Kurven sind eng. Außerdem wird vor Steinschlag gewarnt. Eine der Haarnadelkurven wird zum Verhängnis. In der Spitzkurve schießt der Rover über die kleine Rampe den steilen Abhang 40 Meter tief hinunter. Er überschlägt sich mehrmals. Die Insassen werden von ihren Sitzen gerissen. Der Wagen landet auf dem Dach.

Ein Gärtner sieht ein weinendes Mädchen auf sich zu taumeln: »Rufen sie meinen Vater an. Rufen sie meinen Vater an.« Er erkennt es nicht – bis sie von einem Palast spricht. Dann rast er zum Telefon. Dann wieder zum Auto. Er löscht ein Feuer. Er ist überfordert. Er weiß nicht, wem er zuerst helfen soll: dem blutüberströmten, verwirrten Mädchen oder der leblosen Mutter. Die Feuerwehr bringt die Fürstin in das nach ihr benannte Krankenhaus. Es sind drei sehr lange Kilometer. Stéphanie wird zuvor in einem anderen Rettungswagen abtransportiert. Der alarmierte Fürst Rainier rast direkt ins Krankenhaus. Albert kommt im eigenen Auto vom Landhaus nachgefahren. Bald treffen die engsten Regierungsmitglieder nach und nach ein. Es beginnt ein langes Warten.

Als nach drei endlos scheinenden Stunden die Ärzte eine Diagnose wagen, sind sie ernst, aber meinen, Grace könne überleben. Stéphanie hat zwar zahlreiche Verletzungen, Prellungen, Stauchungen, Brüche, doch zum Glück keine inneren Blutungen. Sie ist außer Gefahr. In zwei Wochen, so die Ärzte, wird sie nach Hause gehen können. Sie wird monatelang ein Halskorsett tragen.

Das ganze Krankenhaus ist mobilisiert. Die Mediziner und Schwestern arbeiten fieberhaft. Fachärzte aus Nizza werden herbeigerufen. Drei Arztberichte von verschiedenen Spezialisten werden erstellt.

Dann fällt Grace ins Koma. Sie reagiert nicht mehr. Die Ärzte vermuten Gehirnblutungen. Mithilfe eines CAT-Skanners soll umgehend eine kraniale Tomografie gemacht werden. Doch Monacos Krankenhaus hat keinen solchen Skanner, der nächste ist in Nizza. Ein Transport ist gefährlich. Schließlich bringt ein Krankenwagen Grace wenige hundert Meter weiter in eine Privatpraxis, wo ein CAT-Skanner steht. Das Ergebnis: Die Fürstin ist schwer verletzt. Das Gehirn ist beschädigt. Die erste Läsion verursachte wahrscheinlich vor dem Unfall ein Black out, so dass Grace die Kontrolle über den Wagen verlor. In der Tat: Ein Augenzeuge, der in seinem Wagen lange hinter ihr herfuhr, berichtete von einem Schlenkern des Rovers. Die zweite Verletzung ist so tief, dass der aus Nizza herbeigeeilte Spezialist eine Operation ausschließt. Chefneurologe Dr. Jean Duplay erläutert den Kollegen, ein Eingriff hätte spätestens 15 Minuten nach dem Unfall erfolgen müssen, um Grace auch nur die geringste Überlebenschance zu geben. Selbst dann, erläutert Professor Dr. Chatelain, der führende Arzt des Teams, dem Fürsten später, wäre sie zeitlebens halbseitig gelähmt geblieben.

Ein Krankenwagen bringt Grace zurück ins Spital. Sie wird künstlich am Leben gehalten. Es wird die längste Nacht für Albert und Rainier. Sie warten, hilflos, ohnmächtig, in Schweigen gehüllt. Der längste Tag bricht an. Als Caroline endlich aus ihrem Wochenende in London eintrifft, beraten sie. Es ist der engste Familienrat, den es je gab. Sie fühlen sich hilflos, aber sie müssen handeln. Sie harren am Krankenbett. Dienstagnacht versammeln sich Rainier, Caroline und Albert vor dem Zimmer von Grace, um noch einmal mit dem Chefarzt zu sprechen. Professor Chatelain soll ihnen die Wahrheit und nichts als die Wahrheit sagen. Behutsam berichtet dieser, dass der Zustand der Fürstin sich verschlechtert hat. »Wir hatten ein langes Gespräch mit ihm«, sagt Rainier Jahre später, noch immer betroffen. »Er war ein äußerst netter Mensch und sehr verständnisvoll uns gegenüber. Er erklärte uns, dass es sinnlos sei, die Überlebensmaschinen anzulassen. Er zeigte uns Bilder und gab uns ganz klar zu verstehen, dass die Maschinen abgestellt werden sollten.« Rainier fährt fort: »Es war gefühlsmäßig eine schwere Entscheidung.« Er hält inne. »Aber unter einem rationellen, menschlichen Gesichtspunkt her betrachtet, war es eine naheliegende Entscheidung. Es gab keinen Grund, sie an den Maschinen angeschlossen zu halten.« Rainier, Caroline und Albert sind sich einig. Zu dritt sagen sie Grace Lebewohl. Es ist ein Adieu für immer. Unwiderruflich. Sie gehen, stützen sich gegenseitig. Voller Gram und Verzweiflung. Vielleicht noch immer zweifelnd. Die Maschinen werden am 14. September 1982 abgestellt.

An jenem Tag geht ein Familienleben zu Ende. Und eine Epoche für Monaco ist vorbei. Ein neues Kapitel in der Geschichte der Dynastie und des Fürstentums beginnt.

Stéphanie hat es besonders schwer. Ihre jahrzehntelange Trauerarbeit hängt auch damit zusammen, dass sie sich als einzige der Familie nicht von Grace, von ihrer Mutter, verabschieden konnte. Außerdem wird sie den gnadenlosen Angriffen der Presse ausgesetzt. Sie wird verdächtigt, den Wagen gesteuert zu haben. »Niemand«, so sagt sie Jahre später, als sie endlich fähig ist, relativ ruhig das Geschehene zu analysieren, »niemand wagte es mir, offen ins Gesicht zu sagen, ich sei Schuld an dem Tod meiner Mutter. Aber alle Augen klagten mich an.« Man spricht von vorausgegangenen, heftigen Kopfschmerzen bei Grace, von Streitereien zwischen Mutter und Tochter, bei denen Stéphanie aufsässig geworden sei. Man unterstellt, der Wagen sei noch vor Eintreffen der Polizei abgeschleppt worden, um Spuren zu vertuschen. Die Gerüchte breiten sich immer schneller und zahlreicher aus, je weniger man weiß. Und der Gärtner, der den Unfall als erster sieht, schafft mit einer Reihe widersprüchlicher Aussagen alles andere als Klarheit. Prinzessin Stéphanie erzählt ihrem Vater, ihre Mutter habe über pochende Kopfschmerzen geklagt, habe sich an die Stirn gefasst, sei in Panik ausgebrochen, wusste nicht mehr, was sie tun sollte.

Fürst Rainier wird beim Staatsbegräbnis der Fürstin von seiner Tochter Caroline gestützt. Prinz Albert geht gefasst neben ihnen. In jenen Stunden und Tagen beeindruckt der Erbprinz jeden durch seine staatsmännische Haltung. Er ist 24 Jahre und sechs Monate alt. Er scheint gefasster zu sein als sein Vater. Und doch weiß jeder, der ihn kennt, wie tief der Schmerz sitzt.

Grace sagte einmal von ihm, da ist er kaum sechs Jahre alt: »Albert brauchen wir nicht zu sagen, wie er sich in dieser oder jener Situation verhalten soll. Er macht es einfach richtig.« So auch an jenem Tag.

In einem ihrer letzten Interviews, am 22. Juli 1982, knapp zwei Monate vor ihrem Tod, fragte der amerikanische ABC-Fernsehreporter Pierre Salinger die Fürstin, wie sie den Menschen postum in Erinnerung bleiben wolle. Sie überlegte und fand bald die Antwort: »I would like to be remembered as a decent human being and a caring one.« (»Ich möchte als einfacher Mensch in Erinnerung bleiben und als fürsorglicher.«) Diese Worte werden bei der Beerdigungsfeier zitiert.

Bis heute ist Grace Kelly unvergessen.[8] Ihr Grab in der weiß leuchtenden Kathedrale im alten Monaco, unweit vom Palast, ist dennoch keine touristische Pilgerstätte. Aber oft verweilen hier ein, zwei Menschen in stiller Ehrfurcht. Und kleine Rosensträuße, die die Fürstin so liebte, schmücken ihre Ruhestätte. Dass sie in der Gruft neben allen regierenden Fürsten ruht, ist eine Ausnahme, die Fürst Rainier III. für seine Gemahlin durchsetzte. Eines Tages wird er neben ihr ruhen.

Als Epitaph wählte damals Rainier die Worte des Heiligen Augustinus: »Herr, ich frage Dich nicht, warum Du Sie mir genommen hast, sondern ich danke Dir, dass Du Sie uns gegeben hast.«

Das Erbe

Um zu verstehen, welches Erbe Prinz Albert antreten wird, muss man sehen, was Rainier als Herrscher für Monaco über Jahrzehnte geleistet hat. Und wie.

Noch Ende 1955 schreibt Albert Clattenburg Junior, US-Konsul in Nizza, in einem Bericht nach Washington: »Rainier hat bisher weder Charakterstärke noch Führungsqualitäten bewiesen.« Und: »Das Fürstentum ist weiterhin ein heißes Pflaster von Geschwätz, Skandalen, schlechten Nachbarschaftsgefühlen.« Das wird es auch immer ein wenig bleiben.

Schlechte Nachbarschaftsgefühle? Die betreffen Frankreich und gehen nicht von Monaco, sondern von den Nachbarn aus, so die monegassische Version. Mit Frankreich verbindet Monaco beziehungsweise der Fürst neben einem Abkommen noch immer eine Hassliebe.

Geschwätz? In jedem Fall, denn, das Flüster-Terrain ist kleiner als ein Pariser Bezirk. »Monaco ist ein Dorf. Jeder weiß alles über jeden«, so Abramovici. Das gilt vor allem für die etwa 4000 Monegassen. Das Geschwätz wird aber auch vom und über den Jet-Set geführt, den Millionären von damals und heute, den Stars und Sternchen.

Und Skandale? Davon lebt Monaco. Sie bringen das kleine Land erfahrungsgemäß schneller ins Gespräch als seriöse Meldungen. Für private Skandale sorgen vorzugsweise etwas turbulente Mitglieder des Fürstengeschlechts, wie Prinzessin Stéphanie und früher Prinzessin Antoinette. Aber Wirtschaftsskandale,

Berichte über Mafia, Geldwäscherei und andere illegale Machenschaften verbittet sich Fürst Rainier, denn dagegen, so protestiert er in diversen Interviews, kämpfe er seit Jahren an. Seine Abwehr wird besonders gern in der französischen politischen Satirezeitung *Le Canard enchaîné,* die »Gefesselte Ente«, kommentiert.

Rainier III. gibt dem Fürstentum zunächst unter dem vehementen Druck der alten monegassischen Elite eine neue Verfassung. Dahinter stecken auch wieder ein paar Hofintrigen seitens der Schwester, aber die Reform entspricht durchaus einem legitimen Wunsch der Mehrheit. Sie wollen nicht mehr als »persönliches Besitztum der Grimaldis« gelten wie noch 1911. Sie fordern mehr Mitspracherecht. In diesem Konflikt setzt Rainier 1959 kurzzeitig einen Teil der alten Verfassung außer Kraft und nutzt seine fürstliche Allmacht. Das bringt ihm weltweite Kritik ein. Sogar die amerikanische Presse kritisiert ihn als »Diktator«, als eine Art Kolonialherrscher, der die kleine Riviera-Kolonie Monaco im Namen seines Geschlechts besetzt hält. Der Fürst gewinnt in jenen Tagen sein »eisernes« Profil. Letztlich überzeugt er die Opponenten, dass es für Land und Leute besser sei, wenn er weiterhin die Mehrheit der Macht in seinen Händen behält und dem Volk gegenüber keinen Eid leistet. Das Ergebnis des Verfassungskonflikts ist am 17. Dezember 1962 eine neue konstitutionelle Erbmonarchie. Der Fürst bezeichnet die neue Verfassung in seiner Rede als »aus einem gemeinsamen Willen entstanden«, die Einführung »eines neuen Geistes« und »moderner Prinzipien«, ohne »die Tradition zu leugnen«. »Es ist Anpassung, aber keine Umwälzung; es ist eine Evolution, keine Revolution.« Die Revolution wurde im Keim erstickt.

Die Gesetzesinitiative bleibt weiterhin dem Fürsten vorbehalten. Legislative und Exekutive werden geteilt. Unter dem Einfluss von Grace erhalten die volljährigen monegassischen Frauen das Wahlrecht. Der Fürst selbst ernennt die Mitglieder seiner Regierung, die nur ihm gegenüber Rechenschaft schuldig sind.

Höchst sensible Schlüsselpositionen wie die des Premierministers, des Obersten Richters und die Mehrheit der höheren Verwaltungsbeamten, sowie der monegassischen Polizei sind ausschließlich nach wie vor von Franzosen besetzt. In den diplomatischen Beziehungen beider Länder und in monegassisch-französischen Streitfällen ist um so mehr Fingerspitzengefühl gefragt. Die entsandten Franzosen leisten ihren Eid auch gegenüber dem Fürsten. Sie haben also ein doppeltes politisches Käppchen auf. Das führt zum Beispiel bei einem im Juni 2000 veröffentlichten Bericht der französischen Abgeordnetengruppe unter Vincent Peillon und Arnaud Montebourg der Pariser *Assemblée Nationale* über Geldwäscherei in Monaco[9] zu heftigen Auseinandersetzungen zwischen den französischen, in Monaco arbeitenden, und den französischen, in Paris sitzenden Beamten beziehungsweise Politikern. Erstere, so Montebourg, »hätten sich absolut unkooperativ« gezeigt und »die Interessen des Fürstentums und nicht Frankreichs vertreten« entgegen ihrer Aufgabe. Interessenverquickungen bleiben in Monaco – wie anderswo auch – nicht aus. Im Falle des kleinen Fürstentums erweisen sie sich als besonders stark.

Zähigkeit und Ausdauer beweist Rainier auch 1962/63 im Konflikt mit Frankreich. Es ist ein Kampf zwischen David und Goliath. Monaco-David siegt. Der eiserne Fürst behauptet sich gegenüber dem Staatsmann De Gaulle. Der Konflikt mündet in das noch heute gültige Zoll- und Steuerabkommen, von dem beide Länder maßgeblich finanziell profitieren. Die Verlierer sind die nach 1957 in Monaco ansässigen Franzosen, die nunmehr Einkommenssteuern an Frankreich zahlen müssen.

Zwischen 1957 und 62 beschert Rainier III. dem Fürstentum den ersten kleinen Wirtschaftsboom. Der Flair der Märchenhochzeit wirkt sich positiv auf den Tourismus aus und die vielen privaten und unternehmerischen Steuervergünstigungen ziehen weltweit Investoren an. Aristoteles Onassis pflegte zu sagen: »Mein Lieblingsland ist eines, das maximale Steuerfreiheit gewährt und keine Handelsrestriktionen und unvernünftige Regulierungen kennt. Das nenne ich Geschäftssinn.« Für Männer wie Onassis bleibt Monaco Lieblingsland.

Den Sinn für Geschäfte teilt er mit Rainier. Nur, dass der »Geldbaron« auf eine Elite baut, während der Fürst sein Reich auch für die weniger betuchte Mittelklasse öffnen will. Dies wird ein fundamentaler Streitpunkt zwischen ihnen bleiben. Onassis muss 1966 seine »Macht« an den Fürsten abtreten.

Bis dahin hat der griechische Reeder hunderte Millionen investiert: in einen neuen Summer Sporting Club, in Luxussuiten, in ein Panoramarestaurant mit aufklappbarem Dach im legendären Hôtel de Paris, ganz zu schweigen von den Modernisierungsgeldern, die er aus Anlass der Märchenhochzeit in das Land gepumpt hat. In derselben Zeit treibt Rainier die Industrialisierung und den Wohnungsbau im neuen Viertel Larvotto sowie die Einrichtung von einigen Zwei- und Drei-Sterne-Hotels voran. Auch der Autobahntunnel Richtung Monaco wird in dieser Zeit gebaut.

Die alten rosa- und ockerfarbigen Villen, ebenso wie die zwei- bis dreistöckigen italienisch anmutenden Paläste, ja ganze Avenuen von Palmen und exotischen Pflanzen gehören der Vergangenheit an. Es ist der Bauboom der 60er Jahre. Monaco, so *BBC*-Journalist Alan Whicker, gleicht am Ende dieser Phase einem »Manhattan-on-the-Mad«. Eine Bezeichnung, die dem Fürsten sichtlich missfällt.

Während die touristischen Vergnügungen verbessert werden, werden andere eingestellt: so das damals verbreitete Taubenschießen. Unter dem Einfluss von Grace, die das Hobby als barbarisch tituliert, findet der Sport ein Ende: Kein »Tir aux pigeons« mehr. Ein kleiner Aufschrei durchzieht das Land. Die Abschaffung ist eine – wenngleich kleine – Revolution innerhalb der sozialen Gepflogenheiten des Landes. Französische Jäger hätten dieses Gesetz nicht durchgehen lassen. Aber im Fürstentum haben selbst die Passionierten keine Wahl. In Monaco gehen die Uhren anders. Sie werden nach dem Fürsten gestellt.

1966 erscheint die erste Biografie über Rainier III. vom amerikanischen Autor Peter Hawkins. Sie ist autorisiert – und exklusiv. Sie wird bis Anfang des Jahres 2002 die einzige Biografie über den Fürsten bleiben, obwohl mehrere in Arbeit sind.[10] Aber nur ungern stellt er sich der Presse.

In den 70er Jahren setzt sich der Bauboom in Monaco fort. Begleitet wird er von heftigen Boden- und Immobilienspekulationen, die der Fürst bald nicht mehr kontrolliert. Ein Quadratmeterpreis kostet bis zu 25 000 DM. Der Fürst profitiert persönlich davon. Ein geflügeltes Wort lautet: »Die letzte Etage gehört dem Fürsten.«

Die Ansiedlung von Leichtindustrie wird fortgesetzt. Das neue Viertel Fontvieille, das der Fürst zeitlebens als seine größte Leistung und Errungenschaft betrachtet, wird 1971 beendet. Kleinindustrie wie Forschungslabore und Kosmetikfirmen werden hier diskret in den Appartements der runden, hohen Türme, angesiedelt – unsichtbar für Nicht-Eingeweihte. Diesen Industrietyp schätzt Rainier für Monaco: Er ist lukrativ und platzsparend, weder lärmend, noch umweltbelastend. Diese Art von Unternehmen arbeiten im monegassischen Hintergrund.

Gleichzeitig versucht der Fürst verstärkt, den Anteil der Spieleinnahmen in Monacos Budgets zu reduzieren. Er will dem Ruf einer »Spieler-Gesellschaft«, eines »Briefmarkenstaats«, eines Landes »der oberflächlichen Vergnügungen« entgegenwirken. Das führt zu einer längst fälligen Reform der S. B. M., zumal die Angestellten, mehrheitlich Monegassen, das kleine Geldimperium als ihr Zuhause betrachten und seit Jahren, mitunter Jahrzehnten, nach Bedarf Tischdecken, Silber, Vasen und andere Haushaltsgegenstände mit nach Hause nehmen. Keiner hatte diese freizügige Selbstbedienung je unterbunden.

1975 äußert Rainier III. gegenüber dem französischen Staatspräsidenten Jacques Chirac, der zu einem ersten kleinen Staatsbesuch in Monaco weilt, einen Wunsch: Er besteht auf die Einführung des Euro auch für Monaco. Bereits 26 Jahre bevor die Euro-Münzen geprägt werden, geht der Fürst auf Euro-Kurs. Er bekommt die Zusage, und Präsident Chirac sowie sein Begleiterstab inklusive Sicherheitskräfte erhalten Dutzende von Grimaldi-Orden und kleiner Auszeichnungen als Dank. Als Dank für den Besuch, versteht sich.

1979 feiert Rainier sein 30-jähriges Thronjubiläum. Die folgenden 80er Jahre verlangen dem Fürsten viel ab: Fürstin Gracia Patricia stirbt am 14. September 1982 an den Folgen des nie ganz geklärten Autounfalls, und Tochter Stéphanie wird schwer verletzt und traumatisiert. Die schwierige Entscheidung, die lebenserhaltenden Maschinen, an denen Grace hängt, abzustellen, ist mit dem katholischen Glauben, der Beistand zum Tod verbietet, eigentlich unvereinbar.

Der Fürst ist ein gebrochener Mann. Trotz Ehekrisen war Grace für ihn ein einzigartiger Juwel. Und für das Fürstentum ein wertvoller Brillant. Ein Magnet für Monaco.

Alleine sitzt er nach der Trauerfeier in der Kathedrale, nachdenklich und traurig. Er führt ein letztes Zwiegespräch. Rainier, der niemals eine Stütze brauchte, stützt sich jetzt auf seine Kinder. Vor allem auf Caroline. Aber auch auf Albert, der jetzt an Profil gewinnt und an die Öffentlichkeit tritt. Seine Lieblingstochter Stéphanie muss er trösten. Sie wird für Jahre sein Sorgenkind sein, mehr noch als Albert. Die Grimaldis fühlen sich verlassen mit ihrer immensen Trauer und der immensen Leere. Die Amtsgeschäfte gehen jedoch weiter, müssen weitergehen. Graces Aufgaben und Verpflichtungen werden bereits im Dezember, nur zwei Monate nach ihrem Tod, neu verteilt: Prinzessin Caroline, die älteste der Kinder, wird First Lady Monacos und Präsidentin der Fondation Grace, der renommierten Stiftung der ehemaligen Fürstin. Erbprinz Albert übernimmt die Präsidentschaft des monegassischen Roten Kreuzes. Die noch nicht genesene Prinzessin Stéphanie wird Vize-Präsidentin mehrerer karitativer Einrichtungen. Allerdings wird sie, statt die ihr zugefallenen Aufgaben zu erfüllen, erst das Land, dann den Kontinent verlassen. Auch Prinzessin Antoinette, die Schwester des Fürsten, wird sich bei öffentlichen Veranstaltungen wieder an die Seite ihres Bruders stellen. Um so mehr, als sie dessen Trauer bald verstehen kann, denn 1983 wird auch sie – nach nur mehrwöchiger Ehe mit dem um zehn Jahre jüngeren Balletttänzer John Brian Gilpin – Witwe. Die weißhaarige Dame fehlt auf (fast) keinem Familienfoto des Clans.

Die Touristenzahlen gehen zurück. Das Grab von Fürstin Gracia wird keine Pilgerstätte wie später jenes von Lady Di.

Ab 1983, merkwürdigerweise seit Prinzessin Caroline mit dem italienischen Millionärssohn Stefano Casiraghi verheiratet ist, mehren sich die Probleme mit der italienischen Mafia. Das Paar investiert in zahlreiche Immobilien und Unternehmen in Monaco. Allerdings soll Carolines Ehemann Casiraghi, so geht ein Pressegerücht, während dieser Zeit von der Mafia erpresst worden sein. Ein Jahr nach seinem Unfalltod am 3. Oktober 1990 wird sein Grab geschändet: Der Sarg wurde angeblich aufgerichtet, was ein Zeichen der Mafia sei, so Journalist Roger-Louis Bianchini.

In den 90er Jahren setzt sich der Ausbau Monacos als internationaler Finanzplatz fort. Monaco wird als »Hong-Kong des Mittelmeers« etikettiert, was Fürst Rainier mit Stolz erfüllt. Durch die gigantische Landgewinnung vom Meer hat sich sein Fürstentum um 20% vergrößert: seit 1955 von 1,58 km^2 auf 1,95 km^2. Die im Jahre 2000 abgeschlossene Übertunnelung des neuen Bahnhofs bringt außerdem neue Fläche – für »preiswerteren« Wohnungsbau. Dennoch liegen die durchschnittlichen Quadratmeterpreise zwischen 4500 und 8000 Euro, wie in den teuersten Wohnvierteln von Paris rund um den Eiffelturm. Im 3. Jahrtausend kostet eine 140 Quadratmeter große Wohnung mit 30 Quadratmeter Terrasse etwa 2,5 Millionen Euro. Wer weniger Geld hat sucht in Fontvieille eine 4- bis 5-Zimmerwohnung für 1,82 Millionen Euro. Eine 80 Quadratmeter große Wohnung mit Hafenblick zur Miete kostet derzeit knapp 5000 Euro zuzüglich Nebenkosten. Wer in Monaco wohnt, hat Geld. Gemeint sind die Zugereisten, nicht die Mehrzahl der Monegassen, die von fürstlichen Zuschüssen oder anderen Vergünstigungen leben müssen.

Das letzte »Baubaby« des »Baufürsten« Ende der 90er Jahre ist das riesige »Grimaldi-Forum«, das modernste Kongresszentrum Europas. Es misst 35 000 Quadratmeter und liegt bis 18 Meter unter dem Meeresspiegel. Eine Art »umgekehrter Wolkenkratzer«, wie der Architekt stolz erklärt. Denn Monaco hat seit einigen Jahren Baubegrenzungen in die Höhe vorgeschrieben, um die Aussicht auf die Berge nicht zu sehr zu verschandeln, aber auch aus Sicherheitsgründen.

Die Anlage aus Stahl und Glas besteht aus bewegbaren Modulen, die Kongressen, Ausstellungen, kulturellen Veranstaltungen

Das Fürstenpaar am 7. Dezember 1960
bei einem Besuch in der Oper

Arrangierte Begegnung im Palast. Während der Filmfestspiele in Cannes 1955 wird die amerikanische Hollywood-Schauspielerin Grace Kelly von Fürst Rainier III. empfangen.

Fürst Rainier III. und Fürstin Grace von Monaco nach der kirchlichen Trauung am 19. April 1956.

Grace zeigt ihren Eltern in Philadelphia stolz den Verlobungsring.

Fürstin Gracia mit Erbprinz Albert
nach dessen Geburt am 14. März 1958

Rainier und Grace mit der kleinen Caroline
und Freunden 1960 im Palastgarten

Grace mit ihren Kindern Prinzessin Caroline und Prinz Albert beim Rodeln in Österreich

*Die Fürstin mit ihrem Ehemann Rainier III.
und den Kindern Caroline und Albert 1963*

Der neunjährige Albert 1967 mit seiner Mutter in Monaco

Grace begleitete ihre Kinder oft persönlich zur Schule.

Die Fürstenfamilie posiert 1976 im Palast.
Nesthäkchen Stéphanie ist gerade elf Jahre alt und ihre Schwester, Prinzessin Caroline, bereits neunzehn.

Albert visualisiert
bei der EM 1992 in Königssee
die Abfahrtstrecke für seinen
Bob Monaco II.

Zum letzten Mal trägt »Al Grimaldi«,
wie ihn seine Sportkameraden nennen,
am 7. Februar 2002 Olympisches
Feuer in Salt Lake City.

Unter seinem bürgerlichen Namen
Albert Grimaldi
lenkt der Erbprinz den Viererbob
Monaco I in Park City auf die
Kunsteisbahn.

verschiedenster Art angepasst werden können. Die Kosten des »Kopfstehers« beliefen sich auf 1,6 Milliarden Francs.

Monaco setzt seinen politischen Unabhängigkeitskurs vom »großen Bruder« Frankreich fort. Fürst Rainier erreicht, dass Monaco am 28. Mai 1993 als »vollwertiges Mitglied« einen Sitz in der UNO erhält. Das verpflichtet ihn auch finanziell. Aber das Fürstentum kann es sich trotz seiner »minimalistischen« Größe leisten, schließlich ist es eines der reichsten Länder der Welt. Die Aufnahme stellt einen Höhepunkt in der diplomatischen Laufbahn Monacos dar. Fürst Rainier wird dies immer wieder stolz betonen.

1994 unterzieht sich der Fürst einer ersten Bypassoperation. Sein Gesundheitszustand verschlechtert sich. Er ist inzwischen 71 Jahre alt. 1997 und 1999 müssen abermals schwere ärztliche Eingriffe vorgenommen werden. Rainier wird zum »mondänen Einsiedler«, so Journalist Jean Chalon vom *Figaro*. Heiratsgerüchte in den 90er Jahren mit der lebenslustigen, gutaussehenden Prinzessin Ira von Fürstenberg werden vom Palast dementiert. Zwar hat sie den Fürsten bei vielen Auftritten begleitet, saß oftmals auf dem Ehrenplatz an seiner Seite und hat ihm gewiss einen Teil der Lebensfreude zurückgegeben, aber Rainier bleibt Witwer. Er wird nie wieder heiraten, auch aus Rücksicht auf seine Kinder wie er sagt.

Für negative Schlagzeilen sorgen in jener Zeit Prinzessin Stéphanies Privatleben, das Defizit der S. B. M., sowie der Eklat mit der »Banque Industrielle de Monaco« 1990, die das Land wieder als Steuersünderparadies enttarnt. Ein Bericht des französischen Abgeordneten François d'Aubert 1993 über die Mafia befleckt Rainiers »weiße Weste«, die er so gerne trägt. Die Folge ist eine verschärfte Gesetzgebung gegen Geldwäscherei.

Doch bereits ein Jahr später, 1994, steht der nächste Skandal ins Haus durch eine Veröffentlichung des französischen *Canard Enchaîné*. Die Zeitung berichtet von »Geldwäsche« im Casino und »organisiertem Verbrechen«. Sechs gewissenhafte, reformbestrebte Abgeordnete des monegassischen Parlaments verurteilen in einem Schreiben vom 20. April an den »Innenminister« Monacos, Jean Aribaud, gewisse Machenschaften auf den »Grünen Teppichen«, die ihnen von einfachen und leitenden Angestellten zugetragen worden sind. Dieser Brief gelangt in die Hände der Satirezeitung, was den Absendern eine schwere Rüge seitens des Fürsten einbringt. Er fordert sie auf, den besonderen Regierungsstil in Monaco stärker zu berücksichtigen: »Sie werden, so hoffe ich, mit der Zeit lernen, dass die Politik in Monaco auf eine besondere Weise geführt werden muss ... Jede Debatte muss unter uns bleiben und darf nicht als Fraß der Öffentlichkeit oder den Medien vorgeworfen werden.« Und er mahnt: »Ist dies wirklich ein Zeichen von Treue, Untergebenheit und dass man an dem Fürstentum hängt, von dem alle und jeder so weiträumig profitieren?« Die Beamten sehen das anders: Sie tun ihre Pflicht gegenüber dem Gesetz. Sie sehen sich in der Legalität. Der Fürst hingegen besteht auf (s)eine eigene Legalität. Seine Rüge hat Erfolg. Er hat seine eiserne Hand erhoben.

Unbestritten bleibt: Vom Reichtum in Monaco profitieren viele, nicht alle, aber die Mehrheit. So sind beispielsweise die Gehälter für einen Richter oder höheren Verwaltungsbeamten in Monacos Verwaltung im Vergleich zu Frankreich in der Regel um 30–40 % höher. Monaco hat eine »Luxusjustiz«, wie einer der 13 von Frankreich ernannten Richtern bekennt. Hinzu kommt, dass der höhere und höchste Staatsbeamte im kleinen Monaco gesellschaftlichen Rang und Namen hat. Auch die Dienstleistungs- und Industriegehälter sind großzügiger bemessen, weshalb Monaco zu einem begehrten Arbeitgeber an der Riviera wird. Bei dem Gerangel um die Arbeitsplätze haben Einheimische Vorrang bei gleichwertiger Qualifikation. Arbeitslosigkeit gibt es offiziell nicht. Aber viele junge Monegassen verlassen das Land, weil sie hier keine Zukunft sehen.

Klarer als mit seinem maßregelnden Schreiben an die Abgeordneten kann Fürst Rainier III. die monegassischen Gepflogenheiten kaum ausdrücken: streng genommen heißt es in dem Fürstentum schweigen und mitmachen gegen Geld.

Im Falle der Casino-Affäre ordnet der Fürst jedenfalls keine gerichtliche Untersuchung an, sondern beauftragt ein externes, internationales Audit-Unternehmen, Arthur Andersen, die Vorwürfe zu prüfen. »In Monaco, gibt es Geschäfte, für die die monegassische Regierung, um nicht zu sagen der Fürst, Untersuchungen toleriert und solche, für die er das nicht tut.« stellt Claude Marin, beigeordneter Staatsanwalt in Paris, fest. Rainier III. hat wie vor ihm seine Ahnen die Allmacht. Avec l'aide de Dieu! Mit Hilfe Gottes! Die Irdischen haben dabei oftmals das Nachsehen.

Das Ergebnis der Firma Arthur Andersen lautet erwartungsgemäß, alles sei in bester Ordnung. Ein Jahr später jedoch werden zwei Leiter des Casinos und drei italienische »Geldleiher« verhaftet und ins Gefängnis gesteckt. Der Staatsanwalt und die Polizei Monacos – beide französisch – haben ermittelt und statuieren ein Exempel.

Jean-Louis Bianchini meint: »Das ist eine andere monegassische Spezifizität: Die legendäre Wirksamkeit seiner Polizei ist sehr selektiv und die Strenge seiner Justiz desgleichen.« Die Kriminalitätsaffären reichen von der italienischen und russischen Mafia in Sachen Geldwäsche, über Drogenhandel und Immobilienreichtum ehemaliger KGB-Offiziere bis zu dem im Zusammenhang mit dem Leuna-Skandal international gesuchten Deutschen Hans-Dieter Holzer, der zwei AGs in Monaco besitzt, um nur einige Beispiele zu nennen. Die Liste der merkwürdigen Gepflogenheiten ist lang – und vermutlich nur die Spitze des Eisbergs.

In den 90er Jahren zeichnet sich ein neues politisches Problem in Monaco ab: der Kampf zwischen »Alter Garde« und »Jungen Reformern«. Nicht alle heißen mehr das autoritäre Regime des Fürsten gut. Sie sind ihm zwar dankbar, aber ... Noch ist es jedoch zu früh für einen neuen Regierungskurs: Erbprinz Albert kann nur Anregungen geben, allein entscheiden darf er nicht.

Wer noch in der Regierung von Rainier III. ausschert, muss eben gehen, wie 1997 der erst seit knapp anderthalb Jahren im Amt tätige Premierminister Paul Dijoud, seines Zeichens französischer Diplomat, der die Regierung im Fürstentum »erneuern« und »demokratisieren« wollte. Er wird auf Geheiß des Fürsten aus Monaco entfernt und vom französischen Außenministerium nach

Buenos Aires versetzt. Schwierigkeiten bekommt auch Untersuchungsrichter Charles Duchaine während seiner Amtszeit von 1995 bis 1999 im Fürstentum. Im Falle des der Geldwäsche verdächtigten Israeli Moshe Binyamin wagt er sich zu schnell zu weit vor, und nur dank der Aussagen von Richterkollegen und des Chefs der monegassischen Sicherheit kann er seine Suspendierung in Monaco verhindern. Dabei sollte der Geldwäsche-Prozess Binyamin von 1998 – der erste in Monacos Geschichte – ein Präzedenzfall werden. Auch ein Verfahren gegen Prinzessin Stéphanies Ex-Mann Daniel Ducruet wegen suspekter Geldtransaktionen auf seinen Konten wird »auf Geheiß von oben« relativ schnell eingestellt. Wie überhaupt, so enthüllt Duchaine im Jahr 2002 in seinem aufsehenerregenden Buch *Juge à Monaco*, »einflussreiche Leute im Fürstentum nicht verfolgt werden«, erst recht nicht, wenn sie der Fürstenfamilie nahe stünden. Mehr als einmal sah der Richter sich bei seinen Ermittlungen über die italienische und auch osteuropäische Mafia, die unter anderem 1996 renommierte Veranstaltungen wie den Grand Prix im Fürstentum sponsorn, blockiert. Als Generalstaatsanwalt Carrasco, sein französischer Vorgesetzter in Monaco, ein Disziplinarverfahren gegen ihn einleitet, geraten die monegassisch-französischen Beziehungen erneut in eine schwere Krise. Der Richter bekommt letztlich »nur« eine – »unverdiente«, so wurmt es ihn – disziplinarische Rüge. Der Generalstaatsanwalt wird von Frankreich zurückgeordert, bleibt aber lieber im Fürstentum, um eine gut bezahlte Stelle in der monegassichen Verwaltung anzutreten. Er bleibt wie viele entsandte Franzosen, die bei ihrem Amtsantritt dem Fürsten ihren Eid schwören mussten und über kurz oder lang monegassische Eigenarten übernehmen.

Die 90er Jahre bleiben unangenehm. Angesichts der Vielzahl der politischen und sozialen Probleme resümiert die britische Zeitung *The Independent* 1996: »Der Playboy Europas altert schlecht«. Gemeint ist Monaco. Nicht der Fürst.

Im Jahre 1997 feiert die Dynastie ihr 700-jähriges Bestehen. Im selben Jahr wird ein Call-Ring aufgedeckt. Die zunehmende Präsenz der Russen-Mafia an der Côte d'Azur bereitet auch Monaco

Probleme. Das hochverschuldete Radio Monte Carlo wird nach langen Verhandlungen privatisiert, und der Fürst muss im Februar 1999 erneut operiert werden. Zwei weitere Operationen folgen ein Jahr später.

Am 9. Mai 1999 begeht Fürst Rainier sein 50-jähriges Thronjubiläum. Er feiert die »Goldene Hochzeit« mit »seinen« Monegassen. Ein großes »Familienfest« wird auf dem Palastvorplatz organisiert, mit 6000 Gästen, einem unprotokollarischen Champagnerempfang, Jazzmusik und einer Ankündigung des Fürsten: »Der Prinz (gemeint ist Albert, Anm. d. V.) wird das 3. Jahrtausend vor sich haben. (...) Ich möchte ihm ein Fürstentum hinterlassen, das stolz auf sich selbst ist, altruistisch und positiv in die Zukunft sieht.« Der Fürst sieht erstmals seit langem wieder entspannt und glücklich aus. Was er bisher geleistet hat, war Herkulesarbeit.

Aber das Jahr 1999 schließt aus Sicht des Fürsten schlecht. Nämlich mit einer Demonstration. Die Angestellten verlangen Anfang Dezember die Einführung der 35-Stunden-Woche im Fürstentum, so wie es das neue französische Arbeitszeitgesetz vorschreibt. Obwohl Demonstrationen in Monaco nicht erlaubt sind, gehen 3500 Menschen auf die Straße. Doch vergeblich. Bis zum Jahr 2002 bleiben ihre Forderungen unerfüllt. Vor allem die Arbeitgeber, die Unternehmer, halten dagegen. Der Staat unterstützt diese, weil die meisten nur »kleine und mittlere Betriebe seien«, für die es auch in Frankreich gesetzliche Ausnahmeregelungen gibt.

Auch die Jahrtausendwende lässt sich nicht besser an. Ein Briefmarkenskandal in Millionenhöhe um wertlose monegassische Sonderbriefmarkenblöcke, in den ausgerechnet der Vermögensverwalter des Fürsten, ein gewisser André Palméro, verwickelt ist, wird aufgedeckt. Im Juni 2000 gibt es erneut negative Schlagzeilen durch die Veröffentlichung eines 375 Seiten dicken Untersuchungsberichts der französischen Nationalversammlung, Assemblée Nationale, über Geldwäsche in dem »selbstgefälligen Territorium unter französischem Schutz«. Gemeint ist natürlich Monaco und die Art, wie sich das Fürstentum an Frankreichs Zuschussgeldern bereichert.

Dieses komplexe volkswirtschaftliche Geschäft verläuft in etwa so: Die 49 etablierten Banken, oft Filialen französischer Gruppen, brauchen weder Kontoeröffnungen mit Identitätsnachweis an Frankreichs zentrales Erfassungszentrum »Ficoba« zu melden, noch darf die französische Zentralbank »Banque de France« außerhalb der Bilanzsolidierung die Banken prüfen. Hier liegt die dicke Made im Speck. Suspekte Konten werden in Monaco derzeit von nur drei Angestellten untersucht. Der vorgeschobene Grund: Personalmangel ...[11] Diese Situation erleichtert vor und hinter den Schaltern die Geldwäsche. Vom Umschlaghafen Casino ganz zu schweigen.

Zwar sei Monaco nicht der Umschlagplatz Nr. 1 in Europa – Liechtenstein, so Arnaud Montebourg, einer der Verfasser des Untersuchungsberichts, sei weitaus schlimmer und stehe an der Spitze –, doch der Fürst protestiert heftig, obwohl auch Frankreich wegen seiner »duldenden Haltung« in dem genannten Bericht beschuldigt wird. Er macht deutlich, wer Herr im Hause Monacos ist. Er unterstellt »niedere Beweggründe« unter denen der Bericht veröffentlicht wurde. Tatsächlich, so Montebourg, »sei er absolut auf dem Laufenden gewesen (...)« habe aber »keinen Finger gerührt, um die Untersuchungskommission bei ihrer Arbeit in Monaco zu unterstützen«. Rainier III. droht in einem Interview mit *Le Figaro* die definitive Lossagung Monacos von Frankreich an. »Frankreich muss uns respektieren. Wir sind ein souveräner Staat. Zu lange, glaube ich, haben wir hingenommen, dass unsere Souveränität begrenzt wird. Es ist an der Zeit, die Verträge, die uns an Frankreich binden, zu entstauben.« Seine alten Separatismusbestrebungen, die sich durch seine ganze Regierungszeit ziehen, leben wieder auf. Jeder Vorwand ist dafür gut. Rainier III. wünscht sich »eine Art Club der kleinen Länder« wie Monaco, Andorra und Liechtenstein als ernstzunehmende Allianz neben der Europäischen Union und bekräftigt: »Die kleinen Länder müssen zusammenhalten.«

Andererseits: Frankreich finanziert gut 30 % des monegassischen Etats durch die Rücküberweisung der Mehrwertsteuer. Das macht etwa 120 Millionen Euro pro Jahr und erlaubt Monaco, keine Steuern, oder nur reduzierte, zu erheben. Eine ernsthafte Lossagung vom Nachbarn scheint also unrentabel.

Am 18. Oktober 2000 kommt es zu einem neuen, aber losen, Abkommen zwischen Paris und Monaco, worin Monaco eine verschärfte Kontrolle über die Herkunft der Gelder verspricht, diesbezüglich Personal aufstockt, die Zusammenarbeit mit Frankreich verstärken, die Gründung von »Trusts« beschränken und mehr Transparenz in sein Bankensystem bringen will. Dies alles bis 2005. Dann erst wird Frankreich die Umsetzung der monegassichen Versprechungen kontrollieren. »Das ist uns zu wenig«, poltert der Abgeordnete Montebourg, »es muss endgültig Schluss sein mit der Geldwäscherei vor unserer Haustür.« Monaco hätte auch schon vor 2005 fertig sein können.

Noch einmal erhebt Fürst Rainier, der inzwischen 77-Jährige, seine Stimme und seine »eiserne Faust im eisernen Handschuh«, wie Pierre Abramovici seine Art zu regieren umschreibt. Zwar regiert der Fürst im Rahmen einer konstitutionellen Erbmonarchie, aber Rechenschaft ist er letztlich nur sich selbst schuldig. Er genießt Immunität auf Lebenszeit. »L'etat c'est moi!« »Der Staat bin ich!« Dieser Satz des französischen Sonnenkönigs Ludwig XIV. hätte auch von Fürst Rainier III. stammen können. Es charakterisiert seine Regierungszeit, in der er bei Auseinandersetzungen stets das letzte Wort behält, beliebig Einbürgerungen und Landesverweisungen vornehmen, Gesetze schaffen, Erlasse proklamieren kann, das Land mit hunderten Videokameras und einem Polizisten für 60 Einwohner zu einem fast alles kontrollierenden Sicherheitsstaat macht.

Zu Beginn des Jahres 2002 denkt der Fürst immer noch nicht ans Abdanken. Obwohl er fast 79 Jahre alt und schwerkrank ist. Obwohl er Mitte Mai, zwei Wochen vor seinem Geburtstag, erneut wegen »Kreislaufschwäche« ins Herzzentrum Monacos eingeliefert wird. Obwohl er angeblich schon, so *Die Bunte* im Oktober 2000, sein Testament gemacht hat: »Sehr gut für Albert«, weiß die Zeitschrift zu berichten. Prinz Albert wird als Thronfolger bestätigt. Aber mit der neuen, im April 2002 verabschiedeten Verfassung überlässt dieser in kollateraler Erbfolge seinen

Schwestern den Thron, sollte er abdanken oder sterben. Denn Prinz Albert ist ledig, hat keine Erben vorzuweisen.

Der Erbprinz erhält, wird er den Thron in den nächsten Jahren besteigen, Monaco mit mehreren wirtschaftlichen wie auch politischen, zum Teil umstrittenen Projekten, zum Beispiel der Bau eines mobilen Hafendamms, damit Kreuzfahrtschiffe der Luxusklasse im Fürstentum vor Anker gehen können oder auch die Aufhebung der letzten Mietpreisbindungen zum Schrecken der Monegassen, die sich das Leben in ihrer Heimat bald nicht mehr leisten können und die sich schwierig gestaltende Aufnahme in den Europarat. Der Fürst – und sein Erbprinz – bestehen darauf zum Unmut vieler Einheimischer, die um ihre Privilegien, zum Beispiel das alleinige Recht zu wählen und das Vorrecht auf den Arbeitsplatz fürchten.

Der Eintritt Monacos in den Kreis des Europarats ist eine Geschichte für sich. Der erste Bittbrief nach Strasbourg und an den Europarat wurde am 15. Oktober 1998 verschickt. Zweimal, im Oktober 1999 und im März 2001, besuchten daraufhin Europaratsdelegierte das Fürstentum, um die Lage zu prüfen. Sie fanden, dass wichtige Aufnahmebedingungen, wie »demokratischer Pluralismus« mit Mehrheit *und* Minderheit(en), das Mitspracherecht der im Fürstentum lebenden Ausländer, die Menschenrechte, darunter das Recht auf Presse- und Versammlungsfreiheit, die Gleichstellung von Eheleuten und die Unterzeichnung von europäischen Konventionen in Sachen Geldwäsche, nicht erfüllt waren. Unter der Kontrolle des Fürsten arbeitet Monacos Regierung seither fieberhaft an den geforderten Reformen. Das Endziel, die Aufnahme bis 2005, könnte sich allerdings verzögern, da zwar große Anstrengungen unternommen wurden, aber bisher kaum Fortschritt erzielt sei, so die Delegierten des Europarats bei ihrem letzten Besuch 2001 im Fürstentum. Die Anfrage ist in eine »Sackgasse« geraten. Warum? In Monaco meldete sich eine Opposition zu Wort, bestehend unter anderem aus alten, vermögenden, einflussreichen Familien. Der Nationalrat ist sich mit der Regierung – dem Fürsten – nicht einig. Aber die neue Verfassung für Monaco hat Rainier III. trotz der opponierenden

Oligarchien bereits durchgesetzt. Der Beitritt ist nur eine Frage der Zeit.

Prinz Albert erbt also eines der kleinsten, aber reichsten Länder der Welt, das international annerkannt werden will. Ein Land mit gut 32 000 Einwohnern. Es beherbergt, so die offizielle Statistik, 3800 Privatunternehmen. Der Geschäftsumsatz des Privatsektors erreicht über 47 Milliarden Francs, darunter befinden sich an die 100 Industriebetriebe mit 4 Milliarden Francs Umsatz und 4000 Angestellten. Renommee-Firmen der Pharmaindustrie oder der Kosmetikbranche, wie Lancaster und Biotherm, sind in Monaco ansässig. Das globale Geschäftsvolumen Monacos stieg allein von 1997 bis 1999 um 20 %. Banken, Immobilien und Tourismus florieren.

Die 170 Finanz- und Bankinstitute verwalten über 300 000 Konten. Schätzungsweise über 50 Milliarden Euro werden in dem Liliputstaat verwahrt. Grund dafür sind das Bankgeheimnis, aber auch eingeschränkte oder fehlende Wohn-, Unternehmens-, Erbschafts- und Vermögenssteuer.

Monaco ist »eine Geldpumpe«, wie der Fürst selbst sein Land bezeichnet. Oder: »Ein Geschäft, das läuft«, wie bereits 1992 der vielzitierte Titel eines einschlägigen Buchs des französischen Journalisten Roger-Louis Bianchini das »Unternehmen Monaco« auf den Punkt bringt. Die Grimaldi GmbH ist eine Gesellschaft mit beschränkter Haftung – denn der Fürst und seine Familie haften niemals mit ihrem Privatvermögen. Für Rainier allein sind es – nur grob geschätzte – fünf Milliarden Euro.[12] Zum Vergleich: Die britische Königin Elisabeth II. soll etwa 1,75 Milliarden Euro Privatvermögen besitzen.

Aber Monaco bleibt auch ein Land, zu dessen Attributen Neureiche, Dollarmilliardäre, Jetset, Geldwäscherei, Casinostaat und dergleichen mehr gehören. Vielleicht stets gehören werden. Auch Skandale bringen Publicity, und Publicity bringt Kunden.

Fürst Rainier III. hat mit seiner jahrzehntelangen Arbeit dem Fürstentum seinen Stempel aufgedrückt: Ein europäisches »Hongkong« am sonnigen Mittelmeer ist aus Monaco geworden. Rainier ist »der Chef«, »le patron«, wie ihn die Landeskinder halb familiär, halb respektvoll nennen, der Boss. Das heutige Monaco ist Rainiers Monaco. Und das einer Fürstin, deren Aura noch 20 Jahre nach ihrem Tod lebendig ist.

Dieses Erbe findet Prinz Albert vor. Gewiss, kein leichtes Erbe. Aber er hat vorgesorgt – und bereits erste Spuren hinterlassen.

Vier

Albert von Monaco

Ein Erbprinz entthront seine Schwester

»Zu Beginn des dritten Jahrtausends sind nunmehr alle Blicke auf den Erbprinzen gerichtet«, freut sich eine ARTE-Moderatorin im Januar 1997, als auch der deutsch-französische Kulturkanal, wie alle anderen großen Fernsehstationen der Welt, aus Anlass der 700-Jahrfeier der Dynastie über Land, Leute und Fürsten berichtet.

Das Interesse der Medien an der bislang am uninteressantesten erscheinenden Figur der Familie wächst. Zumindest stand diese bisher im Hintergrund. Andere Mitglieder des Clans stahlen Erbprinz Albert ein Leben lang die Show. Ein Leben lang?

Nicht ganz: Der kleine Prinz gehörte in seiner frühen Kindheit zu den am meisten fotografierten Babys der Welt. Ein Rekord, den er sich vielleicht lieber erspart hätte. Denn Albert Alexandre Louis Pierre Grimaldi, Prinz von Monaco, ist schüchtern. Das verdeutlichen Kindheitsfotos: Während Caroline schon als Kind souverän und locker in die Kamera blickt, schaut Albert ernst, still lächelnd oder verlegen. Er gleicht darin seiner Mutter Grace – wie in vielen anderen Facetten seines Wesens auch. Er ist mehr Kelly- als Grimaldi-Kind, auch in seinem Aussehen, mit den hellen Augen, dem blassen Teint, dem dunkelblonden inzwischen leicht schütteren Haar.

Aber, Schüchternheit hin oder her, Albert ist nun einmal der Erbprinz, der seine Schwester Caroline mit seiner Geburt am 14. März 1958 um genau 10.30 Uhr – unfreiwillig – entthront, was sie von Anfang an zu spüren scheint. Eine gern zitierte Anekdote erzählt, dass die kleine Prinzessin ihrer Mutter einen Blumenstrauß nach der Geburt des Bruders überreichen soll. Wiederholt fordert das Kindermädchen sie dazu auf. Doch Caroline wirft mit der ganzen Kraft einer Einjährigen die Blumen wütend Richtung Grace auf den Boden, stürmt aus dem Zimmer und ruft: »Ich will ihn und Mama nicht.«

Im Grunde hat der Neuankömmling nur eine Kleinigkeit der lebhaften, intelligenten Prinzessin »voraus«: Er ist männlich. Es ist der entscheidende kleine Unterschied, der Albert zum Erbprinzen Monacos macht.

Die Natur wird ungerecht, wenn die Sitten es wollen. Laut grimaldischem Erbgesetz hätte auch Prinzessin Caroline regieren können. So wie es bereits Jean I. testamentarisch festlegte und Fürst Albert I. per Erlass zu Beginn des 20. Jahrhunderts noch einmal verfügt. Aber das Erbe stellt den Mann vor die Frau, also muss Caroline ihren Platz räumen. Die Etikette schreibt vor, dass ihr bisheriger Titel »Erbprinzessin« in »Prinzessin« umgewandelt wird.

Baby Albert ahnt noch nicht um das Geschehene. Er ist zu klein, um seine eigene Bedeutung zu begreifen. Erst mit etwa vier Jahren wird er anfangen, die Umwälzung zu verstehen. Die Eltern, die Monegassen, Opa Kelly in Amerika – und vielleicht auch die Weltöffentlichkeit begrüßen den männlichen Nachkömmling. Den Prinzen haben Rainier und Grace herbeigesehnt. Aus Carolines Sicht ist Alberts Geburt jedoch ein »Putsch«. Lange wird die kleine, eifersüchtige Caroline ihrem Bruder die Zurückversetzung nicht verzeihen. Auch nicht, so scheint es, als erwachsene Frau, als sie längst glücklich verheiratet mit Stefano Casiraghi ist. Oder später, nach dem Tod von Fürstin Gracia, als sie ein wenig die Rolle der First Lady Monacos übernimmt – und sie erfolgreich und mit natürlicher Eleganz ausfüllt. Erst in den 90er Jahren wird sie sich – ausgelöst durch den Tod ihres zweiten Mannes – besinnen.

Welch ein Jubel, welch ein Trubel, welch ein Aufsehen um diesen Neuankömmling im Jahre 1958. Mit 101 Kanonenschüssen – Caroline erhielt nur 21 – wird Prinz Alberts Geburt in Monaco unüberhörbar angekündigt. »Sie können sich meine unendlich große Freude vorstellen, mit der ich Ihnen verkünde, dass die Fürstin einen kleinen Prinzen zur Welt gebracht hat.« Fürst Rainier gibt persönlich die Geburt über das Radio bekannt. 3,975 kg, 52 cm, ein properer Nachwuchs, wie Caroline im Palast geboren. Die Mutter bekommt ein Blumenmeer von Orchideen von ihrem Mann geschenkt und ein Diamantgeschmeide. Caroline schenkt ihrem Bruder einen Silberbecher aus dem 18. Jahrhundert. Aus Arkansas kommt eine motorbetriebene Wiege.

Der kleine Erbprinz wird nach dem Ahnen Fürst Albert I. benannt. Grace ergänzt den kämpferischen, siegreichen »Alexander«. »Louis« wiederum ist der Name seines Urgroßvaters väterlicherseits und seines Paten. Und »Pierre« heißt angeblich einer von Graces Ahnen. Taufpate wird sein Onkel Louis de Polignac und Taufpatin die Königin Victoria Eugenia von Spanien. Heute, wo Albert fast Mitte vierzig ist, sind beide Paten tot.

Zu seiner Geburt erhält seine kleine Hoheit bereits den Titel »Marquis des Baux«. Mit knapp vier Wochen verleiht ihm der Papa das »Große Kreuz des Grimaldi-Orden« qua Dasein. Denn geleistet hat der kleine Prinz bis jetzt noch nichts. Ein Reporter tauft es »die glücklichen Tage«. Die Schonzeit läuft.

Baby Albert wird gestillt. Daran hält Grace wie schon bei ihrer ersten Tochter fest. Er ist »Frühaufsteher« und das bis heute: Um sechs Uhr ist er hellwach. Mutter Grace ist wie schon bei Caroline sehr präsent. Ein neues Kindermädchen wird erst eingestellt, als er drei Monate alt ist. Es ist die nette, fröhliche Maureen King, eine Cousine von Winston Churchill. »Ich möchte so viel wie möglich mit meinen Kindern zusammen sein«, sagt Grace in einem Interview 1958. »Es ist das bezauberndste Alter und ich möchte es so wenig wie möglich verpassen. Ich bestehe darauf, mich persönlich um ihre Erziehung zu kümmern.« Deshalb stellt sie auch vier Jahre später lieber eine junge, begeisterungsfähige Frau ohne Lehrerfahrung als erste Hauslehrerin für ihre Kinder ein als eine Matrone, die ihre eigenen pädagogischen Prinzipien womöglich der jungen Mutter hätte aufzwingen wollen.

Immer wieder betont Grace: »Die Zeit, die mir meine Verpflichtungen lasse, verbringe ich mit den Kindern und ich bin davon begeistert.« Sie meint es ernst. Und sie wird Wort halten. Bis Caroline 15 Jahre alt ist, bleiben die Kinder nie länger als zwei Tage allein, das heißt in Obhut anderer. Und selbst das nur schweren Herzens. Es kommt oft genug vor, dass sie noch eine Stunde vor einem offiziellen Auftritt mit Albert oder Caroline spielt, unfrisiert und ungeschminkt auf der Bettkante eines ihrer Kinder sitzt und eine Geschichte erzählt, um sich dann in Windeseile selbst anzukleiden und herzurichten, und als perfekte First Lady den Palast zu verlassen. Diese Verwandlungskunst brachte ihr immer wieder bewundernde Blicke ihrer Kinder und des Palastpersonals ein.

Und wenn in jenen Momenten der Abwesenheit der kleine Albert nachts oft weinend aufwacht – denn er hat mehr Alpträume als seine Schwester –, dann finden sich immer liebevolle Arme, wie die der Nurse oder später der Hauslehrerin, die sich schützend um ihn legen.

Mit sechs Wochen wird der von Kopf bis Fuß in weiß gekleidete Stammhalter den Monegassen und der Weltöffentlichkeit in einem feierlichen Akt präsentiert. Es ist ein harmonisches Bild. Die Familie steht im offenen Galeriegang des Palastes, oberhalb der prächtigen, marmornen Freitreppe im Innenhof. Prinz Albert liegt in den Armen seiner Mutter Grace, die ihn überaus zärtlich anblickt und ein wenig an seinem Jäckchen nestelt. Neben ihr steht ein vor Stolz strahlender Fürst Rainier in Paradeuniform mit Prinzessin Caroline auf seinem rechten Arm. Sie winkt, lacht, als ob das Fest zu ihren Ehren gefeiert würde. Sie irrt. Zwar darf sie den prickelnden, teuren Champagner kosten – der glückliche Vater hält ihr die Coupe an die Lippen –, aber sie muss auf das Wohl des nächsten Fürsten trinken. Der lebhafte Empfang mit etwa 1000 monegassischen »Untertanen« und ein wenig Prominenz gilt nicht ihr, sondern Prinz Albert. Zum Glück darf dieser bald in sein Babyzimmer verschwinden.

Albert muss da durch. Von Anfang an: durch Blitzlichtgewitter der Fotografen, öffentliche Auftritte, kleine Dienstreisen, bei denen er seine Eltern begleitet, und private Momente des Glücks, zu denen die Presse bestellt wird.

Zum Beispiel an seinem fünften oder sechsten Geburtstag, an dem er die Kerzen auf seinem Geburtstagskuchen auspustet und von der kleinen Stéphanie und Prinzessin Caroline geküsst wird. Man sieht Grace stolz und freudig, wie jede Mutter applaudierend, daneben die kleine Geburtstagsrunde bestehend aus ein paar Gästen in kurzen Hosen und vornehm kostümierten Damen. Solche intimen Augenblicke sind festgehalten von der Fernseh- oder Heimkamera, ausgestrahlt und archiviert bei der INA, dem »Institut National Audiovisuel«, der französischen, staatlichen Cinémathèque. Damals, bei der Ausstrahlung, war die Szene jedem Fernsehzuschauer zugänglich. Heute ist sie für Autoren mit Rechercheauftrag reserviert.

Albert wird als Regent eines Tages im Mittelpunkt aller stehen: der Familie, der Monegassen, der zugereisten Arbeitnehmer oder Anwohner, in der Innen- und Außenpolitik, der nationalen und internationalen Presse. Die strenge Ausbildung mit Blick auf den Thron gehört zum Erziehungsprogramm sämtlicher Königshäuser. Ein Prinz macht jedoch keine Karriere, allenfalls in der Armee wie der Ahne Louis II. Denn dem Staat zu dienen ist und bleibt erste Pflicht. Von Kindesbeinen an.

Erbprinz Albert wird deshalb gefördert – und gefordert. Mit sechs Monaten wird er Churchill vorgestellt. Nicht ohne Grund: Grace wollte unbedingt, dass der kleine Albert so einen »wichtigen Mann« zu sehen bekommt, noch dazu einen Freund der Familie. Es kann nicht früh genug sein. Sie findet außerdem, der pausbäckige Albert ähnelt ihm. »Ein echtes Churchill-Baby«, ruft sie enthusiastisch aus. Die Alternative wäre ein »Gandhi-Baby« gewesen, denn beide Politiker bewundert die junge Grace. Es sind ihre Ideale. Sie könnten unterschiedlicher kaum sein.

Bereits mit vier Jahren, 1962, bekommt Albert dieselbe Hauslehrerin wie seine Schwester. Es ist eine kleine, sechsköpfige Gruppe aus monegassischen, französischen Schülern und einem amerikanischen – alles Kinder von Freunden des Fürstenpaares – und der Unterricht findet im vertrauten Palast statt, gleicht aber dem einer richtigen Schule. Das erste Jahr verläuft noch spielerisch wie im Kindergarten. Dann aber stehen Rechtschreibung, Basisrechnen und Geografie auf dem Lehrplan der kleinen Klasse. Auch für Albert. Schule ist morgens von 9 bis 12 Uhr und nachmittags von 15 bis 17 Uhr. Mittwochs ist, wie damals in Frankreich üblich, schulfrei. Die Tests der Kinder werden hin und wieder nach Frankreich zur Korrektur geschickt, um zu sehen, wie sie im Vergleich zu anderen abschneiden. Und die Fürsten-Eltern, besonders Grace, verfolgen aufmerksam – wenn auch diskret – Hausaufgaben und Unterricht.

Albert ist der Jüngste in der intimen »Palastschule«. Das eine Jahr Altersunterschied macht sich durchaus bemerkbar. Er muss sich mehr anstrengen als die anderen. So einfach und leicht wie seine Schwester lernt er nicht. »Ein Fehler«, gesteht deshalb Mutter Grace zwei Jahrzehnte später, »denn Albert war einfach noch zu jung, zu klein.« Albert, so meint sie im Nachhinein, war noch nicht »schulreif«. Und: »Ich hätte ihn noch viel länger mit seinen Kochtöpfen spielen lassen sollen.«

Spielen darf Albert viel im Palast und im angrenzenden herrlichen Palastgarten. Doch der Leistungsdruck bleibt. Und werden die Grimaldi-Kinder auch mit viel Elternliebe erzogen und genießen für ihre Position relativ viele Freiheiten, so gilt es doch, eine gewisse Etikette zu respektieren und ein Protokoll zu erfüllen.

Zur ungeschriebenen Etikette gehörte es zum Beispiel, nicht barfuß in Sandalen durch den Palast zu gehen oder gar in Jeans. Das galt für die Angestellten wie auch für die Grimaldi-Kinder selbst. Im Landhaus Roc Agel konnten sie sich alle herrlich gehen lassen, aber nicht in Monaco.

Etikette und Protokoll lernen Caroline und Albert früh. Grace, so unkompliziert amerikanisch sie sonst in vielem war, legt darauf sehr viel wert. Gerne erinnert man sich an die Anekdote, als Prinz Albert lernen sollte, seine Reverenz zu machen. Damals war er fast vier Jahre alt. Der Anlass ergab sich zufällig. Die Familie befand sich auf der Heimreise vom Winterurlaub in Gstaad, als Grace auf die Idee kam, Alberts Patentante, Königin Eugenie von Spanien, einen Kurzbesuch abzustatten. Ihr damaliges Wohndomizil lag in Lausanne, auf dem Weg nach Monaco. Graces Wunsch war es, der kleine Albert solle seiner Patentante Blumen überreichen. Um den Auftritt gegenüber dieser hochrangigen Dame entsprechend vorzubereiten, wurde zwei Tage lang geprobt. Immer wieder schritt die Hauslehrerin eine imaginäre Treppe hinunter, erklärte dem kleinen Albert, sie sei Eugenie, und er musste ihr die Reverenz machen und den Blumenstrauß übergeben. Alles schien perfekt und der Prinz gut vorbereitet. Es kommt der Tag in Lausanne: Die Tür öffnet sich, Eugenie von Spanien tritt heraus, geht Albert entgegen und schließt ihn herzlich in seine Arme. Verschreckt und hilflos blickt Albert über die Schulter zu Grace hinüber: Was mache ich jetzt bloß mit dem Blumenstrauß? Ohne Reverenz durfte er ihn doch nicht überreichen ... Und so behielt er ihn einfach.

Mit sechs Jahren schenkt ihm sein Vater die monegassische Carabinieri-Uniform, die er zum Nationalfeiertag tragt, an dem er salutiert. Angeblich mag er die Uniform nicht mehr ausziehen. Albert verkleidet sich gern.

Aus dieser Zeit stammt ein Foto, auf dem der Prinz einem verantwortlichen Staatsrepräsentanten galant die Hand schüttelt. Anlass ist die Einweihung des neuen Bahnhofs und die Übertunnelung der elektrischen Eisenbahn in Monte Carlo am 12. Dezember 1964. Die gigantischen Arbeiten haben mit der Geburt des Erbprinzen begonnen. »Damals«, so erinnert sich der inzwischen 40-jährige Albert, »mit sechs Jahren wurden mir meine Verpflichtungen als angehender Fürst bewusst. Ich hatte entsetzliches Lampenfieber!«

Lampenfieber hat er von nun an immer öfter, denn er muss an zahlreichen Ehrungen und Einweihungen zusammen mit seinem Vater teilnehmen und sich dem Applaus der Menge stellen.

Etwa zu jener Zeit fragt ihn die Mutter eines Freundes bei einem Fest: »Und du, was willst du später einmal werden?« Sie fragt es nett und nichts ahnend. Andere Jungen in seinem Alter träumten davon, Feuerwehrmann oder Pilot zu werden. Prinz Albert aber antwortet nach kurzem Schweigen: »Ich weiß nicht. Ich habe keine Wahl.« Es klingt ergeben. Eher sachlich. Eher traurig als enthusiastisch. Die Begebenheit wird sehr gerne vor allem vom stolzen Vater Rainier erzählt, der darin das frühe Pflichtbewusstsein des Sohns sieht.

Bei Festanlässen, wie dem Nationalfeiertag, bleibt der junge Prinz oft gebannt auf dem Balkon stehen. Selbst wenn das Ereignis längst vorbei ist. Der Grund? Die Menge faszinierte und beunruhigte ihn zugleich, vermutet Albert im Rückblick.

Erst mit seinem siebten Lebensjahr verlässt er die abgeschirmte Palastatmosphäre und kommt in die öffentliche Schule, was er durchaus schätzt. »Ich hatte eine privilegierte Kindheit. Ich hatte das Glück, dass es mir an nichts fehlte. Mein einziges Bedauern ist, dass ich nicht schon früher auf eine normale Schule ging. Nicht schon vor der neunten (im deutschen Schulsystem entspricht das der 2. Klasse, Anm. d. V.). Mit meiner Schwester hatte ich einen Hauslehrer im Palast. Ich wurde behütet, vielleicht zu viel. Ich hatte Lust, alleine zur Schule zu gehen und Dummheiten machen zu dürfen«, gesteht er mit vierzig in *Paris-Match*. Seine Schule »Albert 1er« liegt im alten Monaco, nur wenige Straßen vom Palast entfernt. Rainier möchte, dass er mit den Kindern seines Landes und seiner Generation aufwächst, mit jenen, über die er später regieren wird. »Ich möchte für ihn all das, was ich nicht hatte. Was mir fehlte, waren die lokalen Kontakte. Albert kennt die Jungen und Mädchen, die morgen zum monegassischen Leben gehören werden.« Dies kann Albert bestätigen: »Die echten Freunde, die ich habe, auch wenn ich sie an einer Hand abzählen kann, sind meistens Freunde aus der Kindheit. Aus allen sozialen Schichten.« Später wird er seine Regierungsmannschaft aus ihnen rekrutieren.

Die Rollen des Fürstenpaars gegenüber den Kindern sind streng aufgeteilt: »Rainier kümmerte sich als Vater um seinen Sohn. Grace waren nur die mütterlichen Pflichten vorbehalten, wie die gemeinsamen Mahlzeiten«, behauptet Don Richardson. Und Graces Schwester Peggy betont: »Selbst sein Patenonkel Prinz Louis Polignac wurde zur ›angemessenen‹ Erziehung eingespannt.

Albert wurde darauf trainiert, eines Tages Rainiers Platz als Herrscher über ein Land einzunehmen.« Sie räumt aber ein, dass Grace auch bei Albert ein Mitspracherecht hatte und sich sehr um ihn sorgte.

Fürst Rainier besteht bei seinen Kindern auf Sport: so viel wie möglich, so gut wie möglich. Albert scheint sich auch dafür zu interessieren. Die Hockeyuniform, die er nebst Schläger mit etwa fünf Jahren erhält, mag er gar nicht mehr ablegen. Mit Knieschützern, Helm, den Schläger schwingend rennt er durch den Palast. Er weiß bereits, was Rugby ist, und er geht mit seinem Vater aufs Fußballfeld. Als der Sohn sich jedoch recht früh als seekrank erweist, zwingt Rainier ihn, täglich im Palastpool zu schwimmen und mit dem Kopf möglichst lange unter Wasser zu bleiben. Für Albert bleibt es eine schreckliche Erinnerung, aber die Radikalmethode wirkt anscheinend, denn seine Seekrankheit lässt nach.

Dafür beginnt er mit dem Stottern. Ist es der väterliche Druck? Ist es die öffentliche Schule? Man schiebt es auf Letztere. Fürstin Grace findet, ihr Sohn stehe zu sehr im Mittelpunkt. Man zeigt mit dem Finger auf ihn oder sucht Streit. »Manche gehen sogar so weit, ihm Fallen zu stellen, sodass er fällt«, zitiert Meyer-Stabley die alarmierte Mutter. »Albert ist ein netter Junge, zutraulich, von Natur aus die anderen liebend. Ihn so zu behandeln, ist eine Schande.«

Der Fürst hingegen, verteidigt seinen Sohn nicht. Zum Beispiel als dieser von Gregory Pecks Sprössling einen Fausthieb auf die Nase bekommt. Betroffen entschuldigt sich Vater Gregory bei dem Fürsten. »Kein Grund zur Beunruhigung«, antwortet Rainier, »das tut meinen Sohn nur allzu gut.« Damals war Albert etwa drei Jahre alt.

Um den stotternden Jungen aber sorgen sich jedenfalls beide Eltern sehr. Die Mutter denkt, er leidet an Dyslexie. Erst als er siebzehn ist, gibt sie zu: »Zuviel Disziplin, zuviel angespannte Aufmerksamkeit.«

Auffällig ist, dass der kleine Albert vor allem dann stottert, wenn er französisch, nicht wenn er englisch spricht. Das beherrscht er bald einwandfrei mit dem Ostküsten-Akzent seiner

Mutter. Untereinander und mit dem Vater reden die Kinder französisch. Ist die ganze Familie beisammen, wird Englisch bevorzugt. Mit dem Personal wiederum sprechen alle französisch. Bis ins hohe Erwachsenenalter hinein wird der Prinz Sprechschwierigkeiten haben, sich oft relativ langsam und beherrscht artikulieren. Er versucht, das Handicap mit Hilfe von Orthophonisten zu überwinden, was ihm recht gut gelingt.

Ein Kinderspsychologe, der sich mit Alberts Fall beschäftigen muss, analysiert später: »Das Englische ist die Sprache seiner Mutter, die er als Baby gehört hat, seine Gefühlssprache. Das Französische hingegen ist die Sprache des Vaters, der Macht und Autorität verkörpert. Diese Rivalität, sehr ödipal, hat sich in seinem Kopf festgegraben. Sie hat zu einer ambivalenten Vater-Sohn-Beziehung geführt, die eine Angstquelle darstellen kann oder zu einer Aggression führt, die sich manchmal gegen ihn selbst richtet.«

Aber als Sohn, der seinen Vater sehr liebt, wird Prinz Albert nie den Vater und den Leistungssdruck als Ursache seines Handicaps nennen, zumindest nie in der Öffentlichkeit. Für ihn bleiben die Eltern stets »die besten Eltern der Welt«. Die gute Meinung über ihre Eltern, teilen alle Grimaldi-Geschwister. Auch wenn Caroline – inzwischen 31 Jahre alt – kritisch abwägt: »Sie waren streng. In manchem vielleicht zu streng. Zum Beispiel, dass wir kaum Kinder in den Palast zum Spielen einladen durften. (...) Mami vertröstete mich immer und sagte ›Hm, vielleicht morgen‹«. So nennt sie ihre Mutter bald kokett »Mami, hm, vielleicht morgen«. »Ich weiß nicht, ob die Verbote wirklich alle nötig gewesen sind«, resümiert Caroline im Erwachsenenalter nachdenklich.

In Alberts ersten Kinderjahren kriselt es noch heftig in Monaco. Vater Rainier hat es schwer, sich durchzusetzen. Es gibt interne politische Schwierigkeiten mit den alten Familien und externe mit Frankreich. Erst als Albert gut vier Jahre alt ist, wird mit Frankreich der seit anderthalb Jahren währende »symbolische Krieg« beigelegt. Und bis 1966, also bis Albert acht Jahre ist, dauert der Kampf zwischen dem Fürsten und seinem Konkurrenten und Herausforderer Onassis. In jener Zeit sieht er seinen Vater mehrmals in heftige Wutausbrüche verfallen und seine Mutter in ihrer noch nicht gefestigten Fürstinnenrolle schwanken und weinen. »Wenn Papa einen seiner legendären Wutanfälle bekam«, so erinnert sich Prinzessin Stéphanie, »ging man besser in Deckung. Sie waren sehr beeindruckend, aber in der Regel gerechtfertigt. Papa wurde nicht schnell wütend, aber wenn, dann war das ein Ereignis.«

Der Übervater, dessen Macht in Monaco auch dem kleinen Sohn bald bewusst wird, wird diesen in seiner Entfaltung eher hemmen, obwohl Rainier genau das nicht will. Die Erziehung war widersprüchlich, oder, so Bianchini, »ambivalent«. Einerseits soll der Prinz auf die öffentliche Schule gehen, um Gleicher unter Gleichen zu werden, andererseits kriegen die Kinder ständig zu spüren, dass sie etwas Besonderes sind. Caroline nimmt dies als Erste wahr. Sie ist die Älteste. »Ich war ungefähr vierzehn Jahre alt. Es war kein so großer Schock, als ich herausfand, dass wir uns von anderen Kindern unterschieden. Irgendwie waren wir an gewisse Dinge gewöhnt, etwa, dass Menschen uns permanent fotografierten. Aber dann bemerkte ich, dass meine Freunde eine Menge Dinge tun durften, die uns nicht erlaubt waren. (...) Immer musste uns jemand zur Schule bringen oder abholen. Wir durften nicht einfach herumhängen und nichts tun. Wir verstanden damals nicht alles und ich bin auch nicht sicher, dass ich heute alles verstehe.« Als kleines Kind, so erinnern sich Vertraute, spielte Caroline am liebsten ein armes Mädchen, das nichts besitzt. Ihre Lieblingspuppe war nicht etwa eine der schönen Barbies, sondern die hässlichste unter allen Puppen, die sie besaß. Also suchte sie das Gegenteil von ihrem Leben und ihrer Umgebung.

Die Ambivalenz in der Erziehung der Kinder lässt sich noch weiter fassen. Grace steht mit ihrem kindernahen Erziehungsstil im Widerspruch sowohl zum gängigen französischen Erziehungskonzept, das die Kinder schon früh dem Staat und anderen Autoritätspersonen neben den Eltern anvertraut, als auch zur Erziehung in Adelskreisen, wo sie in der Regel ganz delegiert werden.

Zum Glück ist das englische Kindermädchen Maureen King nicht nur stets gut gelaunt, sondern auch eine exzellente Pädagogin. Sie geht auf die Charaktere der Kinder ein, weiß den schüchternen Albert zu ermutigen und zum Lachen zu bringen und die dominierende Caroline ein wenig zu zügeln. Die Kinder, die sie leicht respektlos, aber liebevoll »dicke, fette Nanny« rufen, sind ihr sehr verbunden. So sehr, dass Caroline sie später für ihre eigenen Kinder einstellt. Maureen und Grace bilden den Puffer zwischen dem Vater und Sohn. Rainier hat genaue Vorstellungen, wie er seinen Sohn zur Macht erziehen will. »Ich möchte, dass er verantwortlich, stark und fähig ist, einzustecken, und Verständnis gegenüber Schwachen zeigt. Dass er ein fairer Spieler wird und die Regeln respektiert«, erklärt Fürst Rainier in einem Interview, als Albert zwölf Jahre alt ist. Und präzisiert 1974, vier Jahre später, gegenüber dem Nationalrat: »Ich habe mich zusammen mit seiner Mutter bemüht, ihm eine moderne und komplette Erziehung zuteil werden zu lassen, die ihm in seiner zukünftigen hohen Position dienen wird.« Ist es dem kleinen Albert vielleicht unbewusst zuviel, so beklagt er sich jedoch nie. Erinnern wir uns: Grace war als Kind genauso. Der kleine Junge versucht es, allen recht zu machen und seiner Rolle gerecht zu werden.

Schon früh erkennt Albert, dass er mehr Verpflichtungen als Rechte hat. Das ist keine angenehme Entdeckung. Doch es gibt Nischen. Grace besteht darauf, Albert in amerikanische Sommer-Camps in New Hampshire zu schicken. Diese Ferienlager, die er im Alter zwischen zwölf und siebzehn besucht, zählen zu den schönsten Kindheitserinnerungen, noch heute schwärmt er davon. »Sieben Wochen Sport, Ausflüge und Unterricht, ich war kein Prinz. Man nannte mich Albie. Es war ideal für einen Jugendlichen.« In diesen Sommermonaten fühlt er sich wirklich frei und anonym – fern von jeder Pflicht.

Die Lehrer in Monaco beschreiben Albert als »eifrig und gewissenhaft«.

»Wenn man irgendetwas im Leben ganz machen will, ist Disziplin wichtig – in jedem Beruf«, lautet ein Leitsatz von Grace, den sie den Kindern mit auf den Lebensweg gibt. Der Erbprinz wird sein Leben lang gewissenhaft bleiben. Auch als Teenager bleibt er der nette, ruhige Albert und rebelliert nicht. Anders als Caroline oder Stéphanie.

Im Juni 1976 macht er sein Abitur: das literarische Bac A. Es ist das einfachste unter den französischen Abituren. Alberts Wahlsprachen sind Englisch und Deutsch. Die Gesamtnote lautet »assez bien«, »befriedigend«. Immerhin erreicht er damit eine »mention«, das heißt eine Bewertung, die in Frankreich etwas gilt und in den Vorzeige-Lebenslauf aufgenommen wird.[13]

Zu diesem Zeitpunkt lebt seine Mutter bereits mit Tochter Caroline und der jungen Stéphanie in Paris. Er bleibt beim Vater in Monaco. Ein Jahr später geht er zum Studium nach Amerika. Der Prinz bleibt auf diese Weise von den schlimmsten Familienkrisen und Pressestürmen verschont. Die Trennung von seiner Mutter aber fällt beiden schwer.

Das Maskottchen der Familie

Prinz Albert ist nett, einfach nett. Er kann zuhören. Er spricht überraschend leise, mit warmer Stimme. Er sieht nett aus, ist unauffällig, und drängt sich auch nicht in den Vordergrund. Deshalb will man umgekehrt auf ihn zugehen. Er wirkt manchmal ein wenig unsicher. Deshalb will man ihm gerne helfen, ihn schützen. Und: Er hat ein freundliches Wort für alle.

Seit seiner Kindheit hat sich daran nichts geändert. Er war das unkomplizierteste der drei Grimaldi-Kinder. Als kleiner Junge, so lobt Fürstin Grace ihn gegenüber einem Reporter, war er nie aufsässig gewesen. Prinzessin Caroline oder Stéphanie hätte sie hingegen manchmal schlagen mögen, so eigensinnig gebärdeten sie sich. Albert »hat uns niemals auch nur den kleinsten Anlass zur Sorge gegeben. Er ist ein sehr ernster Junge«. Stundenlang kann er sich alleine beschäftigen und still spielen – so wie Grace in ihrer Kindheit.

Als der französische Präsident Charles de Gaulle bei einem Staatsbesuch dem kleinen Albert einmal ein rotes Schaukelpferd als persönliches Geschenk mitbringt, nimmt dieser es brav dankend entgegen. Albert erwähnt nicht, dass er genau das Gleiche kurz zuvor von seinen Eltern geschenkt bekommen hat und dass es im Nachbarzimmer steht. Andere Kinder hätten protestiert und wären heulend weggerannt. Albert nicht, dazu ist er instinktiv zu einfühlsam.

Nur die Schwester Caroline reizt ihn und fordert ihn zu Raufereien heraus. Der kleine Bruder ist ihr oft unterlegen und fügt sich. Sie ist die Lehrerin, er der Schüler. Es ist Carolines Lieblingsspiel. Das ändert sich schlagartig, als er, Jahre später, Judo-Stunden nimmt. An den Tag erinnert sich Caroline genau. »Wir waren immer wie Hund und Katze. Wir kämpften, um uns richtig weh zu tun. Nun, an diesem besagten Tag – er hatte nur ein paar Judo-Stunden genommen – warf er mich so hart auf den Boden, dass ich wusste, jetzt hat dies alles ein Ende.« Albert ist damals immerhin schon elf oder zwölf Jahre alt. Aber jetzt kann »Bruderbaby«, wie sie ihn liebevoll nennt, die ältere Schwester umlegen. Von Stund an hält sie respektvollen Abstand. Zumindest eine Zeitlang. Und der Erbprinz ist stolz: Jetzt scheint er alles im Griff zu haben.

Mit seiner Mutter verbindet ihn eine sehr enge Beziehung. Mutter und Sohn verstehen sich. Sie sind ähnliche Charaktere. Grace hat nur lobende Worte für ihren Sohn »Albie«, wie sie ihn zärtlich nennt. In ihrer umfangreichen Korrespondenz mit amerikanischen Freunden betont sie immer wieder, was für eine »leichte und süße Natur« er sei.

Auch in der Beziehung zu seiner jüngeren Schwester Stéphanie zeigt Albert sich »süß«. Als sie ins Geburtsregister eingetragen wird, ruft er spontan aus: »Endlich eine kleine Schwester.« Damals ist er fast sieben Jahre alt. Er beweist eine Engelsgeduld mit dem kleinen Wildfang. »Spontan kann er mit ihr stundenlang Monopoly oder ein ähnliches Spiel spielen«, wundert sich Fürst Rainier. »Vielleicht macht er es aus Spaß, aber auch, um sie zu zerstreuen, weil er weiß, dass es ihr Freude macht.« Albert hat seine eigene Erklärung: Er mag einfach Kinder. Später wird er in den amerikanischen Camps auch als Betreuer eingesetzt und noch später wird der Erbprinz »Pädagoge« sogar als Berufsziel angeben, hätte er je ein anderes haben dürfen als regierender Fürst zu werden.

Stéphanie hängt sehr an ihrem Bruder und bringt ihn oft zum Lachen. Sie werden zusammenhalten, kleine Verbündete gegen die ältere Schwester Caroline. Ein Schulterschlusss in guten wie in schlechten Zeiten. Zwischen ihnen herrscht aufgrund des Altersunterschieds keinerlei Konkurrenz.

Albert ist das einzige unter den drei Grimaldi-Kindern, das nicht auffällt. Wer ihn sehen will, muss ihn suchen. Er hält sich im Hintergrund. Bertrand Meyer-Stabley beschreibt den jugendlichen Albert als »hyperreserviert, unfähig des kleinsten Wutausbruchs, fast anormal nett«. Freimütig sagt Albert über sich selbst: »Ich war niemals ein Rebell, der dies nach außen zeigen musste durch einen besonderen Haarschnitt, ein schockierendes Aussehen. Aber es kam schon ein- oder zweimal vor, dass ich die Türen knallte, um mich gegen die elterliche Autorität aufzulehnen.« Aber er ging durchaus eigene Wege. Seine Cousine Grace Le Vine: »Oh, Albert rebellierte auf seine Weise. Aber niemand kümmert sich darum, wenn es sich um einen Jungen handelt. Wenn Töchter etwas wild werden, bauscht die Presse es gleich auf. Jungen aber kommen selbst mit Mord davon.«

Als Junge genoss Albert mehr Freiheiten, hatte einen größeren Spielraum. Die Regeln waren für ihn nicht ganz so eng gefasst. Bei seinen späteren Affären zum Beispiel wurde er immer vom Vater unterstützt: »Der Junge muss sich austoben.« Als Caroline be gann, sich auszutoben, sah das ganz anders aus. Albert dankte es den Eltern umgekehrt und nutzte seine Privilegien nicht aus.

Seine Tante Antoinette, die Schwester Rainiers, meint über ihn noch als Erwachsenen: »Mein Neffe ist eine echte Liebe. Das Kind ist ein Engel.« Und aus der Sicht von Lizanne LeVine, Graces Schwester: »Albert war das Maskottchen der Familie.« Er war der Ruhepol, zu dem alle kamen. Der Glücksbringer, von dem sich niemand in der Familie trennen konnte. Der Sanftmütige, Schweigsame gegenüber einem starken, cholerischen Vater. Der Liebe gegenüber einer liebenden Mutter. Alle machten sich bemerkbar – nur er nicht. Vielleicht ist das gerade das Bemerkenswerte an ihm.

Prinz Alberts Ausbildung und Erziehung verlaufen, wie gesagt, ambivalent: öffentlich und privat, zweisprachig, adlig und bürgerlich, als Sohn eines eher introvertierten Fürsten und einer weltzugewandten Hollywood-Schauspielerin. Er spielt mit den Kindern der Palastangestellten, ist aber gleichzeitig umgeben von internationalen Berühmtheiten, die er teilweise duzt.

Vater Rainier verkörpert gewissermaßen das alte Europa und die Tradition, die Mutter das moderne Amerika und den Fortschritt. Sie setzt es durch, dass Prinz Albert in den USA studiert. Dass er Verwandte drüben hat, spielt sicher auch eine Rolle bei der Entscheidung.

Die ausgewählte Universität heißt Amherst. Warum fiel die Wahl gerade auf Amherst und nicht auf das renommierte Harvard oder die kalifornische Stanton University? Amherst im Staate Massachusetts ist nur innerhalb Amerikas bekannt. Die Universität zählt zu den besten, aber kostet etwas weniger als die anderen Elite-Universitäten. Teuer bleibt sie allemal, denn die Studiengebühren belaufen sich damals auf etwa 8000 Dollar pro Jahr. Das ist für die Grimaldis zweifellos nicht der ausschlaggebende Punkt. Entscheidend ist etwas ganz anderes: Graces Fürsorge. Sie argumentiert, dass Anthony Peck, der Sohn von Gregory Peck, ein Familienfreund, Côte d'Azur-Nachbar und Kollege aus Hollywoodzeiten, bereits in Amherst studiert. Anthony kann sich folglich um den Erbprinzen kümmern. Erstmals wird dieser für längere Zeit weit weg von Zuhause sein. Grace hat sich nicht geirrt. Peck junior, der ein Jahr älter ist als Albert, erfüllt seinen Auftrag nur zu gerne und führt seinen berühmten Jugendfreund stolz in die Rituale der Universität ein.

Der Erbprinz ist schnell beliebt aufgrund seiner bescheidenen Art. »Ich bin hierher gekommen, weil ich Amerika liebe. Ich möchte sein und mich verhalten wie meine Kameraden. Ich bin ein Amerikaner«, verkündet er bei seiner Ankunft. Diese Worte hört man gern. Auf die Frage, was sein Vater mache, antwortet Albert, dieser säße »irgendwo im Aufsichtsrat einer Firma« oder »er ist

Staatsbeamter«. Dass er der Sohn von Fürst Rainier III. von Monaco ist, verschweigt er lieber. Er will keinesfalls zum Außenseiter werden. Niemals, so ein Mitschüler, berief er sich auf seinen Namen: »Wenn wir in Kinos Schlange standen, drängelte er sich nie vor. Oder um in eine Disko reinzukommen, sagte er nie, wer er war. Wir wurden dann eben weggeschickt.« Albert wendet die Prinzipien an, die Mama Grace den Kindern eingeimpft hatte. Eins besagt: »Niemals auf seine Privilegien pochen, sondern sie sich verdienen.«

Bald hat der junge Albert seinen Spitznamen weg: »Alter Kauz« rufen sie ihn, vielleicht, weil er durch seine Schüchternheit ein wenig sonderlich wirkt. Vielleicht aber auch, weil er eine extrem große Brille trägt, wie sie damals in Mode ist. Albert ist wie seine Mutter extrem kurzsichtig. Später wird er immer öfter auf Kontaktlinsen zurückgreifen.

Wie in Amerika üblich, absolviert der Prinz zunächst ein Studium Generale. Deutsch, Englisch, Kunstgeschichte, Politikwissenschaften, Musik, Psychologie, Wirtschaft, ja selbst Anthropologie stehen auf dem Lehrplan. Er erhält eine gute Allgemeinbildung. Auch besucht er Kurse über europäische Kunst. So entdeckt er in Amerika seine Vorliebe für holländische Malerei.

Erst im dritten Studienjahr spezialisiert er sich und macht seinen Abschluss in Politischen Wissenschaften, »Licence Political Sciences«. Zur feierlichen Diplomverleihung am 30. Mai 1981, reist die ganze Familie bis auf Stéphanie an. Die Eltern sind stolz: Ihr 23-jähriger Sohn ist der erste Grimaldi innerhalb der Dynastie mit einem amerikanischen Hochschulabschluss.

An seine Studienzeit denkt der Thronfolger ausnehmend gerne zurück: Es sind für ihn unbeschwerte Jahre, in denen er nicht als Erbprinz Monacos, sondern als »Good old Al« angesehen wird. Hier treibt er vor allem Sport, hat seine ersten »richtigen« Rendezvous, probiert Gras, »um nicht dumm zu sterben« wie er sagt, stellt aber fest: »… das hat mir nicht gefallen. Ich brauche das nicht, um zu existieren.« Eine neue Erfahrung für Albert ist die Musik: Mit seiner volltönenden Stimme singt er im Universitätschor und tourt sogar 1979 durch Europa und den Nahen Osten.

Sein Sprechfehler ist wie weggefegt. Wer singt, stottert nicht. Musik hat therapeutische Wirkung: Sie hilft Menschen, den richtigen Ton zu finden, sich einzustimmen.

Alles in allem nimmt der junge Erbprinz aktiv am Stundentenleben teil. Auch an den Partys. Darin beweist er noch lange Zeit später Ausdauer, wie Freunde sagen: »Er kann nächtelang bis vier Uhr morgens durchfeiern.« Albert holt nach, was er bisher versäumte.

Nur in den Ferien reist Prinz Albert nach Hause. An starkem Heimweh nach Monaco, was sein Vater in seiner Jugend hatte, scheint er nicht zu leiden. Im Übrigen nimmt die sorgende Mutter Grace jede Gelegenheit wahr, ihn in Amerika zu besuchen. Gemeinsam gehen sie auf Galas und Empfänge. Sie bleibt die wichtigste Bezugsperson in seinem Leben.

Nach dem Studienabschluss dient der Erbprinz erst einmal in der französischen Armee. Er folgt einer alten, royalistischen Tradition. Kinder von Königs- und Fürstenhäusern sind keine Kriegsdienstverweigerer. Seinem Vater zuliebe, der ein passionierter Segler ist, wählt er die prestigereiche Marine und dient knapp acht Monate bis April 1982 auf dem französischen Flugzeugträger *Jeanne d'Arc.* Der einst seekranke Erbprinz schafft es bis zum Fähnrich Zweiter Klasse zur See. Zwei Jahre später wird er Präsident des Yachtclubs von Monaco werden. Das ist seine Art »in See zu stechen«.

Nach dem Dienst in der Marine setzt Albert seine Ausbildung in Amerika fort. Es ist eine »moderne« Ausbildung in dem Sinne, dass er eine Berufsrichtung für sein nicht genau definiertes Amt als Fürst und Herrscher wählt. Er versteht sich – wie sein Vater – schlicht als Manager. »Ich denke, Bankwesen und Marketing sind Teil meines Jobs, obwohl es mir schwerfällt, ein genau vorgefertigtes Ausbildungsprogramm oder meine Ideen auszudrücken und Ihnen genau zu sagen, was mich erwartet, wenn ich die Arbeit übernehme«, sagt er noch 1988.

Von Januar bis Mai 1983 absolviert er ein Praktikum in der Finanzsektion des New Yorker »Morgan Guarantee Trust«, das er im gleichen Jahr bei der Pariser Filiale in der Marketingabteilung beendet. Besonderes Marketing-Know-how kann er als Regierender, so meint er, brauchen. Immerhin muss er sich für Monaco und Monaco für andere verkaufen. Für kurze Zeit hospitiert er 1984 in der Werbeagentur »Wells Riche and Green«. Und schließlich, im Winter 1985, absolviert er ein Praktikum in der renommierten Anwaltspraxis »Rogers&Wells«, Spezialist für internationales Recht. Alberts Bilanz: »Ich habe eine Menge para-gesetzlicher Dinge bearbeitet.«

Auf Anraten Rainiers bildet er sich auch in Pariser Firmen weiter, zum Beispiel in der Marketing-Abteilung der Champagnerfirma »Moît et Chandon«. »Das Praktikum bei Moît war die Idee meines Vaters«, sagt Albert. »Er wollte, dass ich ein Gefühl dafür bekomme, wie ein großes französisches Konglomerat arbeitet. Aber die Einblicke in Bank und Werbung waren meine Idee.« Dass europäisches Management, speziell französisches, sich vom amerikanischen stark unterscheidet, erfährt er hier.

Dass Prinz Albert seine berufliche Ausbildung über Jahre in Amerika fortsetzt, ist auch als eine Art Vermächtnis seiner amerikanischen Mutter zu verstehen. Denn zwischen Universitätsabschluss und den ersten Berufspraktika Prinz Alberts liegt ein für ihn einschneidendes Ereignis: der Tod seiner geliebten Mutter. »Es gibt Brüche in mir. Der Tod meiner Mutter, natürlich (…) Ohne ihren Tod wäre ich heute anders. Nicht nur ich, sondern wir alle«, sagt Albert fast zwanzig Jahre nach ihrem Tod, überzeugt und überzeugend.

In den Herzen ihrer Kinder lebt Grace weiter. Mythen überleben unbeschadet, sonst wären sie keine Mythen. Sie werden größer, verlieren selten etwas von ihrem Glanz, im Gegenteil. Das macht das folgende Kapitel für Prinz Albert so schwierig.

»Sie muss nicht reich sein« – Eine Hochzeit mit Hindernissen

Am 19. März 1998 erklärte Prinz Albert gegenüber der *Irish Times*, er habe eine Frau gefunden, die, so hoffe er, seine Gattin werden wird. Den Namen der Auserwählten wollte er allerdings nicht preisgeben. Dennoch druckte die Zeitung die Heiratsbekundung des Prinzen. Es blieb eine von vielen guten Absichten seinerseits, die er nur noch kundtut, um die Presse zu befrieden. Denn die Frage »Monseigneur, wann werden Sie heiraten?« ist die beliebteste unter den Reportern. Es amüsiert ihn, obwohl er der Frage müde ist. Unendlich müde. Denn sie erhöht den Druck, dem er als Erbprinz und ranghöchster »Fortpflanzer« der Dynastie ausgesetzt ist.

Das Heiratsinteresse der Medien wurde allerdings auch durch den Vater geschürt. Fürst Rainier III. äußert wiederholt gegenüber der Presse: »Bevor der Prinz regiert, möchte ich gerne, dass er heiratet, eine Familie gründet.« Die Belastung durch den Vater in dieser Hinsicht ist groß. Denn er machte die Heirat seines Sohns zur Staatsaffäre, zumal für die Boulevardpresse.

Dabei wagt kaum jemand dem weißhaarigen Fürsten entgegenzuhalten, dass er bei seiner Thronbesteigung auch nicht verheiratet war, wobei der ledige Prinz Albert inzwischen über vierzig ist, also gut zehn Jahre älter als sein Vater damals. Aber ein Mann ist schließlich bis ins hohe Alter zeugungsfähig. Und die Nachfolge der Dynastie ist ohnehin gesichert, denn der Erbprinz könnte beispielsweise die Söhne seiner Schwester Caroline adoptieren. Es wäre verfassungskonform. Auch mit Inkrafttreten der neuen Verfassung am 2. April 2002 bleibt die Dynastiefolge gesichert: Sollte Prinz Albert abdanken oder sterben, so ginge der Thron zunächst an Prinzessin Caroline, in Folge an ihre Schwester Stéphanie, schließlich an ihre respektiven Kinder, den Nichten und Neffen des Erbprinzen, unter Bevorzugung des männlichen Geschlechts.

Der auf den Erbprinzen seit Jahrzehnten ausgeübte Heiratsdruck schien also unnötig. Und Prinz Albert zeigte und zeigt sich erstaunlich resistent. Mit 23 Jahren sagt der junge Erbe Monacos: »Ich denke überhaupt noch nicht ans Heiraten. Ich werde später daran denken, wenn ich dreißig bin.« Es eilte ihn nicht. Mit 33 Jahren äußerte er gegenüber einem Journalisten: »Ich bin erstaunt über den Zusammenhang, den man in meinem Falle zwischen einer Heirat und der Macht herstellt. Man kann Herrscher sein und ledig.« Innerhalb seiner Familie sind Ahnen wie Honoré V.

und Louis II. Beispiele. Dass ihn der Zusammenhang zwischen Macht und Heirat verwundert, frappiert wiederum die Presse. Denn niemand sagte dezidiert, dass er heiraten soll – außer sein Vater. Immer wieder gaben dessen Aussagen Anlass zu Spekulationen. Wie zum Beispiel folgender: Nach dem Tod seines Vater wäre Albert frei in seiner Entscheidung, es sei denn, Fürst Rainier III. hat in seinem Testament die Heirat als Bedingung für die Thronbesteigung verfügt. Monaco-Kenner Abramovici schließt ein solches Testament zu Ungunsten des Erben nicht aus: »Denkbar wäre, dass Rainier bis zu einem gewissen Zeitpunkt einen Thronrat bestimmt hat, der statt seiner (Albert, Anm. d. V.) regiert.«

Eile mit Weile, das ist eine Devise des vorsichtigen Erbprinzen. Denn er hat Angst, sich zu irren. Ein Irrtum seinerseits, wäre in seinen Augen ein Irrtum zuviel. Für ihn und für das Fürstentum Monaco.

Eine geeignete Fürstin für Monaco auszuwählen ist auch deshalb eine delikate Angelegenheit, weil noch heute die letzte Fürstin präsent ist. Der Mythos Grace Kelly alias Fürstin Gracia lebt weiter. »Meine Mutter wird die Messlatte sein«, gibt selbst Prinz Albert zu. »Deshalb muss meine Frau viel Humor haben, um dies zu ertragen.« Reicht das? Eine Fürstin für Monaco zu finden, ist eine Sache. Eine Frau für Albert, eine andere. Sie muss seine Mutter nicht ersetzen, darf ihr aber nicht nachstehen. Auch hier braucht man nicht Freud zu sein, um die Problematik zu erkennen. »Albert war der Liebling seiner Mutter«, weiß Tante Lizanne LeVine. »Er stellte seine Mutter auf ein solches Podest, er war versessen. Ich sagte ihm, du wirst Schwierigkeiten haben, eine Frau wie deine Mutter zu finden.«

Der Erbprinz erklärt noch zwanzig Jahre nach ihrem Tod: »Noch heute denke ich manchmal an sie, an ihre Abwesenheit, aber man muss an die Zukunft glauben, denn ich weiß, irgendwo wacht sie über uns.«

In einem vielzitierten Interview gestand Prinz Albert einmal leichtfertig, dass er wohl auf 128 Liasons zurückblicken könnte. Das war 1991, Albert war 33 Jahre alt. Der englische *Daily Express* verbreitete umgehend die »Erfolgsmeldung«. Ein eifriger

Journalist rechnete nach und fand: Jahre geteilt durch Freundinnen zeigten, dass der Prinz doch treu sein muss. Relativ treu – für die Medien. Die Presse stuft ihn in den 80er Jahren als Playboy ein. Zum »Beweis« wird Albert mit einigen Mädchen auf seiner Yacht fotografiert. Ein falsches Bild entsteht. »Dies ist mir vielleicht drei- oder viermal passiert und ich leide heute noch unter den Folgen: Ich habe das Image eines Playboys, das ich nicht wollte.« Dabei vergnügt er sich nur ein wenig.

Prinz Albert ist kein Playboy. Dazu ist er einfach zu ernst und zu schüchtern. »Ich habe mich niemals als Verführer gesehen. Es entspricht mir nicht. Ich habe nicht die Abenteuer um der Abenteuer willen gesucht, das ist für mich nicht wichtig. In der Liebe, wie in anderen Bereichen, habe ich ernsthafte Beziehungen.« Er übertreibt es nicht, schon gar nicht in der Öffentlichkeit. Diskretion sucht er unbedingt zu wahren. Das unterscheidet ihn von seinen Schwestern, besonders von Prinzessin Stéphanie, radikal. »Die meisten seiner richtigen Beziehungen blieben von der Presse unbemerkt«, weiß ein Freund Alberts. So hat Albert beispielsweise über Monate ein Verhältnis mit der – unbekannten – Amerikanerin Stevie Parker, die er bei fast jedem seiner häufigen USA-Aufenthalte sieht, auch wenn er dienstlich unterwegs ist. Ihre »fürstliche« Verbindung wird nur bekannt, weil Stevie Parker Autor John Glatt davon erzählt. Prinz Albert weiss davon, denn die dunkelhaarige Ex-Freundin stellt ihm den Buchautor sogar vor.[14]

In den 80er Jahren taucht ein neues Problem für die Fürstenfamilie auf. Die Presse kolportiert, Prinz Albert sei schwul. Konkrete Hinweise gibt sie allerdings nicht. »Ich war anfangs betroffen«, gesteht Prinz Albert ein. »Es ist für niemanden erfreulich, wenn seine Männlichkeit in Frage gestellt wird. Aber jetzt lache ich nur darüber. Ich meine, Menschen die mir wirklich wichtig sind, wissen, dass ich niemals auch nur irgendwie der Sache näher kam. Deshalb habe ich keine Probleme damit. Ich meine, ich habe Probleme damit, aber ich achte einfach nicht darauf.«

Während die Öffentlichkeit rätselt »Ist er, ist er nicht?«, wird Albert aus anderer Richtung attackiert. Es erfolgen die ersten Vaterschaftsklagen gegen den Erbprinzen, und zwar dutzendfach. Vater Rainier, der sich jahrelang mit den »Eroberungen« seines Sohns unter Freunden brüstete, wird auf einmal ernst, sehr ernst, und mahnt zur Vorsicht. Dass die außerehelichen Beziehungen seines Sohnes den Segen der katholischen Kirche entbehren, stört den gläubigen Fürsten weniger. Er fürchtet um den Ruf seines Sohns – und den des Fürstentums.

Den ersten Prozess strengt 1986 das deutsche Oben-ohne-Modell Bea Fiedler an. Angeblich sei ihr kleiner Sohn Daniel das Ergebnis ihrer episodenhaften Freundschaft zu Prinz Albert, den sie auf Ibiza kennen gelernt und in München wiedergesehen hat. Ein Vaterschaftstest, dem sich der Erbprinz 1992 unterziehen muss, beweist jedoch: Prinz Albert ist nicht der Vater.

Etwas schwieriger ist der Fall der Amerikanerin Tamara Rotolo. Sie lernt Prinz Albert, so berichtet John Glatt, 1991 im monegassischen In-Restaurant »Stars and Bars« kennen und verbringt mit ihm einige gemeinsame Stunden auf seiner Privatyacht. Zwei Wochen lang dauert die Romanze. Am 4. März 1992 bringt Tamara Rotolo eine Tochter zur Welt, die sie Jazmin Grace tauft. Das Mädchen wird sechs Wochen vor dem sogenannten Stichtag geboren. Albert zeigt sich, so erklärt die Mutter, während der Schwangerschaft »unheimlich aufmerksam«, habe sie wiederholt angerufen und sich erkundigt, wie es ihr gehe. Vergeblich hofft sie auf Anerkennung durch den monegassischen Erbprinzen, der seinem Vater am Tag nach der Geburt die Affäre gestanden haben soll und das Kind sogar anerkennen wollte. Aber Fürst Rainier habe gezürnt und sich dagegen gestellt. »Sie fürchteten, dass eine Außenseiterin die Familie kontrollieren könnte«, behauptet Tamara. Die Tochter hätte, wäre sie legitimiert, in der Erbfolge Vorrang vor Carolines Kindern und zu einem Umschwung innerhalb der Dynastie geführt. Einen Vaterschaftstest lehnt Albert kategorisch ab. Ein kalifornisches Gerichtsurteil verfügt, dass der Prinz zu diesem nicht gezwungen werden kann, da der »Vorfall tausende Kilometer« von der amerikanischen Rechtssprechung entfernt geschah. Bis heute ist der Fall nicht aufgeklärt. Tatsächlich soll das kleine Mädchen Fürstin Gracia verblüffend ähnlich sehen. Die

Mutter zieht sie in Kalifornien alleine groß. Der europäischen Öffentlichkeit entgeht diese Affäre.

Mal fühlen sich Frauen, darunter Schlagersängerinnen, die nach Monaco zu Preisverleihungen angereist sind, von Prinz Albert »angemacht« und »verfolgt«, einige meinen er sei »ganz gut«, andere behaupten er sei »pervers«, was immer sie damit meinen.[15] »Romantisch« ist das am häufigsten gebrauchte Attribut. Über sein »Stigma« als Frauenheld urteilt Albert: »Wenn dieses Image dem Fürstentum dient, dann stört mich das nicht. Aber wenn man mich in ganz privaten Situationen zeigt, dann stimmt mich das traurig. Ich finde es nicht richtig, wenn man meinen Namen für ganz persönliche Geschäfte ausnutzt.« Der Prinz will Romantik ohne Rummel, wenigstens ohne Eklats – wie jeder normale Sterbliche auch.

Immer wieder lässt sich Albert mit weiblichen Schönheiten an seiner Seite fotografieren, die Frauen, so scheint es, lösen sich im Rhythmus der Ereignisse und Festivitäten ab. Die plötzlichen Titelseiten sind vermutlich eine vom Palast initiierte – etwas unglückliche – Antwort auf die drängenden Fragen. Aber es ist allen damit gedient: den Zeitschriften mit guten Storys, dem Prinzen, Monaco und den Damen mit Werbung. Zumeist sind es Mannequins, die Albert zu Galas und Bällen begleiten. Ein Mann in seiner Position braucht, wie man sich unschwer vorstellen kann, eine Frau an seiner Seite, jedenfalls macht es sich besser und erleichtert in vielerlei Hinsicht das Protokoll. Ist allerdings seine inzwischen wieder ledige Schwester Stéphanie dabei, bleiben ihr die Aufgaben an der Seite des Erbpinzen exklusiv vorbehalten.

1992 gilt Claudia Schiffer als die Auserwählte, aber es kommt angeblich zu keiner tieferen Beziehung. Zu sehr, das gesteht Prinz Albert später gegenüber der *Washington Post*, habe ihn »der Rummel von Anfang an« abgeschreckt. Außerdem sei er niemals »romantisch mit ihr involviert« gewesen. Dennoch begleitet sie ihn – wohlgemerkt auf seine Bitte hin – zu einer Gala nach Barcelona im Rahmen der Olympischen Spiele. Auch tritt sie mehrfach an seiner Seite auf. So viele Reportagen über ein und dieselbe Frau mit ihm gab es in jenen Jahren noch nie. Die Presse sieht jedenfalls in der Beziehung von Anfang an einen Publicity-Coup seitens des Fürsten und seines Couturier-Freundes Karl Lagerfeld. Die Vermutung kommt nicht von ungefähr. Genau zu dieser Zeit war Claudia Schiffer Top-Model bei Chanel, dessen Créateur kein anderer als Lagerfeld war. Die blauäugige, blonde Schönheit konnte, darin waren sich alle Beteiligten einig, Träume einer neuen Grace für Monaco schüren. Sie blieben unerfüllt.

Auf Schiffer folgen ein gutes Dutzend Top-Models, unter ihnen das brasilianische Mannequin Tasha de Vasconcelos und Schauspielerinnen wie Brooke Shields, Catherine Oxenberg, Darryl Hannah. Und 2002 kommt die Stabhochspringerin Alicia Warlyck ernsthaft ins Gespräch. Der Palast sieht sich regelmäßig genötigt, Heiratsgerüchte zu dementieren.

Die Frage bleibt also offen. Die Brautschau geht unermüdlich weiter, ebenso das Rätselraten, ist er, ist er nicht ...? Die Monegassen, und darauf kommt es dem Erbprinzen schließlich an, lieben ihn jedenfalls, »weil er so nett ist«. Pierre Abramovici gibt aber zu bedenken: »Es ist politischer Selbstmord. Wenn Rainier sagt, er solle heiraten, warum tut er das dann nicht?« Wenn dies die einzige Bedingung des Fürsten für die Regierungsübernahme ist ... Andere Thronerben pflegten solchen »Befehlen« zu folgen, sofern sie an der Macht interessiert waren.

Tatsache ist: Der Prinz hätte dreimal *fast* geheiratet. Die drei Auserwählten waren: 1984 die amerikanische Schwimmmeisterin Mary Wayte. Sie bringt den 26-jährigen Prinzen auf die Idee, an Olympischen Spielen teilzunehmen. Nach einem Jahr löst sie die Beziehung auf. Die 22-Jährige fühlte sich dem Mediendruck nicht gewachsen, ließ ihr Vater verlauten. Es folgte eine gewisse Sandra, Tochter eines monegassischen Bankiers, die heute in einer amerikanischen Kommunikationsfirma beschäftigt ist. Ihre Beziehung zum Erbprinzen blieb der Presse vorenthalten. Und Schauspielerin Angie Everhart, die sogar in die allerheiligste Privatsphäre der Grimaldis, in das Landhaus Roc Agel, eindringen durfte. Sie löste die Verbindung wieder auf, angesichts der monegassischen Verpflichtungen, die ihr bevorstanden. Sie bezeichnete den Palast als »goldenen Käfig«.

Entwickelt hat Prinz Albert erst im Alter von 40 Jahren eine ziemlich genaue Vorstellung von seiner »Traumfrau«. »Es ist ein ziemlich idealistisches Bild, fast ein wenig kindlich«, schreibt Bianchini im Juli 2001 in einem vielbeachteten Artikel über den »mysteriösen Erbprinz« im französischen Wochenmagazin *L'Express*. »Die neue Fürstin«, wünscht sich Albert, »soll schön, intelligent sein, eine starke Persönlichkeit und viel Sinn für Humor haben.« Ergänzen wir: berühmt, dann haben wir das Porträt seiner Mutter. Wenn dem so ist, ist guter Rat teuer.

Gefragt nach der Rolle, die seine zukünftige Fürstin in Monaco zu spielen habe, antwortet er 1998 gegenüber *Paris-Match*: »Sie soll es entscheiden. Wenn sie es wünscht, wird sie eng in die Staatsgeschäfte eingebunden. Ich bin ein moderner Mensch: Meine Frau hat nicht nur Repräsentationsaufgaben.« Das ist glaubhaft, denn auch sein Kabinett will er »feminisieren«.

An anderer Stelle sagt er: »Sie muss meine Interessen teilen.« Also vor allem den Sport. Und natürlich geht es – wie bei seinen Eltern, die, wenn auch kein gemeinsames Hobby, zumindest eine gemeinsame Lebensaufgabe hatten –, um die Expansion des kleinen Fürstentums Monaco.

Ein weiteres Heiratskriterium beziehungsweise Nicht-Kriterium ist: »Sie muss nicht reich sein.« Wirklich nicht? »Auch nicht berühmt.« Also könnte er eine »routurière« heiraten, wie Kronprinz Willem-Alexander von den Niederlanden oder der norwegische Thronfolger Haakon Magnus. Monaco-Kenner Bianchini schüttelt im Interview mit der Autorin den Kopf und sagt, beides, »reich und berühmt«, wäre besser, um das Image von Monaco wieder aufleben zu lassen, das alte Image, wohlgemerkt. Aber der angehende Fürst will sein eigenes Monaco schaffen.

In einer Hinsicht bleibt Prinz Albert allerdings konsequent konservativ: Er besteht darauf, seine Frau müsse katholisch sein. Der Katholizismus ist nun einmal Staatsreligion in Monaco, und er folgt mit dieser Ansicht seinem Vater. Auch dieser wollte nur eine Katholikin heiraten. Doch im 3. Jahrtausend, dass weiß auch der Erbprinz, haben sich der Katholizismus und Portestantismus angenähert. Und last but not least fragt man sich: Prinz Albert geht zwar in die Kirche, lebt aber nicht päpstlicher als der Papst. Warum also die Bedingung der Glaubenszugehörigkeit?

Will der Erbprinz eigentlich Kinder? 1997, da ist Albert bereits Ende dreißig, meint er, es »sei ein natürlicher Wunsch«, so wie das Hochzeits-Drängen seines Vaters ihm auch nur »als natürlicher Wunsch« erscheint. Jahre später präzisiert er: »Vier. Zwei Jungen, zwei Mädchen.« Und dann fällt ihm ein: »Das hängt natürlich auch von meiner Frau ab.«

Dass er Kinder mag, nimmt man ihm ab. Er pflegt auch mit seinen Neffen und Nichten einen ungezwungenen, einen herzlichen Umgang. Und sichtlich gerührt von der kindlichen Freude, verteilt er immer die Weihnachtsgeschenke beim jährlichen Kinderweihnachtsfest im Palast. Wenn man ihn so sieht, glaubt man, er gäbe einen guter Vater ab. »Ich wäre nicht sehr streng. Die Rolle eines Vaters gegenüber seinen Kindern besteht darin, dass er anfangs gewisse Regeln erstellt, aber dann flexibel bleibt, fähig, sich den Situationen anzupassen. Wir leben nicht mehr in einer Epoche, wo man den Kindern ihre Zukunft vorschreibt. Ich würde versuchen, ihnen Orientierungshilfen zu geben, aber ich würde ihnen große Selbstständigkeit lassen bei wichtigen Entscheidungen im Leben. Ein Vater muss seinen Kindern Entscheidungshilfen geben, aber am Ende müssen sie diese selbst treffen.«

Prinz Albert ist jedenfalls mit 44 Jahren der alteste Junggeselle unter den Thronanwärtern Europas. Er bleibt eine gute Partie: Er ist schwerreich und Erbe eines Fürstentums. Was ihn Mitgiftjägerinnen fürchten lässt. Briefe von Müttern, die ihre Töchter preisen, oder Briefe der Töchter selbst, amüsieren ihn, interessieren ihn aber nicht. Die Briefe stapeln sich in einer Ecke seines Büros. Bestenfalls findet er sie »rührend«.

Zu seinem 40. Geburtstag 1998 bekommt er sein wohl schönstes Geburtstagsgeschenk: eine Büste der Fürstin Grace. Freunde schenken sie ihm. Er wird sie in seinem Büro aufstellen. Wo schon ein überdimensionales Ölbild seiner Mutter hängt. Es ist die Erinnerung, die wach bleibt. »Manchmal denke ich an sie (...) aber man muss vorwärts blicken, etwas aufbauen.«

Die Frage ist, welche junge Frau entspricht Alberts Ideal und ist zugleich den immensen Belastungen und Herausforderungen gewachsen, die das hochgradig mediatisierte Fürstentum Monaco mit sich bringt? Fast täglich sind Repräsentationsaufgaben wahrzunehmen, unentwegt stehen Mitglieder der Grimaldis im Rampenlicht, Kinder sollen gezeugt und – möglichst vorbildlich – großgezogen, politische Zeichen gesetzt werden. Das alles in einem Mikrokosmos von knapp zwei Quadratkilometern, in dem nahezu jeder »Schritt« durch die Fotolinsen der Paparazzi mikroskopisch vergrößert und unerbittlich von den Medien kommentiert wird? Und nicht zuletzt muss sich die Kandidatin an Grace Kelly messen: »Es wird ein heftiges Problem für sie werden. Der unvermeidliche Vergleich mit meiner Mutter. Sie muss folglich sehr stark sein, um diesen Vergleichen zu widerstehen und diesem Druck, diesem enormen Druck vor allem seitens der Presse.«

Stillhalten wie ein Kaninchen in der Falle – Vom Umgang mit der Presse

Rainier und Grace schufen die Presse um Monaco und die Familie. Die Presse schuf Monaco und das legendäre Fürstenpaar. Und die zwei Prinzessinnen, die wiederum ihre eigene Presse schufen.

Die Presse macht der fürstlichen Familie und Monaco zu schaffen. Monaco und die Grimaldis machen der Presse schwer zu schaffen.

Diese darf sich nämlich nicht so frei bewegen, wie sie es in demokratischen Staaten gewohnt ist. Medienvertreter müssen bei Dreharbeiten, Reportagen oder Interviews auf der Straße Genehmigungen über Genehmigungen seitens der Pressestelle, der Regierung oder des Palastes einholen und vorweisen. Es handelt sich in der Regel um mindestens drei Papiere. Unerkannt arbeiten kann hier sowieso keiner. Dazu ist Monaco zu sehr Dorf. Dazu lebt das Glamour-Viertel Monte Carlo zu sehr vom Lauffeuer. Dazu ist das Aufgebot an Bodyguards und Carabinieri zu hoch und die Präsenz von Videokameras zu dicht.

Um diesem Kontrollsystem halbwegs zu entgehen, bewegt sich ein Journalist am besten im Schutz der S. B. M., dem einflussreichen »Staat im Staat« mit einer eigenen hochprofessionellen PR-Arbeit. Deren Mitarbeiter bestechen durch Geduld und bringen einem Monacos Business und großzügigen Charme nahe, erklären einem das legendäre Dollar-und-Vergnügungsviertel, das der S. B. M., aber auch den Rest Monacos. Die Angestellten der S. B. M. sind überwiegend Monegassen und helfen, die besondere Mentalität der Einheimischen zu verstehen.

Oft wird gegen die Presse nach Veröffentlichung von Fotos und Artikeln prozessiert. Anwälte in der ganzen Welt verteidigen die Familie. Das Jahr 2000 war in dieser Hinsicht besonders erfolgreich für die Grimaldis. Es klingelte in der fürstlichen Kasse. Die Einnahmen aus Prozessen blieben kein Geheimnis. Die französische Ausgabe der Finanzzeitschrift *Capital* veröffentlichte in ihrem Monatsheft Mai 2001 die Hitparade der für »Angriff auf ihre Privatsphäre« entschädigten Persönlichkeiten. Die ersten Plätze der Top-Ten waren allesamt von der Grimaldifamilie belegt, von den Kindern des Fürstenpaares, an deren Spitze Prinzessin Stéphanie stand, die allein 4 445 000 Francs kassierte. Das entspricht dem Wert eines kleinen, gut erhaltenen französischen Schlosses oder dem Gehalt eines Unternehmenvorstands. Sie musste dafür nicht arbeiten, aber ihre Anwälte.

Prinz Albert rangierte auf Platz vier mit – bescheiden anmutenden – 935 000 Francs. In Relation zu seinen Schwestern, die 90% der Titelseiten füllen, ist jedoch auch diese Summe viel.

Summa summarum kassierte die Familie in nur zwei Jahren stattliche neun Millionen Francs, etwa 1,75 Millionen Euro, für Rufschädigung, Verletzung der Privatsphäre und so weiter. Die Presse protestierte und musste dennoch zahlen.

Die Zeitschrift *Capital* wusste, wovon sie sprach, denn sie gehört zur gleichen Gruppe wie das Skandalblättchen *Voici*, das unter den französischen Gazetten mit am meisten Prozesse bekommt, die sie oft verliert – und dennoch gewinnt, nämlich durch die verkauften Auflagen. Jacques Colin, Herausgeber von *Voici*, änderte 1998 ansatzweise seine Herausgeber-Politik, nicht zuletzt aufgrund des Todes von Prinzessin Diana, für den die Presse einige Zeit mitschuldig gemacht wurde, vor allem aber wegen der schwindelerregenden Anzahl der Prozesse, die sich mitunter auf 100 pro Monat beliefen. Zum Teil waren sie gerechtfertigt, da erfundene Storys als wahre Geschichten verkauft wurden. Die betroffenen Personen berufen sich auf Artikel 9 des Code Civil, des französischen Zivilrechts, der den Schutz der Privatsphäre festlegt. Auch Monaco ist einer der Gründe für die redaktionelle Änderung, denn: »Die zweite große Salve wurde von den alten Kanonen des Rochers geschossen. Die wiederholten Prozesse der Grimaldis waren extrem teuer für uns. Ein veröffentlichtes Foto von Caroline de Monaco bringt ihr bis zu 400 000 Francs (etwa 65 000 Euro) an Entschädigungsgeldern und Interessen ein. Ein wahres Geschäft, das sich in manchen Monaten bis auf eine Million Francs (etwa 175 000 Euro) beläuft.« Für die Grimaldi-Familie, versteht sich.

Aus Monaco wurde auch gegen *Die Bunte* in Deutschland jahrelang prozessiert, vor allem in den 80er und 90er Jahren. Der von den Grimaldis beauftragte Hamburger Star- und Prominenten-Anwalt Matthias Prinz erwies sich als überaus erfolgreich – so erfolgreich, dass die Zeitschrift beschloss, den Grimaldi-Clan und Monaco regelrecht zu boykottieren. *BILD* sieht sich ebenfalls mit dem Clan vor Gericht. Die Prozesse häufen sich, seit Ernst-August, Prinz von Hannover, Prinzessin Caroline geehelicht hat.

Der Clinch mit der deutschen Presse ist nicht neu. Seit langem schon gilt sie als besonders respektlos gegenüber der Familie. Zum Beispiel stellte sie sich bei den wiederholten Bitten von Fürstin Gracia, man möge ihre heranwachsenden Kinder endlich in Ruhe lassen, geradezu taub. »Deutschland ist ein schreckliches Land und die teutonische Presse widerlich. Ich habe einiges gelesen, was die deutschen Zeitschriften über meine Familie geschrieben haben. Es gibt Zeiten, da sagen sie so gemeine Dinge, dass ich es nicht mehr länger ertragen kann«, äußerte Grace.

Mit anderen Worten: Die Geister, die das Fürstenpaar rief, kamen. Aber sie gingen nicht. Nie mehr. Die Presse hatte Grimaldi-Blut geleckt. Die Storys verkauften sich gut, sehr gut. Paparazzi-Fotos noch besser. In Millionenhöhe. Rund um den Globus. Bis heute. Letztlich zum Leidwesen des Palastes.

Mitte der 70er Jahre erklärten die Grimaldis den Pressekrieg für eröffnet. Mehrmalige Waffenstillstände wurden gebrochen, meist von der Presse. Die Chefredakteure, die selbst unter Druck standen angesichts der wachsenden Konkurrenz, saßen ihren Reportern im Nacken.

Seit Ende der 90er Jahre verkehren Palast und Presse fast nur noch über ihre Anwälte. Die einen pochen auf ihren Schutz der Privatsphäre, die anderen auf ihr Recht der Pressefreiheit. Regelmäßig erhalten Zeitungsherausgeber warnende Einschreiben der Anwälte der einzelnen Grimaldi-Mitglieder, regelrechte »Drohbriefe«. So erhält beispielsweise die französische Zeitschrift *Point de Vue* einen mit 6. Januar 1997 datierten Brief von Carolines Pariser Anwalt Alain Toucas mit folgendem Inhalt: »Prinzessin Caroline de Monaco hat erfahren, dass Sie beabsichtigen, ihr einen Artikel zu widmen aus Anlass ihres bevorstehenden Geburtstages. In diesem Zusammenhang haben Sie mehrere ihrer Freunde kontaktiert und um Interviews gebeten. Es durfte Ihnen nicht entgangen sein, dass Prinzessin Caroline sich gegen jegliche Einmischung in ihr Privatleben stellt, allgemeiner ausgedrückt, dass sie es nicht wünscht, dass ihr Presseartikel gewidmet werden. Aus diesem Grund bittet sie Sie, auf Ihr Projekt zu verzichten. Mir liegt daran, Sie schon jetzt darauf hinzuweisen, unter Beachtung, dass dieser Brief keinen vertraulichen Charakter hat, und notfalls in die Verhandlung eingebracht wird, sollten Sie, hypothetisch gesprochen, das obengenannte Verbot übergehen. Ich stehe selbstverständlich, wie es Brauch ist, Ihrem Anwalt zur Verfügung, sollte dieser in Kontakt mit mir treten wollen.« Es folgen Schlussformulierung und Unterschrift.

Entrüstet veröffentlicht die Zeitschrift den Brief zwei Wochen später, am 23. Januar, in ihrem Editorial und weist in einem Kommentar auf die seltsamen Usancen »gewisser Persönlichkeiten« hin, die sich seit einiger Zeit einschleichen, mit dem Ziel, »übertriebene Entschädigungsgelder zu verlangen«. Auch *Paris-Match* informiert seine Leser, dass die Zeitschrift ein Schreiben der Grimaldis erreicht habe, das ihrer Meinung nach die Pressefreiheit beschneide. Beide Illustrierten veröffentlichen trotz der Warnungen ihre geplanten Reportagen zum 40. Geburtstag der Prinzessin.

Ob Tagesjournalist oder Buchautor – wer über die Grimaldis schreibt hat, zwei Möglichkeiten: Entweder er schreibt mit fürstlichem Segen – oder ohne. Hat er ihn empfangen, dann öffnen sich wie von »Königshand« nicht nur sämtliche Türen und Pforten, sondern auch die Münder naher und entfernter Familienangehöriger, von Freunden und Bekannten. Hat der »König« den Autor mit einem furchterregenden »Nein« verdonnert, lässt er es bleiben – oder schreibt erst recht.

Im Grunde gilt: »Im Palast findet man nicht die guten Informationen, denn Monaco hat eines mit totalitären Regimes gemeinsam, dass dort die ›langue de bois‹, die Heuchelei, praktiziert wird. Es gibt einen offiziellen Discours, der einem die ganze Palaststaffel hoch serviert wird«, erläutert Monaco-Kenner Bianchini. »Für investigativen Journalismus ist dies nicht nützlich.« Ein Redakteur des französischen *Canard Enchaîné* bringt es auf den Punkt: »Wer über Monaco schreibt, braucht nicht dorthin zu fahren. Dort erfährt er sowieso nichts.« Man scheint sich von der Bühne entfernen zu müssen, um hinter die Kulissen schauen zu können. Was sich dort abspielt, das erzählen einem die Menschen, wenn sie Monaco verlassen haben. Vorausgegangene Biografien, die mit Einverständnis des herrschenden Fürsten geschrieben wurden, haben eines gemeinsam: Der Kreis der Interviewpartner beschränkt sich in der Regel auf die engere Familie der Kellys oder Grimaldis. Es sind autorisierte Gespräche mit Graces Schwestern, vor allem Peggy, sowie ihrem Bruder und der für Gespräche offenen Tante Liz' LeVine. Vereinzelt wird Prinzessin Antoinette, die Schwester Rainiers, oder Christian, Baron de Massy, ihr Sohn, zitiert. Jener Baron hat 1986 in einer Autobiografie *Palace: My Life in the Royal Family of Monaco* seinen ganzen Unmut und Frust über die Familie zum Ausdruck gebracht, in die er hineingeboren wurde. Er hat sich von allen losgesagt und ging nach Amerika. Außer den erwähnten Familienmitgliedern, früheren Schauspielfreunden von Grace oder Nadia Lacoste, der ehemaligen Pressechefin des Palastes und späteren Presseleiterin der S.B.M. und vielleicht noch der 18 Jahre lang in treuen Diensten stehenden Privatsekretärin von Grace, Louisette Lévy-Soussan, kommt keiner zu Wort.

Auch nicht Inès de la Fressange, einstiges Top-Modell, Schmuck- und Accessoiredesignerin und Mutter zweier bezaubernder Töchter sowie Taufpatin von Carolines Kindern und jahrelang ihre beste Freundin. Inzwischen sind sie allerdings zerstritten. Auch nicht Claudia Schiffer, die als Alberts potenzielle Verlobte gehandelt wurde und Monaco als ehemalige Ortsansässige wie ihre Handtasche kennen müsste. Auch nicht der französische Journalist Stéphane Bern, der geflissentlich-galante »Hofberichterstatter« in Zeitung, Funk und Fernsehen, der inzwischen schweigt oder sich windet: »Nun, man muss einen gewissen Ton einhalten, aber innerhalb dieser Grenze versucht man, sich so gut wie möglich zu bewegen.«

Auch Luxuscouturier Karl Lagerfeld redet ungern, jedenfalls nicht unbefugt. Zu eng verbunden ist er mit dem Fürstenhaus. Er ist ein enger Freund der Fürstenfamilie, genauer von Prinzessin Caroline und Rainier III., was einem Zimmer im Palast gleichkommt. Die Pressechefin des Pariser Modehauses Chanel erklärt offen, aber bestimmt: »Wenn die Grimaldis ihr Einverständnis nicht geben, gibt auch Karl Lagerfeld keine Interviews.« Und warum diese Abhängigkeit? »Ich empfinde eine gewisse Wollust, Untertan eines herrschenden ›Prince‹ zu sein.« Der in Deutschland geborene, in Frankreich arbeitende Modeschöpfer hat Vermögen und Wohnsitz in Monaco. Er liebt »dieses Manhattan am Mittelmeer«, dieses »Dorf mit modernem Komfort«. Erstmals kam er 1981 in das Fürstentum. Bald genießt Karl Lagerfeld Ansehen und Privilegien. Caroline ist eine gute Chanel-Kundin. Seit Jahrzehnten kleidet sie sich mit Lagerfeld-Kreationen ein und bleibt ihrem Couturier treu. Er schätzt sie wiederum als eine der besten Chanel-Botschafterinnen. Als Gemahlin von Stefano Casiraghi sitzt sie ihm exklusiv Modell für Fotos mit Mann und Kindern. Es ist eine Vertrauenssache. Als Prinzessin von Hannover lebt sie mit ihrem Mann Ernst-August, Prinz von Hannover, und ihren vier

Kindern in dem früheren Haus des Modeschöpfers in Fontainebleau: Er nutzte es nicht mehr und stellte es ihr zur Verfügung.

Fazit: Bekannte und Freunde der Grimaldis, kurzum Eingeweihte, sind in der Regel gar nicht oder nur selten und ungern bereit, sich zur Familie oder zum Land zu äußern. Sogar Gutes, so scheint es, wird lieber verschwiegen. Eine »Mauer des Schweigens« umgibt die Grimaldis in- und außerhalb Monacos; ein beredtes Schweigen. Verdächtig.

»Monaco ist wie Korsika. Es gibt die Omerta hoch tausend«, meint Pierre Abramovici. Dabei, fährt er fort, sei die Bevölkerung an sich tolerant. Nur das Fürstenklima verderbe alles, dieser »halb-feudale Staat (...), in dem so gut wie alles Privateigentum des Fürsten ist. Sämtliche Archive. Auch die der Polizei.« Und er erzählt die Begebenheit, wie er im Hôtel de Paris an einem Interview mit der betagten Witwe Pasquier, einer Zeitzeugin des Zweiten Weltkriegs, von der Polizei gehindert wurde, unter dem Vorwand, das Hotel verwehre ihm und seinem Filmteam den Zutritt. Sein Thema – die Politik Monacos im Zweiten Weltkrieg – hatte dem Fürsten Rainier III., schlicht missfallen.

Das Schweigen um den Clan ist gleichbedeutend mit der Neutralität von Stimmlosen. Fakt ist, dass die Schweigenden auf die eine oder andere Art von Monaco abhängig sind. Sie hüten, wenn auch nicht unbedingt Staatsgeheimnisse, so doch Gelder, die sie in der Steueroase lagern, oder haben Wohnsitze, die sie nicht verlieren möchten.

Denn eine Adresse in Monaco zu haben, möglichst im Herz-Bezirk Monte Carlo, ist eine Prestigesache und ein Privileg, dass nur wenigen zuteil wird. Vermögen und eine mindestens halbjährige Anwesenheit im Fürstentum sind Voraussetzungen. Bekannt zu sein, möglichst ein Star in Mode, Sport, Kultur oder Business, erleichtert das Bewerbungsverfahren. Die Zahl der Bewerber ist groß und wird von Jahr zu Jahr größer. Im Jahr 2000 durfte der Fürst unter 418 Kandidaten wählen. Zehn Jahre zuvor waren es »nur« 85. Die Kriterien werden strenger. Um Monaco wird konkurriert. Etwa 80 % der Bewerber werden abgewiesen – nicht nur aus Wohnungsmangel. Und wer es endlich im zweiten, dritten, vierten Anlauf geschafft hat, der merke: eine MC-Adresse ist schwer gewonnen, aber leicht zerronnen! Ein kleiner Stein des Anstoßes reicht. Die Entscheidung wird im Palast gefällt. Der Fürst allein hat die Macht, eine Person des Landes zu verweisen. Anlässe für »Majestätsbeleidigung« finden sich immer. Zum Glück aber werden die in Ungnade gefallenen Personen nicht mehr wie unter Honoré II. gehängt. 1962 wurde die Todesstrafe in Monaco abgeschafft!

Aber eine Verbannung kann lebenslang gelten, wie zum Beispiel ein extrem reiches und entsprechend extrem exzentrisches Ehepaar 1958 schmerzlich erfahren musste. Der Anlass: die Geburt des Erbprinzen, ein silbernes Geburtsgeschenk, aber dennoch keine Einladung zur Geburtsfeier in den Palast. Obwohl das Paar ein wenig mit dem Fürsten befreundet war. Daraufhin missgünstiges Reden seitens der reichen Dame. Daraufhin das Geschenk vom Palast retour und ein Landesverweis. Folgt eine Vorsprache des Gatten im Palast – allerdings im flotten Marineblazer und weiß beturnschuht. Fürst Rainier III. interpretiert dies als »nicht Befolgung der Kleiderordnung«. Damit war es erneute »Majestätsbeleidigung«. Die Folge: ewige Verbannung – oder fast. Der Fürst ließ Gnade walten und die inzwischen ergraute Dame durfte im hohen Alter von 74 Jahren endlich nach Monaco zurückkehren – wo ihr Sohn inzwischen seinen Wohnsitz hatte.

Eine von vielen lehrreichen Anekdoten. Viele Monegassen zeigen sich misstrauisch gegenüber einfachen Fragen. Nur die Taxifahrer bilden – wie überall auf der Welt – eine »redliche« Ausnahme. Sie aber sind selten Monegassen, sondern Italiener, Portugiesen, Franzosen. Und von einem Waffenschmuggler oder einem deutschen Hotelier im Ruhestand erfährt man: »Monaco ist das Paradies auf Erden!« Punkt. Keine Diskussion. »Aber das«, so betont der Deutsche zornig, »wollen die Journalisten ja sowieso nicht hören!« Sie hören es, aber wollen es nicht glauben: (Unbefleckte) Paradiese auf Erden, die gibt es einfach nicht …

Offiziell sind die Monegassen pro-fürstlich eingestellt. Sachliche Diskussionen finden kaum statt. Kritik ist gleichsam verboten. Der Palast diktiert. Nur der Presseteufel wird für alles

Negative verantwortlich gemacht. Er nähre die Opposition und verderbe angeblich die Stimmung. Obwohl die Medien mit ihren Berichten das Glamour-Monaco andererseits unterstützen und ihm zu weltweiter Bekanntheit verhelfen. Der Teufel kann also auch himmlisch wirken.

Mit Albert II. könnte sich das Klima ändern. Die dicke Luft verfliegen. Prinz Alberts Umgang mit der Presse ist schon jetzt ein anderer als der seines Vaters. Wie seine offene, kommunikative Mutter Grace sagt er nicht gern »nein«. Er ist den Menschen und ihren Belangen zugewandt. Es fällt ihm schwer, Interviews abzulehnen. Sein Vater oder der Pressestab des Palastes beraten ihn. Interviewanfragen an die Dynastie kommen fast täglich, aus aller Welt. Es wird gefiltert und kontrolliert. Albert lässt absagen.

Auch im taktischen Umgang mit den Medien unterscheidet sich der Prinz von seinem Vater wesentlich. Fürst Rainier III. wurde gegen aufdringliche Reporter schon mal handgreiflich, zuletzt 1995 in New York, mit 72 Jahren. Das könnte dem netten Albert nicht passieren. Es entspricht nicht seiner friedfertigen, kompromissbereiten Natur. Außerdem genießt er ein »Schutzschild«: seine beiden Schwestern. Die Prinzessinnen interessieren viel mehr. Albert wird sich deshalb nie, anders als seine Schwestern, von den Medien überrollt fühlen: »Ich hatte Glück. Als die Presse begann, sich für Caroline und später für Stéphanie zu interessieren – ich spreche von der europäischen Gesellschaftspresse – war ich in Amherst. Ich versteckte mich nicht, aber ich war weit entfernt von der ganzen Pariser Diskoszene. Obwohl ich als Junge mich besser verteidigen konnte. Dennoch glaube ich, der wahre Grund, dass sie mich ziemlich in Ruhe ließen, war, dass Fotos von Caroline oder Stéphanie oder meiner Mutter sich besser verkauften als Bilder von mir.« In Amerika wurde er nur während der ersten Uni-Woche und in der Zeit des Abschlussexamens 1981 von Journalisten belagert.

Das Medieninteresse an Prinz Albert erwacht spät. Eigentlich erst nach dem Tod seiner Mutter, als die Journalisten sich angesichts des gebrochenen Fürsten Rainier auf den Erben besinnnen. In den Folgejahren dreht sich (fast) alles um die eine Frage: Wann wird der herrschende Fürst zugunsten des Erbprinzen zurücktreten? Die Medien kümmern sich nun intensiver um das Privatleben von Albert. So füllt der bis dato »unbekannte« Albert endlich einige Titelseiten großer Magazine. Als der Prinz sich den 40ern nähert, nimmt man ihn verstärkt als Politiker war, der das Fürstentum eines Tages regieren wird. Die Presse fängt an, ihn als Thronfolger ernst zu nehmen. Albert gibt seine ersten, ausführlichen politischen Interviews. Allerdings erscheinen diese meist zusammen mit Interviews seines Vaters. Sie teilen sich die Seiten.

Das Image des schüchternen, »regierungsunreifen«, »blass« wirkenden jungen Mannes wandelt sich über die Jahre. Sehr langsam. Ein Image-Wandel braucht Zeit. Albert wird lange unterstellt, dass er sich lieber »vergnügt« als arbeitet. Er wird eher mit potenziellen Verlobten gezeigt als in Amtsgeschäften. Tatsächlich gibt Monacos Regierung auch seltener Gelegenheit dazu.

1998, als der Erbprinz 40 Jahre alt wird, kommt die entscheidende Wende für ihn in der Presse. Seine Qualitäten werden entdeckt und herausgestellt. Der angehende Fürst bekommt Profil. Denn er zeigt Profil. Beraterfirmen helfen ihm dabei. Und Albert bekommt seinen persönlichen Pressesprecher. Er selbst achtet sehr darauf, den Medien so wenig Angriffsfläche wie möglich zu bieten, im Gegensatz zu seinen Schwestern Caroline und Stéphanie. Er bemüht sich um makelloses Auftreten: »Ich mag es nicht, wenn mein Gesicht in allen Skandalblättern erscheint. Deshalb versuche ich, Ihnen nicht viele Gelegenheiten zu bieten. Ich muss darauf achten, wohin ich gehe und mit wem. Aber ich versuche, mein Sozialleben davon nicht beeinflussen zu lassen. Es ist schwer und mit der Zeit wird es immer schwieriger werden. Obwohl ich ziemlich sicher bin, dass es immer einen Weg gibt, relativ anonym zu bleiben.« Als Kind machte er sich ein Vergnügen daraus, seine in Panik verfallenden Leibwächter abzuhängen. Tricks, davon ist er schon überzeugt, sind oft wirksamer als die offene Konfrontation. Einmal, in New York, hat er sie gesucht, seitdem nicht wieder. Aber: »Man muss fast die Taktik von Geheimagenten anwenden, um die Presse auszuschalten«, erklärt der Prinz. So hat er sich eine doppelte Strategie zugelegt. Der erste Teil ist verblüffend simpel.

Er besteht darin, einfach innezuhalten, sich den Reportern zu stellen, sozusagen stillzuhalten, wie ein Kaninchen in der Falle – in der Journalistenfalle. Lächelnd, manchmal gar winkend, posiert der Prinz vor den Objektiven, gerade so, wie die Reporter es sich nicht erhofften. »Denn«, das weiß Albert, »ein lächelndes Foto von mir, wo ich gut dastehe, ist uninteressant.« Es bringt kein Geld. Nach dieser freiwilligen »Fotosession« bedankt sich der Erbprinz – und geht. Die Reporter lassen ihn nunmehr in Ruhe. Der Wind ist ihnen aus den Segeln genommen.

Wenn die Paparazzi doch beharrlich bleiben, dann kommt die zweite Strategie zum Einsatz. Das Kaninchen und seine Komplizen – meist ein Freund oder ein Bodyguard – hängen die Verfolger ab. Zum Beispiel: Prinz Albert geht zu einem Auto, der Freund zu einem anderen. Dieser klemmt sich bei der Verfolgungsjagd mit seinem Wagen zwischen beide Parteien. Albert kann entwischen.

Das ist nur einer von vielen mehr oder weniger klassischen, mehr oder weniger spektakulären Tricks. Jedenfalls funktioniert sein System. Oft. Freunde betonen seine Fähigkeit, geschickt abzutauchen. Dem »Spiel« gewinnt Prinz Albert sogar noch eine sportliche Komponente ab. Es ist ein kleiner Wettkampf, der ihm Spaß macht. Die Reporter bekommen jedenfalls nicht die Prinzenfotos, die sie sich wünschen. So bleibt der Erbprinz von aufdringlichen Reportern relativ verschont. Es ist genau das, was er bezweckt.

Sein Beispiel wird vielleicht Schule machen. Womöglich wird er einen neuen Umgang mit der Presse auf Staatsniveau einführen. Tendenzen in diese Richtung gibt es. »Wir müssen mehr kommunizieren«, erklärt im Jahr 2001 Premierminister Patrick Leclercq anlässlich der misslungenen PR in Sachen Fürstentum und Geldwäsche. Leclercq meint damit, der Presse seriösere und mehr politische Informationen zu liefern. Bianchini trifft den Nagel auf den Kopf: »Bis heute haben sie nur Journalisten akzeptiert, die sozusagen Lobeshymnen auf Monaco sangen, aber sie müssen begreifen, dass es besser ist, einen seriösen, ernsthaft interessierten Journalisten zu haben, der vielleicht nicht immer günstig schreibt. (…) Im Grunde erweist man Monaco auch keinen Dienst, wenn man immer nur mit Journalisten zu tun hat, die nur die ›Pailletten‹-

Seite zeigen. (…) Wirtschaftlich erfährt man nichts.« Nichts über das, was in der »Hinterstube des Ladens« passiert.

Unter Prinz Albert, so Monaco-Insider, könnte sich die monegassische Pressepolitik ändern. Es ist nicht nur eine Generationsfrage, sondern auch eine Frage des Stils, eine Frage des Temperaments. Das Fürstentum lebt seit dem Tod von Fürstin Grace weniger von seiner Renommage als von seiner Wirtschaft. Die möchte der Prinz herausgestellt wissen: »Es ist an der Zeit, die Realität des Fürstentums zu entdecken, seinen Wirtschaftsaufschwung, die fehlende Arbeitslosigkeit, die totale und wirksame Zusammenarbeit mit den französischen Autoritäten, was die Transparenz der Finanzen betrifft. Die Epoche der Casinos und rauschenden Feste, das ist wirklich Vergangenheit.« Starker Druck zum Wandel kommt seit 1998 auch von außen. Die von Monaco angestrebte Aufnahme in den Europarat setzt, so formulierten es die Abgeordneten des Europarats in ihrem Untersuchungsbericht 2000, »demokratischere Strukturen« im Fürstentum voraus. Unter anderem in der Presse.

Aber noch ist Prinz Albert nicht an der Macht, um sein Versprechen einzulösen.

Ein Kind seiner Zeit – Sting und Cyber

Was macht der Mensch, wenn er nicht regiert? Die Frage stellte sich eines Tages ein Reporter und versuchte in einem Interview herauszufinden, wo die Privatinteressen des Prinzen liegen.

»Sie stehen der amerikanischen Kultur nahe, langweilt Sie die Kultur der Alten Welt? Was mögen Sie lieber: Wagner oder Spice Girls?« »Wieso beides in Opposition bringen?«, pariert Albert. »Die Kultur des alten Kontinents ist ein notwendiges Fundament. Ich habe das Glück, diese kulturelle Basis genossen zu haben, aber die nordamerikanische Kultur ist auch wichtig, denn sie bedeutet Dynamik. Ich versuche einen guten Kompromiss zu schließen. Also Wagner oder Spice Girls, ich weiß nicht, was ich Ihnen antworten soll, es ist nicht ganz einfach. Jemand dazwischen. Aber ich mag auch die Spice Girls.«

Man hätte ihn vielleicht nach Phil Collins, Elton John oder auch nach Sting fragen können. Sie zählen zu seiner Lieblingsmusik. Nicht nur außerhalb des Palastes, im Fürstentum, stößt man auf moderne Kunst, sondern auch in den Privatgemächern: Hier hängen vornehmlich die Impressionisten, darunter Monet, Pissaro, Utrillo, die Fürst Rainier schätzt. Prinz Albert liebt neben der alten holländischen Malerei vor allem Kunst seit den 60er Jahren, auch Skulpturen von Folon und Botero. Sein Büro jedenfalls ist absolut modern eingerichtet. Gespickt mit seinen Sport-Trophäen, Lieblingsfotos meist von Sportwettkämpfen, an denen er teil genommen hat, und etwas moderner Kunst. Er gleicht darin seinen Vorfahren. Die Grimaldis folgten immer dem Trend der Zeit oder waren ihm sogar voraus.

Aus Anlass der 700-Jahrfeier werden in Frankreich ein Dutzend Bücher über die Dynastie der Grimaldis verlegt. Es erscheint aber auch ein Comic bei *Dargaud*: »Die Geschichte Monacos« mit einem Vorwort von Monseigneur, »S. A. S. Le Prince Rainier III.« persönlich. Wem die Idee zu diesem Comic wohl zu verdanken ist? Mit Sicherheit Prinz Albert. Der Erbprinz ist nämlich Comic-Fan. Comics zählen zur Standardlektüre französischer Jugendlicher, natürlich nicht in den Schulen, sondern privat. Und irgendwann in einem seiner frühen Interviews gestand auch der Prinz, Comics wären seine Lieblingsbücher.

Inzwischen verweist er auf seine Filmbibliothek. Seine Mutter hatte bereits den Grundstock gelegt, den Bestand aber später um Werke aller Gattungen ausgeweitet, vor allem Biografien und zuletzt irische Literatur aus dem Land ihrer Vorfahren. Mit ihrem Nachlass wurde die »Irish Library Princess Grace« in Monaco eingerichtet. Sie dient Forschern und an irischer Kultur Interessierten als Anlaufstelle. Die irische Kultur wird hier rührig gefördert: ein bleibendes Vermächtnis von Fürstin Grace.

Gerne, so sagt Prinz Albert später immer öfter, wäre er Filmregisseur geworden. »Jean Luc Godard oder Cecil B. Mille?«, fragt der *Paris-Match*-Reporter wie aus der Pistole geschossen. »Eher ein John Ford, wenn ich Talent gehabt hätte. Ich liebe Western.« Das passt, nicht nur zu seiner Wildwestromantik, sondern zu seinem ganzen Charakter. Western haben eine klare Struktur: Sie leben vom Guten und Bösen, und es gibt einen Sheriff, der für Ordnung sorgt, wobei der Außenseiter, der Held, das Böse aus der Stadt vertreibt. Das Gute, so die Westernmoral, siegt immer. Prinz Albert glaubt auch an die Oberhand des Guten.

Was mag er noch? Coca-Cola light und Sangria, das behauptet zumindest ein Monaco-Kenner. Auch tanzt der Prinz gern. Er beherrscht die klassischen Standardtänze – Gala-Abende verpflichten –, aber auch Rock'n Roll und Maccarena. Auf dem Parkett das Tanzbein zu schwingen macht ihm sichtlich Spaß.

Er hat selbstverständlich ein Handy, mehrere sogar. Er telefoniert gerne und mailt noch lieber. Beziehungen über den Atlantik, auch private, laufen über den Computer. Lange Briefe schrieben sich nur seine Eltern, das ist Alberts Sache nicht.

Das erste Cyber-Café in Monaco wurde von dem Erbprinzen im September 2001 eingeweiht. Computer-Spezialisten aus dem Silicon Valley bringen Monaco ans Internet. Das Café dient auch als Aushängeschild für das Monaco der Gegenwart und Zukunft.

Anfang des Jahres 2002 testete Monacos Telekom zusammen mit Cegetel, Siemens und NEC das Netz der »dritten Generation« in Sachen Mobil-Kommunikation. Monaco bildet, so heißt das, die »ideale urbane Dichte«. Sieben Antennen auf den Anhöhen Monacos decken 85% des Fürstentums ab. 50 Privathaushalte sind die Versuchskaninchen. Man hofft auf ein »Web ohne Leitung« mit Übertragungsgeschwindigkeiten von 384 Kb/s. Noch gibt es Probleme. Aber das Fürstentum testet die Technologien von morgen. Der Erbprinz hat sich für das Projekt eingesetzt. Der Prinz ist ein Kind seiner Zeit.

»Hilfe und Präsenz« – Der humanitäre Prinz

Als Prinz Albert im Januar 1985 an der unter Sportlern und Abenteurern begehrten Wüstenrallye Paris-Dakar teilnimmt, ist er stolz, glücklich, aber auch betroffen. Es ist seine erste Rallye durch Afrika. Er entdeckt nicht nur die Schönheiten des Kontinents, sondern auch die Armut. Sie säumt die Route. Zwar kommt der Prinz mit seinem Team nicht weit, denn er muss nach wenigen Tagen aufgeben, wie zuvor seine Schwester Caroline, die mit einer eigenen Crew und ihrem Mann Stefano Casiraghi fuhr, aber die bis Niger zurückgelegten Kilometer reichen, um ihn auf andere Wege zu bringen.

Als er nach Monaco zurückkommt, fragt er sich: Wie kann er sich nützlich machen? Er, der auf der Sonnenseite des Lebens steht? Es gibt bereits einige humanitäre Engagements in Monaco, die er oder seine Schwestern unterstützen. Aber keines davon beschäftigt sich mit dem Elend in der Dritten Welt. Prinz Albert beschließt, der 1979 gegründeten Organisation »Monaco Aide et Présence« (kurz MAP oder auch »Monaco Hilfe und Präsenz«) seine Ideen anzuvertrauen. 1982 wird er ihr Ehrenpräsident. »Die Hingabe und monegassische Effizienz« sollen beim »Wettbewerb des Herzens« siegen. So lautet das Motto der Organisation. Ziel ist es, den Armen zu helfen, damit auch sie »einen Hoffnungsschimmer« sehen. MAP will für alle sichtbar helfen.

MAP wird nunmehr sein »Kind« und sein erstes eigenes Werk. Er will ein Krankenhaus in Niger, dem drittärmsten Land Afrikas errichten. Zwischen Idee und Grundsteinlegung im isolierten Armenviertel von Agadès vergehen zwei Jahre. Baugenehmigungen müssen eingeholt, Verwaltungshürden genommen werden. Aber dann geht es schnell: In nur fünf Monaten wird die Poliklinik fertiggestellt.

Prinz Albert fliegt zur feierlichen Einweihung und enthüllt die erdfarbene Gedenkplakette: »Krankenhaus, eingeweiht von Prinz Albert, am 6. April 1988, errichtet von Monaco Aide et Présence für die Einwohner von Dag Manett, Agadès«. Die Trikoloren beider Länder wehen im Wind. Nach dem formellen Festakt sieht man den Prinzen mit afrikanischen Kindern im Arm. Das weithin sichtbare Werk trägt seinen Namen: »Dispensaire Prince Albert de Monaco«.

Es war seine Initiative. Es erfüllt ihn mit Freude und Stolz. Er ist mit Eifer dabei. Nach seinem humanitären Engagement befragt, gewinnt seine Stimme im Interview plötzlich an Selbstsicherheit.

Man spürt: MAP ist sein Terrain. Die Hilfe liegt ihm am Herzen. »Wenn man sieht, auf welche Art sie einem danken, so einfach und herzlich, die Art, mit der sie einem die Hand drücken oder einen ansehen, dann ist das die Bestätigung für das Positive, was man getan hat. Es gibt einem etwas. Es prägt einen.« Weitere MAP-Aktionen folgen, unter anderem in den Kriegsgebieten Jugoslawien und Sri Lanka und in Indien. In Madagaskar unterstützt MAP die Arbeit von Kirchenvertretern in den Elendsvierteln. Prinz Albert ist auch bei diesem Einsatz dabei: »Ich habe immer noch die Kinder Madagaskars im Ohr, wie sie zum Gesang anstimmten. Es nahm einen richtig mit.« Er weiß, das MAP »das Elend nicht ausmerzen, sondern nur erleichtern« kann.

MAP wird, wie einige andere Hilfsorganisationen Monacos, als offizielles UNO-Programm geführt. Sie hat zwar nicht viele, aber überaus spendable Mitglieder, wie Präsidentin Lahore erklärt. MAP lebt vom Prestige des Erbprinzen.

So bietet beispielsweise ein Milliardär bei einer Teddybären-Auktion zugunsten von MAP im Oktober 2001 im schönen Belle-Epoque-Saal des Hotel Hermitage nicht nur um den teuersten Vuitton-Bär, sondern spendet der Organisation zusätzlich 1,4 Millionen Francs, gut 200 000 Euro. Genug, um eine neue medizinische Versorgungsstation, einen Wartesaal in einem Krankenhaus, ein landwirtschaftliches Ausbildungszentrum, eine Entbindungsstation, zwei Fußballterrains und noch einiges mehr in einem Entwicklungsland einzurichten. Diese Projekte stehen in Südmadagaskar für 2002 auf dem Programm.

Oder bei einer Geburtstagsfeier der in Monaco ansässigen Galerie Kamel, Spezialist für Moderne Kunst, werden bei einer Auktion an einem Abend knapp 40 000 Euro für MAP zusammengetragen. Oder das deutsche Unternehmen Volkswagen lässt im Februar 1999 eine Beetle-Rallye von Monte Carlo aus starten. Die legendären Autos werden versteigert und der Erlös, knapp 100 000 Euro, geht ebenfalls an MAP. Der Erbprinz nimmt den überdimensionalen Scheck entgegen.

Natürlich werden auch Benefiz-Galen organisiert sowie Wettläufe, um Gelder zu sammeln. Die wohl beeindruckendste Aktion für MAP findet aber am 21. Dezember 1988 statt. »Eine Flamme fürs Leben« wurde das Projekt getauft. Jeder Monegasse, der wollte, stellte eine brennende Kerze ins Fenster. Die Kerze wurde für etwa zwei Euro zugunsten der Hilfsorganisation erworben. Der Ertrag war reichlich, der Effekt groß: Das Fürstentum Monaco wurde in abendlichen Kerzenschein getaucht. Das gab's noch nie. An diesem Dezemberabend leuchtet Monacos »Herz« an der Riviera weithin sichtbar über das Meer.

Die erfolgreiche MAP-Aktion wurde im nächsten Jahr wiederholt, jetzt als richtiges Spektakel, denn in Monaco überbietet man sich stets selbst. Architekten errichten ein Modell des Krankenhauses »Prince Albert« im Fürstentum – in Originalgröße. Eine Sondermesse wird gehalten, Hymnen angestimmt. Die Monegassen scharen sich um den 31-jährigen Erbprinzen. Um 19.40 Uhr erlöschen die Lichter Monacos und tausende kleiner Flammen erhellen den kleinen Staat.

Weitere Schulen, Krankenhäuser, Sportplätze, Schulkantinen werden im Laufe der Jahre nach dem Prinzen benannt. In Indien, Sri Lanka, Thailand, in Kamerun und im Tschad, in Ägypten und an der Elfenbeinküste, in Ruanda, Brasilien und Rumänien wird man an den jungen Erbprinzen täglich denken.

Und er an sie. Im Januar 1999 stellt Albert seinen ersten Scheck in Euro-Währung für MAP aus: 3000 monegassische Euro. Es ist vor allem eine politische und symbolische Geste.

Eigentlich wurde dem Prinzen sein humanitäres Engagement bereits in die Wiege gelegt. »Wir kamen ständig damit in Berührung.« Das Vorbild in seiner Familie ist Grace. Keinen Bittbrief ließ die Fürstin unbeantwortet. Für jeden Bittsteller fand sie Trost. Und es kamen viele, wie ihre Privatsekretärin Louisette Levy-Soussan zu berichteten weiß. Manchmal gab Grace sogar ihre ganz persönliche Kleidung weg, beispielsweise als ihr einmal eine Mutter von sechs Kindern ihr Leid klagte. Sie verschickt ihre geliebten Jeans, rangierte Blusen, Pullover und sogar eines ihrer Lieblingskleider aus. Zum Erstaunen der Fürstin kommt die Sendung postwendend zurück, zusammen mit einem entrüsteten Schreiben: Die Dame hatte es auf Graces Ballkleider abgesehen.

Im Fürstentum war Grace für ihre spontane Hilfsbereitschaft bekannt.

Alberts Mutter gehörte auch dem UNO-Kinderhilfswerk UNICEF an und war Mitbegründerin von AMADA, einer monegassischen Vereinigung, die sich um Kinder in Not, Kranke und Behinderte kümmert. Erfolgsschriftsteller Johannes Mario Simmel, der sechs Jahre lang in Monaco lebte, hebt in seinem Nachruf auf Grace 1982 hervor: »Wo es Stärkere gab, da fand man sie stets auf der Seite der Schwächeren.«

Prinz Albert ist ähnlich. »Ich bin nicht humanitär, weil es ein wenig ›in der Luft‹ liegt. Seit langem schon fühlte ich mich betroffen, wollte etwas unternehmen.«

Das erste karitative Amt, das Fürstin Grace nach ihrer Hochzeit in Monaco übernimmt, ist das der Präsidentin des Monegassischen Roten Kreuzes. Fürst Rainier hat ihr 1958 diese Aufgabe übertragen. Das Rote Kreuz ist die größte karitative Institution Monacos mit etwa 400 Mitgliedern und eine der ältesten, gegründet 1948 von Louis II. Die Präsidentschaft des Roten Kreuzes wird auch für Sohn Albert das erste offizielle Amt, das er bereits zwei Monate nach Graces Tod, am 17. Dezember 1982, infolge einer fürstlichen Verordnung übernimmt. Die Präsidentschaft ist ein zugleich karitatives und politisches Amt, deshalb wird es stets an ein Mitglied der Fürstenfamilie vergeben. »Es ist keine Fassaden-Präsidentenschaft. Es ist keine Rolle, die er (Albert, Anm. d. Verf.) spielt, weil es sich gut macht«, insistiert der Generalsekretär des Monegassischen Roten Kreuzes. »Der Prinz ist bei jeder Arbeitssitzung dabei.« Vorbereitet. Aktiv. »Es stört den Erbprinzen wirklich, ›nein‹ zu sagen. Wenn ich Bitten ablehnen muss, dann fragt er ›Sind Sie sich sicher?‹ Oft kommt er immer wieder darauf zurück und will wissen, ob man auch wirklich alles durchgespielt hat. Manchmal gebe ich nach, und wenn man dann sieht, das man doch ein Kind gerettet hat, wie zum Beispiel durch eine finanzierte Herzoperation, dann erfüllt es einen mit tiefer Befriedigung.«

Viele Monegassen engagieren sich in Hilfsorganisationen, weil die Fürstenfamilie sich engagiert. »Wir müssen ein Beispiel geben«, weiß der Erbprinz und spendet zum Beispiel selbst Blut. In einem Zwergstaat wie Monaco ist das entscheidend. Sich für das Rote Kreuz einzusetzen ist zudem »prestigereich« und zeigt, »wie sehr die Monegassen an ihrer Fürstenfamilie hängen«, erklärt ein Mitglied der Hilfsorganisation. Die Nähe des Prinzen spielt eine wichtige Rolle bei der freiwilligen Hilfe. Albert ist bei der Ausübung seines Amtes greifbar und nett. Er hört zu und hat ein offenes Ohr für jeden. Er macht es mindestens genauso gut wie seine Mutter vor ihm. »Die Leute sind sehr, sehr, sehr zufrieden mit Prinz Albert. Er ist sehr beliebt und steht den Leuten nahe. Er ist den Problemen der Einzelnen äußerst zugewandt. Sie können ihn leicht ansprechen. Er wird ihnen antworten. Weil er wirklich von Grund auf liebenswürdig ist«, lobpreist der Generalsekretär.

Das Fürstentum hat also ein Herz für Wohlfahrt. »Das wird am meisten verkannt«, meint der Erbprinz. »Aber inzwischen beginnt man selbst in Monaco, sich zum Beispiel um unglückliche, benachteiligte Kinder zu kümmern. Wenn man ein Beispiel geben muss, das weiß ich, wird meine Familie da sein, ich werde da sein, um die Aktionen zu unterstützen, die es wert sind.«

Das Fürstentum, vor allem der Erbprinz, will diese Seite künftig hervorkehren. »MAP beweist uns, dass Monaco auch durch seine humanitäre Hilfe in der Welt glänzen kann (…)« Und: »Das großzügige Image von Monaco muss verstärkt werden, seine Werte der Toleranz, Gerechtigkeit und Solidarität müssen hervorgehoben werden.«

Eine offizielle Statistik der Pro-Kopf-Spenden in Monaco gibt es bisher nicht, obwohl das Statistische Amt Monacos fast alles erfasst. Doch: »Ich schätze, im Schnitt spenden die Leute hier zwei- bis dreitausend Francs (350–500 Euro) pro Jahr«, erklärt ein leitendes Mitglied des Roten Kreuzes. »Aber das ist nur meine eigene Hochrechnung (…) In Monaco werden die Einwohner jedenfalls oft auf Spenden angesprochen, vielleicht mehr als anderswo. Und da sie sich privilegiert fühlen und wissen, dass auch der Erbprinz und die Fürstenfamilie sich engagieren, fühlen sie sich irgendwie verpflichtet zu spenden.«

Es gibt zahlreiche andere karitative Einrichtungen, in denen der Prinz zumindest Ehrenpräsident ist. Eine von ihnen ist »Mission et

Enfance«, ein Kinderhilfswerk. Und selbstverständlich ist der Erbprinz Vizepräsident der »Fondation Princesse Grace de Monaco«, die seine Mutter 1964 zur Förderung junger Balletttänzer und Musiker, des lokalen Handwerks und zur Unterstützung hilfsbedürftiger Kinder und Familien Behinderter ins Leben rief. Auch hat er die Vizepräsidentschaft der gleichen Organisation in den USA seit 1982 inne.

Am 3. September 1986 wird Prinz Albert vom Internationalen Institut für Menschenrechte mit Sitz in Genf zum Ehrenmitglied berufen. Das kann man auch dann werden, wenn man, wie Prinz Albert, für die Todesstrafe ist. 1985 spricht er sich erstmals dafür aus. 1999 bekräftigt er seinen Standpunkt: »Ich bin noch immer ein Verfechter dieser Strafe. Es gibt Umstände, da kann man einfach nicht anders, als dafür sein. Der Gedanke, dass man Menschen wieder freilässt, die andere gefoltert oder Kinder vergewaltigt haben, und es dadurch wieder ermöglicht, dass sie zu Wiederholungstätern werden, ist mir unerträglich. Natürlich ist es eine schwierige Debatte (...)«

Die wohl schonste Anerkennung bekam er im Januar 2002 von Schwester Emmanuelle, einer über 80-jährigen Seelsorgerin, die ihr Leben lang in Indiens Armenviertel tätig war: »Ich liebe ihn zutiefst. Es ist wirklich ein Mensch mit Herz.«

Von einem Journalisten im März 1998 angesprochen, welches Bild er als Herrscher eines Tages hinterlassen möchte, reagiert der Erbprinz ähnlich wie seine Mutter: »Ist es nicht ein bisschen früh, um zu antworten? Ich denke, mein Engagement in karitativen Verbänden zeigt meine Betroffenheit, ich beschäftige mich mit allen Problemen der Menschheit. Dies ist genauso wichtig, wie ein Land gut zu regieren. Wenn man mich so wahrnimmt, ist es gut.«

Greenpeace, WWF und kein Jagdfieber

Am 2. November 2001 hatte Monaco wieder einmal Anlass zu feiern. Das Land wurde als Mitglied in die Welternährungsorganisation FAO aufgenommen, einer Unterorganisation der UNO, in der Monaco seit 1993 bereits vollwertiges Mitglied ist. Vorausgegangen waren eine Mitarbeit in der Fischfangkommission für das Mittelmeer und die Finanzierung von Sonderprogrammen wie der Lebensmittelsicherheit. Die FAO-Projekte, darunter die Entwicklung der ökologischen Landwirtschaft, Umweltschutz, Humanitäre Hilfe, »interessieren«, betont das lokale Monaco-Journal *La Principauté* in seiner Novemberausgabe 2001, »ganz besonders die monegassischen Autoritäten«.

Vor allem interessieren sie, so bestätigen einige Monegassen, den Erbprinzen. Zwar hat auch schon Fürst Rainier den Umweltschutz des Mittelmeers für sich in Anspruch genommen und unter anderem das Küstenschutzprogramm »Ramoge« (benannt nach den Mittelmeerstädten St. Raphaïl, Monaco und Genua) ins Leben gerufen und dessen Sitz nach Monaco verlegt. Aber als er im Oktober 2001 bei einem großangelegten Umweltschutzkongress der »Internationalen Kommisssion der Wissenschaftlichen Erforschung des Mittelmeers« (CIESM) sein Präsidentenamt an Sohn Albert abtritt, ist die Bilanz alles andere als nur positiv – zumindest in den Augen des Umweltwächters Greenpeace.

1996 wurde in Izmir beispielsweise ein Protokoll der Barcelona-Konvention angenommen, das grenzüberschreitende Transporte gefährlicher Chemikalien, Atommüll und Giftstoffmüll von OECD-Ländern in Nicht-OECD-Mitgliedsstaaten verbietet. Trotz wiederholter Appelle von Greenpeace und den südmediterranen Nicht-OECD-Ländern, trat das Protokoll bislang nicht in Kraft »aufgrund der Weigerung einiger Länder, darunter Monaco, es zu ratifizieren«, so die Organisation. Und: »Greenpeace kann keinerlei aufrichtiges Interesse seitens der monegassischen Regierung ausmachen, vor solchen schmutzigen Transferen zu schützen; und der einzige Grund für die Nicht-Ratifizierung des gewagten Abfall-Protokolls scheint der Wille zu sein, zu Frankreich zu halten. Frankreich hat bislang auch immer die Ratifizierung des Protokolls abgelehnt, vielleicht unter dem Druck chemischer Giftstoff- und Nuklearindustrien. Das Gleiche gilt für das Offshore-Protokoll.« Greenpeace International fährt fort: »Es ist traurig mit anzusehen, dass Monaco als Gastgeber und Vorsitzender der 12. Konferenz der Parteien nicht die Gelegenheit ergriffen hat, irgendeinen Schritt zur Beschleunigung des Ratifizierungsprozesses dieser beiden legalen Instrumente anzukündigen, trotz heftiger Appelle seitens des Sekretariats des MAP (Mediterranean Action Plan, Aktionsplan für das Mittelmeer), aller anwesender NGOs, mehrerer Regierungsdelegationen und Minister, darunter sogar Herr Klaus Topfler, Exekutiv-Direktor der UNEP (United Nation Environment Program, UNO-Umweltprogramm), dies zu tun.«

Die 31 Mitgliedsländer der Organisation geben dem Fürsten, der 45 Jahre lang ihre Kommission präsidiert hat, dessen ungeachtet in Monaco stehende Ovationen. Sein Kampfruf bei der Eröffnung: »Wir schützen unser Mittelmeer!«, reißt die 530 Kongressteilnehmer enthusiastisch fort. Der Applaus der Meeresbiologen gilt einem alternden, bald scheidendem Präsidenten, nicht dem Ergebnis.

Die CIESM wurde von den Grimaldis unter Fürst Albert I. 1919 ins Leben gerufen. Ihr Zentralbüro befindet sich in Monte Carlo. Fürst Albert I., Begründer der Ozeanografie als Wissenschaft, wies immer wieder auf die einzigartige Bedeutung des Meeres für die Welt und speziell für Monaco hin. Er setzte sich mit der Unterwasserflora und -fauna auseinander, trieb umfangreiche Umweltstudien. Als unter Fürst Rainier III. der Commandant Jean-Yves Cousteau in seiner Funktion als Leiter des Ozeanografischen Instituts Monacos die Alarmglocke läutet und ausruft: »Das Mittelmeer stirbt!«, verweist er auf die bereits fortgeschrittene Umweltverschmutzung, die das Mittelmeer und seine Artenvielfalt bedroht. Und da Monaco nur wenig Strände hat, genaugenommen nur den künstlich angelegten Larvotto-Strand, aber das Beach- und Poolleben inzwischen Teil der Vergnügungen Monte Carlos ist, greift Fürst Rainier pflichtbewusst ein. Auch in Gedenken an seinen umweltbewussten Ahnen. Einige bezeichnen ihn deshalb mehr oder weniger ironisch als »Grünen«, Greenpeace aber meint, das Fürstentum hat sich schuldig gemacht. So soll die »Pestalge«, auch »Killeralge« oder *Caulerpa taxifoilia* genannt, in den 80er Jahren bei Reinigungsarbeiten eines Wasserbassins des Ozeanografischen Museums ins Meer gelangt sein und sich von Monaco aus im Mittelmeer rapide bis Nizza und Genua und weiter breit gemacht haben, ohne dass das Fürstentum rechtzeitig eingegriffen habe. Aus vorgeblich finanziellen Gründen und um sich keine Blöße zu geben.

Fürst Albert erbt im September 2001 den Präsidentensessel der CIESM – und Monaco den Vorsitz der Kommission für weitere sechs Jahre. Die Kritik von Greenpeace hat der neue Präsident sich, laut Angaben der Organisation, bisher nicht angehört. Dabei lassen sich ernsthafte Umweltschutz-Absichten des Erbprinzen nicht leugnen. Er selbst, so sagt er einmal in einem Interview, habe überlegt, bei Greenpeace Mitglied zu werden. Er habe den Gedanken aber wieder verworfen, da ihm die Organisation für einen Erbprinzen »zu politisch« schien.

1990 wird er zumindest Mitglied des französischen Unterstützungskomitees für WWF (World Wildlife Fund) zum Schutz der Tiere. Das steht jedenfalls im offiziellen Lebenslauf. Nachforschungen bei den Zentralstellen in Frankreich, gar in Europa und Übersee, den USA, ergeben allerdings, dass der Prinz 2002 auf keiner Mitgliedsliste steht. Erinnern kann sich auch keiner an ihn. Weder Spenden noch Mitgliedsbeiträge sind unter seinem Namen registriert. Der WWF arbeitet ohne ihn.

Prinz Albert ist ein romantisch verklärter Naturliebhaber, der eher ins 19. als ins 20. Jahrhundert passt. Er träumt heute noch den Jungentraum von Lagerfeuer und Cowboyspielen in der Prärie. Und lebt ihn zeitweise. »Während der letzten acht Jahre«, erzählt 1998 einer seiner besten Jugendfreunde, Michael Powers, »versuchten wir einmal pro Jahr nach Texas zu fahren, auf die Farm eines Freundes. Wir treiben Kühe, reiten Pferde, und benehmen uns wie Drugstore-Cowboys. Wir haben viel Spaß miteinander.« Der Prinz liebt den Wilden Westen und schlüpft kurzweilig in Cowboystiefel. Die meiste Zeit verbringen sie draußen, schlafen sogar unter freiem Sternenhimmel. Der Ranchbesitzer ist ein alter Freund der Grimaldis und ehemaliger Großwildjäger in Afrika. Ihm gehört auch ein Freiwildgehege mit Giraffen, Zebras und Pferden.

Als Prinz Albert acht Jahre alt ist, gesteht Mutter Grace einem Reporter, dass ihr »Albie« sich immer wieder ihren Western »High-Noon« ansieht. Nicht, um Mama zu sehen, sondern die Cowboys. Mit seinem Freund Mike spielt er die klassischen Indianer-Spiele im Palastgarten. In Texas setzen sie, nunmehr erwachsen geworden, das Spiel fort. »Als ich jung war, wollte ich ein Cowboy werden«, zitiert John Glatt den Prinzen. »Ich liebe einfach die ganze Atmosphäre und die wirkliche Naturnähe. Ich liebe einfach die Schönheit der Berge und Prärien. Vielleicht ist es auch ein wenig die Faszination von Amerikas Westen und was es bedeutet, ein Pionier zu sein.«

Hier, in dieser Naturidylle, erinnert sich Albert gern an seinen Ururgroßvater Albert I., als dieser im Jahre 1913 für zehn Tage als Gast bei Buffalo Bill, alias William Frederick, in Wyoming weilte und mit ihm Bären und Großwild jagte. Buffalo Bill schuf dem Fürsten zu Ehren ein Camp Monaco, wo er dem Häuptling »Plenty Coups« begegnete. Ein Baum mit der Inschrift »Camp Monaco« soll noch heute irgendwo im Yellowstone Nationalpark stehen. Prinz Albert hat ihn bisher vergeblich gesucht, wie er gesteht. Zusammen mit Michael Powers, begeht er den 80. Jahrestag dieses historischen Rendezvous mit einer nostalgischen Pilgerreise nach Cody, Woyming, und trifft Bill Garlow, einen Nachfahren von Buffalo Bill.

Prinz Alberts Cowboyspleen lebt noch mit Mitte vierzig weiter. Auch seine Liebe zur Natur. Wäre nicht das Landhaus Roc Agel oberhalb Monacos, die idyllische »Familienfarm« im einsamen Militärsperrgebiet, und nicht das Meer vor der Palasttür, dann wäre das Leben im betonierten Fürstentum für ihn vermutlich etwas trister. Trotz der zahlreichen grünen Oasen, darunter der Exotische Garten, der Rosengarten in Fontvieille und der Japanische Garten, die Fürst Rainier und zuvor Fürst Albert I. in Monaco auf insgesamt 41 Hektar anlegten, wirkt der Flecken verbaut und zersiedelt. »Monaco«, so betont Dario Dell'Antonia, Generaldelegierter des Tourismus stolz, »ist die zweitgrünste Stadt Europas im Verhältnis der Grünflächen zur Einwohnerzahl. Nur Wien ist noch grüner.« Schwer zu glauben. Womöglich fließt in die Rechnung auch die von Fürst Rainier in den 80er Jahren angeordnete Bepflanzung der Hochhausdächer und Terrassen ein. Die Begrünung ist zwar kein Gesetz, aber dennoch Pflicht. Wer sie nicht erfüllen will, bekommt eben keine Baugenehmigung. So einfach ist das.

Gerne weilt Prinz Albert auch auf Schloss Marchais im französischen Département Aisne, 167 Kilometer nördlich von Paris gelegen, nahe der belgischen Grenze. Für Waldliebhaber, Bauern und Jäger ist es eine Top-Domäne. Zur Zeit wird hier allerdings nicht mehr gejagt und die Bauern des Anwesens proben neuerdings den Aufstand, denn der Fürst lege ein »seigneuriales« Verhalten an den Tag, indem er ihre Rechte beschneide. Keiner dürfe sein Territorium betreten. Pflegen, so meinen sie, tue er es auch nicht, kassiert aber als einer der am höchsten subventionierten »Landwirte« Frankreichs jährlich einen fetten Scheck. Die Bauern im Dorf demonstrierten, was aber an der Situation nichts änderte. Bis heute.

Prinz Albert schwärmt zwar für den Landsitz, hasst aber die Jagd. Er findet es »grausam«, Tiere zu töten. Diese Ansicht bringt ihn den Tier- und Umweltschützern näher, entfernt ihn aber von seinem Vater und von seinem Schwager Ernst-August, die passionierte Jäger sind.

Prinz Alberts Umweltschutzpläne betreffen nicht nur die vom Vater übernommenen Programme zum Schutz des Mittelmeers. Er beziehungsweise die Regierung denkt zur Zeit über eine Reduzierung des Autoverkehrs in Monaco nach, zumindest während der heißen Sommermonate, wenn die Abgaskonzentration in dem kleinen Fürstentum am dichtesten ist und sich die Touristenautos in Stautempo von Nizza nach Genua bewegen. Monaco ist Mitglied der Organisation »Autofreie Städte«. Aber ein autofreies Monaco, so Dario Dell'Antonia, bleibe Utopie. Zumal ein Monte Carlo ohne Roll's Royce, Jaguar, Mercedes und rote Ferraris kein Monte Carlo wäre.

Unter Fürst Rainier wird außerdem der Fahrstuhl zu Monacos »öffentlichem Transportmittel« Nummer eins erklärt. Denn: »Der Fahrstuhl ist praktisch, schnell und ökologisch«, propagiert die Regierung. Überall finden sich die blau-weißen Hinweisschilder: »Ascenseur public« – »Öffentlicher Fahrstuhl«. Das Ergebnis: Monaco ist heute sicherlich die »Fahrstuhlstadt Europas«. Der erste wurde 1971 in Betrieb genommen, inzwischen gibt es 192 mechanische Verbindungen, Fahrstühle, Rolltreppen, Télé-Plattformen für Behinderte an 48 Stellen des Fürstentums. Sie gelten als das preiswerteste Transportmittel, das das Land pro Jahr nur etwa 440 000 Euro kostet: Wartung, Elektrizität, Alarmanlagen und Überwachungskameras inbegriffen. Und um den Nutzen zu verstehen, muss man sich eine monegassische Fahrstuhlreise einmal vorstellen. Man geht durch das Shopping-Center unterhalb des Hotel Metropol in Monaco, nimmt den ersten Fahrstuhl, fährt in den letzten Stock, geht einen langen Gang entlang, nimmt den nächsten Fahrstuhl, durchläuft wieder einen langen Gang, steigt ein paar Treppen, kommt ans Tageslicht, überquert die Straße und ist – in Frankreich. In welchem Land der Erde erfolgt der grenzüberschreitende Verkehr quasi via Fahrstuhl?

Es gibt Pläne, unter Alberts Führung neue Parkplätze an den Eingängen Monacos zu bauen und weitere Tunnel zu legen, so zum Beispiel in das Industrieviertel Fontvieille. Die Busse der öffentlichen Verkehrsmittel fahren längst elektrisch oder mit »nicht umweltverschmutzendem« Diesel.

Eine Autofirma schenkte dem Prinzen schon vor Jahren ein Elektroauto, das er – nach der obligatorischen Ehrenrunde – allerdings nicht benutzt. Es bleibt bei der Geste. Wenn im Palast schon kein recyceltes Papier verwendet wird, so besteht Prinz Albert aber darauf, das Papier aus dem Palast wenigstens recyceln zu lassen. In seiner Einstellung mag der Prinz »grün« sein, aber in der Praxis noch lange nicht. Die echte »grüne« Palastrevolution steht noch aus.

Vorbildlich »grün« handelt sein Vater Rainier III., als er 1986 die Bevölkerung über das Reaktor-Unglück im russischen Atomkraftwerk Tschernobyl informiert und auf die erhöhte Gefahr der Radioaktivität hinweist. Die Messungen des Niederschlags werden veröffentlicht. Der Nachbar Frankreich hingegen verschweigt die Daten den Franzosen, behauptet, die »radioaktive Wolke habe bei Strasbourg angehalten«, sei abgedreht. Damals wurde das tatsächlich von der Bevölkerung hingenommen und geglaubt, heute ruft es Kopfschütteln hervor. Monaco-Kritiker meinen allerdings, der Fürst habe Frankreich mit seinen Veröffentlichungen nur in Verlegenheit bringen wollen. Was immer das Motiv auch war, die Tat war gut.

»Grüner« Vorreiter ist der Fürst ebenfalls, als er die modernste, umweltfreundlichste, aber auch teuerste Müllverbrennungsanlage Europas errichten lässt. Es ist eine überaus pragmatische Entscheidung, denn er weiß, dass Monacos Lebensstandard ein Maximum an Lebensqualität fordert.

Dazu zählen auch Spielplätze für Kinder. Die jüngeren Yuppies in Monaco, immerhin 30%, haben in der Regel »Double income *and* kids«. Auch Filmstars, Mannequins und andere Berühmtheiten reisen nicht mehr alleine, sondern mit ihren Kindern im Schlepptau. Familie ist im 3. Jahrtausend en vogue – auch in der High Society. Allerdings liegen die neuen Spielplätze weder im luxuriösen Monte Carlo noch im historischen alten Monaco, sondern in den Wohnvierteln der anderen Stadtbezirke. Der Kinder-Trend spiegelt sich auch in den Tourismusanlagen wider: Auf der zukünftigen, dem Meer abgewonnenen Hotel- und Wohninsel Larvotto, auf der ein Vier-Sterne-Luxushotel der S. B. M. entsteht, wird erstmals ein Kinderservice nach Vorbild des französischen Club Med eingerichtet. Die S. B. M. setzt auf die jüngeren Monaco-Touristen, die mit ihren Kindern kommen.

Prinzessin Caroline und Prinzessin Stéphanie ziehen ihre Kinder trotz alledem außerhalb Monacos groß. Zumindest zeitweilig.

Und immer wieder lockt Amerika

Als am Morgen des 11. September 2001 Terroristen mit zwei vollbesetzten amerikanischen Passagierflugzeugen die Türme des New Yorker World Trade Center rammten und innerhalb kürzester Zeit zum Einsturz brachten und dabei mehrere tausend Menschen in den Tod rissen, waren nicht nur die USA, sondern die ganze Welt fassungslos. Selbst Länder, die dem amerikanischen

Kapitalismus und Imperialismus kritisch gegenüberstehen, zeigten sich mit den USA nach dem Attentat solidarisch und trauerten um die Opfer.

Monaco hatte mehrere gute Gründe, den Amerikanern seine Solidarität zu versichern. Nicht nur, dass die Grimaldis durch die geehelichten Amerikanerinnen Marie-Alice Heine, Gemahlin von Fürst Albert I., sowie Grace Kelly Verwandte in den Staaten haben, dass sie durch die amerikanische Princess-Grace-Foundation über weitgestreute gesellschaftliche Kontakte verfügen, vom monegassisch-amerikanischen Business ganz zu schweigen, dass jährlich tausende amerikanischer Touristen nach Monaco reisen, und 14% in der Tourismusstatistik stellen, dabei mehr Dollar im Fürstentum lassen als andere Euro, oder dass Monaco eine bedeutende amerikanische Kolonie besitzt, die, unter Onassis entstanden, von Fürstin Grace persönlich gefördert wurde.

Nein, für Erbprinz Albert hatte das Ereignis eine ganz persönliche Bedeutung: Wiederholt hatte er in New York City gelebt und gearbeitet, nur wenige Schritte von den Twin-Towers entfernt. Diese Stadt war ihm besonders vertraut. Alberts Solidarität galt seinem »Mutterland« Amerika.

Zwei Tage nach dem Terrorakt, am 13. September 2001, während der Einweihung des ersten Cyber-Cafés im Fürstentum, die der Erbprinz vornahm, bestand er deshalb auf eine Schweigeminute zum Gedenken der Opfer. Dann wurden, in einem weiteren symbolischen Akt, die Glocken der monegassischen Kirchen geläutet, so wie es sich die Vereinigten Staaten als Solidaritätszeichen anderer Nationen gewünscht hatten. Und schließlich verordnete der regierende Fürst Rainier III.: Der monegassische Nationalfeiertag am 19. November wird bescheidener als üblich begangen. Konkret hieß das: keine großen Paraden und keine Truppenabnahme auf dem Schlossplatz. Eine bedeutungsreiche Geste gegenüber dem großen »Verwandten« Amerika. Am 11. Dezember, drei Monate nach dem Attentat, folgt der Fürst erneut einem Aufruf des amtierenden US-Präsidenten George Bush, die amerikanische Nationalhymne zum Gedenken der Opfer zu spielen. Um 14.46 MEZ stimmen also die Fanfaren der schwarzgekleideten Carabinieri die amerikanische und monegassische Nationalhymnen vor dem Palast an. Zahlreiche Einwohner sind dem fürstlichen Solidaritätsaufruf gefolgt und haben sich vor dem Palast versammelt.

Natürlich zeigt Monaco sich auch finanziell solidarisch und sammelt für die Opfer. Umgehend wird ein Sonderkonto »Solidarität USA« eingerichtet. Es kommen etwa 710 000 Dollar zusammen, durch eine Benefizveranstaltung, eine Versteigerung, Spenden von Unternehmen, sowie 50% der Einnahmen der traditionellen Fürstin-Grace-Foundation-Gala im November in New York. Und Prinz Albert liefert sich ein Tête-à-tête-Tennismatch im Wert von 75 000 Euro zugunsten der Hinterbliebenen. Es ist Prinz Alberts persönlicher Solidaritätsbeitrag.

Man kann sich fragen, ob die zahlreichen Solidaritätsbekundungen der Grimaldis nicht übertrieben waren. Ob die Verbundenheit Monacos zu Amerika vielleicht nur einseitig ist. Dem ist nicht so: Umgekehrt, lieben die Amerikaner, das sei in diesem Zusammenhang hervorgehoben, die Royalitys. Ohne Ausnahme. Vor allem aber die europäischen, die wirklich alten, wie die Queen Mum, aber auch die modernen, wie Monacos Prinzessinnen. Deshalb sind die meisten – und oft die besten – Biografien beispielsweise über die Grimaldis jenseits des Atlantiks erschienen. Die Gründe dieser wenig rationalen Faszination an Königshäusern liegen in der vergleichsweise jungen Geschichte der USA. Kaiser oder Könige gab es nie, alte Fürsten- oder andere Adelsfamilien made in USA folglich auch nicht. Die Vereinigten Staaten leiden in dieser Hinsicht unter einem Defizit. Sie haben keine regierenden, abgesetzten oder Vorzeige-Monarchen, auf die sie zurückblicken oder an deren Leben und Eskapaden sie sich laben können. Keine »blaublütige« Minderheit, die ihre eigenen, jahrhundertealten Traditionen pflegt. Amerikaner haben »nur« Präsidenten, Self-made-Tycoons und Filmstars. Sie sind in der Regel modern, zeitgemäß oder gar avantgardistisch. Also das ganze Gegenteil von altertümlich und traditionsbewusst. Deshalb also lieben viele Amerikaner Royalitys. Gehören sie doch zum »good old Europe«, und die Grimaldi-Dynastie ist Teil dieses Europa-Klischees. Sie regieren königlich, ohne Könige zu sein. Die Grimaldis sind für Amerikaner »Royals« mit einem Stück amerikanischer Vergangenheit.

Prinz Albert wiederum liebt die Heimat seiner Mutter. Seit seiner Kindheit war er dem Land verbunden. Mama brachte ihm Englisch bei, amerikanisches Englisch. Es wurde seine wahrhafte Muttersprache. Er fuhr als einziger der Familie regelmäßig zu seinen Verwandten, den Kellys, in Sommerurlaub. Er schwärmte für die amerikanischen Summer Camps, die er in den Ferien besuchte. Und er schätzte seine amerikanische Universität Amherst. Er mag den lockeren »American way of life«. Eine Zeitlang lief er in Monaco lässig mit Baseballmütze, Polohemd und Turnschuhen herum, was die Presse jedoch beanstandete und eine Image-Beraterfirma ihm letztlich untersagte.

Ihm schmecken Hamburger und Barbecue. Seine Lieblingsrestaurants in Monaco sind »Star's and Stripe« und »Le Texan«, ein kleines texanisches Restaurant, nahe des Hafens, mit amerikanisch-texanischer Küche und sehr herzlichem Empfang der Besitzerin Jeannie. Jeanne Kelly van Remoortel war eine enge Freundin von Fürstin Grace und verheiratet mit dem inzwischen verstorbenen Orchesterchef der monegassischen Oper. Das Tex-Mex-Restaurant machte sie mit über 50 in Erinnerung an die verstorbene Fürstin Grace auf. Noch heute, mit weit über 70 Jahren, betreut sie »wie eine Mutter« ihre Gäste. Ihre Kinder, darunter Sohn Mike Powers, spielten einst mit Caroline und Albert im Palast. Das Restaurant zeigt, welches Ambiente der Prinz schätzt.

Manche nennen Albert den »amerikanischen Prinzen«, was vielleicht zu weit geht. Seine Vorliebe für Westernfilme ist bekannt, sein Stolz darauf, dass sein Ururgroßvater Buffalo Bill ist und er selbst dessen Nachfahr begegnet ist, auch.

Vor allem genießt Prinz Albert in den Vereinigten Staaten die Anonymität. Mit Wonne erinnert er sich an Reisen durch die USA, bei denen er vollkommen inkognito blieb. »Nicht allzu viele Menschen kennen mich dort und ich sage ihnen nicht unbedingt, wer ich bin«, erzählt er. »Nach den Olympischen Winterspielen 1988 machte ich eine Autoreise mit ein paar Freunden. Wir fuhren von

Texas nach Los Angeles, hielten in ziemlich schäbigen Motels in Arizona und Neu Mexico. Es war ein Heidenspaß. Niemand wusste, wer ich war. Und niemand interessierte es. Ich genoss es.«

Diese Anonymität war auch einer der Gründe, weshalb die junge Prinzessin Stéphanie wenige Jahre nach dem Tod ihrer Mutter in die Staaten flüchtete. Hier fand sie Ruhe vor der europäischen Presse, konnte ihr Privatleben neu ordnen und Karrieren als Top-Model und Sängerin starten. Nur Prinzessin Caroline scheint im Grimaldi-Clan bis heute von Amerika am wenigsten berührt. Sie ist die »europäischste« unter den Erben. In der europäischen Kultur kennt sie sich bestens aus.

Wenn der Erbprinz durch Amerika reist, hat er Fotos und Ähnliches mit seinem Konterfei im Gepäck. Nicht, um Werbung in eigener Sache zu betreiben, sondern für alle Fälle. Als er zum Beispiel eines Nachts von einer Party in New York mit einem Taxi nach Hause fährt, hat er kein Geld bei sich. Er murmelt verlegen und zieht kurzerhand ein Foto aus seiner Brieftasche, signiert es und drückt es dem verdutzten Taxifahrer in die Hand: »Vielleicht macht das Ihnen Freude!« Spricht's – und steigt aus. Wenn der Taxifahrer wusste, wer Albert von Monaco ist, dann machte es ihm sicherlich Freude. Aber das ist nicht sicher.

Denn Amerika kann sich zwar für die Royalitys im Allgemeinen und den Clan von Monaco im Speziellen begeistern, aber die meisten kennen weder Fürst Rainier noch Prinz Albert oder die Prinzessinnen Stéphanie und Caroline unter ihrem richtigen Namen als eigenständige Persönlichkeiten, wie folgende Begebenheit veranschaulicht:

»Können Sie mir bitte sagen, ob Prinz Albert von Monaco Mitglied bei Ihnen ist«, fragte ich während der Recherchearbeiten einen Herrn aus der Pressestelle einer angesehenen internationalen Organisation. »Dieser Name sagt mir nichts.« »Also, ich meine Albert Grimaldi. Sie wissen schon, der Erbprinz von Monaco. Vielleicht steht er bei Ihnen in einer gesonderten Liste für Persönlichkeiten?« »Yes, yes«, kam wieder zögernd die Antwort. Aber dann: »Wer ist er?« Ich machte einen dritten Anlauf: »Ich meine den Sohn von Schauspielerin Grace Kelly und Fürst Rainier.« »Oh ja, natürlich! Grace Kellys Sohn! Selbstverständlich«, kam die prompte Reaktion und flugs die Auskunft.

Kein Einzelfall. Der monegassische Fürstenclan läuft in den USA unter dem Stichwort »Grace Kelly«. Den jungen Grimaldis ist das keineswegs unangenehm, wie Prinzessin Stéphanie in einem Interview gegenüber Jeffrey Robinson lachend gesteht: »In den USA bin ich noch immer nur die Tochter von Grace Kelly.«

Abgesehen davon, dass viele Amerikaner Monaco bei der Hochzeit von Grace Kelly und Rainier III. 1956 mit Marokko verwechselten. Selbst die Mutter von Grace wähnte ihre Tochter schon in Nordafrika. Vielleicht würde eine solche Verwechslung heute nicht mehr passieren, aber sicher ist das nicht. Der kleine Rivierastaat besitzt gerade mal 0,000 000 283 % der Fläche Amerikas. Monaco ist ein Stecknadelkopf, kleiner als der Central Park. Umgekehrt: Die USA sind 4,8 Millionen mal größer als das Fürstentum. Was hat der Durchschnittsamerikaner also mit Monaco zu tun?[16]

Der Olympia-Prinz – Ein gesichertes Podest in der Grimaldi-Dynastie

Der Sport hat im Fürstentum eine lange Tradition und gehört zu Monacos Image. Zwar wurden unter der ältesten Herrscherdynastie Europas niemals feudale Ritterspiele ausgetragen, aber seit fast 100 Jahren gehören Tennis-, Wasser- und Motorsportwettkämpfe zu Monaco wie die Bälle und Gala-Abende zu Monte Carlo. Es sind feste Programmpunkte im Jahresablauf, deren Vorbereitungen für das nächste Jahr oft gleich nach Abschluss der Veranstaltung neu beginnen – so aufwendig sind sie. Die Arbeit hinter den Kulissen ist herkulisch.

Die älteste sportliche Veranstaltung ist die Rallye Automobile Monte Carlo. Fürst Albert I. organisierte sie 1911 zum ersten Mal, denn er gehörte seinerzeit zu den ersten Auto-Fans der Welt. Die international bekannteste und prestigeträchtigste aber ist und bleibt der »Grand Prix Automobile« von Monaco. Organisiert wird das

Formel-1-Rennen vom monegassischen Automobile Club, Monte Carlo und der S. B. M. Fürst Rainier und der Erbprinz sind die Schirmherren. Das Rennen findet in der Regel am dritten Maiwochenende statt. Das hat Tradition seit 1929. Die Aufbauarbeiten der Tribünen, das Abstecken und die Sicherheitsvorkehrungen der Strecke beginnen aber schon im April. Das Herzstück von Monte Carlo wird »eingerüstet«. Eine Woche vor dem Autorennen starten die Galas und Partys, kurz die Show drumherum. Es ist die »heißeste Woche« des Jahres: für die Organisatoren, für die Teilnehmer und für die Zuschauer. Es ist auch die lauteste Woche, wie nicht nur Feinschmecker-Journalist Rolf Siebeck feststellte, als er mit Oropax in den Ohren einen Hummer testete.

Wer Geld, Rang und Namen hat, oder auch nur eines davon, ist beim Grand Prix in Monaco präsent. Die sogenannte »Churchill Suite« im Hôtel de Paris ist auf Jahre ausgebucht: von Königlichen Hoheiten und anderen Millionären. Für mehrere tausend Euro die Woche kann man das 210 Quadratmeter geräumige Appartement des englischen Politikers mit allerbestem Blick auf die Rennstrecke mieten. Hier feiert es sich am elitärsten. Abgehoben von dem lärmenden Geschehen. Ein Stehplatz auf einem vollgedrängten Balkon in einem der vielen Hochhäuser kostet auch schon 1700 Euro.

Hundertausend Zuschauer säumen an diesen Tagen Monacos Straßen, um das kurvenreiche Rennen zu verfolgen. Nur bei der Hochzeit von Grace und Rainier gab es einen ähnlichen Menschenauflauf.

Aus technologischer Perspektive gleicht das Formel-1-Rennen einer Leistungsschau. Es ist eine Parade der Top-Rennwagen aus Spitzen-Ställen wie Ferrari, Mercedes, Jaguar. Dass die Technik manchmal kläglich versagt angesichts der unzähligen Haarnadelkurven, des ewigen Beschleunigungs- und Abbrems-Rhythmus' über genau 78 Runden, auch, dass Wagen in Flammen aufgehen, gehört dazu. Und die Sicherheitsmaßnahmen werden von Jahr zu Jahr schärfer. »(...) ein logistischer Alptraum«, meint Rennfahrer McLaren, »denn es fehlt an Platz (...) die Garagen sind eine der engsten, die man sich vorstellen kann.«

Aus Sicherheitsgründen ordnet das F1-Organisationsbüro neuerdings an, den Hafen Monacos zu räumen: Luxus-Yachten müssen ab 2002 an den Renntagen vor der Küste ankern.

Beim Grand Prix tritt nur die Weltklasse unter den Rennfahrern an, die Crème de la crème des Motorrennsports, »Schumi und Co.«, wie es im Formel-1-Jargon heißt. Gemeint sind mindestens die zwei Schumacher-Brüder Michael und Ralf, der Franzose Alain Proust, der Schotte David Coulthard, der Finne Mika Häkkinen, der Brasilianer Aryton Senna und F1-Monaco-Mythos, der Brite Graham Hill. Die Strecke, die sich von Jahr zu Jahr ein wenig ändert, verlangt dem Fahrer alles ab.

Ganz vorne auf der ewigen Bestenliste steht seit Mitte der 90er Jahre Michael Schumacher. 2001 holte er sich seinen 5. Monaco-Grand-Prix-Sieg. »Es ist immer schön in Monaco zu gewinnen«, strahlt Michael Schumacher. »Ich liebe diese Rennstrecke.« Sagt's und nimmt den Pokal aus Fürst Rainiers Händen entgegen. Mit Prinz Albert ging er anschließend feiern. Sie sind mehr als Sportsfreunde.

Ob Formel 1, die Tennis Masters oder ein von Presse und Society wenig beachtetes Pétanque-Turnier – der Erbprinz ist bei fast jedem Sportereignis in Monaco dabei: bei den großen als Zuschauer und Repräsentant des Fürstentums, bei den kleinen manchmal als Sportler. Leitende Funktionen hat er hier wie da inne. So ist er seit Mai 1984 Präsident des prestigereichen Yacht Club Monacos, seit Juli der Leichtathletik-Föderation, seit 1987 des von ihm ins Leben gerufenen Bob-Fahren, Schlitten und Skeleton-Vereins, seit 1994 des monegassischen Olympia-Komitees, seit Dezember 1999 der monegassichen Föderation des modernen Penthalons. Er organisiert Leichtathletik- und Schwimmmeisterschaften. Er ist es, der die amerikanische Basketballmannschaft nach Monaco holte, damit sie hier für Barcelonas Olympische Spiele trainierte. Es ist der sportliche Erbprinz, der die Weltmeisterschaft im Push-Bob in das Fürstentum bringt.

Beim Sport hat Seine Hoheit die Oberhoheit. Hier hat er freie Bahn – und es zu Höchstleistungen gebracht. Bis zur Olympiade. Als erster Grimaldi. Er ist der Olympia-Prinz der Dynastie. Keiner machte ihm bislang das Podest streitig. Ginge es nach Prinz Albert, würde das Fürstentum Olympia empfangen.

Alberts Sportleidenschaft beginnt bereits in seiner Kindheit und wurde von beiden Eltern gefördert. Darauf legen sie bei allen Kindern wert. Stéphanie wird die Wasserratte und Caroline die Balletttänzerin und Reiterin der Familie. Als kleiner Junge ist Albert – wie seine Mutter – seekrank, was den Segelleistungssport ausschließt. Boxen liegt ihm – im Gegensatz zum Vater – nicht. Der Erbfolger findet andere Sportarten. Die Palette ist beeindruckend: Schwimmen, Tennis, Handball, Judo, Ski, Fechten, Rudern, Fußball und – als besondere Leidenschaft – Bobsleigh-Fahren. Der Bob wird die Entdeckung für ihn – und für Monaco.

In all diesen Disziplinen erkämpft Albert sich im Laufe seines Lebens eine oder mehrere Medaillen. Schon als kleiner Junge holt er sich in Monaco seine ersten Schwimmmedaillen und den schwarzen Judo-Gürtel. Während seiner Gymnasialzeit wird Albert der beste Mittelstreckenläufer seiner Schule »Albert 1er« und läuft von 1972 bis 1974 im Cross-Country-Team. Als Teenager erschwimmt er sich während seiner Sommeraufenthalte im amerikanischen Camp Tecumseh zwei Gold- und eine Silbermedaille. Im Fechten holt er zwei Goldmedaillen. Und zweimal, so 1971/72 und 1973/74 befindet er sich im Finale der Wettkampfmeisterschaft des Camps. Als Student in Amerika, schließlich, übt er sich im Speerwerfen.

Auf den schönen, terrassenartigen Anlagen des Monte-Carlo-Country-Clubs – mit wohl einmaligem Panorama aufs Meer – trainierte der junge Prinz jahrelang Tennis mit seinen Schwestern und seinem Vater, der auch mal wutentbrannt seinen Schläger nach Albert warf, wenn er fand, dass dieser nicht gut genug spielte.

Inzwischen findet Prinz Albert kaum noch Zeit zum Spielen, wie Francis Truchi, Direktor des Tennisclubs, bedauernd feststellt. Er hat Prinz Albert auf dem Tennisplatz heranwachsen sehen. Und die ganz jungen Grimaldis sähe man nur noch in den Ferien, seufzt er. Immerhin: Hier in der Fürstenloge, so zeigt er stolz, sitze Prinz Albert noch immer bei den Tennis Masters Series Monte Carlo. Die sind bei den Tennisprofis begehrt und wie stets bei Veranstaltungen in Monaco zugleich ein Society-Spektakel.

Monacos Tennis Masters, so fügt der passionierte Tennisspieler augenzwinkernd hinzu, sind nicht nur eines der »renommiertesten« Tennisturniere der Welt, sondern auch die »Vorstufe« für das international wichtige Pariser Tennisturnier Roland Garros. »Wer in Monaco gewinnt, gewinnt in der Regel auch Roland Garros«, so die persönliche Hochrechnung des Tennisclubpräsidenten basierend auf jahrelangen Beobachtungen. Glücklich streicht er mit der Hand über die Namensplaketten jener Sieger, die in Monaco spielten und gewannen. Die »Spielergalerie« im Erdgeschoss füllt bereits eine ganze Wand. Der Platz wird knapp.

Prinz Albert begeistert sich auch für Fußball, was ihm die Sympathie von Millionen Fußballfans einbringt. Als Student gründet er einen Fußballverein, den er humorvoll »Barbaguians« nach einer monegassischen Pfannkuchen-Spezialität tauft. Dort spielt er noch heute gelegentlich, wie im offiziellen Lebenslauf vermerkt wird. Als Kind rannte er im rot-weißen Trikot des einheimischen Fußballclub AS Monaco über den Rasen im Stadion Louis II. Der technische Direktor des Fußballsportvereins ASMFC, Henri Biancheri, erinnert sich an den »Eifer und den Einsatz«, mit dem der junge Prinz spielte, und zwar als rechter Angriffsspieler. Schüchtern zeigte er sich hier nie. Auch legte er keine Prinzenallüren an den Tag.

Heute sitzt der Erbprinz bei fast allen Heimspielen in der Loge des Fußballclubs AS Monaco, beobachtet scharf Spieler und Trainer. Die deutschen Spitzen-Fußballer Jürgen Klinsmann und später Oliver Bierhoff holt er nach Monaco. Auch die französische WM-Legende von 1998 Fabien Barthez, der über den Erbprinzen ein echtes Sportler-Urteil fällt: »Er liebt es zu gewinnen. Er mag es überhaupt nicht, wenn seine Mannschaft schlechte Resultate vorweist. Dann bekommt er kleine Wutanfälle. Ich habe das Glück, ihn zu kennen. Er ist ist ein fantastischer Kerl.« Das Urteil kommt von Herzen. Dass Barthez wieder geht, hat sich AS Monaco-Präsident Campora zuzuschreiben.

Fußball ist übrigens eine Leidenschaft, die Albert mit seinem Vater Rainier und seinen Neffen Andrea und Pierre, den Kindern Carolines, teilt, zusammen mit vielen Staatsmännern und Präsidenten der Erde.

Der Sport, der es ihm wirklich angetan hat und in dem er sich Respekt verschafft, ist Bobsleigh-Fahren. Es ist eine seit 1924 anerkannte Außenseiter-Disziplin im Olympiasport. Und nicht gerade für das sonnige Fürstentum geeignet. »Ich weiß nicht genau, wie es gekommen ist oder warum«, sinniert der Prinz in einem Interview. »Aber ich sah den Track und dachte bei mir, das müsstest du auch versuchen.« Es war bei den Winterspielen 1980 in Lake Placid. Damals war er 22 Jahre alt.

Er ist zwar ein guter Sportler, aber er soll fürstlicher Herrscher und nicht olympischer Leistungssportler werden. Jedoch: Sowohl sein Großvater als auch sein Onkel, also der Vater und Bruder von Grace, haben bei Olympischen Spielen gekämpft. Und sie belegten sogar die ersten Plätze. Allerdings war ihre Disziplin der Wassersport, das Rudern. Immer wieder wurde zu Hause in Amerika davon erzählt.

Wahrscheinlich ist der Leistungssport auch eine hervorragende Bresche gewesen, in die Prinz Albert springen konnte. Auf diesem Gebiet hatten seine Eltern kein Erbe hinterlassen, weder Vater noch Mutter. Auch half das harte Training ihm, die Trauer um seine Mutter zu überwinden. Und er konnte sich gegenüber seinen Schwestern profilieren. Nicht zuletzt ließ sich durch den Sport auch die Wartezeit bis zur Thronbesteigung überbrücken. Wesentlich bleibt aber, dass Albert darin sein Selbstvertrauen aufbaut: »Anfangs fühlte ich mich nicht des Leistungssports fähig. Aber der Wille, mir zu beweisen, dass ich es kann, und anderen zu beweisen, dass ich etwas Schwieriges, Ungewöhnliches zu bewältigen vermag, hat mich mit dazu gebracht.«

Immerhin ist er bereits 26 Jahre, als er erstmals seine Olympiasportart ausübt und dank einer privaten Beziehung 1984 mit der Olympia-Goldmedaillenschwimmerin Mary Wayte die Spiele anstrebt. 1985, mit nur 27 Jahren, wird er in das Internationale Olympische Komitee nicht nur als jüngstes, sondern damals auch als erstes aktives Mitglied bei den Olympischen Spielen gewählt. Zum Glück lässt Vater Rainier seinem Sohn die erhoffte Anerkennung zuteil werden – wenn auch aus anderen Gründen. In einem Brief äußert er gegenüber dem langjährigen Vertrauten der Familie, Rupert Allan, 1985: »Albert tritt jetzt wirklich in die Geschäfte ein und ist viel für das Olympische Komitee und so weiter unterwegs. Gott sei dank, rennt er endlich weniger den Mädchen nach … was gut ist.«

Prinz Albert stellt 1984 sein erstes monegassisches Bobsleigh-Team zusammen, aus Croupiers, Hotelmanagementstudenten und Finanzangestellten. Fünf Mann werden aus 200 Bewerbern ausgewählt. Das junge Sechs-Mann-Team trainiert hart mit seinem Vierer-Bob. Auch im Sommer. Auch in Monaco. Eigens lässt der Erbprinz sich über die Jahre auf- und abbaubare Schienen entlang des Hafens legen, um sich auf die Wettkämpfe vorzubereiten. Natürlich kostet das einige Summen und hat einen Hauch von königlicher Extravaganz. Wie ein Journalist formuliert: »Es ist schon ein kurioses Bild, wenn Schlittenhunde unter mediterraner Sonne in einer Art Betonwüste trainieren.« Oft kann er das heute nicht machen, denn Monaco bietet zu viele Veranstaltungen, die den Hafen beanspruchen. Ganz abgesehen davon, dass ihn inzwischen die Pflicht, die Amtsgeschäfte rufen.

Eingeschrieben ist er 1984 in Calgary, Kanada, unter dem Namen Grimaldi. Er ist der erste Grimaldi-Olympionike. Aber Prinz Albert möchte einer unter allen sein. Anerkannt für seine Leistung – nicht als Erbe eines Fürstentums. Im Sport findet er dieses Bedürfnis am ehesten befriedigt. Zumal es in seiner Disziplin auf Teamarbeit ankommt. Ohne diese kein Sieg. Im Olympia-Dorf besteht er darauf, wie die anderen Sportler zu leben, auch in der unluxuriösen Gemeinschaftskantine zu essen. »Ich möchte die ganze olympische Erfahrung machen (…)«, erklärt Albert und gebärdet sich so unkompliziert, natürlich, anpassungsfähig, wie ihn die Amherst-Freunde von der Uni und dem Campusleben bereits kennen. Die Sportkollegen des US-Teams nennen ihn deshalb auch bald »Big Al«. »Er ist ein toller Junge«, erzählt Mike Aljoe vom US-Team.

Für Albert bleibt es einer der schönsten Momente in seinem Leben, als er sein Team bei der Eröffnungsfeier anführt. In diesem Augenblick ist er stolz und erstmals wieder richtig glücklich nach dem tragischen Tod seiner Mutter.

Das Team belegt in Calgary den 25. Platz. Angesichts von 42 Teilnehmern eine beachtliche Leistung. Aber Prinz Albert ist enttäuscht. »Ich bin immer hart mir selbst gegenüber«, erklärt der 26-jährige Albert einem Sportjournalisten: »Ich möchte mich stets verbessern.« Er trainiert von nun an härter, entfernt sich deshalb eine Zeitlang aus Monaco. Vermutlich aber auch, weil er sich in einer tiefen Rivalitätskrise mit seiner älteren Schwester Caroline befindet. Der Sport ist Zuflucht und Rettung.

Andere Olympische Spiele, an denen er in den Folgejahren teilnimmt, sind 1992 Albertville, 1994 Lillehammer und 1998 Nagano.

Die Monegassen fangen Mitte der 90er Jahre an, Albert wegen seiner Olympiaansprüche zu kritisieren. Es geht ihnen dabei vor allem um die ausgewählte Disziplin: Bobfahren ist extrem gefährlich. Sie bangen um ihren Erben. Außerdem sehen sie nicht ganz den Sinn ein. Konnte der Erbprinz sich nicht mit einem anderen »Spielzeug« die Wartezeit vertreiben? Der Fürst ist damals immerhin schon über 70 Jahre alt. Also, spekulieren sie, kann die Machtübergabe nicht mehr lange dauern. Albert sollte sich sputen und auf das Regieren vorbereiten. Albert ist sich dessen bewusst und kommentiert damals vor der Olympiade: »Wenn ich nicht gut abschneide, werden die Leute sagen, warum tut er das überhaupt. Was will er beweisen?« Natürlich weiß er um die Gefährlichkeit des Bobfahrens mit seinen Spitzengeschwindigkeiten. Aber sollte er deshalb den so lieb gewordenen Wettkampf aufgeben? »Ich tue dies wegen der Geschwindigkeit und des Nervenkitzels«, erklärt Prinz Albert seine Leidenschaft und macht erst mal weiter. Seit 1996, nach der Weltmeisterschaft in Calgary, denkt aber auch er daran, sich zurückzuziehen. Eben weil sich die politischen Verpflichtungen mehren. Bis zu 300 Veranstaltungen pro Jahr erfordern seine Anwesenheit in Monaco. Inzwischen haben sich die Monegassen auch damit abgefunden, finden seine Teilnahme an den Olympischen Spielen sogar gut.

Und trotz der Schwierigkeiten ist er bei den Winterspielen im Februar 2002 in Salt Lake City wieder dabei. Es ist seine 5. Olympiade. Etwas widerstrebend ist er hingefahren, denn, so verbreitet er in der *Salt Lake Tribune* bereits ein Jahr zuvor: »Aufgrund des Bestechungsskandals fehlt es einigen IOC-Mitgliedern an Enthusiasmus für 2002.«

Für den angehenden Herrscher gleicht, je älter er wird, die Teilnahme an Olympischen Spielen an sich schon einer olympischen Leistung. Was andere Sportler hauptberuflich betreiben, bleibt für ihn notgedrungen ein Hobby.

»Eher Sportsmann als sportlich«, urteilt deshalb die Nachrichtenagentur *Reuters* im Februar 2002 über Prinz Alberts Können als Bobsleigh-Fahrer, als dieser in Salt Lake City antritt. Kritik und Kompliment zugleich. Gerade die Olympischen Spiele sollen ein Beispiel geben für Fairness im Sport. Und für universellen Frieden. Das betont der Prinz in seiner Rede, als er am 28. Januar 2002 im monegassischen Stadion Louis II. Monacos Olympia-Delegation der Öffentlichkeit vorstellt. Seine Vierer-Bob-Fahrer sind Jean-Francois Calmes, Charles Ouladihe, Sebastien Gattuso und Patrick Servelle.

In diesem Jahr finden die Spiele unter besonders scharfen Sicherheitsvorkehrungen statt. Die Vereinigten Staaten fürchten weitere Terrorakte in Folge des 11. September 2001 und der US-Kriegserklärung an die mutmaßlichen Terroristen. Es ist außerdem die erste Winterolympiade im 3. Jahrtausend, ein historisches Ereignis, das der fast 44-jährige Prinz sich nicht entgehen lassen möchte. So ist er im 2er und 4er Bob dabei, liegt mit der *Monaco 1* zunächst im Mittelfeld, das monegassische Team belegt unter anderem Platz 22 und 28 von 38 Teilnehmern. Es sieht nicht sonderlich gut, aber auch nicht schlechter als bei vorangegangenen Olympiaden aus.

Aber am Morgen der dritten Abfahrt wirkt der Prinz gestresst: Er muss als Mitglied des Olympiakommitees an einer Sitzung teilnehmen, bleibt im Stau stecken, kann sich mit der Piste nicht genügend vertraut machen. Zudem macht ihm wieder sein kleiner Muskelriss im rechten Oberschenkel zu schaffen, den er sich beim Sprinttraining am 12. Februar in Calgary zugezogen hat. Bereits beim Pushen verliert das Vierer-Team wertvolle Sekunden. Und dann passiert, was der Fürst und die Monegassen seit Jahren befürchten: Es kommt – zum zweiten Mal in der Sportlerkarriere des Prinzen – zu einem Unfall. Bei der dritten Abfahrt verliert der Pilot in einer Kurvenausfahrt die Kontrolle über den Bob. Der Bob rutscht im 90-Grad-Winkel über die Piste. Das Team, darunter Ouladihe, Gattuso und Servelle, streift mit ihren Helmen die Absperrwand, das Fahrzeug wird zurückgeschleudert, rutscht durch die Ziellinie, ohne dass der Pilot die Kontrolle wieder zurückerlangt. Am Steuer sitzt und kämpft vergeblich – Albert Grimaldi. Gesenkten Hauptes verlässt er die Piste. Wütend auf sich selbst. Die Mannschaft ist anscheinend unverletzt. Das Team hat Glück im Unglück. Es hätte eine Tragödie werden können. Das weiß er. Der Fehler lag bei ihm, dem Piloten. Auch das weiß er. Und es trifft ihn besonders. Eine Presseerklärung gibt er nicht ab.

Das Team steht an 30. und damit letzter Stelle. Eine Abfahrt wird es noch geben, es sei denn, das Team gibt auf. Prinz Albert aber will die Chance wahrnehmen. Aufgeben, das gibt es nicht für ihn. Dennoch: Auch in Salt Lake City reicht es wieder nicht für eine Medaille. Eine herbe Enttäuschung. Für Außenstehende mag es wie ein ewiges Scheitern aussehen. Aber Sportler Albert schlussfolgert im Interview Anfang März gegenüber *Monaco-Hebdo*: »Ich würde nicht von Misserfolg reden, ganz im Gegenteil. Abgesehen vom Wettkampf und den Ergebnissen hat der Sport auf Hochleistungsniveau mir sehr viel gebracht, um meinen Charakter und meine Persönlichkeit zu formen.« Er sagt noch einmal, was er schon Jahre vorher seinen Kritikern entgegnete: Es wäre ein Leichtes für ihn gewesen, sich nicht den kritischen Augen der Weltöffentlichkeit in dieser exponierten Weise wie bei den Olympischen Spielen auszusetzen. Und er hebt hervor: »Ich habe immer die Olympiadevise befolgt: citius, altius, fortius. Schneller, höher, stärker! Allerdings: »Das Wichtigste ist, den Misserfolgen ins Auge sehen zu können, nicht nur den Erfolgen, denn am Abend der Niederlagen kündigen sich die Siege von morgen an.« Und Albert ergänzt: »Ich bedauere nichts. Wenn es noch einmal zu tun wäre, würde ich es wieder tun.« Das Wichtigste bleibt für ihn, dabei gewesen zu sein, sich qualifiziert zu haben, unter den 78 Weltbesten, mitgespielt und mitgekämpft zu haben. Diese Befriedigung wird der Erbprinz auch bei den Winterspielen in Salt Lake City trotz der Niederlage empfinden.

Die 5. Olympiade war seine letzte. Das kündigt er bei seiner Rückkehr offiziell an. Angesichts seines Alters lag dies zwar auf der Hand, denn bei den nächsten Winterspielen wäre der Prinz fast 48 Jahre alt gewesen, aber die Entscheidung fällt er. Er allein.

Wenn die gewählte Sportart etwas über den Charakter eines Menschen aussagt, dann bestätigt das Vierer-Bob-Fahren, das Teamgeist auf engstem Raum erfordert, einen von Freunden immer wieder hervorgehobenen Charakterzug Alberts: die Fähigkeit zur Zusammenarbeit, zu Vertrauen und Anpassungsfähigkeit. Diese Fähigkeiten hat sein Vater nicht. Rainier war ein »einsamer Jäger«, von Kindesbeinen an musste er sich alleine durchsetzen, im wahrsten Sinne durchboxen.

Jenseits der Olympischen Spiele ist Sport für den Erbprinzen natürlich auch »eine hervorragende Gelegenheit, Stress abzubauen. Das braucht er in seiner Funktion«, weiß auch Bianchini. Albert braucht, wie er selber sagt, nicht nur den »Adrenalinkick«, sondern auch den Ausgleich zur Arbeit. Morgens, vor dem Gang in sein Büro, so gegen acht Uhr, schwimmt er im warmen Wasser des hauseigenen Palastpools oder geht joggen, den Felsenweg hinunter und hinauf. Joggingschuhe fehlen übrigens nie in seinem Reisegepäck. Als er beispielsweise 1994 wegen einer Tagung des Olympischen Komitees in Berlin weilt, sieht man ihn morgens durch den Tiergarten sprinten.

Monacos Sportprogramm hat sich unter Erbprinz Albert stark erweitert. Manches wurde eingeführt, bevor er im Hintergrund agieren konnte, wie vor 20 Jahren die Austragung internationaler Schwimmwettkämpfe in der Olympia-Schwimmhalle, die seinen Namen trägt, oder die Internationalen Athletischen Meisterschaften. Vor sechs Jahren ruft er den ersten Stadt-Marathonlauf in Monaco ins Leben. Da das Fürstentum zu klein ist für die 42,192 km lange Strecke, führt sie durch das benachbarte Italien und Frankreich. Es ist der einzige Drei-Länder-Stadt-Marathon der Welt. Prinz Albert ist ferner Co-Organisator der Grand Prix »IAAF-Herkules«, einem Leichtathletikwettbewerb. Und er ist zuständig für die Verleihung der Sportmedaillen am Nationalfeiertag. Eine kleiner, aber nicht unbedeutender Anreiz für sportliche Monegassen.

Auf internationaler Ebene wird Albert während der 90. Sitzung in Berlin in das Internationale Olympische Komitee gewählt. Drei Jahre später vertritt er das Komitee bei den Segelmeisterschaften in Pusan für die Spiele in Seoul. Im Dezember desselben Jahres ernennt ihn Juan Antonio Samaranch zum Vize-Präsidenten der Kommission für Leichtathletik. 1990 sitzt der Prinz im Koordinationsausschuss für die Spiele in Atlanta 1996. Im September 1993 holt er den IOC zu einer entscheidenden Sitzung nach Monaco, bei der Sydney als Austragungsort für die Sommerspiele 2000 gewählt wird. Ein Jahr später präsidiert er das monegassische Olympia-Kommitee. Er ist 35 Jahre jung. Im Jahre 2002 sitzt Monacos Erbfolger in der IOC-Bewerbungskommission sowie im Koordinationsausschuss der Winterspiele 2006 im italienischen Turin.

Prinz Albert ist es auch, der oft im Fürstentum zu Sportveranstaltungen für Benefizzwecke aufruft. Meistens macht er aktiv mit. So spielt er in einem heimischen Tennismatch, dessen Erträge den Opfern des New Yorker Terroranschlags zugute kommen. Oder kickt als Mannschaftskapitän zusammen mit Formel-1-Spitzenpilot Michael Schumacher und Fußballstar Pelé den Ball zugunsten von kranken Kindern. Oder läuft eine Kurzstrecke am Hafen für Multiple-Sklerose-Kranke.

Unter Albert wandelt sich die Sozialstruktur der Wohnsitz-Anwärter. Die Sportler, die sich in den 90er Jahren in Monaco dauerhaft oder vorübergehend niederlassen, sind unter anderem Björn Borg, Michael Schumacher, Boris Becker und Ende der 90er Sergej Bubka. Auch Bubkas ältester Sohn trainiert bereits ehrgeizig und wird für Monaco kämpfen: »Wirklich außergewöhnlich gute Bedingungen hier«, strahlt er beim Radtraining im Monte-Carlo-Country-Club.

Das Bild des Sportprinzen wäre nicht komplett, ohne den Hinweis, dass er sich auch für alternative, exotische Lehrweisen und Sportarten interessiert. Ein Erbe seiner außergewöhnlichen Dingen gegenüber aufgeschlossenen Mutter. So schreibt er beispielsweise das Vorwort für ein Lehrbuch »Tennislernen per Sophrologie«. Mit Kabuki-Bewegungen wiederum bereitet er sich Minuten vor dem Start mental auf den Wettkampf vor. »Ich kann die Strecke auf diese Weise am besten visualisieren.« Und dann stößt er kraftvoll und entschlossen den roten Bob mit Grimaldiwappen die kurvige vereiste Olympia-Bahn hinunter.

Dass der Sport den Prinzen nicht nur mit Sportsfreunden, sondern auch mit Sportsfreundinnen zusammenbringt, ist klar. Zweimal sagt man ihm längere Liebesaffären mit Hochleistungssportlerinnen nach. Die erste 1984 mit der jungen Goldschwimmerin Mary Wayte. Die zweite, 2001, mit der 22-jährigen amerikanischen Stabhochspringerin Alicia Warlick.

Mit oder ohne Sportler-Braut erweist sich Prinz Albert mit fünf Olympiaden als der ausdauerndste Olympiateilnehmer der jungen europäischen Prinzengarde.[17] Und er ist der erste Olympionike der Grimaldi-Dynastie. Ein besonderer Platz in der Dynastiegeschichte ist somit für ihn gesichert. Bei den nächsten Spielen wird er nur noch als Zuschauer teilnehmen. Vielleicht als Fürst Albert II.

Monsignore und der Sohn – Im Schatten des Vaters

Im Jahre 1999/2000 ziert ein neuer Eintrag das *Who is Who in France*. Das dicke Buch ist Frankreichs begehrte Fibel der Persönlichkeiten. Wer da drinsteht wurde von der Öffentlichkeit als prominent erkannt. Das Stichwort lautet: Albert von Monaco. Der Eintrag besteht aus einer Kurzbiografie des Erbfolgers und Aufzählung der wichtigsten Titel, Orden und Ämter. Wie es zu dieser neuen Ehre im Leben des Kronprinzen gekommen ist? Zwei Versionen kursieren.

Prinz Alberts Version lautet, er sei schon öfters von der Redaktion angeschrieben worden, sei aber bisher nur zu bequem gewesen, den zugeschickten Fragebogen auszufüllen. Nachfragen bei der Buch-Redaktion ergeben: »Falsch.« Diese liefert die andere Version. Prinz Albert war zum ersten Mal von der Personality-

Bibel kontaktiert worden, da er erst jetzt der Biografen-Jury »berühmt genug« erschien. Ausschlaggebend war, dass er durch die 700-Jahrfeiern der Dynastie in den Vordergrund der Medien rückte und sein Bekanntheitsgrad damit stieg. Und da in der Jury des *Who's Who* auch Journalisten sitzen, die über die Aufnahme eines Neuankömmlings entscheiden, war der Weg ins Buch geebnet.

Mit diesem Eintrag zählt der Erbprinz nunmehr zu den »führenden Persönlichkeiten Frankreichs« und rangiert sogar vor seinem Vater, denn das *Who's Who* ist alphabetisch geordnet.

In Monacos Alltag hingegen bleibt Prinz Albert bis fast Mitte 40 der ewige Zweite. Offiziell kommt er in der Erb-Rangliste nach dem Fürsten. So wie der englische Kronprinz Philipp Königin Elisabeth folgt. Wie dieser steht er bereits gut die Hälfte seines Lebens in der Warteschleife auf den Thron.

Das Problem des monegassischen Thronanwärters ist nicht sein Können, sondern sein Vater. Als Staatsdiener wäre der fast achtzigjährige Fürst schon auf Rente gesetzt. Als Herrscher bestimmt er, wann er geht. Die monegassische Verfassung vom 17. Dezember 1962 in ihrer revidierten Fassung von April 2002, verfügt in Titre I, Art. 2: »Das Regierungsprinzip ist die konstitutionelle Erbmonarchie.« Mit anderen Worten: Der Erbprinz kommt an die Macht, wenn Fürst Rainier III. stirbt oder abdankt. Bisher sieht es aber nicht so aus, als ob dieser den Thron zu Lebzeiten verlässt. Obwohl er es eine Zeitlang angekündigt hat. Warum?

»Man muss nicht Freud sein (...)«, meint Bianchini, »um zu verstehen, dass das Verhältnis zwischen Rainier und seinem Sohn ein besonderes ist.« Der Fürst könnte ohne den Prinzen analysiert werden, der Vater also ohne den Sohn, aber keinesfalls der Sohn ohne den Vater. Das ist nunmal das Schicksal der Erben.

»Eine tiefe Zuneigung verbindet sie«, behaupten Freunde im Umkreis der Grimaldis. Mancher spricht gar von einer »tiefen Passion zwischen Vater und Sohn«, wie etwa Dario d'ell Antonio in leitender Funktion in Monaco. Wer Passion sagt, meint Leidenschaft, also eine Geschichte, die durchaus Leiden schafft. Der Vater liebt den Sohn, der Sohn liebt den Vater, doch sie sind Konkurrenten. Beide müsssen sich voreinander beweisen. Der Ältere dem Jüngeren, dass er mit fast 80 Jahren – und schwerkrank – noch arbeiten kann. Der Jüngere dem Älteren, dass er überhaupt – gut – arbeiten kann. Der eine ist bald Vergangenheit, der andere die Zukunft. Das wissen sie beide. Und es prägt ihr Verhältnis. Sie sind mehr als einfach nur Vater und Sohn in einer ganz normalen Familie, denn sie inkarnieren einen Herrscher und seinen Erbfolger in einem Fürstentum. Der eine ist erfolgreich, erprobt. Der andere probt und probt unter dem wachsamen Auge eines quasi absolutistischen, patriarchalischen Monarchen. »Lange Zeit hat Albert unter der erdrückenden Persönlichkeit seines Vaters gelitten und leidet noch heute darunter. (...) Der Vater unterhält zu seinem Sohn ambivalente Beziehungen. (...) Einerseits gibt es eine gefühlsmäßig starke Bindung zwischen den beiden, die man nicht anzweifeln kann. Aber das Unbewusste sieht in dem Sohn einen Rivalen. Folglich hält er ihn in sekundären Aufgaben, so dass er sich niemals wirklich ausdrücken kann«, erläutert Bianchini.

Die Konkurrenz wird über die Arbeit ausgetragen. Prinz Albert hat nur wenig Spielraum und keine reale Macht. Er agiert seit Jahren hinter den Kulissen, und seine Persönlichkeit konnte sich noch nicht entfalten. Denn das letzte Wort hat nicht er, sondern der Boss, der Monsignore.

Ginge es nur nach den Titeln, so könnte er es ohnehin nicht mit seinem Vater aufnehmen: Die meisten wird er erben und die, die er bis jetzt besitzt, sind in Sekundenschnelle aufgezählt. Seit der Geburt ist Albert »Erbprinz von Monaco« und »Marquis de Baux«, wobei ihm letzterer im Juni 1982 durch eine symbolische Schlüsselübergabe der südfranzösischen Stadt Baux-de-Provence bestätigt wurde. Bei diesem Anlass hielt er seine erste öffentliche Rede. Der Vater ernennt ihn überdies im November 1986 zum Colonel der Carabinieri. Aber das war es auch schon in Sachen Fürstentum und Auszeichnungen, sieht man von den Lieblingsbetätigungsfeldern des Erbprinzen, dem Sport und der Wohltätigkeit, sowie den zwei Nationalorden, dem Großen Kreuz des Grimaldi-Orden (1958) und dem Großen Kreuz des Saint-Charles-Orden (1979), ab. Hinzu kommen genau ein Dutzend internationaler Auszeichnungen und Ehrenbezeugungen, so beispielsweise 1977 die Ernennung des damals 19-jährigen Albert zum Obersten Offizier des Senegalesischen Nationalordens, durch Leopold Senghor, Präsident und Poet des Landes. Oder auch den Obersten Offizier der Ehrenlegion, den Frankreichs Staatspräsident François Mitterrand ihm am 19. Januar 1984 bei seinem Staatsbesuch ans Revers heftet. Oder etwa 1989 das Schlagen zum Ritter des Malteserordens oder die Ernennung zum Fähnrich erster Klasse in der französischen Marine. Seit 1996 werden dem Erbprinzen sogar zwei universitäre Ehrentitel zuteil: Am 20. September 1996 verleiht ihm die Päpstliche Universität Maynooth in Irland die Ehrendoktorwürde in Philosophie. Vier Jahre später, am 26. Oktober 2000, wird er Honorarprofessor für »Internationale Studien« am »Tarry County Collège« im texanischen Fort Worth. Das war die kurze Geschichte der Titel.

Die Geschichte um die Thronbesteigung ist weitaus länger und vielschichtiger. Sie beginnt mit Alberts Geburt, wird im Laufe der Zeit und angesichts der Kapriolen in der Grimaldi-Saga von der Öffentlichkeit »vergessen«, aber erwacht im Herbst 1982, mit dem Tod von Fürstin Gracia, zu neuem Leben. Wäre sie nicht gestorben, wäre das Leben von Vater und Sohn – wie das fast aller Grimaldis – anders verlaufen. Schicksal.

In die Regierungsgeschäfte offiziell einbezogen wird Albert bereits zwei Monate nach dem Unfalltod seiner Mutter, im Dezember 1982. Er ist knapp 25 Jahre alt. Monacos Geschäfte müssen neu geordnet werden. Die Verpflichtungen der Fürstin werden unter den Kindern aufgeteilt. Prinz Albert übernimmt unter anderem die Präsidentschaft des Roten Kreuzes, einer politischen Institution, da sie der »verlängerte Arm der Regierung ist«. Acht Monate später, im April 1983, erklärt Rainier III. geflissentlich: »Ich habe ihn auch schon etwas in die Politik eingeführt. Er ist bei Sitzungen und Beratungen dabei gewesen. Und er hat den Verwaltungsapparat kennen gelernt. Er muss sich jetzt nur noch mit dem Rechtsapparat und den besonderen Gesetzen des Fürstentums vertraut machen.« Die Medien drängen, wollen mehr wissen. Der Fürst stellt klar: »Wenn er sich bereit fühlt, meine Nachfolge anzutreten, wird er es mir sagen. Und wenn ich müde bin und abdanken möchte, dann sage ich es ihm. (…) Nur eines möchte ich nicht: dass er erst meine Stelle einnimmt, wenn ich tot bin. Ich könnte ihm nützlicher sein, wenn ich ihm zur Seite stehen kann.«

Wie ein Refrain wird dieser Satz jahrzehntelang in Interviews wiederkehren. Was verheißungsvoll und politisch sinnvoll klingt, erweist sich als Tartarennachricht. Es bewahrheitet sich nicht. Im Gegenteil. Die Bedingungen für eine Machtübernahme durch den Erbprinzen werden Jahr für Jahr schwieriger: »Ich möchte, dass der Prinz heiratet, bevor er das Amt übernimmt«, erklärt Rainier III. eines Tages, denn: »Ein Palast ist nichts für einen Junggesellen.« Die Erklärung scheint zu simpel und vordergründig und die gestellte Bedingung wie ein politischer Schachzug.

Je näher Rainier III. sich dem offiziellen Rentenalter nähert, je mehr scheint er an der Macht zu hängen. »Was hat er sonst?«, fragt sich eine Amerikanerin in Monaco. »Er ist Witwer. Seine Kinder sind groß, und einfach nur Däumchen zu drehen, ist nicht sein Charakter.« Er gehört einer Generation an, die Aufbauarbeit geleistet und »geackert« hat und der auch nichts anderes übrig blieb in einem vom Zweiten Weltkrieg zerstörten Europa; wobei Monaco weitestgehend verschont blieb. Aus seiner Generation stammen die Industriekapitäne, die »Arbeitstiere«. Alberts Generation weist Jungunternehmer und Start-up-Manager vor, denen Freizeit kein Fremdwort ist.

Das Fürstentum Monaco ist Rainiers Lebensinhalt und Lebenswerk. Es zu übergeben, fällt unbestreitbar schwer. Auch wenn man den nettesten und verständnisvollsten Sohn der Welt hat. Auch wenn man sagt, man vertraut ihm. Auch wenn man betont, er sei der gesetzliche Nachfolger, der Erbprinz. Auch wenn man – vielleicht – guten Willens ist und die Umstände günstig sind.

Einige Monegassen denken sich schon lange: »Der Worte sind genug gewechselt, lasst uns endlich Taten sehn.« Diese beschränken sich jedoch auf Andeutungen der bevorstehenden Machtübernahme. Symbolisch wird 1983 die erste Briefmarke herausgegeben, die Vater und Sohn im Doppelporträt zeigt. Rainier wollte es so. Schließlich, so sagt er, ist Albert sein Nachfolger. Mit der Einführung des Euro prangt auf einer Münze der Erbprinz allein, deren Wert ist jedoch geringer als diejenige, die das Profil seines Vaters zeigt.

Privat wie in der Öffentlichkeit bleiben Rainier III. und Prinz Albert Vater und Sohn. Der Senior hat nicht die Größe, abzugeben – und der Junior hat nicht die Größe, aus dessen Schatten herauszutreten. Zumindest nicht, solange das Licht auf seinen Vater fällt.

Das Tandem spielt weiterhin die eingeübten Rollen. Sie füllen sie aus, um echte Rivalität nicht aufkommen zu lassen. Sonst wäre das Fürstentum keine Grimaldi-Saga, sondern ein Shakespeare-Stück. Das wissen sie. Im Übrigen gefallen sich beide in ihren Rollen. Sie scheinen ihnen auf den Leib geschrieben: Der eine regiert gerne, der andere ungerne. Aber es gehören zwei dazu. Was passiert, wenn einer nicht mehr mitmacht? Könnte der im Schatten stehende Prinz eines Tages Spielverderber werden? Insider meinen: wohl kaum. Aber ...

Wiederholt stellt der Vater den Sohn öffentlich als »unfertigen« Herrscher dar, selbst nach 20 Jahren Lehrprogramm: »Wir sind bereit«, sagt er zu Alberts 40. Geburtstag, »aber es fehlt ihm an Erfahrung, die in unserer Arbeit sehr viel zählt: die Kenntnis der Akten, wissen, wie man überzeugt, das alles kann man nur in der Praxis und über Jahre erwerben. Der Prinz ist sich der Schwierigkeit seiner Aufgaben bewusst. Er hat sämtliche Eigenarten Monacos kennen gelernt und die Komplexität, auf die man stößt, wenn man regiert, vor allem in so einem kleinen Staat, wie dem Fürstentum, das einem großen Unternehmen gleicht. Mein Sohn ist bereit, alle Verantwortung zu übernehmen. Was ich nicht möchte, ist, ihn ins kalte Wasser werfen.«

Gewiss, in Monaco zu regieren hat seine Spezifika: Der Fürst bekommt bis zur Neufassung der französischen Verträge und Vereinbarungen 2002/2003 vertragsgemäß einen französischen Präfekten als Regierungschef zur Seite gestellt. Dennoch soll Monacos Herrscher »souverän« seine eigenen Landesinteressen verteidigen. Das führte oftmals dazu, dass viele der abbestellten Franzosen letztlich die monegassischen Interessen besser als die ihrer Heimat vertraten. Denn sie standen ganz im Bann des Fürsten. Es gibt ferner, Verfassung hin oder her, einen Fürstenhof in Monaco mit einem Hofstaat und seinen Intrigen. Auch ist der kleine Rivierastaat Provinz und Metropole zugleich. Er hat seine Monarchisten und seine Reformer. Das sind nur vier von vielen Besonderheiten Monacos.

Der Vater bleibt dominant. Selbst am Nationalfeiertag kann Rainier III. es nicht unterlassen, seinem Sohn die Orden an der Brust gerade zu rücken. Vor den wachen Augen der Kameras. Die väterliche Geste ruft einen betretenen Du-hast-mich-ertappt-Blick des Sohns hervor. Zuvor hatte er noch staatsmännisch vom Palastbalkon gewinkt. Oder Rainier legt den Arm väterlich um Alberts Schultern, der sich seinem Vater entgegen neigt. Oder – so zu sehen auf dem offiziellen Staatsfoto, das in fast allen Geschäften und Amtsstuben Monacos hängt – der stehende Vater legt dem auf einem Stuhl sitzenden Sohn die Hand auf die rechte Schulter. »Es ist für mich eine normale väterliche Geste«, erklärt der Prinz. Niemals würde er ein kritisches Wort über seine Eltern verlieren. Anders als seine Schwestern.

Vater und Sohn wohnen im Palast zusammen, jeder in seinen Privatgemächern. »Sonst wäre mein Vater sehr einsam«, meint Albert. Zu Alberts Gemächern gehört auch das ehemalige Büro von Fürstin Gracia, das er übernommen, wenn auch ein wenig anders eingerichtet hat. Seine moderne Junggesellenwohnung im Park Palace mit Blick auf das alte Casino steht seit 1999 leer. Außer bei Bedarf. Er ist ausgezogen, als sein Vater die Herzoperation hatte. Eines von den Kindern musste in seiner Nähe sein. Die Wahl fiel auf Albert, der ohnehin einmal den Fürstenpalast beziehen soll. »Ich habe nichts dagegen. Es ist sehr komfortabel. Ich versuche Zeit für meinen Vater zu erübrigen, besonders wenn ich weiß, dass er sich einsam fühlt. Ich versuche ihn so oft wie möglich zu sehen. Wir reden viel miteinander.«

Wie denkt der Fürst über das Verhältnis? »Mit Prinz Albert wie mit den Prinzessinnen sind meine Beziehungen von Hilfsbereitschaft und Zärtlichkeit geprägt. Das schließt die Offenheit nicht aus. Ein Vater muss den Mut haben, seinen Kindern kleine Vorwürfe zu machen, die ihren Lebenswandel betreffen. Ich habe den einzigen Fehler erwähnt, den ich an Albert kenne. (Anm. d. Verf.: »Mein Sohn ist zu nett. In unserem Job muss man nein sagen können.«) Ich habe es ihm persönlich gesagt. Unsere Diskussionen sind immer offen und die Kritik konstruktiv. Unsere Beziehungen sind äußerst natürlich, spontan.«

»Meine Arbeit und meine Beziehungen zum Fürsten«, sagt der Erbprinz etwas förmlich, »sind zu jeder Zeit von größter Nähe. Totaler Nähe. Selbst wenn unsere ›Stundenpläne‹ es nicht erlauben, uns so oft zu sehen wie früher.«

Wie kann man sich die Gespräche zwischen den beiden vorstellen? Sind es Gespräche von Mann zu Mann oder von Fürst zu Erbprinz oder von Vater zu Sohn? Kinder bleiben Kinder, ein Leben lang. Zumal, wenn sie nie rebelliert haben. Man sieht die beiden eher als Lehrer und Schüler vor sich. Paradoxerweise wiederholt Rainier seit 1983: »Ich habe ihn schon oft um Rat gefragt, aber er mich noch nie.«

Trotz ihrer Verbundenheit bleiben Monsignore und sein Sohn ein gegensätzliches Paar. Allein ihr Habitus: Rainier ist ein gedrungener Typ mit dunklem, vollem Haar, braunen Augen und buschigen Brauen. Er ist ein Grimaldi. Albert hingegen ist ein Kelly-Kind, mit blassem Teint, hellen Augen, dunkelblondem, schütterem Haar. Der eine schreitet, der andere sprintet. Der eine steigt »majestätisch« aus dem Auto, der andere springt heraus. Der eine hebt die Hand zum fürstlichen Gruß, der andere winkt. Albert behält gerne eine Hand in der Hosentasche und wirkt im Ganzen lässig, um nicht zu sagen amerikanisch. Manchmal kommt er sogar dem Chauffeur zuvor, der ihm die Autotür öffnen will. Rainier fiele das nie ein. Der eine ist perfekt gekleidet, der andere nimmt die Couture nicht so genau. Und so weiter und so fort. Die Unterschiede sind natürlich auch den Generationen, nicht nur den Charakteren geschuldet.

Den Kaugummi hat Prinz Albert inzwischen aus seinem Stilrepertoire gestrichen. Das hängt mit dem Alter und seiner zunehmenden Sicherheit zusammen. Früher half der Chewing-Gum ihm, seine Nervosität zu bezwingen. »Dass man sich nicht irrt. Ich bin ein ›falscher Gelassener‹. Ich strahle große Ruhe aus, aber in mir …« brodelt es, kann man ergänzen. Eine Zeitlang hatte übrigens auch Stéphanie den Kaugummi-Tick bei öffentlichen Auftritten.

Nicht nur physisch, auch psychisch bleiben Vater und Sohn Gegensätze. Erbprinz Albert, so versichern einem spontan die Monegassen, ist offen und umgänglich. Anders als sein reservierter Vater. So sieht man den Erbprinzen händeschüttelnd auf dem Markt. Unbekannte sprechen ihn an, klagen ihm ihr Leid. Er hört zu, auch wenn ihn das – wie er gegenüber Biograf John Glatt gesteht – manchmal nervt, besonders, wenn er sich gerade einmal ein wenig zurückziehen möchte oder der Termin für andere Dinge vorgesehen ist. Dennoch verteilt er nette kleine Worte wie andere Blumen. Er gibt Autogramme, wo immer er gefragt wird. Ein Insider sagt: Im Gegensatz zum Fürst mag der Erbprinz das Bad in der Menge. Besser gesagt: Die Menge mag ihn. In seiner Heimat Monaco ist Albert das, was man seiner Mutter stets zugute hielt: »Das, was sie wirklich so besonders machte, war, dass der Durchschnittsmensch an sie herankam. Sie war zugänglich. Leute kamen stets vorbei, um ›Hallo‹ zu sagen, und es gefiel ihr zu lächeln und Hände zu schütteln.« Sie war zwar schüchtern, aber spontan und natürlich. Spontan und natürlich bleibt auch der schüchterne Prinz, wenn man ihn lässt und er eine vertrauensvolle Atmosphäre spürt. Dann versucht er zu scherzen, lächelt, zeigt seine Freude – und auch sein Erstaunen. Seine Mimik spiegelt seine Emotionen wider, im privaten Gespräch wie bei öffentlichen Auftritten. Das macht ihn sympathisch. Er ist bereits jetzt ein beliebter angehender Herrscher.

Sein Vater bewundert ihn deshalb – zumindest ein wenig – und staunt immer wieder darüber: »Er kommt den Menschen auf solch eine freundliche, nette Weise entgegen, dass man auch ihm so entgegenkommt.« Und ein Mitarbeiter besteht darauf: »Es ist nicht aufgesetzt. Keine Fassade.« Albert gilt als der herzensgute Prinz.

Rainier III. strahlt Autorität und Würde aus. Bewusst. Ihm einfach »Hallo« zu sagen, würde keinem in den Sinn kommen. Beim Fürsten meldet man sich an. Allenfalls Touristen wagen ihm leichtfertig zuzumurmeln, er sähe ja aus wie Fürst Rainier, ob ihm das schon mal jemand gesagt hätte? »Sie sind bereits der dritte heute«, pflegt dieser zu antworten, wenn er gutgelaunt ist.

Die Kinder, allen voran Prinzessin Stéphanie und Prinz Albert, tun es ihm in dieser Hinsicht nach. Sie spielen gerne in der Öffentlichkeit ihre eigene Doppelgänger-Rolle, um andere zu foppen und inkognito zu bleiben, um weiter in Ruhe einkaufen zu können oder in Restaurants zu sitzen. Aber diese Taktik zieht nur, wenn sie gut drauf sind. Denn sie erfordert einige Schauspielkünste und viel Selbstbeherrschung, um ernst zu bleiben.

Humor übrigens verbindet Vater und Sohn, ja, die ganze Familie. Seit ihrer Kindheit necken sie einander. Auf Außenstehende mögen die Scherze manchmal respektlos wirken. An Geburtstagen fliegen – wie im Zirkus oder in Filmkomödien – sogar Sahnetörtchen durch die Luft. Rainier und Grace liebten Tortenschlachten. So etwa bei ihrer Silberhochzeit, wie Biografin Anne Edwards, und nicht nur sie, bei ihren Recherchen im Palast etwas verwundert feststellt. Ein anderer Running Gag der Familie betraf Graces Filmkarriere: Zeitlebens zogen die Kinder ihre Mutter mit dem Mogambo-Film auf und zitierten daraus: »Ich wusste gar nicht, dass Affen auf Bäume klettern können.« Grace sagte einmal über ihren jungen Sohn: »In Alberts Gegenwart amüsiert man sich köstlich. Er ist ein ausgezeichneter Imitator.«

Spaß mögen also alle in der Grimaldi-Familie, und das auf allen Ebenen. Regieren ist für Albert zwar durchaus eine ernste Angelegenheit, »aber nicht unvereinbar mit Sinn für Humor. Humor ist eine wichtige Qualität, die es erlaubt, eine gewisse Distanz gegenüber einer nicht immer erfreulichen Realität zu wahren. Die Monarchie ist kein Synonym für Traurigkeit und meine angehenden Funktionen werden mich nicht daran hindern, ich selbst zu bleiben.« Das sagt er mit vierzig, betont seinen Sinn für Abenteuer und hebt seine Lebensfreude hervor, die aber »kanalisiert und im Palast dadurch nicht täglich zu spüren ist«.

Jeder von uns hat seinen eigenen Charakter und jeder regiert auf seine Weise, meint Albert. Der eine laut, der andere leise, möchte man ergänzen. Denn der Fürst kann hörbar zürnen, der

Erbprinz nicht. Der eine gilt als launisch, der andere als konstant ruhig. Das schätzen die engsten Mitarbeiter, obgleich einige auch beim Erbprinzen gewisse Empfindlichkeiten nicht ausschließen möchten.

»Wenn ich ihn so sehe, sehe ich immer Grace vor mir«, sagt Louisette Lévy-Soussan, 18 Jahre lang Privatsekretärin der Fürstin und zuletzt, vor ihrer Heirat, persönliche Sekretärin des Erbprinzen. »Sie haben das gleiche Temperament. Ich sehe ihn an und denke, ich kann sie sehen. Ich sage ihm etwas und er scheint nicht zuzuhören. Aber drei oder vier Tage später kommt er darauf zurück. Es ist genau die Art, wie seine Mutter war.« Und: »Mit ihm zu arbeiten ist leicht.« Ein schöneres Kompliment könnte sich Prinz Albert nicht wünschen.

»Ich habe meinen eigenen Stil«, verkündet eines Tages, gegen Ende der 90er Jahre, der Thronfolger mit sichtbar neuem Selbstbewusstsein. Seit 1995 suchte er diverse Consulting- und Image-Beratungsfirmen auf, um seine öffentlichen Auftritte und sein Standing gegenüber den Monegassen zu verbessern. Und um seinen Stil zu finden. Das legere Outfit zählt nunmehr zur Vergangenheit. Er wirkt heute seriöser, passt sich der Rolle des angehenden Herrschers über ein Fürstentum, das zugleich Finanzplatz ist, an. Auch wenn das Paar Regierungs-Schuhe, das er anziehen muss, damals noch immer eine Nummer zu groß erscheint. Aber im 3. Jahrtausend wächst er endgültig rein.

Je mehr der Prinz business-like gestylt wird, je sicherer werden seine Auftritte. Bald fühlt er sich im Anzug wie zu Hause und wagt es, sich zur Prime Time in Talk-Shows zu zeigen, die, wenn sie nicht vor der Ausstrahlung aufgezeichnet werden, keine Gnade kennen. Eine solche Show kann zur Höhle des Löwen werden ... Albert, der jahrelang das Rampenlicht und exponierte Stellungen im Showbiz scheute, setzt sich also an den runden Tisch, trotz Lampenfieber und nicht-einstudierten Antworten, zum Beispiel am 6. Mai 2002 auf TF 1, da ringt er in der Samstagabendshow, die dem Zirkus, einem Lieblingsthema Monacos gewidmet ist, manchmal sichtbar nach Worten. Es packt einen fast das Mitleid. Der Moderator hilft, springt in die Bresche. Er ist, wie er zum

Abschluss der Sendung lobt, äußerst angetan von der »simplicité«, der »Schlichtheit«, des Prinzen, der keinerlei Starallüren hat. Er zeigt sich menschlich, allzu menschlich. So gewinnt er seine Mitmenschen.

Der eigene Stil zeigt sich auch in der Bewältigung des Regierungsalltags. Der Erbprinz erläutert: »Mein Vater kommt ziemlich gut für einige Zeit alleine aus. Er kann alleine vor sich hinarbeiten, ohne Menschen für eine Weile zu sehen. Ich kann das nicht. Ich brauche Menschen um mich herum.« Zu dialogisieren und dabei zu delegieren, sprich: vertrauensvoll im Team zu arbeiten, ist sein Stil, seine amerikanische Seite. Wäre er wie sein Vater, dann wäre er absolutistisch. Anders ausgedrückt: Der eine, Albert, sucht die Demokratisierung der Macht, der andere, Rainier, die Monopolisierung. Wie er das macht? Rainier arbeitet »bündelweise« oder auch nach »Schubladenmanier«, erklärt ein Mitarbeiter dessen Schaffensweise. Jeder seiner Vertrauenspersonen weiß ein wenig, aber keiner kennt das ganze Projekt. Jeder Mitarbeiter füllt gleichsam eine Schublade zu seinem Schreibtisch, an dem er alleine thront und nach Bedarf die Fächer aufzieht, resümiert oder neu ordnet. Das macht er, der Fürst allein.

Prinz Albert hingegen braucht Menschen, die mit ihm ordnen. Das hat in seinen Augen nichts mit Entscheidungsschwäche zu tun, wie einige ihm unterstellen. »Das ist nicht der Fall. Aber ich muss verschiedene Meinungen anhören. Ich glaube, das ist eine Stärke. Wenige Menschen können anderen zuhören. Die meisten hören sich selbst zu. Ich höre zu und entscheide dann. Wenn ich ›ja‹ sage, dann meine ich, dass es notwendig ist. Nach reiflicher Überlegung. Mein Astralzeichen ist der Fisch. Und egal welchen Weg ich einschlage, ich schaffe es immer, mehr oder weniger, das mir gesetzte Ziel zu erreichen. Der Fisch gilt als ein kleiner Träumer. Er erweckt den Eindruck, er sei unsicher. Aber er weiß, wohin er geht. Ich auch.«

Dass er auf die Sterne zurückgreift, unterscheidet ihn noch einmal mehr von seinem »erdverwurzelten« Vater. Niemals würde dieser seinen »Zwilling« herauskehren. Schon gar nicht vor Journalisten. Die Astrologie überließ er seiner Frau. Ihre Kinder Albert und Stéphanie teilen ein wenig ihre Schicksalsgläubigkeit. Wobei es für einen Thronfolger mutig ist, seinen Faible für Astrologie einzugestehen. Der Hang zum Okkultismus vieler Staatsmänner ist zwar länglich bekannt, doch die wenigsten geben es zu.

Wie müssen wir uns Alberts Tagesablauf vorstellen? Er ist – wie schon erwähnt – Frühaufsteher. Morgens vor dem Frühstück geht er schwimmen oder joggen. Dann folgen drei bis vier Stunden Schreibtischarbeit. Zuerst wird die Post beantwortet, darunter Heiratsanträge und Bittbriefe. Dann geht er in seinem Lieblingsrestaurant im alten Monaco essen oder isst mit seinem Vater im Palast. Nachmittags werden Termine wahrgenommen. Im Schnitt sieht er drei bis vier Vertreter der verschiedenen Vereine, deren Präsident er ist. Es folgen die wöchentlichen Kabinettsitzungen mit dem Nationalrat und Fürsten. Und ein wenig Freizeit gibt es auch: »Ich habe die feste Absicht, mir Zeit für Freiräume zu lassen, Räume der Freiheit, der Stille. Sie sind wichtig für mein inneres Gleichgewicht. Morgen (Anm. d. Verf.: nach der Machtübernahme) wird das etwas schwieriger sein.« Wenn die abendlichen Repräsentationsverpflichtungen allzu spät werden, so steht er am nächsten Morgen eben erst um neun Uhr auf. Das ist königliche Freiheit. Aber ins Büro geht er täglich. Von Montag bis Freitag versteht sich. Gewissenhaft.

Während der Fürst gerne schriftliche Anweisungen verschickt und Briefe aufsetzt, präzise und detailliert formuliert, sendet der Erbprinz – als Kind seiner Zeit – lieber Mails oder greift zum Telefon und diskutiert. »Gewiss. Das stört meinen Vater. Musst du schon wieder stundenlang telefonieren, fragt er mich, wenn ich ans Telefon gehe. Das stimmt, ich telefoniere gern.«

Rainier ist pünktlich. Wer mit Albert verabredet ist, muss unter Umständen warten. »Statt Pünktlichkeit – die Höflichkeit der Könige, so die Wendung – ziehe ich die gut getane Arbeit vor. Ich würde niemals eine wichtige Arbeit abbrechen, nur um die Uhrzeit eines Rendezvous einzuhalten. Ich habe oft Verspätung. Das ist ein Fehler. Vielleicht ist es auch ein unbewusster Protest gegen die Strenge und die Anzahl meiner Verpflichtungen.« Wenn er etwas hasst, dann vollgestopfte Stundenpläne, ein Korsett.

Vielleicht ist er auch zu gewissenhaft, so dass er sich verzettelt. Seine Mutter war Perfektionistin. Als Albert den »Music Award« ins Leben ruft, beschwert sich eine Mitarbeiterin: »Er prüfte alles, aber auch alles nach.« Es war wohl auch die Angst vor Fehlern, die ihn das Projekt von A bis Z kontrollieren ließ. Denn es war seine erste, von der Regierung zu genehmigende Kulturarbeit, also eine Art Meisterprüfung.

Fürst Rainier hat vor allem eine Sorge angesichts seines netten, »zu netten« Sohns: Seit Jahren weist er auf »Courtisanen« und »Höflinge« hin. »Mein Vater hat mich gewarnt und mir gezeigt, wie ich echte Freunde von falschen unterscheiden kann oder könnte.« Zwei aus Alberts Freundeskreis gingen kürzlich mit seinem Namen bei unlauteren Geschäften hausieren. Der Fürst statuierte ein Exempel und ließ die »Freunde« seines Sohns ins Kittchen werfen. »Immer wieder warne ich den Prinzen.« Und der Prinz lernt die Lektion seit Jahrzehnten. Aber sie ist schwer für jemanden, der zutiefst an das Gute glaubt. Der Fürst hingegen hegt ein grundsätzliches Misstrauen gegenüber Menschen. »Ich vertraue nie ganz auf Freunde. Man glaubt gute Freunde zu haben und plötzlich hat man doch keine mehr ...«, sinniert er ein halbes Jahr nach dem Unfalltod von Grace. »Freunde kann ich an einer Hand abzählen.« Denn: »Ein Freund ist jemand, der einem jahrelang die Treue hält, ohne je einen einzigen Dienst von einem zu erbitten.« Diese fürstliche Definition ist selbst Caroline zu eng. »Das kann man so nicht erwarten«, widerspricht sie dem Vater. Albert erweist Freunden ausnehmend gerne einen Dienst.

Prinz Albert ist genau bis ins Detail. »Es stört mich, wenn ich Schulden habe, selbst zehn Francs gegenüber einem Freund. Wenn ich etwas verlege, unterbreche ich alles andere. Das kann oberflächlich wirken, aber es sind Prinzipien, an denen ich hänge und die große Bedeutung für mich haben.« Der Nichtraucher zieht ein kleines Feuerzeug aus der Hosentasche, auf dem steht: »Gestohlen von Prinz Albert.« Ein Scherz seinerseits, denn er hatte es satt, dass andere ihm regelmäßig die Feuerzeuge wegnahmen. Ehrlichkeit und Loyalität sind für ihn keine leeren Worte: Von anderen wie von sich selbst erwartet er das Gleiche.

Was Recht ist, muss Recht bleiben. Sein Vater ist in dieser Hinsicht etwas »großzügiger« in seinem Denken und Handeln, sofern es ihm zum Vorteil gereicht. Jean-François Revel, ein führender französischer Zeit-Kritiker, schreibt in seinen Memoiren: »(...) ich sehe noch Bobby (Robert) de Pomereu vor mir, wie er mich bat, einen Brief für ihn zu erstellen, adressiert an seinen Cousin Grimaldi (Rainier, Anm. d. Verf.), der trotz seiner Versprechen, sich weigerte, ihm nach der ersten Aufforderung ein Studio zurückzugeben, das Bobby ihm geliehen hatte. Über seine Mutter war Bobby auch ein d'Harcourt, eine Familie, über die der unrechtmäßige Studio-Besetzer auch über einige Ecken verwandt war. Als der Schreiberling, der ich war, die Rachemission des Grafen von Pomereu zu Ende gebracht hatte, ergänzte dieser mit eigener Hand die verächtliche Schlussfolgerung: ›Ich glaubte das Wort eines d'Harcourt bekommen zu haben und ich erhielt nur das Wort eines Grimaldis‹. Auf diese Art erfuhr ich, dass die Grimaldis von der Elite des Gotha nicht sehr ernst genommen wurden.«

Fürst Rainier eine Art Hausbesetzer? Wer hätte das gedacht. Prinz Albert ist nun dabei, das angeschlagene Wappen aufzupolieren, das Wort der Grimaldis wieder zum Ehrenwort zu machen. Manche nennen ihn bereits »Prinz Saubermann«.

Wer regiert eigentlich, fragt man sich, seit der Fürst schwer erkrankt ist? Albert, peu à peu, sagen die Mitarbeiter. Seit der ersten Bypassoperation seines Vaters 1994 nimmt er an allen Verhandlungen teil. Inzwischen sind die Verpflichtungen weit mehr geworden, denn der Zustand des Fürsten verschlechterte sich. Vielleicht könnte man den langen Weg Alberts auf den Thron mit einem Satz umschreiben: auf leisen Sohlen an die Macht. Offiziell steht der Erbprinz im Schatten des Vaters, aber Albert von Monaco wirft seinen eigenen Schatten voraus. Die alte Fürstengarde um Rainier sieht sich auf einmal einer jungen Prinzengarde um Albert gegenüber. Und die junge Opposition hat sich bereits einen Namen gegeben: »Versammlung für Vetternwirtschaft«, »Rassemblement pour la magouille« in Analogie zur alten RMR, der »Rassemblement pour Monaco«, der »Versammlung für Monaco«, die bis Anfang 2002 die einzige bedeutende Partei des Landes war. Der

Kampf der »Anciens et des Modernes«, der »Alten (Konservativen) und Modernen« kann beginnen und hat schon längst begonnen.

Spätestens 1997, als Albert die Leitung der 700-Jahrfeierlichkeiten übernimmt. Der stille Erbprinz setzt sich auf einmal behände durch, und schon bald rollen die ersten Köpfe, so etwa im nationalen Fußballclub des Fürstentums. Der, der 1999 geköpft wird, ist ein gewisser Jean-Louis Campora, seit 25 Jahren Präsident des Fußballclubs AS Monaco. Obwohl der 60-Jährige einer alteingesessenen Familie angehört, obwohl schon sein Vater Präsident des Fußballclubs gewesen ist, obwohl seine Schwester Bürgermeisterin von Monaco ist, obwohl er seit 1993 Präsident des Nationalrats ist, in dem die einzige Partei Monacos alle Sitze belegt, muss Campora auf Geheiß des Erbprinzen gehen. Er wird seines Amtes enthoben. Denn der einst renommierte Club, jahrelang an der Tabellenspitze, befindet sich im freien Fall. Schuld trägt Campora. Er hat gute Spieler, wie Thierry Henry, ohne Zustimmung ihrer Manager verkauft und den Club jahrelang auf »sehr persönliche Art« geführt. Zuletzt hat er sich sogar die Einmischung des Palastes in seine Geschäfte verbeten. Das war zuviel. Der sportliche Prinz lässt Taten folgen. Das Establishment gerät ins Wanken.

Der nächste Kopf, der rollt, ist der des Fernsehfestivalpräsidenten, obwohl es sich um den Ehemann der einst engsten Freundin von Grace handelt. Und es wurde die amtierende Spitze des Monegassischen Roten Kreuzes ausgetauscht.

Der einstige »stille Figurant bei den Nationalratssitzungen, der anwesend war, aber nie etwas sagte«, so ein Beobachter, wird mit 41 Jahren richtig entscheidungsfreudig; so wie es sich sein Vater immer von ihm gewünscht hat. Vielleicht wünschte er sich allerdings andere Entscheidungen.

Das frühere Schweigen des Erbprinzen in den Regierungssitzungen ist verständlich. Was sollte der Junge auch sagen in Anwesenheit seines herrschenden Fürstenvaters und der honorigen Sechzig-, Siebzig-, inzwischen fast Achtzigjährigen, die ihm am Sitzungstisch gegenübersaßen und zeitweilig noch sitzen? In der

Zwischenzeit hat der Erbprinz jedenfalls seine eigene Mannschaft aufgebaut. Zu ihr gehören 40- bis 50-Jährige, die sich teils aus Schulfreunden, teils aus Fußballkameraden seines »Barguians«-Club rekrutieren. Er sucht noch nach weiblichen Kandidaten, denn er will das Parlament feminieren. Die Regierung ist so gut wie vollständig, aber sie steht im Hintergrund. Vielleicht sagt auch der Krieg der Knöpfe etwas aus: Als Rainier III. Mitte der 90er Jahre schwer erkrankte, lief die Gerüchteküche auf Hochtouren. Aus dem Palast sickerte durch, man habe bereits mehrere hundert neue Knöpfe für die Uniformen und Livrees mit dem Monogramm des Erbprinzen bestellt. Scherzbolde meinten, die Initialen, »AG«, stünden für »Aktiengesellschaft«. Das klingt zeitgemäßer als die traditionelle Fürsten GmbH und entspricht mehr dem Temperament Alberts.

»Ich nenne ihn ›den Verkleideten‹«, charakterisiert ein Freund Albert, »er gibt ein Bild von sich, das ihm nicht wirklich ähnelt. Bald wird man ihn entdecken und dann: Achtung vor dem ›Kescher‹.« »Er ist anders, als er sich gibt. Er ist schlau wie alle Grimaldis. Wie Francesco Malizia«, spekuliert ein Unternehmer im Yacht-Club. Also ein Wolf im Schafspelz? Vielleicht verliert der Erbprinz auch nur langsam seine vielgepriesene Geduld. Vielleicht will er nicht mehr so recht mit dem Vater mitspielen. Also doch ein kleiner Spielverderber beziehungsweise einer, der neue Spielregeln aufstellt?

Offiziell aber ist der Prinz weiterhin zweitrangig und für zweitrangiges zuständig, der ewige »Vize«. Nur in der Außenpolitik hat er ziemlich freie Hand, da sein Vater nicht mehr reisen darf und mag. 1993 wird er vom Fürsten als offizieller Vertreter Monacos zur UNO entsandt. Das kleine Fürstentum ist gerade als Vollmitglied aufgenommen worden. In den Folgejahren sieht man den Erbprinzen unter anderem im Juni 1996 als Vertreter seines Landes in Südostasien, im Juli 1997 auf Königstour durch Malaysia, im Februar 1998 zur kaiserlichen Audienz in Japan, gefolgt von Kanada, Libyen, Brasilien. Eine offizielle Reise führt ihn Mitte 1999 nach China, wohin er auch im Jahre 2000 fährt. Dann sieht man ihn in Jordanien, Marokko, schließlich als dreitägigen Gast der Russischen Föderation im Juli 2001, wobei der Außenminister des Landes, Ivan Sergueew, es sich nicht nehmen lässt, Prinz Albert die Unterstützung Russlands bei Monacos Kandidatur für den Europarat zuzusichern. Sämtliche Reisen dienen selbstredend auch den Wirtschaftsinteressen Monacos. Im Winter 2001 weilt er auf Kuba, um ein Konsulat zu eröffnen.

In Russland sei der Besuch des Erbprinzen sogar der erste offizielle Staatsbesuch in der Geschichte der russisch-monegassischen Beziehungen, begeistert sich die russische Nachrichtenagentur ITAR/TASS. Besser hätte es der Erbprinz nicht treffen können, so macht er sich auf seinen Reisen einen Namen. Albert von Monaco reist als echter Staatsmann, und eine Hochrechnung ergibt, dass der Erbprinz schon jetzt mehr unterwegs gewesen ist als sein Vater während seines ganzen Lebens.

Nicht, dass der Fürst von Natur aus weniger reisefreudig war. Nur die Innenpolitik hatte jahrzehntelang Vorrang. Das Fürstentum musste aufgebaut werden; Prinz Rainier der »Erbauerfürst«.

So ist es ganz folgerichtig, dass der Erbprinz die Außenpolitik übernimmt. Werbung für sein Land liegt ihm. Auch wenn er keine charismatische Persönlichkeit ist, erweckt er Vertrauen. Er weiß, was er verkauft. Er hat mehr als die obligaten Medaillen und Orden – vielleicht sogar einen Satz Sonderbriefmarken – und Geschirr mit seinen Initialen im Reisegepäck. Als Quasi-Staatsoberhaupt hinterlässt Prinz Albert bereits bleibende Eindrücke auf allen fünf Kontinenten.

Erstmals empfing die S.B.M. im Herbst 2001 eine chinesische Delegation von Journalisten, die »diesen kleinen Vogel, der fliegt«, wie sie poetisch meinten, bestaunten. Der Erbprinz hatte sie neugierig gemacht.

Und so, wie er in Übersee als »Crown Prince« Monacos agiert und sich zumeist der guten Presse sicher ist, denn niemand wird ihn dort mit seinem (unbekannten) Vater vergleichen, so kann er sich seines guten Rufs in der Lokalpresse am Mittelmeer, von Genua bis Nizza, sicher sein: Aufwändige Hochglanzmagazine spiegeln das ungeheure Arbeitspensum wider, das der Erbprinz tagein, tagaus, auf Vernissagen, Kongressen, bei Geschäftsessen in verschiedenen Clubs, bei Jubiläen, auf Partys, als Schirmherr hier, als (Ehren-)Präsident dort, absolviert. Er trinkt mit der deutschen Biergilde in Monaco, spielt Pétanque bei den dazugehörigen Meisterschaften und frühstückt mit den Unternehmern der Jungen Handelskammer Monacos, ganz zu schweigen von all den Stars und Millionären, bei deren Galas er immer dabei ist. Er besucht, so sagt er, »über 350 Veranstaltungen« pro Jahr. An der Riviera wird er fotografiert, zitiert, gelobt. Die Medien, bei denen der Fürst seine Hand und sein Geld im Spiel hat, sind seine Werbetrommeln. Sie bieten eine retuschierte Nahaufnahme des Erbprinzen – ohne dessen Probleme. An der Riviera ist Prinz Albert bereits der ungekrönte »König«.

»Hat er politische Vorbilder?«, fragt ein Journalist von *Paris-Match*. Prinz Albert: »John Kennedy. Selbst wenn seine Präsidentschaft umstritten war, ist er einer der großen Männer der modernen Geschichte. Der Lebensweg von Tony Blair ist bisher beeindruckend. Aber ich finde, heutzutage fällt man zu schnell Urteile. Ich glaube, man braucht mehr Abstand, sowohl wenn man über die Menschen als auch über ihre Taten urteilt. (…) Ich identifiziere mich mit keinem Politiker. Ich habe meinen eigenen Ehrgeiz, der darin besteht, bestens dem Fürstentum zu dienen und meiner Aufgabe.« Sein Vater war übrigens ebenfalls ein Bewunderer von John F. Kennedy. Die Kennedys waren Freunde des Fürstenpaars. Und wie diese gelten sie als »verfluchte Familie«, als Clan, deren Schicksal vorherbestimmt ist …

Hat der Erbprinz eigene Zukunftsideen? Eher vage kündigt er an, dass er »die bisherigen Domänen, die Monacos Erfolg ausmachten, wie der Tourismus, das Bankwesen, die Industrie, die Forschung in seiner Politik fortsetzen wird«. Er will seinem Vater nicht zu nahe treten. Er ist sich seiner delikaten Situation bewusst: »Sage ich zu viel, denken die Leute, ich will meinen Vater aus dem Amt vertreiben, sage ich zu wenig, denken sie, ich habe keine eigenen Ideen.« Und: »Ich weiß, ich bin gefangen. Sage ich etwas, was von der Entscheidung meines Vaters abweicht, dann sagen sie, ich will seinen Platz einnehmen. Sage ich nichts, denken sie, ich bin dumm.« Die Stimme klingt etwas unsicher, wie immer, wenn es um seinen Vater und um das Regieren geht. Das linke Auge zuckt nervös. Die Gesten werden immer ausholender. So schweigt Prinz Albert auch zu der letzten Auseinandersetzung Monaco versus Frankreich im Sommer und Herbst 2001, als der alte Fürst wieder einmal vehement die Unabhängigkeit seines Landes von Frankreich fordert. Noch immer sieht dieser seinen Jugendtraum der totalen Souveränität nicht verwirklicht.

Der Erbprinz sitzt seit Jahren in der politischen Klemme, das heißt zwischen zwei Stühlen: De facto regiert er. Aber offiziell regiert er nicht. Er gibt Entscheidungen vor, aber letztlich entscheidet sein Vater. Im Fürstentum wirkt Prinz Albert derzeit als »Graue Eminenz« im Hintergrund. Diese aber haben oft mehr Einfluss als man denkt. Vielleicht liegt ihm aufgrund seines bescheidenen und zurückhaltenden Temperaments diese Rolle auch. Zumal ihm die Passion seines Vaters fürs Regieren fehlt. Albert besteigt den Thron nur, wie er wiederholt eingesteht, weil die Pflicht ihn ruft: »Ich habe niemals an der Zukunft als Erbprinz gezweifelt, denn ich wusste, es ist meine Pflicht. Abzulehnen wäre möglich gewesen, aber die Folgen für das Fürstentum wären so gewesen, dass ich einfach nicht zögern konnte. Ich habe mich niemals sonderlich von öffentlichen Ämtern angezogen gefühlt. Das ist auch heute noch der Fall.« Man fühlt sich an Friedrich den Großen erinnert, der einmal sagte: »Wie verabscheue ich dieses Handwerk, zu dem mich der blinde Zufall meiner Geburt verdammt hat.«

Einmal, ein einziges Mal, lässt der angehende Fürst im Interview die Katze aus dem Sack: »Ich werde versuchen ein lockerer Herscher zu sein, wenn es mir möglich ist. Ich werde mit meiner Zeit gehen, lässig, wenn es erforderlich ist. Mein Leben besteht nicht nur aus Protokoll. (...) Wenn man morgen das Protokoll ändern müsste und ich hielte es für gut, würde ich nicht zögern, es zu tun. Aber es gibt einen gewissen Glanz von Zeremonien, der aufrecht erhalten bleiben muss, um die Traditionen fortzusetzen, die auch Teil des Fürstentums sind.«

Eine gewagte Aussage, wenn man bedenkt, dass Fürst Rainier es war, der das Protokoll in Monaco wieder eingeführt hatte: »Das Protokoll ist dazu da, um die guten Manieren zu ersetzen, die es praktisch nicht mehr gibt«, erklärte er damals. »Das Protokoll ist eine Garantie gegen den Exzess an Vertraulichkeiten. Jedes Individuum hat das Recht im Leben auf seinen Anteil an Respekt. Selbst ein Fürst.« Der Fürst nahm es mit dem Protokoll ein Leben lang genau, wobei das monegassische Protokoll fast harmlos beziehungsweise mediterran locker erscheint im Vergleich zu jenem des englischen Königshauses.

1983 wagte Fürst Rainier einen Blick in die Zukunft: »Je tragischer sich die Geschehnisse zuspitzen, um so mehr erscheint mir Monaco als Oase der Sicherheit. Er (Albert, Anm. d. Verf.) wird vielleicht nicht mehr Probleme haben als ich, als ich auf den Thron stieg. Nur sind seine ohne Zweifel viel komplexer. Am wichtigsten ist, dass er sich bereit fühlt für den Posten. Und dass er nach unserer Devise regiert, Deo Juvante. Mit Gottes Hilfe.«

Das letzte Wort hat der Prinz: »Man braucht immer Gottes Hilfe. Aber ich hätte den Titel Erbprinz nicht akzeptiert, wenn ich geglaubt hätte, ich könnte ihn nicht erfüllen.« Mit vierzig tritt er aus dem Schatten seines Vaters heraus.

Im Schatten zweier ungleicher Schwestern

Ein spanischer Journalist schrieb einmal: »Es gibt drei Arten von Prinzessinnen: die Märchenprinzessinnen, die echten Prinzessinen und – die Prinzessinnen von Monaco.« Der Autor sprach eigentlich nur aus, was viele dachten. Die Prinzessinnen des Fürstentums sind Prinzessinnen besonderer Art. Man mag sie oder mag sie nicht.

»Warum schätzen Sie eigentlich die Grimaldi-Töchter nicht? Was haben Sie gegen die Prinzessinnen von Monaco?« Die knapp sechzigjährige Dame von französischem Hochadel sucht nach passenden Worten: »Sie benehmen sich, nun ja, wie soll ich sagen, nicht ganz – hm –, prinzessinnenhaft.« Sie schickt einen beschwörenden Sie-verstehen-mich-doch-recht-Blick hinterher. Als Mitglieder des Hohen Adels nehmen sich die Grimaldi-Schwestern Freiheiten, die gegen die überlieferte Adels-Etikette verstoßen.

Das verstört und empört. Denn von Verstoß bis Dekadenz ist es nur ein kleiner Schritt. Hinzu kommt: Man spricht nicht gerne über – ungehörige – Angehörige der Schicht, jedenfalls nicht vor anderen, nicht gegenüber Außenstehenden. Im Innenleben der Kaste sieht es anders aus.

Die beste Werbung für Monaco sind jedoch, seit dem Tode von Fürstin Gracia, ihre beiden Töchter, die lebhaften Schwestern von Prinz Albert. Das Glück und Leiden der Prinzessinnen Caroline und Stéphanie interessieren zig-Millionen Leser auf der Welt. Durchschnittlich jeder fünfte Titel der deutschen Ausgabe der *Gala* ist einer von ihnen gewidmet. Das Leben der Schwestern bildet einen mehr oder weniger interessanten Fortsetzungsroman. *Paris-Match* bezeichnete einst die Familiensaga der Grimaldis als das französische »Dallas«. Nur dass dieses »Dallas« nicht für den Bildschirm geschrieben wurde, sondern von den Mitgliedern der Dynastie in eigener Regie inszeniert wird. Die Frauen sind derzeit die treibende Kraft in dieser Geschichte. Sie bringen das Fürstentum ins Gespräch. Jede auf ihre Art.

Es gibt kaum ein gegensätzlicheres Schwesternpaar als Caroline und Stéphanie. Acht Jahre trennen sie voneinander. Auch wenn sie eigentlich aufgrund des Altersunterschieds außer Konkurrenz stehen müssten, grenzen sie sich bewusst voneinander ab. In ihrer Kindheit geschah das natürlich noch unbewusst; nachdem sie aber ihren Stil als Prinzessin, Ehefrau und Mutter gefunden haben, ganz gezielt. »Meine Schwestern sind beide Wassermann«, sagt der astrologiegläubige Prinz Albert, »aber sie sind so verschieden.« Wer es genau wissen will: Caroline gehört zur ersten Dekade des Wassermanns, Prinzessin Stéphanie zur zweiten.

Vielleicht ähneln sie in ihrer Gegensätzlichkeit den englischen Königshaus-Schwestern Elizabeth und Margaret. Wie bei diesen ist die eine, Caroline, Modell, die andere, Stéphanie, Rebell. Die eine verkörpert den Geist, die andere das Gefühl. Die eine wird geschätzt und respektiert, die andere nachsichtig geliebt.

»Ich bin ein höflicher Mensch und lasse meinen Schwestern den Vortritt«, erklärt Prinz Albert auf die Frage, warum er auf Fotos zumeist hinter seinen Schwestern steht. Den Vortritt lässt er ihnen auch in den Medien: von seiner Geburt 1958 bis Oktober 2001 verbuchte der Erbprinz nur 17 Titelstories in *Paris-Match*. Aber allein 93 Titelseiten widmete die Illustrierte Prinzessin Caroline und 54 Prinzessin Stéphanie. Wie machen sie das?

Prinzessin Caroline – Mit Chic, Charme und Chanel

Caroline Louise Marguerite ist wie alle Kinder des Fürstenpaares ein »Palastkind«. Hier wird sie am Mittwoch, dem 23. Januar 1957, geboren. Das Ärzteteam – Profesor Hervet aus Paris, sekundiert von drei Assistenten, zwei Hebammen und vier Krankenschwestern sowie einer Anästhesistin – hat sein Bestes gegeben. Es geht gut. Der gute Reverend »Vater Tucker«, der »Schutzengel« der Fürstenfamilie, hatte zwei Tage lang in der Palastkapelle für das Kind gebetet.

Etwas früher als geplant kommt Caroline zur Welt, aber das Geburtszimmer – die in »Glück und Wohlstand« bringendem »Irisch-Grün« ausgestattete ehemalige Bibliothek – ist fertig. Ihr gelb-weiß tapeziertes Kinderzimmer auch. Es ist von Star-Dekorateuren eingerichtet worden. 21 Salutschüsse verkünden gegen elf Uhr die Ankunft der 3,730 Kilo schweren und 51 Zentimeter großen Caroline von Monaco. Die Kirchenglocken läuten, die Schiffssirenen im Hafen heulen, die Monegassen jubeln. Es gibt Hupkonzerte und Menschenaufläufe. Autos, die heute wie Oldtimer wirken, brausen mit Aufschriften »Vive la Princesse Caroline« quer durch das Fürstentum Richtung Palast. Anwohner beugen sich aus den Fenstern, winken mit weiß-roten Fähnchen. Sämtliche Häuser und alte Villen sind in minutenschnelle mit den Farben Monacos und den der Vereinigten Staaten Amerikas geschmückt.

Das Fürstenpaar ist überglücklich. Der Fürst persönlich verliest die förmlich verfasste Geburtsmeldung über Radio Monte Carlo. Er erlässt eine Amnestie für die Gefangenen. Aber nur ein einziger sitzt ein und kann davon profitieren. Es gibt schulfrei für die Kinder. Und Champagner für alle. Monaco ist im Freudentaumel. Monaco ist ein Fest. Auf dem handgeschriebenen fürstlichen Aufruf zur »Kundgebung der Freude!«, der am Palasteingang gegen Mittag ausgehängt wird, wartete keiner; gefeiert wird schon vorher.

Gerade mal 51 Stunden ist die Prinzessin alt, als auf Télé Monte Carlo ein 16-Millimeter-Film von ihr gezeigt wird, den der stolze Vater mit seiner Heimkamera gedreht hat. Auf diese ganz persönliche Weise stellt er seine Tochter den »Untertanen« vor. 15 000 Fernseher glimmen damals an der Côte d'Azur. Den ersten Auftritt seiner Tochter in der Öffentlichkeit hat er unter Kontrolle.

Die Geburt lockt genauso viele Journalisten an wie damals die Hochzeit des Fürstenpaares. Über tausend drängeln sich bei der einberufenen Pressekonferenz. Der Fürst fährt in einem himmelblauen Lancia vor und enthüllt den Reportern die historische Wiege, in der auch er schon lag und in die nunmehr Prinzessin Caroline gelegt wird: »Empire-Stil, vergoldetes Holz mit Seide bezogen.« Das macht sich gut, zumindest für das offizielle Foto. Ansonsten ruht Caroline in einer ordinären Weidenwiege wie andere Babys auch.

Wären Druck und Ruf nach einem männlichen Erben nicht spürbar, es wäre alles bestens. Die junge Prinzessin ist durchaus, verfassungsrechtlich gesehen, legitime Thronnachfolgerin. Sie könnte die Aufgabe auch sehr gut leisten, wie sich in ihrer Vita zeigen wird. Aber was dagegen spricht, ist die Tradition. Und Tradition ist Tradition. So murrt Vater Kelly über den Atlantik: »Ich hätte lieber einen Jungen gehabt.« Er ist nicht der Einzige. Die unzähligen blauen Babyhöschen, die das Fürstenpaar vor der Geburt erhält, bestätigen es.

Grace hingegen ist in diesem Moment nicht Fürstin, sondern einfach nur Mutter und ihr ist die Geschlechtsfrage egal. Aber auch sie stellt klar: »Wenn wir später einen Jungen bekommen, wird er der Erbe des Fürstentums werden. Aber er wird uns niemals wichtiger oder lieber werden als die anwesende Erbin, unsere Erstgeborene, Caroline.« Sie versucht Wort zu halten.

Caroline wird von ihrer Mutter umsorgt, gestillt, gewindelt. Zwar gibt es offiziell ein Kindermädchen, Margaret Stahl, die sich unter immerhin 400 Bewerberinnen behaupten konnte, aber

Grace möchte am liebsten alles selbst machen. In ihrer gesellschaftlichen Position geht dies allerdings nicht.

Am 3. März 1957 ist die Taufe. Knapp fünf Wochen ist die Prinzessin alt. Commandant Cousteau schickt Seepferdchen und Tintenfische. Der Mutter allerdings geht es bald nicht mehr so gut, denn sie ist nach drei Monaten, im Juni, schon wieder schwanger. Am 14. März 1958 wird Bruder Albert geboren. Der Altersabstand unter den beiden Geschwistern ist extrem gering. Die kleine, eigenwillige Prinzessin kann nur ihren ersten Geburstag alleine genießen. Und eifersüchtig ist sie, wie die bereits erzählte Blumenstrauß-Anekdote beweist.

»Jede Sekunde, die man sich um Albert kümmerte, beobachtete sie argwöhnisch«, erzählt ein Vertrauter der Familie. Den Jubel um seine Geburt hat sie erfasst, wenn auch nicht ganz verstanden. Albert und Caroline werden von Stund an raufen und sich als Konkurrenten sehen. »Wir waren wie Hund und Katze« beschreibt die Prinzessin als erwachsene Frau die geschwisterliche Beziehung. »Jede Gelegenheit war recht.« Sie, Caroline, ist es meistens, die den Bruder herausfordert und siegt.

Mit vier Jahren kann sie reiten. Mit sechs wird eine Hauslehrerin in den Palast geholt. Die junge Frau, gerade erst zweiundzwanzig Jahre alt, dynamisch, kinderlieb, aufgeschlossen, aber pädagogisch nicht so erfahren, unterrichtet die Mini-Gruppe von fünf bis sechs Kindern. Caroline ist die pfiffigste von allen. Ihre Intelligenz besticht nicht nur die junge Lehrerin. Sondern jeder, der ihr begegnet, ist von ihr beeindruckt. Die junge Prinzessin fällt auf: Sie ist lebhaft, neugierig, lacht viel. Und sie hat damals schon natürliche Klasse. In der Öffentlichkeit wie auch Zuhause.

Wurde Caroline auch im Fürstenpalast geboren, so achten die Eltern jedoch bei allen Kindern darauf, dass sie keine »verwöhnte Royals« werden, wie sie betonen. Die Grimaldi-Geschwister wurden zwar mit dem sprichwörtlichen »goldenen Löffel im Mund« geboren, aber sie sollen sich dessen auch bewusst werden und ihn sich »verdienen«, meint das Fürstenpaar.

Um sie nicht zu realitätsfern aufwachsen zu lassen, schicken sie Prinzessin Caroline nach zwei privaten Unterrichtsjahren im Palast in die allgemeine örtliche Schule. Sie wählen die von Schwestern geleitete katholische Privatschule »Dames de Saint-Maur«.

Obwohl Caroline sich zunächst freut, endlich in Gesellschaft Gleichaltriger zu sein, stört es sie sehr, dass sie nicht alleine zur Schule gehen darf, sondern immer von der Mutter und den Bodyguards begleitet wird. Auch ist sie bald enttäuscht, dass sie kaum Freunde findet, denn, wie sie rückblickend feststellt: »Wer spielte schon gerne mit einem, wenn man vor dem Spielkameraden zur Begrüßung knicksen musste.« Grace, obwohl sie eigentlich ihre Kinder mit anderen in Kontakt bringen möchte, erlaubt dennoch selten den Besuch von Gleichaltrigen im Palast. Vielleicht wird es ihr zuviel, vielleicht geht es nicht ganz so unprotokollarisch, wie sie es gerne gewünscht hätte, vielleicht hat sie auch einfach Angst um ihre Kinder. Caroline vermisst jedenfalls in ihrer Jugend das Zusammensein mit Freundinnen. Geplante Verabredungen werden hinausgeschoben mit einem »Hm, ja – vielleicht morgen«. Ein »Hm ja« bedeutete in der Regel ein »nein«.

Ihre Mutter hat nun einmal feste Prinzipien, wie sie freimütig einem Journalisten erklärt: »Es tut mir Leid, Ihnen sagen zu müssen, dass ich sehr streng mit meinen Kindern bin. Wir geben ihnen eine Menge Liebe, aber auch genauso viel Disziplin. Es scheint gut zu wirken.« Nach dem Kelly-Motto fördert sie bei allen Kindern frühzeitig den Sport: »Wer die Disziplin des Sports kennt, macht weniger Dummheiten!«

Caroline wird Tennis spielen, schwimmen, vor allem reiten und Ballett tanzen und dabei höchst diszipliniert und auch ehrgeizig an der Ballettstange trainieren. »Wie viele junge Mädchen bekam ich früh Ballettunterricht. Mit vier Jahren beschloss ich, Balletttänzerin zu werden«, sagt sie lachend. »Vielleicht ein wenig früh, finden Sie nicht? Aber ich wusste, es gefiel mir.« Ballettstar Ghislaine Thesmare bestätigt: »Ich habe sie mit 15 Jahren gesehen: entschlossen, enthusiastisch. Sie war äußerst begabt. Sie hätte Ballerina werden können.« Sie wird es nicht, denn die Eltern sind dagegen.

Nach dem Tod ihrer Mutter wird Prinzessin Caroline jedoch das Ballett Monte Carlo aufbauen, es mit Herz, Engagement und

Sachkenntnis leiten, es international bekannt machen und auf dieser Ebene ihr Talent verwirklichen. Das Ballett Monte Carlo ist schon heute Carolines bleibendes Vermächtnis in der Kunst- und Kulturgeschichte des Fürstentums.

Wie alle Töchter aus gutem Hause nimmt die junge Prinzessin auch Klavierstunden. Mit der Zeit schafft sie es sogar zur guten Haus-Pianistin, während Albert den Unterricht bald wieder aufgibt, da er angeblich zu unmusikalisch ist. Wir wissen aber, dass er später, während seiner Studien in den USA, erfolgreich im Uni-Chor singt.

Caroline empfindet ihre Eltern zwar insgesamt als sehr, sehr nett, aber eben auch als streng. Manchmal vielleicht zu strikt, wie sie sagt. »Unsere Eltern konnten sehr streng sein, fordernd, aber sie verziehen einem immer.« Ein Leben lang. Egal welche Dummheiten die Kinder machten oder in welche Schwierigkeiten sie gerieten, das Fürstenpaar versuchte stets, verständnisvoll zu bleiben. Aber Rainier und Grace setzten auch Grenzen. Manchmal vergebens. Denn die Revolution Jugendlicher macht auch vor Palasttüren nicht halt, schon gar nicht im Falle der Grimaldi-Prinzessinnen.

Als sie ein Teenager wird, verfolgt die Presse die junge Prinzessin immer mehr. Sie ist attraktiv, modisch gekleidet und lebt nicht völlig abgeschirmt im mondänen Monaco. »Mama versuchte uns zu trösten und sagte, gut, wir können nichts dagegen machen. Aber seht es so: Ihr seid hübsch. Wärt ihr hässlich, dann würden die Journalisten sich nicht für euch interessieren.« Es war nur ein kleiner Trost für Caroline und Stéphanie. Sie hätten lieber ihre Ruhe gehabt.

Caroline ist das Vorzeigekind unter den drei Geschwistern und wird es ein Leben lang bleiben. Sie scheint auf allen Gebieten begabt, fast perfekt. Schon früh zeigt sich, dass Caroline auch Sprachen scheinbar mühelos beherrscht, während ihr Bruder mit Sprechschwierigkeiten zu kämpfen hat.

Im Ganzen ist Prinzessin Caroline von klein auf eine selbstbewusste, starke, aber damit auch erdrückende Persönlichkeit für Albert, der stets mit ihr – wenn auch oft unausgesprochen – verglichen wird. Überdies ist er dem Druck eines Erbprinzen ausgesetzt. Er muss aufholen, sein wie sie, wenn nicht gar besser, denn er ist der Thronfolger. Dass er ein gutes Jahr jünger ist, vergessen viele, auch seine Eltern: Caroline wiederum wäre gerne Thronerbin gewesen, denn die Momente, in denen der Erbprinz die öffentliche Aufmerksamkeit auf sich zieht, neidet sie ihm. Von Kindesbeinen an. Unbewusst. Sie liebt die Verantwortung und vor allem öffentliche Auftritte. Als kleines Mädchen macht sie Hofknickse, überreicht Blumen – nicht immer, wann sie soll, sondern wann sie will, aber in jedem Fall mit ungezwungener Souveränität. Sie darf sogar, so jung wie sie ist, die Gäste im Palast empfangen. »Ich war sehr stolz darauf, aber machmal brachte ich die mir gegebenen Instruktionen durcheinander. Eines Tages sollte Kardinal Tisserand (…) zu Besuch kommen und man hatte mir empfohlen, ihn ›Eminenz‹ zu nenen. Aber als ich ihn mit seinem langen Bart kommen sah, rief ich spontan aus ›Guten Tag, Weihnachtsmann‹.«

Prinzessin Caroline bewegt sich von Kindesbeinen an zwischen Stars und Staatsmännern, Hollywood- und Operndiven, Millionären und den alten Schulfreundinnen ihrer Mutter. Auch den Palastangestellten stehen die Grimaldi-Kinder nahe. Die Eltern halten sie an, sich immer nach dem Befinden des Sohns oder der Tochter eines Bediensteten zu erkunden. Rainier und Grace tun das Gleiche, sind dem Personal gegenüber aufmerksam, geben Geburtstagsgeschenke, organisieren ein jährliches Fest für das Personal.

Es ist eine gesellschaftlich breite Palette von Menschen, die Caroline im Fürstenpalast umgibt und die in anderen Königshäusern so nicht existiert. Diese Gesellschaft gibt der neugierigen Caroline ihre natürliche Selbstsicherheit. Mit ihrer Mutter steht sie schon früh im Blitzlichtgewitter der Fotografen, während Vater und Sohn fast »pro forma« von den Reportern mit fotografiert werden. Das ist jenen nur allzurecht, denn beide Männer sind schüchtern und halten sich lieber bedeckt.

Obwohl Caroline von der Presse gelobt wird, und man lange keinen Tadel an ihr sieht, empfindet sie doch Druck, großen Druck sogar. Aus anderen Gründen allerdings als Albert: »Prinzessin zu sein, war schon eine schwere Verantwortung. Aber Prinzessin und Tochter von Fürstin Grace zu sein, war doppelt so schlimm.« In jeder Hinsicht betrachtet sie ihre Mutter als Referenz: »Angefangen beim kleinsten Detail bis zu den wichtigsten Dingen.«

Grace war als Mutter und Fürstin die Pflichterfüllung und Perfektion in Person. Grace war in allem der Maßstab. »Meine Mutter ist schön, aber ziemlich reserviert. Ich finde es manchmal schwer, die Dinge zu tun, die eine Mutter von einem erwartet«, sagt Caroline noch zu Lebzeiten von Grace. Diese war korrekt, bestand immer wieder auf Benehmen: »Sitz gerade«, sagte sie oft, und: »Privilegien müssen verdient, nicht angenommen werden.«

»Sich kümmern und die Kinder sich nicht selbst zu überlassen«, ist eines von Graces Erziehungsprinzipien. Sich nicht zu kümmern, wäre »das Schlimmste, was ihnen passieren könnte«. Kümmern bedeutet aber für Grace, die selbst ruhelos ist, ständig aktiv zu sein und Aktivitäten anzuregen. »Mutter konnte noch nicht einmal fünf Minuten untätig sein«, erinnert sich Caroline. »Ich kann das wunderbar. Mich in einen Liegestuhl zu legen und einfach nichts zu tun.«

Ihre drei Sprösslinge bezeichnet Grace als »süße, kleine Juwele«, aber Caroline obendrein als »sehr eigensinnig«. Und gesteht: »Ich hätte sie manchmal schlagen können.« Caroline sagt, als Teenager habe sie immer geglaubt, ihr Vater sei strenger als alle anderen Väter und ihre Mutter konservativer: »Ich durfte nie einen Bikini tragen wie andere Gleichaltrige. Mama fand, das schickte sich nicht. Ein Einteiler sei besser.« Auf alten Fotos aber sieht man sie in einem flotten grünen Bikini. Man weiß nur nicht, wieviel Energie es die junge Prinzessin gekostet hat, darum zu kämpfen.

Mit 14 Jahren, also 1971, wird Caroline auf die katholische Privatschule St.-Mary-School ins Ausland geschickt. Das teure Internat liegt nahe dem englischen Ascot. Die Trennung von den Eltern fällt nicht leicht. Saint Mary ist eine Mädchenschule mit ausgezeichnetem Ruf, den sie auch noch heute genießt. Das nahe gelegene Ascot ist eine Landidylle mit hundertjährigen Bäumen, weiträumigen Parkanlagen und Pferden. Diese Umgebung gefällt der Prinzessin. Caroline wird nach ihrer Heimkehr Rainier sagen, dass sie gerne mit Pferden auf dem Lande leben würde. Den Traum wird sie sich später selbst erfüllen.

In St. Mary unterhält Caroline ausgezeichnete Beziehungen zu ihren Lehrern, vor allem zu einer Klassenlehrerin, mit der sie jahrelang im Austausch bleibt. Ihr englisches Abitur – mit Fremdsprachenschwerpunkt Französisch – besteht sie glänzend. Alles in allem macht sie nur positive Erfahrungen. Dennoch werden keine ihrer Geschwister je wieder so weit und so lange während ihrer Schulzeit von zu Hause entfernt leben, denn vor allem die Eltern leiden darunter. Zu oft ist Rainier am Wochenende zur Tochter nach England gefahren, zu oft haben Caroline und ihr Vater miteinander telefoniert und erfahren, was zu frühe Trennung bedeutet. Die Eltern versuchen zwar mit Stéphanie noch einmal notgedrungen die Trennung, um ihr die familiären Probleme der älteren Schwester zu ersparen, aber das für Stéphanie ausgewählte Internat liegt in der Umgebung von Paris – und erweist sich als pädagogischer Missgriff, so dass die Prinzessin bloß ganze drei Monate dort bleibt.

Zwei Jahre später, im Juni 1973, macht Caroline ihr französisches Abitur mit nur sechzehn Jahren im Pariser Vorort Boulogne. Den ersten Teil der Prüfungen hat sie zuvor am Französischen Gymnasium in London abgelegt. Den zweiten Teil bestreitet sie in der von katholischen Schwestern geleiteten Privatschule Dames de Sainte-Maur, deren »Zweigstelle« sie auch in Monaco besuchte. Es ist ein literarisches Abitur, Bac A, das auch Albert wählen wird. Sie schließt es mit »gut« besser als ihr Bruder ab.

Die Familie, das heißt Grace und Töchterchen Stéphanie, folgen Caroline nach Paris. Grace möchte ihren Teenager nicht ohne Aufsicht lassen, obwohl oder weil sie weiß, wie selbstständig ihre Tochter ist. Caroline schreibt sich nach dem Abitur für die Fächer Philosophie und Psychologie an der berühmten Pariser »Sorbonne« ein und für Politische Wissenschaften an der renommierten Universität »Sciences Po«. Sie gilt als die Intellektuelle der Familie. Anfangs besucht sie eifrig die Kurse, dann aber immer unregelmäßiger. Einen Abschluss macht sie nie. Auch nicht in ihrem Lieblingsfach Psychologie. Zu sehr lockt sie auf einmal das Leben.

Paris scheint um so vieles lebendiger, jugendlicher, ungezwungener als das Fürstentum. »Wir waren alle ein wenig verliebt in sie«, erinnert sich ein besonders aufgeschlossener Marquis. »Sie besuchte unsere Feste, oft umringt von einem Schwarm Männer. Sie hatte Klasse, war amüsant und hübsch. Aber sie blieb nie lange.« Bald werden die standesgemäßen Feste definitiv von Pariser In-Diskotheken, wie Régine und Castel, abgelöst. Caroline entdeckt das Pariser Nachtleben. »Caroline chérie« rebelliert. Caroline möchte endlich so sein wie andere Altersgenossen, die sich einfach nur vergnügen dürfen.

Es ist der ewige Traum der Grimaldi-Kinder, den sie alle drei, ohne Ausnahme, einmal träumen werden: »So zu sein wie andere.« Rainier erwidert der Ältesten: »Aber das wirst du nie sein. Eine Zeitlang kannst du das machen ... so tun als ob. Aber es gibt Dinge, die du einfach nicht machen kannst. Basta. Weil die Leute dich beobachten, weil es dir einen schlechten Ruf verschafft und du aufpassen musst.« Aber Prinzessin Caroline ist in einer Hinsicht wie alle Teenager: Sie hört nicht oder nur bedingt. Darin ist sie »normal«.

Die Mutter hat alle Hände voll zu tun, sie zu zügeln. Das gelingt nicht immer, denn sie muss auch ihren Verpflichtungen in Monaco nachkommen und sich um das neunjährige Nesthäckchen Stéphanie kümmern. Manchmal ist sie, wie viele Eltern mit ihren Erstgeborenen, schlichtweg überfordert. Sie hat keine Erfahrung. Und Patentrezepte gibt es nicht. Grace vergleicht das Leben der 17-Jährigen mit einem »Hürdenlauf, bei dem man nicht weiß, wann man sie rennen lassen soll und wann zügeln«. Caroline wird jeglichen Zaum abstreifen und über das Ziel hinausschießen.

So entdecken die Eltern eines Tages in der Boulevardpresse Fotos ihrer 18-jährigen, halbnackten, wild tanzenden, heftig rauchenden Tochter, umgarnt von einem »internationalen Playboy«, was, wie man sich vorstellen kann, nicht nur ein Schock ist, sondern zu heftigen Auseinandersetzungen führt. Caroline wird umgehend in den heimatlichen Palast zurückgeordert, wo Fürst Rainier ihr eine seiner legendären Standpauken hält. »Du musst dich benehmen«, mahnt auch die Fürstin, »denn du bist eine Prinzessin.« Gerade das aber hasst die Tochter zu jener Zeit am meisten. Nach dem engen, strengen Palast- und Internatsleben hat sie das weite gesellschaftliche Feld in Paris entdeckt. Das Leben der Schickeria, die zügellose Leichtigkeit des Jetset. So wie ihre Vorfahren die rauschenden Feste des Pariser Königshofs entdeckten, an ihnen teilnahmen, sie imitierten. So wie die französische gleichnamige Ahne Caroline, geborene Grammont, sich im 17. Jahrhundert bei Hofe bestens amüsierte und Monaco als Provinznest empfand. Nur dass Caroline sich Mitte der 70er Jahre nicht am Pariser Hofe bewegt. Geschichten wiederholen sich durch die Jahrhunderte, mit Nuancen der Veränderung …

Prinz Albert ist weit weg vom Pariser Geschehen, weilt auf dem »Felsen«. Er macht sein Abitur. Eigentlich soll Caroline im Herbst 1976 nach Princeton gehen, um weiter Psychologie zu studieren. Und um wieder etwas mehr Ruhe in ihr Leben einkehren zu lassen. Doch dann passiert, was die Eltern schon lange befürchten. Caroline verliebt sich. Ausgerechnet in den siebzehn Jahre älteren Philippe Junot. Angeblich macht er »etwas mit Finanzen«. Vorauseilen tut ihm aber sein Ruf als Playboy. Die Affäre macht Schlagzeilen. 1977 hält Junot um die Hand Carolines an. Sie ist knapp 20 Jahre alt, nach monegassischem Recht also minderjährig. Die Eltern bitten ihn zu warten. Caroline bleibt weiterhin an der Sorbonne eingeschrieben, studiert aber nicht, zu sehr ist sie auf Junot fixiert. Dann erfolgt ein zweiter Heiratsantrag. Grace und Rainier, die den 38-jährigen Beau absolut nicht als passenden Ehemann für Caroline empfinden, wollen auch den zweiten Antrag zunächst ablehnen, woraufhin Caroline ankündigt, dann außerehelich mit ihm zusammen zu leben. »Gegen euren Willen werde ich keine Ehe eingehen«, sagt sie zum Schein kompromissbereit. Doch es ist ein »fauler« Kompromiss, denn Caroline weiß nur allzugut, dass ihre strenggläubige Mutter und der statusbewusste Vater nie eine »wilde Ehe« billigen würden. So geben die Eltern schließlich widerwillig ihre Erlaubnis, im Grunde aber nicht ihren

Segen. Sie sind von dem Glück ihrer Tochter nicht überzeugt. Und werden leider Recht behalten.

Jahrzehnte später, 1989, sagt Rainier über die Hochzeit: »Wir waren nicht gerade begeistert. Aber was sollten wir machen? Wir wollten sie nicht daran hindern, etwas zu tun, was sie gern wollte.« Caroline: »Ich habe Mama gesagt, wenn ihr es wirklich nicht wollt, dann sagt es mir. Ich würde niemals etwas gegen euer Verbot tun.« Und später: »Hätte ich auch nur sechs Monate oder auch nur drei mit ihm zusammengelebt, dann hätte ich gewusst, wer er war. Ich durfte aber nicht.« Dazu waren die Eltern zum einen zu altmodisch, zum anderen schickte es sich einfach nicht in ihren Kreisen.

Die Eltern willigten also notgedrungen ein. Schon aus Anstandsgründen. Sie hatten einen Rang, einen Namen und eine Ehre zu verteidigen. »Wenn du so lange diesen Mann gesehen hast, musst du ihn auch heiraten«, bekräftigte Grace, um der Affäre ein Ende zu setzen. Zu diesem Zeitpunkt ist Caroline 21 Jahre alt.

Wie es sich für einen Fürsten gehört, dessen Erstgeborene heiratet, wird die Hochzeit entsprechend pompös ausgerichtet. Wenn auch nicht ganz so feudal wie zu Zeiten von Rainier und Grace. Dazu bestehen zu viele Zweifel über den smarten Schwiegersohn Junot. Außerdem, so erklärt die damalige Pressechefin Nadia Lacoste, ist es: »keine Staatshochzeit. Die heben wir für den Thronerben Albert auf«. Bei der Hochzeit fehlen Vertreter der europäischen Königshäuser. Dafür kommen 400 andere Gäste, darunter eine Vielzahl befreundeter Hollywoodstars wie Cary Grant, Ava Gardner, Gregory Peck und David Niven. Der Ball am Vorabend der Trauung wird ein voller Erfolg.

Am Tag der Hochzeit, am 28. Juni 1978, erhalten Hubschrauber über Monaco Flugverbot. Das Fürstenpaar fürchtet die Paparazzi. Es gibt nur offizielle Fotografen. Und fällt die Hochzeit vielleicht auch kleiner aus, als sie es sich erträumte, so strahlt Caroline am Hochzeitstag. »Sie liebt Junot wirklich«, sagt Cousine Grace LeVine, die in jener Zeit Carolines Vetraute ist. »Er ist ein gutaussehender, erfahrener Mann. Er weiß, wie er mit ihr umgehen muss.« Das ist vielleicht das Problem. Die Prinzessin trägt ein spitzenbesetzes Hochzeitskleid aus »gletscherblauem« Crêpe, eine Création von Marc Bohan aus dem Hause Dior, dem Lieblingscouturier der Fürstin. Frank Sinatra singt am Tag der Generalprobe und bei der Hochzeit sinnfälligerweise: »I do it my way«.

Fürstin Grace gibt der Ehe »maximal zwei Jahre«. Optimistisch ergänzt sie vor Freunden: »Vielleicht wird die zweite Ehe besser.« Es ist nicht gerade das, was eine Braut bei ihrer ersten Hochzeit hören will.

In der gleichen Kirche wie ihre Eltern, im alten Monaco, wenige hundert Meter vom Palast entfernt, wird Caroline getraut. Auch der Bischof ist derselbe. Ihr Glück als Madame Philippe Junot scheint vollkommen.

Doch bereits in den Flitterwochen kommt es zur ersten Krise. Caroline entdeckt, dass ihr Mann Fotografen zur Hochzeitsreise bestellt hat und die Fotos teuer verkauft. So war es nicht geplant. Sie streiten sich heftig. Caroline, etwas ernüchtert, erzählt ihren Eltern davon nichts. Sie steht es durch. Sie ist willensstark wie ihre Mutter. Sie steht für ihre Wünsche ein. Sie ist tapfer wie Grace nach ihren ersten ernüchternden Erfahrungen als Braut und Fürstin.

Das Paar beginnt ein Nomadenleben, tanzt sich von Party zu Party. Als Junot eines Tages im Frühjahr 1980 alleine »geschäftlich« nach New York fliegt und Caroline ihn kurz darauf in einer Zeitung in den Armen seiner Ex-Geliebten sieht, ist das Fass am Überlaufen. Eine verzweifelte und zutiefst verletzte Caroline flüchtet nach Monaco, kehrt in den Schoß der Eltern zurück, die sie mit offenen Armen empfangen. Rainier: »Wir hätten sie tadeln können, etwa: Siehst du, das haben wir dir gleich gesagt, aber wir dachten, sie hat genug gelitten. Eltern müssen die Tür für ihre Kinder offen halten.« Das sagt er auch später bei Stéphanies wiederholten Eskapaden, obwohl es ihm beim Liebling Stéphanie immer schwerer fällt, die Arme zu öffnen.

Grace rät ihrer Tochter zur Scheidung; »Es erstaunte mich, dies gerade aus dem Munde meiner katholischen Mutter zu hören.« Aber, so argumentiert die lebenspraktische Grace: »Die Religion ist dazu da, den Menschen zu helfen und nicht, um sie unglücklich zu machen.« Die Scheidungsankündigung erfolgt im Juni 1980.

Grace begreift sie als persönlichen Misserfolg. Rainier ist einfach nur wütend. Und Caroline kreuzunglücklich, obwohl sie sich bald wieder fasst. Im Oktober wird die Scheidung vom monegassischen Gerichtshof ausgesprochen. Junot, statt zu schweigen, protestiert öffentlich, behauptet, die »Familie habe ihn nie wirklich aufnehmen wollen, sondern immer wie einen Fremden behandelt«. Ihr Vater sagt damals: »Ich hoffe, Caroline wird wieder heiraten, denn sie kann nicht alleine leben.«

Zwei Jahre später beantragt Prinzessin Caroline die Annulierung ihrer Ehe durch den Vatikan. Zehn Jahre wird das Verfahren dauern, bis das oberste kirchliche Berufungsgericht, die Sacra Romana Rota, ihrem Antrag 1992 stattgibt. Für den Vatikan ist es eine schwierige Entscheidung, da es sich um einen Präzedenzfall handelt. Und um ihn zu beschleunigen, besuchen das Fürstenpaar und die Prinzessin den Papst. Um dem Wunsch des Grimaldi-Clans Nachdruck zu verleihen, finanziert Rainier generös Konzerte für die Kirche, droht umgekehrt, den fürstlichen »Spendenhahn« beim Vatikan abzudrehen. Der Papst lässt sich dennoch Zeit.

Prinz Albert studiert zum Zeitpunkt der Scheidung noch immer in Amerika. Er bekommt das Drama nur am Rande mit, aus Erzählungen und aus der Presse. Caroline und er sehen sich kaum, nur in den Semesterferien oder bei offiziellen Anlässen. Als er im Mai 1981 sein amerikanisches Universitätsdiplom verliehen bekommt, begleitet die geschiedene Caroline ihre Eltern zu seiner Diplomfeier. Ihr Verhältnis zueinander hat sich gebessert. Sie haben sich voneinander emanzipiert. Jeder lebt sein Leben.

Caroline, nun überhaupt nicht mehr zum Studium zu bewegen, versucht sich im Journalismus. Sie schreibt einige Artikel für *Elle* und den *International Herald Tribune*. Zwar wird ihr erster Beitrag, ein Artikel über Monaco, nur stark gekürzt vom *Herald* abgedruckt, aber es macht ihr Spaß. Journalismus hätte ihr gefallen können. Aber eine Karriere wird es nicht.

Im Sommer 1982 machen die Grimaldis eine gemeinsame Familien-Kreuzfahrt, bei der nur Stéphanie fehlt. So glücklich und harmonisch hat man sie lange nicht gesehen. Im September ereignet sich der tragische Unfall ihrer Mutter Grace. Von nun an rücken die Grimaldis wieder enger zusammen. Alle! Die Kinder scharen sich um den Vater, die älteren stützen ihn. Um die junge verletzte Stéphanie werden sich vor allem Prinz Albert und der Vater kümmern. Caroline steht ihr nicht ganz so nah.

Der Unfall rückt Prinzessin Caroline auch wieder in Monacos Rampenlicht. Sie muss als 25-Jährige nunmehr die First Lady spielen und ab Dezember einen Teil der Verpflichtungen ihrer Mutter übernehmen. Beherrscht und äußerst professionell erfüllt sie die zahlreichen Aufgaben. Caroline wird Präsidentin der »Stiftung Princess Grace« und des »Garden Club«, den die Fürstin 1968 gegründet hatte. Über seine Tochter sagt Rainier sieben Monate nach Graces Tod: »Caroline ist einfach wunderbar. Nach und nach übernahm sie die Aufgaben ihrer Mutter.« Sie macht es gut, sehr gut sogar.

Caroline hat Ideen. Sie ruft eine Telefonseelsorge »Jeune j'écoute« ins Leben. Dann kümmert sie sich um das Ballett von Monte Carlo: »Mutter wollte es aufbauen, das weiß ich, es war einer ihrer großen Pläne.« Das Ballett wird ihr Steckenpferd und Lieblingskind, dem sie voller Hingabe zum Erfolg verhilft.

1993 wird sie zur Präsidentin der Kinderhilfs- und Schutzorganisation »Association Mondiale des Enfants« (AMADE) gewählt. Auch diese wurde von ihrer Mutter 1963 ins Leben gerufen und besteht bis heute, bezuschusst von der UNO.

Dazwischen erfüllt sich endlich ein langgehegter Traum für Caroline. Nach einer Romanze mit Jugendfreund Roberto Rossellini, den Sohn von Ingrid Bergmann, heiratet die Prinzessin, seit drei Jahren geschiedene Junot, am 29. Dezember 1983 in zweiter Ehe den schwerreichen Industriellensohn Stefano Casiraghi aus Italien. Auch diese Romanze bekommt Albert nur am Rande mit. Er absolviert zu diesem Zeitpunkt diverse Praktika in den USA.

Die Trauung findet nur standesamtlich im Thronsaal des Palastes statt. Wieder trägt Prinzessin Caroline ein Kleid von Dior, signiert von dem langjährigen Familienfreund Marc Bohan. Dieses Mal ist es elegant kurz. Sie ist 26 Jahre alt und glücklich, jemanden gefunden zu haben, mit dem sie die Familie gründen kann, nach der sie sich sehnt.

Stefano ist jünger als sie. Er ist eher zurückhaltend, still – das ganze Gegenteil von Junot. War der eine um siebzehn Jahre älter, so ist der andere um drei Jahre jünger. Sie kennen sich erst wenige Monate, aber verstehen sich gut. Scherzend geben sie kund: »Wir möchten sechs Kinder. Mindestens.« Der neue Mann hat etliche Qualitäten, aber er hat einen »Nachteil«: Er liebt im Sport die Geschwindigkeit. Das wird sein Verhängnis werden.

Zwar sagen Freunde, Stefano habe die Begegnung mit Caroline gezielt eingefädelt, da er es auf sie abgesehen hatte, aber er kann eigentlich kein Mitgiftjäger sein, denn Fürst Rainier hat sein Testament in dieser Hinsicht neu geschrieben. Der Fürst ist aus der Erfahrung mit Playboy Junot klug geworden und zieht schnell die Konsequenzen. Da Rainier auch mit diesem Schwiegersohn nur halbwegs einverstanden ist, verleiht er ihm keinen Adelstitel. Das Paar wird bürgerlich bleiben.

Ein Jahr nach der Hochzeit nimmt Stefano die monegassische Staatsangehörigkeit an. Caroline lebt nun wieder im Fürstentum und ist sehr präsent. Stefano und Caroline werden zum Vorzeigepaar Monacos. Zumal Stéphanie mit immensen persönlichen Schwierigkeiten kämpft, Prinz Albert nicht anwesend ist, und das Paar bald Kinder bekommt: zwei Jungen, ein Mädchen. Prinz Albert wird Pate des ältesten Sohns Andrea sein, Inès de la Fressange wird die Patin.

Die Casiraghis sind erfolgreich, gründen diverse Immobilien- und andere Firmen. Sie sind einfach glücklich. Stefano bringt viele Geschäftsmänner aus dem nahen Turin und Mailand nach Monaco. Bald allerdings finden die Monegassen – und nicht nur sie – die Geschäfte etwas dubios, gar mafiös. 1988 werden vier von Stefanos engsten Mitarbeitern von der italienischen Polizei verhaftet. Der Skandal wird, so gut es geht, vertuscht.

Da Caroline ihre Rolle als First Lady so perfekt mit ihrer natürlichen Würde erfüllt, denken viele, sie würde eine gute Fürstin abgeben. Es beginnen heftige Spekulationen um die Thronfolge. Eine selbsternannte Gruppe um die Prinzessin, der sogenannte »Monarchistische Kreis von Monaco«, fordert sogar eine Änderung der Verfassung. Immer öfter geben die Casiraghis als »verantwortungsbewusste« Clan-Mitglieder Interviews, wobei Prinzessin Caroline vorher festlegt, dass gewisse Themen strikt ausgeklammert bleiben müssen: ihre Schwester, ihre beantragte Heiratsannullierung durch den Vatikan und der Tod ihrer Mutter. In einem seiner seltenen Interviews lässt der ehrgeizige Stefano sogar verlauten: »Wenn Prinz Albert aus irgendeinem Grunde dem Fürsten nicht auf den Thron folgen kann, dann wird meine Frau Monaco regieren und ich würde Stefano von Monaco werden.« Es ist eine gewagte, gar selbstmörderische Aussage.

Als Caroline, inzwischen persönliche Kundin bei Chanel, mit Karl Lagerfeld Ende der 80er Jahre eine Fotoserie startet, die sie und ihre Familie »fürstlich« in Louis-XVI.-Sesseln und mit Diadem im Haar präsentiert, werden die Rufe nach ihr als Thronerbin immer lauter. Auch wenn sie vielen als kühl und distanziert erscheint, sticht sie den Bruder aus. »Alles Unsinn«, wehrt sie ab, spielt auf die Fantasien der Journalisten an, die im Fürstenpalast solch blutige Intrigen sehen wollen, wie einst am Hofe der Borgia. Was denken sich bloß die Leute! Und was denken sich die Journalisten!

Fürst Rainier fühlt sich dennoch gemüßigt, seine erwachsenen Kinder, die Monegassen und die Presse zur Ordnung zu rufen. Auch wenn er einen Konflikt zwischen Caroline und Albert abstreitet, verkündet er: »Einziger legitimer Thronerbe ist zur Stunde der Erbprinz.« Der Fürst sorgt für Ruhe.

Hätte er nicht interveniert, dann hätte das Schicksal es für ihn getan. Am 3. Oktober 1990 kommt Stefano Casiraghi bei der Rennboot-Weltmeisterschaft vor der Küste Monte Carlos ums Leben. Er ist erst dreißig Jahre jung. Er hinterlässt drei Kinder, das älteste ist sechs, das jüngste ist gerade knapp drei Jahre alt, und eine fassungslose Witwe. Es ist ihr siebtes Ehejahr. Eigentlich hätte Stefano nicht starten sollen, denn er hatte in der Vorausscheidung einem Freund, der mit seinem Boot in Schwierigkeiten geraten war, geholfen. Damit verstieß er gegen die Wettkampfregeln. Er hätte disqualifiziert werden müssen. Aber da Carolines Ehemann das Rennen in Monaco mit ins Leben gerufen hatte, drückte die Jury ein Auge zu. Ihr gutgemeintes Urteil wird ihm zum Verhängnis. Bei einer Stundengeschwindigkeit von fast 180 km/h überschlägt sich sein Rennboot. Der Co-Pilot wird rausgeschleudert und überlebt. Stefano aber wird von dem Boot unter Wasser gedrückt und geht unter. Es gibt keine Rettung.

Das Rennen sollte für ihn, so war es geplant, das Abschlussrennen sein. Caroline hatte ihn mehrmals besorgt gebeten, mit dem gefährlichen Sport aufzuhören. Aus Liebe zu ihr und zu den Kindern. Am Tag des Unfalls ist sie in Paris. Sie will ihr Appartement verlassen und zum Flughafen fahren, als das Telefon klingelt. Die Nachricht ist kurz. Eine Welt bricht für sie zusammen. Inés de la Fressange, die ihr damals am nächsten steht, fängt sie auf.

Der Weg nach Monaco scheint weit. Bei der Beerdigung ist es der Vater, der sie dieses Mal stützt. Sie verlässt mit den Kindern ihre Villa Pierre St. Clos in Monaco und mietet ein Mas, ein Bauernhaus, in Saint Rémy de Provence. Sie trauert lange und intensiv. Sie hat es ungeheuer schwer, sich zu fassen. »Nur die Kinder haben mich gerettet«, sagt sie später, »für sie wollte und musste ich leben.« Man sieht sie kaum noch in der Öffentlichkeit. Nur wenn es unumgänglich ist, nimmt sie ihre Rolle als First Lady in Monaco war. Sie leidet an Haarausfall, versteht es aber, aus der Not eine Mode zu machen, und trägt wie ihre Mutter im Sommer Kopftücher und Turban und im Winter adrette Pelzkäppchen. Allerdings scheut sie sich nicht, 1996 mit kahl rasiertem Schädel für die Titelseiten zu posieren. Ihr Mut macht sich bezahlt. Man bewundert sie. Paparazzi hatten sie ohnehin schon heimlich mit der »Frisur« fotografiert. Die Fotos wurden unter anderem in *France-Soir* veröffentlicht. Außenstehende vermuten, sie hat Krebs. Der Palast dementiert.

In diesen langen Jahren der Trauer sieht man sie wenig in männlicher Begleitung. Irgendwann wird ihr eine neue Romanze mit Roberto Rossellini nachgesagt, den sie aus Kindheitstagen kennt und schätzt, und der ihr zur Seite steht. Dann wird Vincent Lindon, französischer Schauspieler, als Dauerbegleitung gesichtet und schon als fürsorglicher Vater dargestellt. Sie schätzt seine Ruhe und Zurückhaltung, aber das ist auch alles.

Gleichzeitig laufen diverse Gerichtsverfahren vor allem gegen die deutsche Presse. Nach jahrelangem Rechtsstreit gibt der Bundesgerichtshof in Karlsruhe im November 1994 der Klage Caroline Casiraghi statt und verfügt ein Recht auf Widerruf auch auf den Titelseiten der Illustrierten *Die Bunte* und *Glücksrevue*. Zwei Jahre später wird erneut der Burda-Verlag verurteilt, da im März 1992 *Die Bunte* ein »frei erfundenes« Interview abgedruckt hat. Mit 180 000 DM erhält Caroline das bisher höchste Schmerzensgeld in der deutschen Pressegeschichte. Hausanwalt der Grimaldis in Deutschland ist der Hamburger Prominenten-Anwalt Matthias Prinz. Im Juni 1997 allerdings gewinnt *Die Bunte* einen Prozess, da Caroline als »Person der Zeitgeschichte« hinnehmen muss, dass »die Allgemeinheit ein berechtigtes Interesse« daran habe, »zu erfahren, wo sie sich aufhält und wie sie sich in der Öffentlichkeit gibt«. Die Schlagzeilen um die Grimaldis sind hoch und die Auflagen der Blätter entsprechend.

Etwa zu diesem Zeitpunkt wird Caroline mit Prinz Ernst-August von Hannover und seiner Frau gesichtet. Sie hält sich öfters bei dem Paar, das zwei Söhne hat, in London auf. Die drei sind befreundet. Bald folgen jedoch Fotos in der Regenbogenpresse, die Ansätze einer Romanze zwischen Caroline und Ernst-August suggerieren. Es kommt zu erneuten Auseinandersetzungen zwischen dem deutschen Prinzen und der Presse, die darin gipfeln, dass der Welfen-Vorstand und die Prinzessin 1998 gemeinsam eine ganzseitige Anzeige in der *F. A. Z.* schalten und in einem »Offenen Brief an Hubert Burda«, den Verleger, die *Bunte Illustrierte* »falscher, geschmackloser Berichterstattung und des Missbrauchs des Rechts auf Gegendarstellung« beschuldigen. Die Antwort des Verlags besteht ebenfalls in einer ganzseitigen Anzeige, in der er vor einer »Zensur wie in Zeiten der Feudalherrschaft« warnt. Bald bekommt auch die französische Presse die bereits erwähnten »Drohbriefe« von Carolines Pariser Anwalt. Doch auch die Pariser Presse wehrt sich gegen die »Zensur«, pocht auf Meinungsfreiheit. Die Prozesse gehen in den Folgejahren fröhlich – wenngleich gnadenlos – weiter. Nur mit *Die Bunte* wird im Herbst 2000 der siebenjährige Streit – vorübergehend – beigelegt: Caroline und die Illustrierte sehen davon ab, vor das Bundesverfassungsgericht in Karlsruhe zu ziehen.

Während dieser Monate und Jahre geschieht in Monaco etwas ganz anderes: Prinz Albert verdient sich nach und nach die Sporen. Er formt sich als angehender Fürst. Er kann es in Ruhe tun, denn seine ältere Schwester lebt nicht im Fürstentum. Sie kommt nur zu den wichtigsten Veranstaltungen. Ihre Abwesenheit verschafft ihm freie Bahn. Da Kleinvieh bekanntlich auch Mist macht, zählen die zahlreichen kleinen Repräsentationspflichten, die der Erbprinz fast täglich wahrnimmt, um so mehr. Die Monegassen erkennen seine Qualitäten und dass Ruhe und Zurückhaltung sich vielleicht genauso auszahlen wie die Auftrittssicherheit seiner charismatischeren Schwester.

Im Grunde erweisen ihm die attraktiven Schwestern, sowohl Caroline wie auch Stéphanie, mit ihren nicht enden wollenden Schlagzeilen sogar einen Dienst. Sie sorgen dafür, dass das kleine Land am Mittelmeer im Gespräch bleibt, während er sich nur um seine Ausbildung und seinen Vater sorgen muss. Etwas Besseres konnte dem schüchternen Erbprinz nicht passieren. Dem schwerkranken Fürsten auch nicht, denn die Storys um die Schwestern lenken von den politischen Problemen des Landes ab.

Und während die Presse immer wieder titelt: »Wo bleiben die Prinzessinen auf dem Rocher?«, und im Bäumchen-wechsle-dich-Spiel mal die Abwesenheit der einen mal der anderen hervorhebt, ist der Erbprinz immer zur Stelle. Würde er jetzt fehlen, würde es auffallen.

Als am 23. Januar 1999, am Tag ihres 42. Geburstags, Prinzessin Caroline den Welfen-Prinz Ernst-August von Hannover im Spiegelsaal des Palastes heiratet und damit ranghöher steigt, gibt ihr Bruder und Erbprinz einige vielbeachtete, da erstmals »konkret herrschaftsbezogene« Interviews. Langsam wird er bekannt. Prinz Albert tritt aus dem Schatten seiner Schwestern. Er macht sich einen Namen und zeigt Profil. Gerade rechtzeitig.

Da die Presse von der Hochzeit ausgeschlossen wird und die Fotos von einem Freund des Prinzen teuer verkauft werden sollen, fällt die Berichterstattung kleiner aus als üblich. So viel Geld, knapp 100 000 DM für nur fünf Fotos, wie sie *Paris-Match* angeboten werden, will keiner dem Grimaldi-Clan hinblättern. Auch nicht die Boulevardpresse. In Frankreich ist nur der konservative *Figaro* bereit, die »druckfertige Reportage« mit Imprimatur des Felsens, wie der *Canard enchaîné* bemerkt, dem Clan abzukaufen. Das *Figaro-Magazine* hat auf diese Weise wahrhaftig eine Exklusivstory.

Es wird auch keine Hochzeit, bei der sich die königlichen Häupter Europas versammeln, sondern ein intimes Schauspiel, bei dem die Kinder des Traupaars dabei sind sowie die engsten Freunde und Vertrauten. Das ist für den Erbprinzen von Vorteil. Er wird nicht an die Wand gespielt. Die Medien konzentrieren sich auf die »Zensur« der Berichterstattung, nicht auf den Vergleich der beiden Schwager.

Je mehr Hochzeiten, je intimer die Feiern. Und je besser die Partie. So jedenfalls sieht es in der Vita der Prinzessin aus. Prinzessin Caroline, bereits im dritten Monat schwanger, strahlt auch bei dieser Eheschließung. Ihr hellblaues Chanel-Kostüm ist eine Kreation ihres Freundes Karl Lagerfeld, allerdings der vergangenen Wintersaison 1997/98, wie kritisch angemerkt wird. Sie trägt ein einzigartiges Smaragdensemble, das ihr Ernst-August aus der Schmuckschatulle seiner Großmutter geschenkt hat. Andächtig lauscht sie den Worten, die sie an Ernst-August V., einen Protestanten und Verwandten des englischen Königshauses, binden werden.

Die Heimat des Prinzen mag sie. Wiederholt ist sie vor der Hochzeit nach Deutschland und Österreich gefahren, zuletzt zu einer Aids-Gala in Berlin, bei der ihre Verbindung sozusagen offiziell wurde. Bei dem Konzert saßen sie auf den Ehrenplätzen neben Bundeskanzler Schröder und seiner Gattin.

Auch ihr Deutsch hat Prinzessin Caroline eifrig aufgebessert. Untereinander redet das Paar meistens englisch, vereinzelt französisch. So wie ihre Mutter Grace sich 1956 auf ihre neue Heimat Monaco und auf ihre neue Rolle als Fürstin gewissenhaft vorbereitet hat, so bereitet Prinzessin Caroline sich ebenfalls auf ihre neue Heimat Deutschland und ihre »Welfenrolle« vor.

Die Hochzeit, zu der nur sechzig Gäste kommen, wird ohne Prinzessin Stéphanie begangen. Sie zieht es vor, Ski in Auron zu fahren. Angeblich verübelt sie ihrer Schwester, dass diese nicht zur Geburt ihrer jüngsten Tochter Camille erschienen ist. Der Hochzeitsempfang findet weder im Palast noch im edlen Hôtel de Paris statt, wie anfangs vermutet, sondern schlicht in ihrer Privatvilla Clos Saint-Pierre. Anwesend sind unter anderem Karen Mulder, Ella McPherson, die Schwestern des Prinzen, der südfranzösische Dekorateur Jacques Grange, den sie aus ihren Provence-Jahren kennt, die Trauzeugen Albina du Boisrouvray, eine Cousine Carolines, und Spyros Niarchos mit Familie, dessen Luxusyacht im Hafen von Monaco ankert. Auch Rechtsanwalt Matthias Prinz feiert mit. Er ist unter den letzten, die gegen ein Uhr früh gehen. Ein Pianist und ein Violonist spielen Sinatra und deutsche Kompositionen. Die Kinder aus beiden Ehen toben. Es ist ein fröhliches Hochzeitsfest mit Stil.

An dieser Hochzeit und ihrem jetzigen Lebenswandel, zwischen der Reitidylle im waldreichen Fontainebleau, gut 50 Kilometer von Paris entfernt, dem Glamour Monacos sowie der »Exotik« ihrer neuen deutschen Welfenheimat zeigt sich vielleicht Carolines Charakter am besten, der sich mit den Jahren immer mehr herauskristallisiert. Sie ist zugleich schlicht und raffiniert, schreibt Bertrand Meyer-Stabley bereits 1988 über die Prinzessin als Teenagerin, sie braucht die Zurückgezogenheit, aber auch Mondänitäten. Sie liebt die Einfachheit, will aber auch glänzen. Sie sucht das unspektakuläre Glück, ist aber auch anspruchsvoll und ehrgeizig. Sie ist ein dualistischer Charakter.

Am Tag nach der Hochzeit warten bereits einige Verpflichtungen bei der Organisation AMADE auf die neue »Königliche Hoheit«. Sie wird sie wahrnehmen, ebenso die traditionelle Feier der Saint-Dévote, bei der stets Mitglieder der Fürstenfamilie anwesend sind. Prinzessin Caroline entzündet das Feuer der Barke; jener Barke, die die einst aufgrund ihres Glaubens gefolterte christliche Schutzpatronin an die Ufer Monacos warf. Dann geht es mit Kind und Kegel in die Flitterwochen zum Skifahren.

Mit der Ehe vollzieht sich der endgültige Bruch der Prinzessin mit vielen alten Freunden, wie ein Insider erzählt. Sie gilt als »versnobt«. Die Schuld an den Brüchen gibt man ihr. Seit sie mit Ernst-

August zusammen ist, nimmt sie wieder am internationalen Jetset-Leben teil. Sie selbst behauptet, sie und ihre Geschwister hatten immer schon Schwierigkeiten, Freunde zu finden. Es bliebe ein lebenslanges Misstrauen. Auch wenn es mit zunehmendem Alter leichter fiele.

Ist sie wirklich ein Snob? Andere wissen besseres zu berichten. Meyer-Stabley schreibt 1999, sie sei in der Öffentlichkeit »schüchtern und zurükhaltend mit ihren Gefühlen«. Auch der frühere Vermieter ihres Mas in der Provence, ein Herr mit Namen »von und zu«, äußert sich positiv über ihre »Offenheit und Nettigkeit« Freunden gegenüber. Ihr Haus- und Yacht-Dekorateur Jacques Grange, den sie in der Provence näher kennen gelernt hat, lobt aus Anlass ihres 45. Geburtstags ihren Humor, ihre »britische Seite« und vor allem, dass sie »dynamisch und sportlich« immer »mit von der Partie« sei. Ein Museumsdirektor aus Hannover auf die Frage nach der »kühlen, distanzierten Caroline« wägt ab und meint, sie wäre offen und nett, habe Interessantes zu sagen, sei kultiviert und sehr informiert – auch über die deutsche Heimat ihres Ehemannes. Caroline bleibt, wie Rainier es stolz formulierte, in jeder Hinsicht die »Kunstamateurin« der jungen Grimaldis.

Als am 20. Juli 1999 Prinzessin Alexandra zur Welt kommt, deren Vater der Prinz von Hannover ist, wird das neue Glück Carolines perfekt. Sie liebt Kinder und wollte immer eine mehrköpfige Familie. Durch das Kind sind die Grimaldis nunmehr auch mit dem englischen Königshaus verwandt.

Ernst-August hat sich bereits vor der Eheschließung im Fürstentum niedergelassen und dort eine Bank eröffnet. Die Aufgaben einer First Lady in Monaco möchte Caroline möglichst bald abgeben, was sie mehrfach erklärt. Sie wartet nur darauf, dass Bruder Albert »endlich heiratet«.

Bleibt er ledig und sollte er einmal nicht mehr regieren, so würde Caroline ganz legitim Monacos neue Fürstin werden. Aber was wird dann mit Prinz Ernst-August von Hannover? Wird er Wappen und Namen zugunsten der Grimaldis ablegen, ablegen müssen? Monaco wird eine Lösung finden.

Schwager Prinz Ernst-August von Hannover – Ein Kapitel für sich

Ginge es nach strengen genealogischen Kriterien, würde Prinz Ernst-August von Hannover, geboren am 26. Februar 1954, innerhalb einer Grimaldi-Monografie kein eigenes Kapitel gebühren, denn er ist kein Grimaldi. Der Prinz hat bei seiner Heirat mit Prinzessin Caroline weder seinen Namen noch sein Wappen abgelegt. Umgekehrt ist Caroline von Monaco Prinzessin von Hannover geworden und damit Königliche Hoheit. Sie zog, nunmehr ranghöher, in den »Vorstand« des Welfenhauses ein.

Prinz Ernst-August gehört dennoch zur Geschichte der Dynastie, denn er ist nicht nur Vater des siebten Enkelkinds Rainiers und des ersten, das sich »Königliche Hoheit« nennt, sondern er ist in Monaco nicht mehr wegzudenken. Man sieht ihn bei den wichtigsten Bällen, bei Theaterpremieren, beim Zirkusfestival, beim Nationalfeiertag, öfters als es ihm vielleicht seine Verpflichtungen im Welfenhaus erlauben. Da Prinzessin Caroline noch immer ihre Pflichten als Monacos First Lady ernst nimmt, macht er mit. Sie hat mehr Repräsentationsaufgaben als er, denn *ihre* Familie regiert, und zwar über ein Fürstentum. Seine Familie hat einen höheren Rang, aber kein eigenes Land. Mit der Ankunft der Königlichen Hoheit bei den Grimaldis wurde das Protokoll im Fürstentum komplizierter.

Prinz Ernst-August ist, was seine Titel betreffen, der Vorzeige-Schwiegersohn von Fürst Rainier. Er ist Prinz von Hannover, von Großbritannien und Irland, Herzog von Braunschweig und Lüneburg. Er hat Anspruch auf den englischen Thron, natürlich erst nach einer Serie von Todesfällen. Er steht als »Königliche Hoheit« sogar ranghöher als sein Schwiegervater.

Der deutsche Prinz bietet seiner Familie das, was der Fürst sich schon immer erträumt haben soll: eine enge Verwandtschaft zum englischen Königshaus. Prinz Ernst-August ist Nachfahre des letzten deutschen Kaisers Wilhelm II. und des 1866 entthronten letzten Königs von Hannover, Georg V. Ernst-August gehört einem der ältesten deutschen Adelsgeschlechter an, mit Sitz auf der Marienburg und Gut Calenberg im Landkreis Hannover. Er hat Besitztümer in Deutschland, England und Österreich. Sein Vermögen ist – wie das Rainiers – nur schwer zu schätzen.

Mancher weiß zu berichten, Grace hätte ihn sich immer als Schwiegersohn erhofft. Tatsächlich kennen sich Caroline und Ernst-August von Kindesbeinen. Ernst-August weilte mitunter in den Ferien bei den Grimaldis im Palast, und die Familien fuhren gemeinsam in den Urlaub. Aber damals hätte die Fürstentochter angesichts des höflichen, formvollendeten, ernst dreinblickenden Jungen, der ihrer Mutter einen Handkuss gibt, gesagt: »Er ist mir zu langweilig.« Lizanne LeVine, Graces Schwester, will wissen, dass er von Grace niemals in Betracht gezogen worden sei.

Alles wäre wieder einmal perfekt, wenn es nicht einen Haken gäbe ... »Ernst-August wird bei uns sehr kontrovers gesehen«, meint ein gebürtiger Monegasse. Zwar hat er sich in Monaco immer vorbildlich benommen, sicher auch aus Respekt vor dem Schwiegervater, aber die Monegassen sind nicht taub und blind und der Palast schon gar nicht. Auch sie haben von den Problemen des Prinzen und über die Nazi-Vergangenheit des Welfenhauses gehört. Selbst wenn die französische Presse ihn weitgehend schont, so berichtet sie den einen oder anderen Vorfall, wie zum Beispiel über den »Pinkel-Skandal« bei der Expo 2000. *Paris-Match* meint dazu ironisch, dass der Prinz damit Monaco nur einen Gefallen getan habe: Durch die Schlagzeilen wurde der Monaco-Pavillon beim Publikum bekannt und die Besucher strömten zum Stand.

Als der Prinz und Prinzessin Caroline in höchst privatem Kreise am 23. Januar 1999 im Thronsaal des Palastes heiraten, wittern Außenstehende Konkurrenz für den Erbprinzen. Ein neuer, potenzieller »Schattenspender« tritt in den Clan ein. »Nichts da«, winkt schulterzuckend Monaco-Analyst Bianchini ab. »Ernst-August hat genug in Deutschland und Österreich zu tun. Niemals würde er seinen Rang als Welfenvorstand abgeben.« Den Titel, Chef des Welfenhauses, führt er seit dem Tod seines Vaters 1987. Als Alleinerbe muss er das Vermögen des Welfenhauses verwalten, und möglichst mehren. Auch wenn ihm Monaco gut steht und er mit offensichtlicher Leichtigkeit die monegassischen Verpflichtungen als »Prinzgemahl« von Prinzessin Caroline absolviert, sein politisches Terrain bleibt Deutschland.

Die Presse vergleicht die beiden Schwager. »Was sie teilen«, meint Bertrand Meyer-Stabley halb ernst, »sind das Sternzeichen – beide sind Fisch. Sonst trennt sie ein Ozean.« Zu den Antipoden zählen: Prinz Albert mag keinen Alkohol, Prinz Ernst-August ist einem Gläschen nicht abgeneigt. Der eine hasst die Jagd, der andere ist Jäger. Der eine mag Sport, der andere weniger. Der eine besuchte die öffentliche Schule in Monaco, der andere wurde in elitären englischen Privatinternaten erzogen. Der eine besuchte die Uni in Amerika, der andere das Landwirtschaftsgymnasium von Cirencester. Der eine wuchs behütet im Schoße der Familie auf, der andere verließ sein Elternhaus als Kind. Der eine ist ledig, der andere ist geschieden und Vater zweier Kinder. Der eine ist unpünktlich, der andere überpünktlich und hat die »watch gallery« ins Leben gerufen. Der eine mag Turnschuhe, der andere maßgeschneidertes Schuhwerk von John Lobb. Der eine liebt moderne Kunst und Musik, der andere das Klassische. Und so weiter und sofort. Es sind nur Äußerlichkeiten, aber …

»Diplomatische Zwischenfälle sind zu befürchten: Ernst-August ist Prinzgemahl, muss also hinter Albert gehen. Andererseits ist er Königliche Hoheit, während Prinz Albert nur Erbprinz ist. Der eine ist Erbe eines regierenden Hauses, während Ernst-August nicht regieren wird. Es ist ein protokollarischer Eiertanz«, erläutert jemand, der das Protokoll gut kennt.

Sind sie allein, so reden die Prinzen nur Englisch miteinander – die Sprache beherrschen sie beide perfekt. Aber über politische Geschäfte im Fürstentum, will ein Insider wissen, reden sie nicht.

Prinz Ernst-August hat im Grunde, wie sein Schwager Albert, ein Image- und Kommunikationsproblem. Denn er ist anders, als ihn die Öffentlichkeit wahrnimmt. Vielleicht provoziert er, um Aufmerksamkeit zu erlangen. Mit Mozzarella-Bällchen bei einem Gala-Essen zu werfen, so geschehen im August 2001, amüsiert jedoch nicht jeden. »Er ist keiner von uns«, ruft angesichts des Vorfalls ein älterer Mann von deutschem Adel aus. »Er ist kein würdiger Vertreter der Aristokratie.« Der Vorteil von Ernst-Augusts Auf- oder besser Fehltritten ist: Die deutsche Aristokratie kommt ins Gespräch. Der Nachteil: Königliche Hoheit bringt die Grimaldis (noch mehr) in die Negativ-Schlagzeilen.

Nur eine Woche nach der Hochzeit am 23. Januar 1999 wird auch die nationalsozialistische Vergangenheit von Vater und Großvater des Prinzen ans Tageslicht gebracht. Nicht nur in seiner deutschen Heimat berichten die Nachrichtenmagazine darüber, aber die Grimaldis reagieren nicht. Sie hatten die Alarmglocken schon vor der Hochzeit läuten hören. Vielleicht denken sie auch an ihren Louis II., der zwar nicht die Ideologie der Nazis teilte, doch Geschäfte im Zweiten Weltkrieg mit ihnen machte. Und da sie wissen, dass über die Grimaldis und das »Dritte Reich« ein Buch in Arbeit ist – von Abramovici –, halten sie sich lieber bedeckt. »Es ist«, so wirft ein deutsches Adelsmitglied in die Debatte ein, »eine moralische Verpflichtung die Haltung der Ahnen zu verantworten.« Dies gilt für Aristokraten aller Länder.

Angesichts mehrerer peinlicher Ausrutscher des Welfen-Chefs fragt sich Prinz Eduard von Anhalt öffentlich in *Die Zeit*, ob das Haus Hannover unter Prinz Ernst-August noch länger gesellschaftsfähig sei oder nicht, so wie der französische Adel sich hinter vorgehaltener Hand seit Jahren fragt, ob die Monaco-Dynastie ein frequentierbarer Adel sei oder nicht. Die Antwort der Aristokratieelite beider Länder lautet: »Nein.« Mit anderen Worten: Es haben sich zwei blaublütige Außenseiter vermählt. Zu königlichen Hochzeiten oder anderen europäischen »Familienfeierlichkeiten« allerdings werden sie weiterhin geladen. Nicht nur der »makellose« Prinz Albert besucht die Feste.

Ein wenig Neid spielt bei der Nachrede sicher auch eine Rolle. Erstens sind die Familien Grimaldi und von Hannover schwerreich. Allein Fürst Rainier besitzt etwa 5,07 Milliarden Euro Vermögen, das Welfenhaus verwaltet insgesamt an die drei Milliarden mit zahlreichen Schlössern und Millionen Hektar Land in verschiedenen Republiken. Und zweitens nehmen sich einige Familienmitglieder beider Häuser Freiheiten, die andere Blaublütige sich nicht zu nehmen wagen, aber neiden. Es sind unstandesgemäße Freiheiten, die den Ruf einer Elite in Gefahr bringt und sie mit ihren Fauxpas in banale, populäre Gefilde rückt. Daher wohl auch die Angriffe.

Der kolossale Mediendruck, dem sich das Haus Hannover seit Ernst-Augusts Heirat mit einer Grimaldi-Prinzessin ausgesetzt sieht, ist sicher mitschuldig an seinen Wutanfällen. Wer eine Beziehung mit dem einen oder anderen Grimaldi-Kind einging, litt früher oder später darunter. Prinz Ernst-August insistiert auf seine Privat- und Intimsphäre. Dass er hie und da die Faust ballt oder mit dem Regenschirm droht, wenn das Wort nicht mehr wirkt, ist vielleicht noch verständlich und verzeihlich. Wenn er einen Hotel-Geschäftsführer in Kenia krankenhausreif schlägt, ist es weder verständlich noch verzeihlich, sondern gehört bestraft.

Die, die Prinz Ernst-August in Schutz nehmen wollen, verweisen auf eine Erbkrankheit, die zu solchen Ausbrüchen führe. DNA-Analysen hätten eine Stoffwechselkrankheit unter den hannoverschen Vor- und Nachfahren der Queen nachgewiesen, die Porphyrie, auch »royal malady« genannt. Cholerische Wutanfälle und notorische Rechthaberei seien die Merkmale. Auch sein Urgroßvater Kaiser Wilhelm habe daran gelitten.

Andere meinen, er schaue einfach zu tief ins Glas und würde koksen wie viele Jetsetter. Im Übrigen tut es der Welfenchef neuerdings den Grimaldis nach und prozessiert mehr denn je. Nur nicht ganz so erfolgreich. Und die Entschädigungsgelder, die er wegen Bedrohung, Beleidigung und Körperverletzung zahlen muss, wiegen die ihm zugestandenen Entschädigungsgelder wegen »Verletzung der Privatsphäre« wieder auf. Ein Beispiel: Am 6. Dezember 2001 verurteilt ihn das Amtsgericht Springe zu acht Monaten Haft auf Bewährung und einer halben Million Mark Geldstrafe für seine diversen Delikte in Salzburg, Kenia und Hamburg. Ursprünglich sollte er drei Millionen zahlen. Sein Widerspruch verringert die Geldstrafe.

Als er noch in erster Ehe mit seiner Schweizer Ehefrau und Millionenerbin Chantal Hochschuli in London lebte und seine zwei Söhne großzog, war er in Deutschland so gut wie unbekannt. Schlagzeilen machte er hierzulande keine. Freunde behaupten, seine kultivierte, energische Frau hielt ein Auge auf ihn. Er hatte bessere Verbindungen zur englischen Presse als zur deutschen. Er habe »sich das Schweigen erkauft«, sagen andere. Vielleicht bildete der Ärmelkanal auch eine natürliche Grenze, eine Schallmauer.

Der junge Ernst-August galt sogar einst als »romantisches Königskind«, das sich gegen seine ganze Familie durchsetzte, um seine große Liebe, die bürgerliche Chantal Hochschuli, zu heiraten. Die Hochzeit fand am 28. August 1981 in Gegenwart der Königin von Spanien, einer entfernten Verwandten, statt.

Ernst-August hat solche und solche Wesenszüge. »Er ist sehr kultiviert, in der Zusammenarbeit sehr zuverlässig«, lobt ihn der Direktor des Historischen Museums am Hohen Ufer in Hannover, der gelegentlich mit dem Prinzen zu tun hat. Immerhin gehören die vergoldeten Prunkkutschen aus dem Hause Hannover zu den Hauptattraktionen des Museums und zu den Wahrzeichen der Stadt. Sie stammen aus den 80er Jahren des 18. Jahrhunderts und sind eine Dauerleihgabe des Prinzen. Ernst-August ist ein Mann, der Wort hält, das macht die Arbeit mit ihm äußerst angenehm. Immer wieder unterstützt der Prinz historische Ausstellungen im Lande mit wertvollen Hinweisen und Leihgaben.

Die Museumsleute in Braunschweig, Celle und Hannover kooperieren gern mit ihm, haben sich seit der EXPO 2000 auf »Welfenspuren« begeben – so heißt die gemeinsame Kampagne mit Wechsel- und Wanderausstellungen zur Geschichte Niedersachsens – und planen in nächster Zukunft eine umfangreiche Landesausstellung zu den Welfen. Ernst-August signalisiert Bereitschaft und wird die Kampagne protegieren. Immer wieder regt er zum »Querdenken« an und gibt wertvolle Impulse.

Eines teilt Ernst-August mit dem monegassischen Erbprinzen: die Liebe zu Kindern. Er ist ein liebevoller Vater und ein großzügiger Mann. Zumindest lassen spontane Gesten in der Öffentlichkeit darauf schließen.

Was die beiden Schwager aus alten Fürstenhäusern grundlegend unterscheidet, ist ihr Auftreten – auch im Fürstentum. »Wenn man sie bei öffentlichen Anlässen sieht, meint man, Ernst-August gehöre Monaco«, mokiert sich ein deutscher Beobachter. Ernst-

August hat eine natürliche autoritäre Ausstrahlung ähnlich Fürst Rainier III. Seine Größe macht ihn zudem unübersehbar. Für seine Goliath-Erscheinung kann er nichts. Prinz Albert wirkt neben ihm wesentlich jünger, als er ist, und noch etwas liebenswürdiger als sonst, fast unscheinbar. Dafür kann auch er nichts. Doch Albert weiß, wem Monaco de facto gehört.

Prinzessin Stéphanie – Geliebtes Nesthäckchen, tapferes Sorgenkind und Star

»Es waren einmal zwei Königskinder, die hatten einander so lieb ...« Dieser Anfang einer westfälischen Ballade trifft die Beziehung zwischen Erbprinz Albert und seiner Schwester Prinzessin Stéphanie.

Vom ersten Augenblick an sind sie sich nahe, das heißt seit Stéphanies Geburt am 1. Februar 1965 um 17 Uhr, da ist Albert schon fast sieben Jahre alt. »Endlich eine kleine Schwester!«, jubelt der Erbprinz. Und Baby Stéphanie Marie Elisabeth lächelt. Fühlt sie sich ihm verbunden? »Ja, sehr, seit jeher ...«, bekräftigt sie Jahre und Jahrzehnte später.

Der fürsorgliche Albert wird sich um sie kümmern, sooft er kann und sooft ihn seine Mutter und das Kindermädchen lassen. Stundenlang spielen sie miteinander. Er tut alles, um sie zum Lachen zu bringen. Sie wird es umgekehrt bald genauso tun. Aber Stéphanie ist nicht nur sein »Spielzeug«, sondern der von allen herbeigesehnte Nachkömmling, das geliebte Nesthäckchen der Familie. Vater Rainier beschreibt seine Tochter als »verwöhnt durch ihre Eltern, ihren Bruder, ihre Schwester (...) Sie hat viel Autorität und ist sehr schlau. Sie macht, was sie will mit Caroline und Albert (...), vor allem mit ihrem Bruder. Ich glaube, es ist die Jüngste, die die stärkste Persönlichkeit hat.«

Früh genießt sie mehr Freiheiten, als den anderen Geschwistern zugestanden wurden, betont Caroline: »Ja, sie durfte vieles tun, was wir nicht durften. Sie verstand es schon ganz klein hervorragend, Mama um den Finger zu wickeln. Vielleicht Papa noch etwas mehr.« Auch durfte sie Freunde mit nach Hause bringen. Und das Protokoll wurde zwar ernst genommen, aber nicht mehr ganz so streng mit ihr befolgt. Stéphanie wird es schon bald unbezähmbar durchbrechen.

Für Stéphanie stellt sich die Situation etwas anders dar: »Ich war immer die Jüngste, das Baby. Sie (die älteren Geschwister, Anm. d. Verf.) waren so nahe im Alter und spielten oft zusammen mit ihren gemeinsamen Freunden. Ich war eher alleine zu Hause. Dann gingen sie in die Schule, Caroline heiratete und ich war völlig allein mit Mama und Papa. Deshalb denken sie wahrscheinlich, ich konnte sie um die Finger wickeln. Aber es gab nicht viel gegenzuhalten, ich war ja das einzige Kind.« Stéphanie hatte also eher das Gefühl, ausgeschlossen und nicht ernst genommen zu sein. Im Rückblick meint Caroline: »Später allerdings versuchte Mama strenger mit ihr zu werden. Vielleicht aus Angst, dass ihr das Gleiche passieren könnte wie mir.«

Zu der älteren Schwester hat Stéphanie kaum eine Beziehung. Ihr Altersabstand ist zu groß. Acht Jahre trennen sie. Konkret bedeutete das: war die eine bereits in der Pubertät, wird die andere gerade eingeschult. Wird die eine zur Dame, ist die andere noch ein Kind. Heiratet die eine, ist die andere gerade im Teenager-Alter. Die Interessen der beiden Schwestern sind folglich zu unterschiedlich gelagert, als dass sie sich verstehen und Gemeinsamkeiten entwickeln könnten. Zumal die eine bereits als hübsches »Fräulein« bewundert wird, während die andere die Aufmerksamkeit durch Grimassen und extravagantes Benehmen auf sich lenkt.

In allem ist ihr die ältere Schwester voraus: Eleganz, Wissen, Manieren. Sie hinkt vergebens hinterher. Irgendwann gibt sie auf, macht, was ihr passt, wird renitent – auch gegenüber Journalisten, indem sie beispielsweise die Zunge rausstreckt –, und findet so ihren eigenen Weg. Protokoll und Etikette interessieren sie nicht, Prinzessin zu sein auch nicht. Es verpflichtet zu sehr. Die kleine Stéphanie ist sensibel, aber auch ein kleiner Trotzkopf. Schon früh zeigt sich: Zeremonien langweilen sie. Sie zeigt es im Laufe der Jahre immer deutlicher, mit Schmollmiene und anderen Eigenwilligkeiten. Bald nennt man sie die »Anti-Prinzessin«.

Stéphanie ist vor allem ein Papa-Kind. Liebevoll nennt sie ihn als Kind »Papouret« und er ruft sie »kleiner Frosch«. Später, nach den Stürmen ihres Lebens, wird sie von ihm sagen: »Er ist der einzige Mann, der mich nie verraten hat.« Und: »Papa hat uns alle drei geliebt mit unseren komplett verschiedenen Charakteren. Vielleicht gab es zwischen ihm und mir eine besondere Vertrautheit. Ich habe viel Zeit mit ihm verbracht, zum Beispiel im Zirkus. Wir erzählen uns gerne Witze.« Und Stéphanie ist ein »Bruder-Kind«. Sie mag es daher absolut nicht, wenn Caroline ihren geliebten Bruder ärgert.

Mit zwei Jahren lernt sie im Palastpool schwimmen. Es ist ihr erster Sport. Später wird sie Gymnastik treiben und sich in beidem hervortun. Und sie wird sich gerne, wie ihr Bruder, an die Summer Camps in Amerika erinnern, in denen sie viel Sport trieb und »die Freunde vom Vorjahr wiederfand«. Darüber hinaus traf sie die amerikanische Großmutter Ma Kelly und die Kelly-Cousins.

Vom vierten Lebensjahr an wird sie im Fürstenpalast unterrichtet. Wie ihre älteren Geschwister bekommt auch sie einen Privatlehrer. Mit sechs Jahren besucht sie dann allerdings die monegassische Schule Les Dames de Saint-Maur, auf die auch ihre ältere Schwester ging. »Ich musste eine blaue Uniform tragen, ich hasste das. Ich mochte mir selber aussuchen, was ich tragen wollte und nicht, was andere für mich ausgesucht haben.« Schon früh wehrt sie sich gegen jegliches »Korsett«, das man ihr anpassen will.

Stéphanie verbringt im Unterschied zu ihren Geschwistern nur einen Teil ihrer Kindheit in Monaco. Sie ist gerade zehn, als sie ihrer Mutter und Schwester nach Paris folgen soll. Aber, obwohl sie behauptet nicht allzuviele konkrete Erinnerungen an ihre monegassische Kindheit zu haben, soll es schön gewesen sein, wenn auch ein wenig einsam im Palast. Spontan erinnert sie sich noch an ein Konzert im Palasthof mit Yehudi Menuhin, mit dem sie vorher im Garten getobt hat, und an die Töchter von David Niven, mit denen sie spielte. Und an die Hunde der Familie. Hunde liebt sie »über alles«.

1975 zieht Fürstin Grace mit ihren Töchtern nach Paris. Ihre wenigen Freunde wird Stéphanie von Stund an hier finden. Hier ist es auch leichter, die Freunde nach Hause in die luxuriösen Gemächer des »Hôtel Particulier« der Avenue Foch, nahe des Triumphbogens einzuladen. Das Haus, das einst der Baronin von Wagner gehörte, ist familiärer, die Atmosphäre weniger steif. Es gibt nur kleine, intime Abendessen alleine oder mit einer Handvoll Gäste, statt großer Diner wie daheim im Fürstenpalast.

Stéphanie wird zunächst in Boulogne, einem westlichen Vorort von Paris für ihre weitere Schullaufbahn eingeschrieben. Sie besucht – meist von ihrer Mutter und dem Chauffeur begleitet – erneut eine katholische Privatschule der Schwestern Les Dames de Saint-Maur. »Es war die gleiche Institution, ich war also wieder in Uniform. Wir durften zwar variieren, aber es war dennoch dunkelblau und weiß.« Es ist eine reine Mädchenschule, ausschließlich von den Schwestern geleitet. Auch heute noch. Eine Zeitlang geht es ihr in Paris gut, obwohl die junge Stéphanie Monaco und vor allem ihren Bruder vermisst. »Albert und ich, wir waren immer zusammen, außer als er nach Amerika ging.«

Ihre Mutter beschreibt sie als »sehr jung für ihre dreizehn Jahre« im Vergleich zu Caroline in jenem Alter. »Sie ist intelligent, arbeitet gut. Aber Caroline in diesem Alter war weiter. Ich glaube, sie ist eher für Naturwissenschaften als für Literatur begabt.« Stéphanie ist damals noch extrem zurückhaltend, gleichzeitig aber auf ihre Freiheit bedacht. Sie gebärdet sich wie andere Jugendliche ihres Alters, mit Walkman, Tennisschuhen und einer Vorliebe für Fastfood.

Doch je mehr die Paparazzi ihrer Mutter und 17-jährigen Schwester auflauern, je mehr fühlt sie sich gebeutelt. »Es war schrecklich. Um zum Beispiel im Bois de Boulogne spazieren zu gehen, packte uns Mutter noch in der Garage des Hauses in den Kofferraum, damit die Fotografen uns nicht sahen.«

Bald muss sie die Schule wechseln. Mehrmals. Sie geht auf diverse Privatschulen in Paris und nahen Vororten. Sie ist aufsässig, färbt sich die Haare. Für die religiösen Schwestern ist das ein Skandal. Sie hasst es, von Bodyguards begleitet zu werden, wünscht sich nichts sehnlicher, als ein »normales« Leben zu führen wie ihre Klassenkameradinnen. Diese wiederum finden, dass ihre Familie sich »völlig natürlich« gibt und nichts von fürstlichem Habitus herauskehrt, zum Beispiel wenn es auf Klassenfahrt geht und Stéphanie sich von ihren Eltern nicht förmlich, sondern ungezwungen herzlich verabschiedet. Es verwundert die Klassenkameraden des privaten Collège Dupanloup ein wenig, aber gleichzeitig bewundern sie diese Ungezwungenheit.

Mutter Grace fühlt sich zu jener Zeit leicht überfordert, da auch die ältere Caroline rebelliert. Sich um zwei pubertierende Teenager zu kümmern, zehrt an den Kräften, zumal Grace gerade selbst mit ihrem Alter hadert, um nicht zu sagen eine Midlife-Crisis hat.

Die Eltern überantworten Stéphanie einem Internat in der Umgebung von Paris, um die 14-Jährige von dem Scheidungsstress der Schwester fernzuhalten und um sie vor den gnadenlosen Bild- und Text-Jägern zu schützen.

Die Absicht der Eltern ist gut gemeint, doch die gewählte Schule schlecht. Stéphanie reißt nach drei Monaten aus. »Es war zu schrecklich. Können Sie sich vorstellen, die Fenster hatten Gitterstäbe und nachts wurden zwei Schäferwachhunde losgelassen, damit die Mädchen nicht weglaufen können. (…) Im Nachhinein war es vielleicht nicht so schlimm. (…) Duschen waren nur zweimal die Woche erlaubt. Zum Glück mochte ich damals keine Desserts, und ich brauchte nicht lange, um herauszufinden, dass Mitschülerinnen mehr an meinen Desserts als an ihren Duschen interessiert waren. Und so handelte ich mit meinen Desserts, bis ich jeden Tag eine Dusche nehmen konnte.« Nach nur drei Monaten in dieser »Zwangsanstalt« »nahm ich eine Woche vor den Weihnachtsferien meine Sachen und verschwand«.

Die Geschichte erinnert an den jungen Deserteur Rainier. Fürst Rainier zeigt deshalb Verständnis für seine Tochter: »Die Mädchen hatten anders als in der Schule von Caroline keinerlei Mitspracherecht beim Tagesablauf.«

In Paris soll sie schließlich im Juni 1982 ihr literarisches Abitur machen. Der Bruder, zurückgekehrt aus Amerika, lebt zu diesem Zeitpunkt ebenfalls in der Stadt, was die Sache für sie erleichtert.

Früher als Caroline hat Stéphanie ihre ersten Romanzen, unter anderem mit dem Sohn von Jean-Paul Belmondo. Der gutaussehende Paul Belmondo ist ein netter, ruhiger, aufrichtiger Junge, der einen guten Einfluss auf sie ausübt. Er selbst hat nur eine gefährliche Leidenschaft: den Rennsport. Der junge Paul wird ihr nach dem Autounfall ihrer Mutter zuverlässig zur Seite stehen. Sie ziehen sich während der ersten Trauerphase in ihre »Bude« zurück, sehen Videos. Es ist monatelang ihre einzige Ablenkung. Später trennt sie sich von ihm für Anthony Delon, den Sohn von Filmschauspieler Alain Delon. Bedauert sie die Trennung? »Wir waren damals noch sehr jung. Sonst wären wir vielleicht heute noch zusammen.« Rainier jedenfalls mochte Paul.

Halten sich die Grimaldis auf Roc Agel auf, dann hört Stéphanie dort gerne Pop- und Rockmusik und vergnügt sich mit ihren Eltern oder dem Bruder. Die Repräsentationsaufgaben erfüllt die junge Prinzessin nach wie vor widerwillig. Einmal darf sie nicht zum Ball gehen, da sie sich nicht anständig kleidet. Es ist ein ewiger Kampf mit der Mutter um Protokoll und Etikette. Bei ihrem ersten Ball, am 30. Juli 1982, der erste offizielle Auftritt, ist sie 17 Jahre alt, ein wenig aufgeregt und wunderschön gestylt. Starfriseur Alexandre aus Paris frisiert sie, und das Kleid stammt von Dior. Fürstin Gracia führt sie in die Welt der Schönen und Reichen ein.

Nur sechs Wochen nach ihrem erfolgreichen Balldébut, am 13. September 1982, ändert sich Stéphanies Leben brutal und schlagartig. Sie sitzt mit ihrer Mutter im Unfallwagen. Die Fahrt in den Tod hinterlässt ein Trauma für Jahre. Die physischen Wunden der Prinzessin heilen relativ schnell, aber psychisch wird sie aus der Bahn geworfen. Das 17-jährige Mädchen, das sich selbst noch nicht gefunden hatte, verkraftet den Tod ihrer Mutter nicht. Auch wenn sie unschuldig ist, fühlt sie sich schuldig, da sie den Sturz des Rovers in den Abgrund nicht verhindern konnte. Es sind die teils offenen teils versteckten Anklagen der Paparazzi und Redakteure, die sie zusätzlich fertigmachen. Und: Stéphanie ist die einzige der Familie, die ihrer Mutter nicht Lebewohl sagen kann. Als die Maschinen abgestellt werden, liegt sie selbst noch im Krankenbett. Als das Staatsbegräbnis vier Tage später, am 18. September, stattfindet, kann sie nicht daran teilnehmen. Sie ist noch immer in der Klinik. Um sie herum herrscht betroffenes Schweigen.

In ihr klafft eine Wunde. Das alles erschwert Stéphanie die Überwindung des Verlusts.

Die Turbulenzen im Leben der 17-Jährigen beginnen nun erst richtig. Sie ist haltlos. Niemand schafft es, selbst ihr Bruder nicht, ihr Halt zu geben.

An dem einstigen Nesthäkchen sieht man am besten, dass mit Graces Tod gleichsam eine neue Zeitrechnung begann. Vor Grace war das Fürstentum ein kleines, verschlafen wirkendes Nest an der Riviera mit einem Hauch von Glamour. Mit Grace kam der Hollywood-Glanz. Nach dem Tod der Fürstin, der »Bürgerlichen von natürlichem Adel«, so TV-Moderator Bernard Langlois, wurde Monaco »ein Skandalnest«, wie der amerikanische Autor Glatt das Fürstentum bezeichnet. Durch die Töchter wird es nunmehr »dekadent« und »ein Alptraum«, resümiert Glatt.

Stéphanie jedenfalls durchlebt einen Alptraum, den viele durchlebt hätten, hätten sie erlitten, was sie erleiden musste. Sie weiß nicht mehr, was sie will, und weiß vielleicht auch nicht, was sie tut. Rainier sagt ein halbes Jahr nach dem Unfall: »Ich muss nun die Rolle des Vaters und der Mutter übernehmen. Ich muss sagen, dass ist nicht so einfach. Mit Albert ist es nicht so schwierig, da er ein Junge ist.« (Er irrt.) »Aber mit den Mädchen ist es schon etwas anderes. Sie brauchen doch ab und zu den Rat einer erfahrenen Frau. Fürstin Gracia hat eine schmerzhafte Lücke hinterlassen.« Und Tante Lizianne LeVine: »Ich bin sicher, Stéphanie hätte nicht rebelliert, wäre ihre Mutter noch am Leben.« »Der Tod der Mutter hat sie vielleicht noch mehr mitgenommen, als wir damals alle glaubten«, hält Albert 1999, angesichts des wechselreichen, von dicht aufeinander folgenden Höhen und Tiefen geprägten Lebens seiner Schwester für möglich. Diese fährt auf der Achterbahn des Lebens, mit Höchstgeschwindigkeit und ohne Sicherheitsgurt. Niemand kann sie auffangen. Es geht ihr schlechter, als selbst der ihr nahestehende Familienkern ahnt, sonst wären ihr vielleicht manche bitteren Erfahrungen erspart geblieben. Monatelang meidet sie das Landhaus.

Als die Familie im April 1983, sieben Monate nach dem Tod von Grace, erstmals wieder für die internationale Presse geschlossen auf Marchais posiert, sieht man Stéphanie an, dass sie sich fragt, was die Show soll. Sie denkt an ihre Mutter und die Trauer steht ihr noch ins Gesicht geschrieben. Sie ist sehr ernst. Sie kann nichts vortäuschen. Prinzessin Stéphanie ist wie immer authentisch.

Anfangs sieht es so aus, als ob sie sich fängt. Stéphanie hat zeichnerisches Talent. Mit ihrer Mutter hatte sie kurz nach dem Abitur geplant, ein Praktikum als Modedesignerin im Hause Dior zu machen. Couturier und Freund Marc Bohan sollte vermitteln. Zunächst schreibt sie sich in der Pariser Modedesignerschule »Ecole du Syndicat de la Haute Couture« ein, bricht die Ausbildung aber gleich wieder ab. »Zu langweilig.« Dann macht sie das geplante Praktikum bei Christian Dior, taucht allerdings auch dort nach einer Weile nur unregelmäßig auf. »Obwohl es eine interessante Erfahrung war. Ich ging morgens um halb zehn hin und bekam am Ende des Monats einen Scheck. Es war meine erste richtige Arbeitsstelle.« In Alix de La Comble, die ebenfalls Praktikantin bei Dior ist, findet sie eine Freundin. Sie beschließen, eigene Bademoden zu entwerfen. Im Dezember 1984 kündigt Stéphanie bei Dior. Sie machen sich selbstständig.

Um das Geld aufzubringen jobbt Stéphanie als Model, recht erfolgreich sogar. Ihre Burschikosität und ihre stahlblauen Augen kommen gut an. Eine Zeitlang gilt sie als der »garçon manqué«, als »Möchte-gern-Junge«, der Grimaldi-Kinder, was sie nicht gerne hört. Sie ist überaus sportlich und wirkt recht maskulin.

Bereits im darauffolgenden Sommer 1985 stellen sie – erfolgreich – ihre erste Bade-Kollektion »Pool Positions« im Monte-Carlo-Beach-Hotel vor. Die Firma Nautic hat sie produziert. Die Motive, meist in schwarz-gelb, sind vom Formel-1-Rennen inspiriert. Der Marke »Pool Positions« gelingt 1986 sogar der Einstieg in den amerikanischen Markt. Die Stylistinnen verdienen bis 1989 bereits an die 2,5 Millionen Mark. Obwohl das Team Erfolg hat, gehen sie auseinander. Stéphanie hält es nicht aus. Sie ist enttäuscht, dass die europäische Modewelt sie nicht ernst nimmt. Und dass die Journalisten sich lieber um ihre Affären als um ihre Arbeit kümmern. Die Presse ist unverbesserlich.

Als Mannequin stellt sie auch ihre selbstentworfenen Badeanzüge vor. Nach Paris bekommt Stéphanie bald Verträge in den USA, die sie aber überraschend löst. Angeblich hat der Vater sie dazu gedrängt. Sie widerspricht: Sie habe am Tag vor der Abreise in die USA bis morgens arbeiten müssen und sei deshalb nicht geflogen. Sie hat Millionenverträge in den Sand gesetzt.

Nebenbei kümmert sie sich um ihre Verpflichtungen als Vizepräsidentin der internationalen »Princess Grace«-Stiftung und um das Jugendfoyer in Monaco, das ihren Namen trägt. Hier arbeitet sie mit Behinderten. Diese Arbeit interessiert sie.

Nach der Mannequin-Episode versucht sie sich als Rocksängerin. Sie sucht sich und sucht deshalb neue Herausforderungen und Bestätigung. Sie übt hart, mehrere Stunden am Tag. 1984 erscheint ihre erste, im Jahr darauf ihre zweite Single. Die Songs »Irresistible« und »Ouragan« werden Hits. Sie sind wochenlang Nummer eins der Charts. Innerhalb kürzester Zeit verkauft sich die Platte 1,6 Millionen Mal. Bald sind es fünf Millionen Stück. Und sie erhält die »Europäische Goldene Schallplatte«. Trotz ihrer Erfolge beim jungen Publikum bemängeln Musikkritiker ihre »zu dünne« Stimme. Da sie an erster Stelle der Topten steht, mutmaßt Stéphanie, »versuchten sie mich zu zerstören«. Als zweite, meint sie, hätte man sie in Ruhe gelassen.

Weiter verfolgt von Paparazzi, enttäuscht und »traurig«, dass noch immer niemand ihre Arbeit anerkennt, außer den jungen Fans, die sich ihre Platte aus der Hand reißen, setzt sie sich in die Vereinigten Staaten ab. Albert hat ihr dazu geraten, denn er weiß aus eigener Erfahrung, wie anonym es sich drüben leben lässt, wenn man will. Da die Familie ihr innerlich nicht helfen kann, hilft sie sich selbst, versucht es zumindest.

Ihre Musik-Karriere setzt sie in den USA fort. Es folgen weitere Titel wie »Live Your Life«, eine Art Manifest. In ihren Songs verarbeitet sie auch die Trauer um ihre Mutter, so in »Words Upon the Winds«. »Seit 1982 trug ich die Gedanken in mir. Die Worte wollten raus, aber ich schaffte es nicht, sie über die Lippen zu bringen. Als ich ansetzte, dachte ich, ich könnte das Lied nicht singen. Und dann auf einmal spürte ich diese unsagbar starke Anwesenheit meiner Mutter neben mir. Ich konnte sie fast sehen.«

Mit Albert teilt sie ihren Glauben an parapsychologische Ereignisse. Und an das Schicksal. »Was geschieht, sollte geschehen.« Ihre eigenen Tragödien würden nur schärfer von der Öffentlichkeit beobachtet als die anderer, »normaler« Menschen, sagt sie. »Ich möchte kein Mitleid. Dinge geschehen und man muss das Beste daraus machen und sich nicht darin einschließen, dann wird man nicht leben. Ich denke nicht länger, dass das Leben unfair mir gegenüber war.« Das dachte sie mehr als ein Jahrzehnt nach dem Unfall.

1988 nimmt CBS New York sie unter Vertrag. Es ist der größte Plattenproduzent der Welt. Doch der 23-jährigen, unsicheren Prinzessin mangelt es an Musikkentnisssen. Auch in den USA sind die Kritiker hart. Aber sie übt beharrlich weiter, träumt sogar davon, zum Film überzuwechseln und Schauspielunterricht zu nehmen wie ihre Mutter: »Es liegt in den Genen«, glaubt sie.

Die Prinzessin möchte jedenfalls, im Gegensatz zu vielen Standesgenossinnen, nicht nur von den monatlichen Apanagen leben, sondern versucht Karriere zu machen. Man muss es ihr anrechnen: Im Palast zu sitzen wäre wahrlich einfacher gewesen.

Doch dann geht es bergab. Der Abstieg liegt mit an der öffentlichen Meinung, die das Verhalten der Prinzessin nicht akzeptiert und ein vorgefertigtes Prinzessinnen-Bild im Kopf hat, an dem sie festhält. Stur. Zur eigenen Sicherheit. Denn mit Zugeständnissen gerieten auch das Fürstenhaus, Tradition und Stabilität, ins Wanken. Würde Stéphanie sich nur um High-Society-Events kümmern, um Jetset oder um karitative Einrichtungen, dann hätte alles seine Ordnung. Sie wäre in Ordnung. So aber wird sie zur Konkurrentin der »Normal-Sterblichen«, wobei sie als Prinzessin natürlich einen erleichterten Start hat. Ihr wird unterstellt, sie würde Rang und Namen ausnutzen und über Beziehungen weiterkommen. Andere tun das zwar auch, nur stehen sie nicht so hoch im Rang wie sie. Dass sie sich anstrengt, will man nicht wahrhaben. Auch nicht, dass sie vielleicht ihrer Zeit einfach voraus ist: die Prinzessin zu modern und die Welt noch zu konservativ.

Die Misserfolge werden öffentlich. Die Beziehung zu ihrem Vater ist an einem Tiefpunkt angelangt. Stéphanie macht anscheinend alles falsch – und während die Regenbogenpresse sich zu Moral- und Wertaposteln aufschwingt und Stéphanies Verhalten an den Pranger stellt, schlägt sie Profit daraus. Mit Stéphanie machen die Boulevardzeitungen Gewinn und mit den Boulevardzeitungen wiederum Stéphanie ... Ein Teufelskreis.

Die Prinzessin sucht noch immer emotionalen Halt. Lange findet sie ihn nicht. Sie hat verschiedene Affären. Unter anderem mit dem jungen Rob Lowe, mit dem zehn Jahre älteren Plattenproduzent Ron Bloom und mit dem vorbestraften Diskothekenbesitzer Mario Oliver Jutard. Es beginnt eine wilde Partyzeit in Los Angeles. Und immer wieder kursieren Heiratsgerüchte, denn immer wieder glaubt die Prinzessin, die große Liebe gefunden zu haben. Eines Tages, nachdem alle Drohungen nichts genutzt haben, kommt der besorgte Vater Rainier sie in L. A. besuchen. Er findet sie mit Ron Bloom in einem Zwei-Zimmer-Haus – und bemitleidet sie. Denn sorgende Väter finden immer, dass ihre Töchter bei einem anderen Mann nicht gut aufgehoben sind.

So kommt Rainier jeden Tag schwer beladen wie der Weihnachtsmann vors Haus gefahren. Sie haben sich nach den ganzen Skandalen versöhnt. Sie sind beide überglücklich. Denn weder Stéphanie noch ihr Vater können ohne einander auf Dauer leben. Die Familie hält zusammen. Ganz bestimmt verbindet sie auch die gemeinsame Verlusterfahrung um Grace.

Obwohl der Vater nach wie vor ihre Karriere als Sängerin nicht gut heißt, akzeptiert er sie. Ron Bloom wird sogar in den Palast eingeladen. Rainier mochte Ron auf eine gewisse Art, meint die Prinzessin. Aber die Beziehung zwischen Stéphanie und Ron geht trotzdem auseinander. Wieder ist es sie, die mit dem Partner bricht, wie schon so oft zuvor.

Stéphanie gilt damals als »Enfant terrible« der Grimaldis. »Wegen ihres Alters und einiger Dinge, die sie tun wollte, bekam sie, glaube ich, noch mehr Druck, wurde unruhig und fühlte sich die ganze Zeit verletzt«, sagt ihr Bruder Albert voller Verständnis. »Es tut mir wirklich Leid um sie. Sie hatte niemals um etwas gebeten. Sie wollte einfach nur ihr Ding für eine Weile machen und sie geriet in eine Falle. Mein Vater und ich hatten lange Gespräche darüber, und er machte sich große Sorgen um sie. Aber das ist normal. Ich denke, sie war dabei, ihre Erfahrungen zu machen, wem sie vertrauen konnte und wem nicht. Sie ist ein sehr süßes Mädchen, das einfach nur eine kühle, harte Miene aufsetzt, wenn sie mit manchen Menschen umgeht. Seltsam, denn als Familie waren wir oft in verschiedenen Situationen, in denen wir mit Menschen umgehen mussten. Wenn sie sich jemandem anvertraut, öffnet sie sich vielleicht zu sehr. Vielleicht war sie zu leicht beeinflussbar – durch die Falschen.« Darin gleicht sie, so denkt der Vater, durchaus ihrem Bruder Albert. Auch er ist nicht misstrauisch genug. »Ich habe versucht, ihr ein Ratgeber zu sein, ihr eine Schulter zu bieten, an der sie sich ausruhen kann. Sie weiß, dass ich immer da bin, wenn sie mich braucht. Aber sie hört nicht immer auf mich«, bedauert Prinz Albert.

»Ich bin keine Rebellin«, wird sie später, als Mutter dreier Kinder klarstellen. »Ich habe nur das Leben anderer Mädchen meines Alters gelebt.« Diese wären vielleicht lieber Prinzessinnen gewesen. Und konnten es nicht sein. Stéphanie konnte es sich hingegen leisten, die Rollen zu tauschen. Zumindest ein wenig.

Während seine Schwester in der Musikbranche agiert, ruft Prinz Albert in Monaco den ersten »World Music Award« ins Leben, eine neue Monaco-Trophäe. Auch er mag junge, moderne Musik. Die Geschwister verstehen sich, sind sozusagen im Gleichklang. Angeregt wird der Award durch Melissa Corken, eine irische Geschäftsfrau, ehemalige Sängerin und jetzt spezialisiert auf die Event-Organisation. 1989 wird die Trophäe das erste Mal im Sporting-Club verliehen. Unter den ersten Preisträgern sind Superstar Michael Jackson, die Gipsy-Kings und Julio Iglesias. Prinzessin Stéphanie schafft es nicht, sich für 1991 zu qualifizieren. Aber Jahr für Jahr wird sie den »World Music Award« zusammen mit ihrem Bruder präsentieren. Es ist einer ihrer Lieblingsauftritte in Monaco, es sind endlich Repräsentationsaufgaben, die ihrer Generation entsprechen.

Nach Europa zurückgekehrt, verlobt sich die junge Prinzessin bald mit dem dubiosen Immobilienhändler Jean-Yves Le Fur. Kennen gelernt haben sie sich in Paris. Nach einer aufwendigen Verlobungsparty 1991 geht die Beziehung schon auseinander. Es kommt zu einem Skandal, zumal Yves Le Fur vorbestraft ist.

In den USA laufen ihre Platten nicht mehr so gut. CBS und Sony machen Verluste. Sie kündigen kurzerhand. Die Prinzessin verliert auf einer missglückten Tournee in Südamerika die Nerven. Doch jemand ist da, der sie tröstet: Leibwächter Daniel Ducruet.

Auch hier wäre Stéphanies Leben anders verlaufen, wenn ...

Der schlanke, dunkelhaarige Ducruet war ursprünglich Alberts Leibwächter gewesen, doch hatte dieser sich wiederholt über dessen »Aufdringlichkeit« beklagt. Rainier stellt ihn für Tochter Stéphanie ab. Der Fürst hat Vertrauen in den ehemaligen Fischhändler, der sich eifrig hochgearbeitet hat und so sportlich ist. Die Tournee bietet eine ideale Annäherung.

Was auch immer seine Motive gewesen sein mögen, oder ob er einfach die Gunst der Stunde genutzt hat, Fakt ist, die Prinzessin und er verlieben sich heftig ineinander. Erstmals scheint Stéphanie wieder glücklich. Sie kehrt nach Monaco zurück. Natürlich weist Rainier jede Art von Heiratsplänen zornig ab, allein die Vorstellung bringt ihn zum Toben. Auch eine außereheliche Beziehung kann er nicht dulden. Ein namenloser »routurier«? Sie haben schon mehr als genug davon in der Familie.

Stéphanie steht zu Daniel Ducruet und überwirft sich erneut mit ihrem Vater. Sie glaubt an ihr Glück und will es festhalten. Das Paar bekommt Palastverbot. Nur Albert hält zu ihnen, wenn auch nicht öffentlich. Der Monaco-Skandal hat einen neuen Höhepunkt erreicht, während die Vater-Tochter-Beziehung an einem neuen Tiefpunkt angelangt ist.

Als die Prinzessin schwanger wird, dementiert zunächst der Palast. Die Fakten aber kann der Fürst bald nicht mehr leugnen. Stéphanie bringt ihr Kind, den kleinen Louis Robert Paul, im Krankenhaus Princesse Grace zur Welt. Nur Daniel Ducruet ist dabei. Keiner darf sie besuchen. Der Fürst hat es verboten. Er selbst ist nach Marchais gereist, Prinz Albert weilt auf Mission in Skandinavien und Caroline ist in Paris. Albert, der treue Bruder, wird sie dennoch als erster aus der Familie beglückwünschen.

Ein Jahr später, 1994, kommt Pauline Grace im selben Krankenhaus, wie immer im Zimmer 256, zur Welt, ebenfalls außerehelich. Dieses Mal darf die Familie sie auf der Entbindungsstation besuchen, aber ein »Bund fürs Leben« steht noch immer außer Frage. Stéphanie hält weiter zu Ducruet und lebt mit ihm und den Kindern in einem Appartement in Beausoleil. Auch seinen Sohn aus erster Ehe lädt sie ein, denn sie ist für Versöhnung.

Nach der Geburt Paulines wird auch Rainier nachgiebiger, vielleicht weil er krank ist. 1994 wird er am Herzen operiert. Zuviel Zigaretten, meinen die Ärzte und zuviel emotionaler Stress. Man bangt um ihn. Stéphanie ist sofort wieder an seiner Seite. Er stimmt der Ehe zu.

Zur Taufe der beiden Kinder am Ostermontag 1995 in der kleinen Kirche Sainte Dévote erscheint die ganze Familie. Albert ist Pate des zweijährigen Louis. Caroline die Patin der fast einjährigen Pauline. Wenige Monate später, am 1. Juli 1995, heiraten Prinzessin Stéphanie und Daniel Ducruet im Rathaus von Monaco. Louis und Pauline sind kleine »Trauzeugen«. Zur anschließenden privaten Hochzeitsparty kommt nur der treue Bruder. Caroline bleibt fern und wird auch später ihrem Schwager »übelwollend«, so empfindet er es, begegnen. Stéphanie aber lässt sich mit ihrem neuen Glück feiern. Es ist ihre erste Hochzeit. Und sie hat sie trotz immenser Schwierigkeiten durchgesetzt.

Gemeinsam investiert das junge Paar in ein »Replay-Café« in Monaco. Sie sind rührig, bauen sich eine Existenz auf. Sie wohnen zunächst in Stéphanies Villa Clos Saint Martin im alten Monaco, ziehen bald aber in ein modernes Appartement in Beausoleil. Prinz Albert sieht sie oft, sofern es seine Verpflichtungen zulassen.

Über all die Jahre, über all die Stürme, sind Schwester und Bruder Vertraute geblieben. Er hat seine Beschützerrolle nie aufgegeben – und sie nicht die seines Schützlings. Beim Rosenball sieht man sie ungezwungen miteinander scherzen und sich Dinge so vertraut ins Ohr flüstern, wie es nur Geschwister können. Mit Stéphanies Kindern versteht sich Albert prima. Er ist ein liebenswürdiger Onkel.

Aber das Glück mit Daniel Ducruet währt nicht lange. Nur noch ein gutes Jahr, bis 1996. Ist schon wieder der Fluch der Grimaldis im Spiel? Kann auch Stéphanie in keiner Ehe glücklich werden? Es liegt nicht primär an ihr. Sie ist ausgeglichen und so schön wie lange nicht. Sie schätzt das Familienleben. Es liegt auch nicht direkt an Daniel. Er ist ein fürsorglicher Vater und anscheinend treu. Dieses Mal liegt es vor allem an einem Manöver, das schlau eingefädelt wird. Von einem seiner Feinde wird Daniel eine Falle gestellt: Gut instruiert und mit viel Geld belohnt nähert sich ihm an jenem heißen 28. Juli 1996 beim 24-Stunden-Autorennen in Spa-Francorcamps die belgische Stripperin Fili Houteman. Er kennt sie nicht, denn Fili ist damals über die belgischen Landesgrenzen hinaus nicht bekannt. Co-Pilot Frédéric Bouvy stellt ihm die Brünette mit üppigen Reizen vor. Stéphanie ist bei der Kontaktaufnahme nicht dabei, kommt aber später nach. Wenige Tage nach der ersten Begegnung ruft Fili ihn in Monaco auf seinem Handy an, einmal, zweimal, immer wieder. Er ist auf dem Weg zur Arbeit. Angeblich hat die Dame Liebeskummer. Sie bittet ihn, in eine Villa außerhalb Monacos zu kommen, um sich ihr Herzeleid anzuhören. Er, so sagt er, ist gerührt, aber auch irritiert.

Sicher, Ducruet hätte ihr nicht seine Privatnummer geben sollen – was er später abstreitet – und er hätte auch nicht in die Villa nach Villefranche-sur-Mer fahren müssen, was ihm Stéphanie vorwirft. Aber er tut es: Am 5. August fährt er nachmittags mit einem Freund in besagte Villa. »DD« trinkt, wie er behauptet, nur einen einzigen Cocktail, nach dem er sich aber absolut »benommen« fühlt, wie »außer Kontrolle«, und schon beginnt die Sex-Party: säuberlich auf Celluloid gebannt und später an einen italienischen Privatsender verkauft, nebst Fotos für die europäische Presse.

Die Tragödie nimmt ihren Lauf. Sie wird umso schlimmer, als Daniel Ducruet es nicht wagt, Stéphanie das Vorgefallene zu gestehen. Als er an diesem Abend nach Hause kommt, hat sie die Kinder schon versorgt. Er fühlt sich »schmutzig«, wagt es nicht »die Kinder zu drücken«. Er ist zerstreut, etwas komisch, aber Stéphanie scheint nichts zu bemerken. Auch am nächsten Morgen wagt er es nicht, das Geschehene anzusprechen. Dabei hatten sie bisher immer ein sehr offenes, vertrauensvolles Verhältnis. Er sieht schlecht aus, schützt schwierige Arbeit vor. Er hofft, dass sein Fehler unbemerkt bleibt. Vergeblich. Gleich zu Beginn des Ehedramas, nach den ersten Schlagzeilen, die italienische Zeitungen wie *Gente* und *Eva Tremilia* nebst eindeutigen Fotos gnadenlos veröffentlichen, ist Prinz Albert an Stéphanies Seite. Nicht aber ihre Schwester Caroline. Der Bruder fährt sie nach Roc Agel, wo sie Ruhe zum Nachdenken findet. Er weiß nicht, wie er ihr helfen soll, aber er versucht es. Das letzte Wort, das wissen sie beide, hat wie immer der Vater.

Der Fürst zeigt sich knallhart und unerbittlich. Der Schwiegersohn, der ihm ohnehin von Anfang an ein Dorn im Auge war, ein »Prinzgemahl«, den man »nicht vorzeigte«, wird umgehend aus der Familie »entlassen«. Auf Anordnung des Fürsten muss Stéphanie vor dem Gericht bekennen, dass es ein Fehler war, Daniel Ducruet zu heiraten. Schriftlich. Es gibt kein Wenn und Aber, kein Bitten und Zaudern. Die Scheidung läuft. Der Fürst ist Herr der Familie und Herr im Hause Monaco. Artikel II der monegassischen Verfassungscharta erlauben es ihm. Daniel Ducruet, der durch seinen schweren Stand sich doppelt gut bewähren musste, hat ihr gemeinsames Leben aufs Spiel gesetzt – und verloren.

Am 4. Oktober 1996 wird die Scheidung offiziell verkündet. Ducruet verlässt Monaco. Stéphanie flieht mit ihren Kindern ins amerikanische Disneyworld, Orlando, damit sie schöne Ferien verbringen. Und sie kauft Ducruet ein Appartement, damit er ihre Kinder in »angemessenem Rahmen« empfangen kann. Rainier wollte zwar, dass sie alle Brücken abbricht, aber sie kann es nicht. Sie liebt Daniel noch immer. Stéphanie liebt, wenn sie liebt, von ganzem Herzen. Und so trotzt sie mutig erneut dem Vater.

Zutiefst betroffen – und sicher kontaktiert oder korrumpiert von Verlagen – schreibt der Ex-Mann acht Monate später ein Buch. Den »Brief an Stéphanie«, wie es heißt, versteht er als Liebeserklärung an jene Frau, die »zuerst und am stärksten an ihre Liebe geglaubt hatte«. Die detaillierten Enthüllungen der Liebesbeweise gehen aber dem Palast zu weit. Das Buch macht die Leser zu Voyeuren. Stéphanie wird nochmals von ihrem Ex-Mann bloßgestellt. Rainier ist entsetzt und gerät außer Fassung.

Ducruet ist übrigens nicht der Erste, der über Stéphanie schreibt. Das trotzende Nesthäkchen, das junge Sorgenkind und der ewige Wirbelwind hat längst andere Autoren inspiriert. Über Stéphanie, die jüngste, sind bislang die meisten Biografien erschienen. Bis 1996, da ist sie 31 Jahre jung, werden vier Bücher über sie veröffentlicht. Ihr Vater und ihre Schwester können zu diesem Zeitpunkt jeweils nur eine ihnen exklusiv gewidmete Lebensbeschreibung vorweisen. Albert geht, damals wie heute, – noch – leer aus.

Nach unschönen Schlagzeilen in der internationalen Presse, bei denen sie sich manche Interviews bezahlen lassen, schließen Stéphanie und Daniel Frieden. Um der Kinder willen. Stéphanie möchte ihre Familie nicht noch mehr zerrütten. Sie zieht ins französische Auron, hat kurz darauf eine Beziehung mit einem Skilehrer. In Wirklichkeit ist er ein ehemaliger Polizist Monacos und Leibwächter im Palast.

Die Prinzessin bringt am 15. Juli 1998 ihr drittes Kind zur Welt, Camille Marie. Wieder erfolgt die Geburt außerehelich. Aber der Vater erkennt die Tochter an. Freundschaft, sagt Stéphanie, ist das Wichtigste im Leben. Deshalb versöhnt sie sich auch mit den Ex-Männern und Vätern ihrer Kinder.

Obwohl der Palast kein Communiqué herausgibt, kommen dieses Mal Vater Rainier und Bruder Albert sie ganz privat im Krankenhaus besuchen. Es ist das erste Mal, dass Stéphanie das Glück eines Familienbesuchs widerfährt. Caroline hingegen ist am selben Tag zu einer Kreuzfahrt mit ihren Kindern und Prinz Ernst-August aufgebrochen. Obwohl Camille morgens um 9.23 Uhr geboren wird, nimmt sie sich keine Zeit, um Stéphanie zu besuchen. Die ungleichen Schwestern haben sich längst entfremdet.

Stéphanie hat es nicht leicht. Aber wie Caroline und ihr Vorbild Grace übernimmt sie Verantwortung für das Geschehene. Sie wird alleinerziehende Mutter – und dabei glücklich. Sie hofft, »so eine wunderbare Mutter zu werden, wie ihre Mama es war«. Sie geht einkaufen, bringt die Kinder selbst in die Schule und schafft es sogar, sich wieder mehr um ihre Aufgaben in Monaco zu kümmern. Besonders in der Behindertenarbeit tut sie sich über die Jahre hervor. Es ist ihr ernst. Jahrelang arbeitet sie im Stillen. Inzwischen posiert sie mit ihren Schützlingen vor der Presse.

Mit Prinz Albert eröffnet sie den Rote-Kreuz-Ball. Mit 35 Jahren strahlt sie wie nie zuvor. Wenn sie will, kann sie elegant, feminin, princess-like sein. Aber meistens will der »Trotzkopf« nicht.

Die Presse munkelt, der Fürst habe sein Testament gemacht und sie als First Lady eingesetzt. Das mag stimmen, aber wer Stéphanie kennt, weiß, dass sie eher die Mutterrolle ernst nimmt. Den Kindern schenkt sie Liebe, Nestwärme und Stabilität und favorisiert das »bescheidene« Leben fern von Monaco. Männer nimmt sie nicht mehr ernst.

Und Albert? Hat er sie je verraten? Hat sie sich doch schon einmal vom Bruder im Stich gelassen gefühlt? Hätte er sich noch mehr für sie beim Fürsten einsetzen sollen? Sie sagt es nicht. Noch nicht. Aber: »Mein Vater und die Kinder sind die Einzigen, die mich nie verraten haben.«

Ihren Ernüchterungen zum Trotz beginnt die Prinzessin eine neue Affäre. Winter 2000/2001 sieht man sie mit Franco Knie, dem um zehn Jahre älteren Zirkusdirektor des renommierten Schweizer Zirkus Knie. Der zurückhaltende, sehr diskrete Mann, der zu dem Zeitpunkt ihres Kennenlernens verheiratet ist und ein behindertes Kind hat, ist seit Jahren in Monaco anwesend. Stéphanie kennt er seit 1974, seit sich Zirkusfan Rainier seinen Kindheitstraum erfüllt und ein Zirkusfestival ins Leben ruft, um den geliebten Clowns und Dompteuren offiziell zu frönen. Vater und Tochter teilen seit jeher die Leidenschaft für das Zirkusleben. Jetzt wird sie »Zirkusprinzessin« werden.

Stéphanies Liebe zum Zirkus, nein, zu Franco Knie, geht im Jahr 2001 so weit, dass sie ihm, seinen Tieren und Leuten eines Tages im Wohnwagen folgt.

Wie immer steht sie zu dem, was sie macht und wen sie liebt. In Monaco kommen wieder einmal ihre Pflichten zu kurz. Anberaumte Pressekonferenzen finden in letzter Minute ohne sie statt. Ihr Bruder muss einspringen. Die Journalisten, die eigens für

Stéphanie kamen, haben das Nachsehen. »Sie kennen ja Stéphanie ...« Die Prinzessin bleibt unberechenbar. Manche halten es für Unzuverlässigkeit.

Die Presse spekuliert bald, sie sei wieder schwanger, zumal sie beim Nationalfeiertag desselben Jahres, am 19. November 2001, nicht anwesend ist. »Eine Prinzessin fehlt immer in Monaco«, stirnrunzelt die Presse. Der Palast gibt keinen Kommentar. Im Zirkus Knie geht unterdessen ein Witz um: »Es ist wie beim Elefanten, zwanzig Monate Schwangerschaft.« Und, so lacht Francos Bruder Frédérique, es geschieht nichts. Das Leben im Zirkus geht weiter, und Stéphanie bleibt in ihrer neuen Welt anonym. Und der Zirkus bleibt diskret. Es ist eine Welt für sich. Stéphanie ist schlicht Mitglied der Karawane: »Der Zirkus ist meine zweite Familie.«

Im Herbst 2001 sind sie schon anderthalb Jahre zusammen. Die kleine Pauline hat Dressurnummern gelernt, tritt als kleine Elefantendompteurin in gold-hellblauer Glitzeruniform auf. Sie müsste dem alten Fürsten besonders gefallen, denn sie erfüllt jenen Dompteur-Traum, den er als kleiner Junge träumte. Stéphanie hat eine Villa im kleinen Städtchen Rapperswil am Zürichsee gekauft. Ihre Kinder gehen jetzt in der Schweiz zur Schule oder werden von Privatlehrern unterrichtet. Sie lebt von ihrer monatlichen Apanage, etwa 30000 Euro, und den Einnahmen durch Prozesse gegen die Medien sowie von ihrem Replay-Café, um das sie sich jedoch weniger kümmert.

Beim 26. Zirkusfestival im Januar 2002 huldigt Franco Knie der Prinzessin in aller Öffentlichkeit. Der 78-jährige Fürst Rainier III. bekommt Standing Ovations. Erstmals seit dem Tod von Grace zeigt er in der Öffentlichkeit Tränen. Er ist alt und schwerkrank.

Zur Überraschung aller kehrt sie im März 2002 in den heimatlichen Palast zurück. Stéphanie hat sich mit ihrem geliebten Vater ausgesöhnt. Sie will ihren Verpflichtungen nachkommen. Auf dem symbolträchtigen Rosenball für Monaco am 16. März 2002 im Sporting-Club erscheint sie an der Seite von Rainier. Der Clan steht wieder einmal geschlossen vereint für das offizielle Foto.

Warum die Rückkehr? Prinzessin Stéphanie ist inzwischen 37 Jahre alt. Sie wird sich ihrer Verantwortung bewusst. Und ein Leben im Wanderzirkus von Ort zu Ort ist zwar schön, aber auf Dauer nichts für sie. Ausschlaggebend jedoch ist, dass sie sehr an ihrem Vater hängt und die letzten Familienjahre mit ihm, dem Großvater ihrer Kinder, intensiver als vorher verbringen möchte.

Sie hat auch wieder neue berufliche Pläne: In dem Ende 2001 gegründeten Privatsender *Paris Match TV* möchte sie ihre Familie vorstellen, als Serie. Das Sendedatum ist bislang offen. Vermutlich Herbst 2002 oder später, sagt die Pressestelle der Chefredaktion vorsichtig.

Die Welt der Grimaldis um Stéphanie wäre also wieder heil und perfekt, wenn sie nicht Welten trennten von ihrer Schwester Caroline und deren dritten Ehemann Prinz Ernst-August von Hannover, dem Stand und Etikette über alles gehen. Ihren Bruder Albert, den Erbprinzen, sieht die Prinzessin so oft wie schon seit langem nicht.

Die jüngste Generation

Bis 2002 gibt es keinen anderen offiziellen Thronerben als Prinz Albert. Sollte er sterben, so haben zunächst Prinzessin Caroline und Prinzessin Stéphanie Anspruch auf den Thron. Dann folgen die Kinder Carolines – darunter die Königliche Hoheit Prinzessin Alexandra, ein kleiner Frechdachs mit viel Charme. Sie steht an sechster Stelle in der Erbfolge. Nach ihr könnten Stéphanies Kinder den Thron reklamieren.

Ginge es nach Adelsgesetz und Stammbaum, endet die Geschichte der Grimaldis streng genommen mit der Generation von Caroline, Albert und Stéphanie. Wobei Adelspuristen, wie gesagt, sie schon früher »aussterben« sahen, als der Name über die Frauen weiterlebte, und spätestens, seit Prinz Louis II. seine uneheliche Tochter adoptierte und damit die Thronfolge sicherte.

Albert von Monaco, der seinen Namen direkt vererbt, hat bisher keine legitimen Nachfahren. Sein Verhältnis zu den Neffen und Nichten ist eng. Er liebt sie. Oft sieht man ihn mit diesen in der Öffentlichkeit scherzen, auch unprotokollarisch. Prinz Albert ist Pate von Andrea, Carolines ältestem Sohn, der Alberts Namen an dritter Stelle trägt.

Abgesehen von Carolines jüngster Tochter, der »Königlichen Hoheit« Alexandra, sind seine Neffen und Nichten keine Prinzen oder Prinzessinnen, da nur mütterlicherseits die Titel bestehen, sondern Bürgerliche, extrem reiche Bürgerliche. Besonders die Kinder Casiraghi, von denen jedes ungefähr ein Drittel des auf 250 Millionen Francs geschätzen Vermögens ihres früh verstorbenen Vaters erbt. Ihre Mütter leben von den Apanagen des Fürstenhauses. Und den Geschäften, in die sie investiert haben. Alberts Neffen und Nichten sind also Bürgerliche mit blauem Grimaldi-Blut in den Adern. Jedes Kind, mit Ausnahme von Alexandra, ist zunächst unehelich. Eine Frage der Zeit und der Betrachtung. Prinzessin Caroline heiratet zwar 1983 den italienischen Millionärssohn Stefano Casiraghi, aber »nur« standesamtlich. Der Papst hat ihre erste Ehe noch nicht für ungültig erklärt. Folglich werden Sohn Andrea Albert (geb. 8. Juni 1984), Tochter Charlotte Marie Pomeline (geb. 3. August 1986) und der jüngste Sohn Pierre (geb. 5. September 1987) aus kirchlicher Sicht außerehelich geboren. Erst die Annulierung der Ehe mit Philippe Junot macht die Kinder in den Augen der katholischen Kirche zu legitimen Casiraghis. Der Heilige Stuhl erkennt sie am 5. April 1994 an, obwohl Prinzessin Caroline und Stefano Casiraghi nicht kirchlich getraut wurden. Das delikate Verfahren, bei dem es auch um fürstliche Spenden für den Vatikan geht, hat fast vierzehn Jahre gedauert.

Prinzessin Stéphanie wiederum bringt ihre ältesten Kinder Louis (geb. 26. November 1992) und Pauline (geb. 4. Mai 1994) vor der standesamtlichen Hochzeit mit dem Vater, Daniel Ducruet, zur Welt. Sie heiraten erst nach der Taufe der kleinen Pauline, am 1. Juli 1995. Die jüngste Tochter, Camille, wird 1998 ebenfalls außerehelich geboren, denn die Prinzessin heiratet den Vater Jean-Raymond Gottlieb, einen Skilehrer, nicht. Allerdings erkennt dieser seine Tochter an.

Mit Ausnahme der jüngsten Königlichen Hoheit Alexandra werden alle Kinder im Krankenhaus »Princesse Grace« in Monaco geboren. Eine weitere Gemeinsamkeit besteht darin, dass sie streng geschützt vor der Presse aufwachsen. Dafür sorgen die Mütter. Sowohl Prinzessin Caroline als auch Prinzessin Stéphanie wollen ihren Kindern den Medienrummel ersparen. Nur beim Scheidungsverfahren von Prinzessin Stéphanie und Daniel Ducruet füllen ihre Kinder die internationalen Titelseiten. Beide Partner beschuldigen sich gegenseitig, Louis und Pauline mit der Publicity zu missbrauchen. Danach herrscht Ruhe.

Allen jungen Nachfahren ist des Weiteren gemeinsam, dass sie fern von Monaco aufwachsen. Was sie allerdings unterscheidet, ist ihre Erziehung. Es sind zwei Welten: Die einen sind mehr »Kinder der Freiheit«, die anderen eher »Kinder ihres Standes«.

Die Kinder Stéphanies haben von Anfang an eine schwere Rolle im Fürstenclan. Zur Geburt des Ältesten erscheint kein Mitglied der fürstlichen Familie. Selbst nicht Prinz Albert, obwohl es ihm schwer fällt. Im Gegensatz zu ihren Cousins und Cousinen werden Louis, Pauline und Camille recht unkonventionell erzogen. Die Kinder von Prinzessin Stéphanie besuchen nach der Scheidung zunächst eine öffentliche Schule in dem kleinen französischen Ski-Ort Auron. Hier wohnen sie mit ihrer Mutter in einem geräumigen Chalet. Auron liegt in den Alpes-Maritimes, eine Autostunde von Monaco entfernt. In Reichweite des Fürstentums, denn die »Kinder sollen ihren Großvater so oft wie möglich sehen«, so Stéphanie.

Auch ihre jeweiligen Väter besuchen die Kinder regelmäßig. Prinzessin Stéphanie will die Dramen zerrütteter Familien vermeiden. So gibt es Familientreffs, gemeinsame Geburtstage, Gartenfeste, bei denen alle Väter teilnehmen. Dennoch bleibt Prinzessin Stéphanie alleinerziehende Mutter. Die Rolle gefällt ihr und sie nimmt sie ernst. Auch als sie mit den Kindern in die Schweiz zieht, um ihrer neuen Liebe Franco Knie zu folgen. Eine Zeitlang ziehen die Kinder im Wohnwagen mit dem Zirkus umher. Sie leben, wovon manch anderer träumt. In der Schweiz, in der Nähe von Rapperswill, gehen sie bald zur Schule. Sie führen, im Vergleich zu Carolines Kindern, ein »alternatives« Leben. Stéphanie ist fürsorgende Vollzeit-Mutter und liebt ihre Kinder »abgöttisch«. Sie möchte, wie gesagt, »so eine wunderbare Mama« sein, wie ihre Mutter Grace es war. Das klingt idealistisch, aber sie gibt ihr Bestes.

Nach dem über einjährigen Zirkusleben kehrt sie letztlich in den Palast zurück, um ihre Kinder wieder in einer ganz normalen öffentlichen Schule Monacos, in Fontvieille, im März 2002 einzuschreiben und um bei Vater (und Bruder) zu wohnen.

Prinzessin Caroline hingegen zieht sich nach dem Unfalltod ihres Mannes mit ihren drei Kindern in das französische Saint-Rémy-de-Provence zurück. Es ist ein malerisches Postkartenstädtchen mit Galerien, bunten Märkten, idyllischen Ecken und Tourismus. Einige Berühmtheiten, darunter bekannte Schauspieler, haben hier ihre Zweitwohnsitze. Aber die Familie lebt geschützt in einem schönen Mas. Die Kinder gehen in die öffentliche Schule und genießen die Anonymität. Als sie alt genug sind, um das Gymnasium zu besuchen, zieht Prinzessin Caroline in die Pferdestadt Fontainebleau, etwa 50 Kilometer von Paris entfernt. Ihre ältesten Kinder sind wie sie passionierte Reiter. Auch hier wird die Privatsphäre strikt abgeschirmt. Mitschüler der katholischen, von Laizisten geleiteten Privatschule »Jeanne d'Arc«, sehen Carolines Kinder als »nichts Besonderes« an, erinnern nur die Bodyguards, die sie begleiten. Die Schulkosten von Jeanne d'Arc sind relativ gering, ungefähr 5000 Euro pro Jahr. Die Schule ist keine Eliteschule, kein Salem und kein Rosey. Aber sie hat einen guten Ruf als Internat und als Schule für Freigänger. Carolines Kinder bleiben Externe, sie dürfen abends »in die Freiheit« gehen.

Allerdings verläuft die Schulzeit ihrer Kinder nicht so glatt, wie Caroline es erhoffte. Gegen Ende des Schuljahres 2001, im Juli, verlassen ihre Kinder die Schule in Fontainebleau. Prinzessin Charlotte besucht nunmehr das Gymnasium Saint Aspais im 15 Kilometer weiter gelegenen kleinen Melun. Sohn Andrea musste die Schule Jeanne d'Arc aufgrund »schulischer Schwierigkeiten« verlassen. Die Rebellion »ganz normaler« Jugendlicher.

Andrea, so meinen Beobachter, wurde mit Blick auf den Thron erzogen. Er scheint diskret und formvollendet. Notfalls könnte er

»einspringen« und den Thron als Volljähriger übernehmen, vorausgesetzt, sein Onkel Albert, der ihn sehr mag, adoptiert ihn oder er und seine Schwestern verzichten auf ihre Thronansprüche. Zur Zeit nimmt Erbprinz Albert ihn aber nicht in die Regierung, sondern in das Fußballstadium mit. Komplizenhaft kommentieren sie das Spiel.

Charlotte besucht seit ihrem 13. Lebensjahr die traditionellen Pariser Rallyes der Adligen und Reichen. Diese finden unter den wachsamen Augen der Mütter statt, die sie auch organisieren. Hier lernen die Kinder aus sogenannten besten Kreisen sich kennen, spielen Bridge und nehmen Tanzstunden. Indirekt fungieren die Rallyes auch als Heiratsinstitute. Viele Ehen wurden hier gestiftet. Natürlich gibt es auch Partys, man nennt sie nur Bälle oder Kostümfeste. Als Kind einer Prinzessin darf Charlotte auch ohne Einladung zu den Rallye-Bällen kommen. Die Jungen der Rallye, in der Regel zwei bis drei Jahre älter, mögen Charlotte, weil sie »nett, offen, erfrischend und natürlich« ist. Und obendrein hübsch. Sie bezeichnen sie als »mignon«, »herzallerliebst«. Die Kinder Carolines gehören zur »jeunesse dorée« von Paris, wie einst sie selbst.

Das Jahr 2001 rückt die jüngste Generation in den Vordergrund der Medien – und des Grimaldi-Clans. Anfang des Jahres werden Fotos von Pauline, dem kleinen »Zirkusstar«, veröffentlicht: Sie zeichnet sich in Elefantendressur, Akrobatik und Jonglieren aus. Stéphanie ist stolz auf die Leistung ihrer Tochter: Sie setzt die Leidenschaft ihres Großvaters für die Zirkuswelt fort. Auch er ist stolz – selbst wenn die Leistungen nicht dem Rang entsprechen.

Die 15-jährige Charlotte Casiraghi hält am 15. Dezember 2001 ihren »offiziellen mondänen Einzug« – unter den Augen der geladenen Presse. Die französische Zeitschrift *Gala* bezeichnet sie in ihrem Jahresrückblick als neues »Gesicht des Jahres«. Im Februar 2002 ziert Charlotte erneut die Titelseite. In Zukunft werden die Kinder der Prinzessin, vor allem Charlotte, öfters zu sehen sein.

Die Medien, ob *Gala*, *OH là!* oder die Frauenzeitschrift *Elle*, vergleichen Charlotte schon jetzt bei jedem ihrer kleinen öffentlichen Auftritte mit ihrer Mutter Caroline, die, wie Grace, mit Eleganz und Klasse, das Parkett beherrscht. In Sachen Mode ist Teenager Charlotte »ganz die Mama«, in ihrer »Haltung« ebenfalls, in ihrem Aussehen auch.

Gelang es der Mutter, ihre Tochter bislang relativ gut vor der Presse zu schützen, so war sie doch machtlos, als die erste Fan-Page für Charlotte im Internet auftauchte. In einem Schreiben an den Webseitenbetreiber bat sie, man möge das Privatleben ihrer Tochter mehr respektieren. Bisher ohne Erfolg.

Am 30. Januar 2002 veröffentlicht die französische *OH LA!* erstmals wieder seit langem eine ausführliche Fotoreportage über Prinzessin Stéphanie und ihre Kinder. Anlass ist das 26. Zirkusfestival in Monaco, bei dem Prinzessin Stéphanie als Vizepräsidentin in der Jury sitzt. Etliche Fotos zeigen die glückliche, selbstsichere Mutter zusammen mit ihren Kindern – und diese sogar allein. Es sind Porträtaufnahmen von Pauline oder dem kleinen Louis, wie er zwischen Fürst Rainier und Prinz Albert sitzt. Seinem Onkel ähnelt er ein wenig. Die Auflage des Blattes schnellt hoch. Es ist für Stéphanie, so wirkt es, ein willkommener Nachklapp gegenüber Carolines Kindern.

Der jüngste Sprössling unter Rainiers Enkeln ist von Geburt an der ranghöchste unter den lebenden Grimaldis: Ihre Königliche Hoheit Prinzessin Alexandra von Hannover, Tochter von Caroline, Prinzessin von Hannover, und Prinz Ernst-August von Hannover. Sie gehört zu einem der ältesten Adelsgeschlechter Deutschlands, dem Welfenhaus, deren »Oberhaupt« ihr Vater ist. Sie ist über ihn mit dem englischen Königshaus verwandt, hat Anspruch auf Englands Thron und auf den Thron Monacos. Sie ist Nachfahr des letzten deutschen Kaisers.

Sie ist, wie bereits erwähnt, das einzige Grimaldi-Kind, dass seit zwei Generationen außerhalb Monacos geboren wurde. In Österreich. Am 20. Juli 1999, dem Tag ihrer Geburt, meldet die *dpa*-Nachrichtenagentur: »Hocherfreut geben wir (die Verwaltung des Schlosses Marienburg, Seine Königliche Hoheit des Prinzen von Hannover, Herzog zu Braunschweig und Lüneburg) bekannt, dass Ihren Königlichen Hoheiten dem Prinzen und der Prinzessin von

Hannover, Herzog und Herzogin zu Braunschweig und Lüneburg, eine Tochter am 20. Juli 1999 unter der Leitung von Herrn Primanus Dr. Wolfgang Fellner im Landeskrankenhaus Vöcklabruck in Oberösterreich, Österreich geboren wurde. – Ihre Königliche Hoheit die Prinzessin und Ihre Königliche Hoheit Prinzessin Alexandra sind wohlauf.« So wurde bislang kein Grimaldi-Kind der jüngsten Generation zu seiner Geburt begrüßt.

In Vöcklabruck wird Prinzessin Alexandra auch getauft. Sie wächst in den Schlössern und auf den Ländereien, die ihr Vater im oberösterreichischen Gmund, in Deutschland und England besitzt, auf. Zeitweilig ist sie sich auch im französischen Wohnsitz Fontainebleau zu finden, vom Palast in Monaco mal ganz abgesehen. Die kleine Globetrotterin wird dreisprachig erzogen: französisch, deutsch und englisch. Ihre älteren Halb-Geschwister wuchsen zweisprachig auf, französisch-italienisch, und lernen Deutsch und Englisch hinzu.

Die kleine Alexandra, das siebte Enkelkind von Fürst Rainier, Prinz Alberts vierte Nichte und die sechste in der Erbfolge, nimmt, wie man sieht, eine Sonderstellung unter ihren Geschwistern und ihren Cousins und Cousinen ein.

Außerdem entpuppt sie sich bereits mit zwei Jahren als Liebling der Medien. Manche nennen sie die »kleine Königin von Monaco«. Auch bringt sie schon Geld in die Kassen: In Deutschland muss die Boulevardrevue *Die Aktuelle* rund 74 000 Euro Entschädigungsgelder für die unerlaubte Veröffentlichugn von elf Fotos der Kleinen zahlen.

Beim monegassischen Nationalfeiertag sind die Zooms der Fotografen auf das fröhliche, Grimassen schneidende Kind gerichtet, das sich in den Armen ihrer Eltern am Palastfenster zeigt.

Die Eltern scheinen das Kind über alles zu lieben. Fortsetzung, so versprechen die Medien, folgt.

Fünf

»Mit dem Rücken an der Wand« oder Quo vadis Monaco?

Von einer französischen Adligen stammt folgende Mitteilung: »Prinz Albert wird nicht mehr regieren. Monaco ist eine Geldgesellschaft«, und sie fährt fort: »Es steht in vielen Weissagungen – auch bei Nostradamus –, dass sämtliche Städte und Staaten des Mittelmeeres, die allesamt auf Geld basieren, im 3. Jahrtausend zugrunde gehen werden.« Wann? Sie weiß es nicht. Das überlässt sie den Propheten. Nostradamus beispielsweise »beweinte« die Mittelmeerstaaten, darunter Monaco, genannt »Mannego«, die durch Kriege und Erdbeben von Blut getränkt werden.[18] Ginge es nach ihm, wird Monaco, »Monoeci Arx«, Plünderern zum Opfer fallen.[19] Und da sein Zeitbegriff – wie der aller Propheten – relativ ist, kann diese düstere Vision sich durchaus noch bewahrheiten. So die Dame von Adel.

Neben den großen gesellschaftlichen Beben, hat Monaco bereits echte kleine Erdbeben erfahren. Das Fürstentum liegt nahe bei Nizza, in einer der höchsten Gefahrenzone der plattentektonischen Erdverschiebungen. Eine natürliche Einsturzgefahr des Fürstentums kann nicht ausgeschlossen werden. Das gilt auch für eine Terrorismusaktion größeren Ausmaßes. Das Land gleicht einem Banktresor. »Ein sonniges Plätzchen für dunkle Gestalten« sei Monaco, schrieb bereits Somerset Maugham in den 30er Jahren. Die Sicherheitsmaßnahmen sind enorm. »Wir sind gegen jede Art von Kriminalität vorbereitet«, heißt es von Regierungsseite.

De facto sieht es so aus: Prinz Albert wird regieren. Die Frage, die allerdings bislang keiner hundertprozentig beantworten konnte, lautet: »Wie?« Es gibt eine Ahnung, es gibt Spuren. Es gibt eine junge Mannschaft im Hintergrund, alte Familien, einen Palast mit über 220 Zimmern – und einigen Intrigen, und es gibt Monacos Business. »Alle werden Interesse daran haben, den Erbprinzen zu stützen und nicht gegen ihn zu arbeiten. Denn solche einmaligen Konditionen wie hier finden sie nirgends sonst auf der Welt. Allein aus diesem Grunde schon bin ich optimistisch«, erklärt Dario Dell'Antonia. Der Italiener arbeitet seit 27 Jahren in Monaco, hat sich aber den Blick von außen bewahrt. »Wir werden noch enger zusammenrücken.«

Und es gibt den großen Bruder Frankreich, von dem sich Monaco abnabeln möchte. Zur Zeit brüten Diplomaten und Juristen über einer Neu-Interpretation der alten französisch-monegassischen Verträge von 1918, 1930 und auch 1963. Sie entrümpeln ihre »anachronistische Phraseologie«. Monaco will dem Europarat beitreten und das geht nur als eigenständiger Staat, mit demokratischen Strukturen, wie der Europarat betont. »Monaco muss sich notgedrungen ändern (...) durch die internationalen Ereignisse. Durch den Euro ist Monaco bereits über Frankreich an die Europäische Union gebunden. Es wird nun schwierig sein, vor der Europäischen Union die Geldwäscherei zu verbergen. (...) Es wird schwierig sein, die zuständigen Strukturen der Union in Sachen Polizei und Finanzen daran zu hindern, sich für Monaco zu interessieren.« Die Omerta wird aufgebrochen werden müssen.

Die Regierungskapazitäten des Erbprinzen wurden wiederholt angezweifelt, obwohl dieser von dem Tag seiner Geburt an auf seine Rolle vorbereitet wird. Manche sind zum Herrscher geboren. Andere werden, wie im Falle des Erbprinzen, zum Herrscher gemacht. Jahrzehntelang zeigt er sich widerstrebend. Vielleicht aber kommt die Liebe zur Macht mit der Macht. Es wäre kein historischer Einzelfall.

Spätestens seit der ersten Herzoperation seines Vaters 1994 wird Prinz Albert immer konkreter in die Regierungsgeschäfte einbezogen. Er weiß, wie der Alltag als Albert II. aussieht. Sein Vater gewährt ihm tiefe Einblicke, lässt ihn seine Erfahrungen machen – unter seinen Fittichen, indem er noch das letzte Wort behält. Bis jetzt steht der eiserne Fürst Rainier III. wie Gott Vater über seinem Sohn, über allen und allem. Er nötigt Respekt ab. »Es war großzügig von ihm (Fürst Rainier III., Anm. d. Verf.). Das muss man anerkennen, auch wenn man ihn kritisiert«, meint Dell'Antonia.

Die Frage bleibt, wie wird er reagieren, wenn die alten, einflussreichen Familien in Opposition treten, wenn Intrigen laufen, wenn er seine Ideen und Modernisierungsbestrebungen nicht durchsetzen kann? Es gibt Pläne, gegen die sich die alte Garde der Monegassen stellt. Dazu zählt die Aufnahme in den Europarat, die ihre Privilegien beschneiden würde. Der Nationalrat ist deshalb in »sich heftig bekriegende Fraktionen gespalten«, so Pierre Abramovici. Andere umstrittene Projekte liegen noch in der Schublade oder sind bereits in die aktive Phase getreten: wie der Ausbau des Hafens, der Tunnel nach Fontvieille, die neue, dem Meer abgerungene Larvotto-Halbinsel, das Fontvieille II.

Nichts in Monaco geschieht von Heute auf Morgen. »Alles was wir hier tun«, erläutert Dario Dell'Antonia, »sind langfristige Pläne, um das Gleichgewicht Monacos zu wahren.« Das besondere Ambiente. Den Lebensstandard. Für kurzfristige Aktionen ist Monaco zu klein. Fehler wären sofort spürbar und schwer zu korrigieren. »Es sind Projekte, die mindestens 25 Jahre dauern, von heute an gerechnet«, erläutert der Staatsangestellte, das heißt fast ein Vierteljahrhundert der Regierungszeit Alberts ist schon verplant. Das klingt für Zweifler beruhigend.

Aber: »Die Nachfolge wird nicht einfach sein. Er muss dieses multinationale Unternehmen, das auf seinem Gipfel steht, führen.« Wenn der Gipfel erreicht ist, dann bleiben in der historischen Regel nur noch Stillstand oder Abstieg, Stagnation oder Rezession. »Oder etwas völlig anderes«, ergänzt Roger-Louis Bianchini. »Der Prinz ist ein Kind seiner Zeit.« »Jede Generation hat es bisher geschafft, sich einzubringen, selbst bei starken Vätern. Sehen Sie sich Jordanien an oder auch Marokko. Hassan II. war noch wesentlich strenger als der Fürst. Und den jungen Mohammed VI., den kannte ich, als er noch klein war. Er war früher sehr zurückhaltend.« Dario Dell'Antonia will sagen: Was andere können, kann Prinz Albert auch.

Mohammed ist übrigens ein guter Freund des Erbprinzen. Mit dem jungen König von Jordanien versteht er sich ebenfalls gut.

Prinz Albert meint: »Wir jungen Thronanwärter sind die gleiche Generation. Wir haben die gleichen Interessen, Gedanken. Wir müssen zusammenhalten.«

Der Weg ist lang und manchmal steinig. Das Meer nicht immer ruhig. Der Wind weht aus verschiedenen Richtungen. Die Luxusyacht schwankt. Prinz Albert muss das Steuer fest in der Hand behalten. »Er ist jemand, der die Gabe hat, Abstand zu nehmen, eine große Fähigkeit zuzuhören, eine enorme Verfügbarkeit und auch einen großen Professionalismus amerikanischer Art, den er von seiner Mutter geerbt hat«, lobt Dell' Antonio, und nicht nur er. Und: »Er ist viel gereist, hat viele Menschen getroffen, was für seinen Beruf sehr wichtig ist.« Er kann, wenn er will, durchgreifen, auch wenn er von Natur aus eher unentschlossen wirkt. Er hält vielversprechende Trümpfe in der Hand. »Ich bin in jeder Hinsicht optimistisch«, bekräftigt Dario Dell'Antonia seine Ausführungen. Diese Meinung teilen die progressiven Monegassen.

In Frankreich ist im Zusammenhang mit dem Erbprinzen jedoch eine französische Redewendung beliebt: »Erst wenn er mit dem Rücken an der Wand steht, wird man sehen, wer er wirklich ist.« Ob er als Fürst seinen Mann steht. Also: Noch ist es zu früh, über Albert II. zu urteilen. Selbst wohlgesonnene Optimisten bleiben in Habacht-Stellung.

Prinz Albert äußerte bis vor wenigen Jahren vorsichtig: »Man weiß nicht, ob man es schafft, wenn man es nicht erprobt hat.« Freunde behaupten: »Er wird einige überraschen.« Erwartungen sind auch da. »Alle hoffen, dass Albert modern, offen, intelligent und konstruktiv sein wird«, so Pierre Abramovici, dessen einflussreiche Familie der alten Garde angehört.

Alberts Leitmotiv lautet ganz schlicht: »Ich möchte, dass man über Monaco sagt, dass es ein Land ist, das hilft Lösungen zu finden und nicht, dass es Probleme macht.«

Um die letzten Zweifel aus dem Weg zu räumen: »Was vor allen anderen Überlegungen steht: Ich habe ein Pflichtgefühl in mir, die Verantwortungen, die ich zum gegebenen Zeitpunkt übernehmen werde, zu erfüllen.« Prinz Albert ist loyal. Schon immer gewesen. Seinem Vater, seiner Familie und Monaco gegenüber. Er ist fair. Prinz Albert ist Herzkönig. Seine Mutter war Herzkönigin der Monegassen. Der gute Lucien winkt am Horizont oder Honoré II., sein vom Volk geliebter Ahne.

Was auch immer geschieht und geschehen wird, es gibt den Monaco-Joker: die Liebe der Monegassen zu ihrer Fürstenfamilie. Sie halten an ihren Prinzen und Prinzessinnen fest.

Und der Erbprinz lässt sie wissen: »Ich bin bereit.«

Endlich.

Stammbaum Grimaldi (Ende 19. Jh. – 20. Jh.)

1. Ehe: **Lady Maria Viktoria Douglas-Hamilton** (1850–1921) annulliert 1881 ⚭ **Albert I. Fürst von Monaco** (1848–1922) ⚭ 2. Ehe: **Marie Alice Heine, Herzogin von Richelieu** (1858–1925) gesch. 1902

1. Ehe: **Ghislaine Dommanget** (1900–1991) ⚭ **Louis II. Fürst von Monaco** (1870–1949)

Ein illegitimes Kind:
Charlotte Louvet (1898–1977) adoptiert (1919), betitelt **Herzogin von Valentinois, Erbprinzessin von Monaco** ⚭ 1. Ehe: **Pierre Graf von Polignac** (1895–1964) betitelt **Prinz von Monaco** unter dem Namen **Grimaldi** gesch. 1933

1. **Prinzessin Antoinette von Monaco** (3 Kinder mit Noghes vor ihrer Ehe) (*1920), betitelt **Baronin de Massy** (1951)
- ⚭ 1. Ehe: **Alexandre Noghes** (1916–1999) gesch. 1954
- ⚭ 2. Ehe: **Jean Charles Rey** (1914–1994) gesch. 1973
- ⚭ 3. Ehe: **John Gilpin** (1930–1983) verw.

2. **Fürst Rainier III.** (*1923) ⚭ 1. Ehe: **Grace Kelly** (1929–1982)

1. **Prinzessin Caroline von Monaco** (*1957)
- ⚭ 1. Ehe: **Philippe Junot** (*1940) gesch. 1980, annulliert 1992
- ⚭ 2. Ehe: **Stefano Casiraghi** (1960–1990)
  - 1. **Andrea Casiraghi, geb. Monaco** (*1984)
  - 2. **Charlotte Casiraghi, geb. Monaco** (*1986)
  - 3. **Pierre Casiraghi, geb. Monaco** (*1987)
- ⚭ 3. Ehe: **Ernst-August, Prinz von Hannover** (*1954)
  - 4. **Alexandra Prinzessin von Hannover** (*1999)

2. **Erbprinz Albert, Marquis des Baux** (*1958)

3. **Stéphanie** (*1965)
- ⚭ 1. Ehe: **Daniel Ducruet** (*1964) gesch. 1996
  - 1. **Louis Ducruet** (*1992)
  - 2. **Pauline Ducruet** (*1994)
- 3. **Camille Grimaldi** (*1998), Tochter von **Jean-Raymond Gottlieb**

Anmerkungen

1 Der Niederländer Verkade Kees lebt und arbeitet in Monaco. Die Fürstenfamilie schätzt sein künstlerisches Werk sehr. Kees schuf auch die Bronze von Fürstin Grace, die im gleichnamigen Rosengarten steht und zum öffentlichen Skulpturenpfad Monacos gehört. Derzeit arbeitet er an einer Büste von Fürst Rainier III.

2 Bei seinen zwei sechsmonatigen Aufenthalten in Paris bittet Honoré um Anerkennung seiner Währung, um damit »die Kenntnis und den Wert seines Landes« zu erweitern und zu erhöhen. Fürst Rainier III. tut das gleiche 1975, als er den französischen Präsidenten Jacques Chirac bei dessen Staatsbesuch in Monaco informiert, er möchte für sein Land einen monegassischen Euro einführen. Diese Münzen, das weiß er, werben gratis in ganz Europa, von Helsinki bis Athen, für Monaco …

3 Marquis, von altfranz. marchais, »Markgraf«, ist ein typisch französischer Titel des Hohen Adels, angesiedelt zwischen »duc« und »comte«, Herzog und Graf. Er ist nicht zu übersetzen.

4 Auf Kleider-Etikette im öffentlichen Leben legt Monaco auch heute noch Wert. Die »sittlichen« Verordnungen betreffen inzwischen auch Touristen. Überall in Monaco, besonders neben dem Casino und den Thermen, also im Herzen des luxuriösen Monte Carlo, sind entsprechende Hinweis- beziehungsweise Verbotsschilder angebracht.

5 Dieses Kapitel basiert in seinen Grundzügen auf den Ausführungen von Pierre Abramovici (s. Literatur). Der Journalist stammt aus einer alten monegassischen Familie, verbrachte einen Teil seiner Schulzeit und Jugend in Monaco und ist zwar kein erbitterter Gegner Rainiers, aber ein Kritiker des Fürsten. Zwei Jahre lang durchforstete er zusammen mit einer Kollegin Archive im französischen Quai d'Orsay, im deutschen Auswärtigen Amt, im Bundesarchiv und in anderen Ländern, wertete französische, schweizerische, deutsche und amerikanische militärische Geheimdokumente aus, führte brisante Interviews zur »historischen Wahrheitsfindung«. Fürst Rainier III. lehnte ihm gegenüber wiederholt die Öffnung seiner Archive ab. Nach vier Jahren Arbeit kann Abramovici die Zeit Monaco unter Louis II., speziell dessen Kollaboration mit Nazi-Deutschland, gut belegen. Die Recherche wurde ursprünglich für eine ARTE-Dokumentation »Une bien étrange neutralité! Monaco sous la guerre« durchgeführt und diese 1999 ausgestrahlt. Die Einschaltquote in Monaco lag bei etwa 68%, was die Erwartungen von ARTE übertraf. Der Grund: selbst die Monegassen wissen kaum genaueres über das, was unter Louis II. wirklich geschah. Französische und monegassische Historiker und Grimaldi-Monografen wagten sich bislang nicht tiefergehend mit jener Epoche auseinanderzusetzen. Entweder sind sie Freunde der Familie wie Historiker Des Cars von Fürst Rainier III. oder sie fürchteten den langen Arm des Fürsten. Keiner will es sich auf immer mit Monaco verderben. Außerdem fehlt es an Dokumenten

seitens des Palasts. Auch die *Annales Monégasques*, sonst durchaus informativ, gehen den Fürsten nur in einem unkontroversen Artikel an. Über jene Zeit sind bislang drei Bücher erschienen: die US-Memoiren eines Betroffenen (1948), ein anderes, das sich darauf stützt (1974), sowie ein illustriertes Buch über das Schicksal der Juden in Monaco herausgegeben von Serge Klarsfeld, verfasst von Denis Torel und Fernand Detaille. Das vorliegende Kapitel stützt sich neben einem Artikel in *Le Point* und den Arbeiten unter der Ägide von Klarsfeld im wesentlichen auf die Werke von Pierre Abramovici, sowie auf ein am 21. Dezember 2001 geführtes Interview mit ihm.

6 Biograf Jeffrey Robinson vertritt in seinem Buch »Rainier und Grace« (Simon and Schuster 1989) die These, MGM sei überhaupt nicht einverstanden gewesen, dass Grace Kelly nach Monaco reiste, um für einen Film der Konkurrenz zu werben, auch wenn sie darin eine Hauptrolle spielte. MGM drohte Kelly sogar damit, es werde sie im wahrsten Sinne des Wortes »teuer zu stehen kommen«, so berichtet der Autor. Denn, so das Argument der Studios, während sie in Cannes weilte, hätte MGM sie – vielleicht – zu anderen Dreharbeiten einsetzen können.

7 Im Jahr 2002 werden königliche Hochzeiten mit Bürgerlichen fast alltäglich. Allein in den zehn Jahren vor und nach der Jahrtausendwende sind vier von sechs geehelichten Prinzessinnen bürgerlicher Herkunft. Man denke an die Hochzeiten der Königshäuser von Norwegen, Griechenland und der Niederlande.

8 Fünfzehn Jahre nach ihrem Tod wird das intakte Image der Fürstin angekratzt: Sie war, so meinen zwei britische Journalisten, David Carr-Brown und David Cohen, herausgefunden zu haben, Mitglied des umstrittenen »Sonnentempel-Ordens«. Der beste Freund Rainiers, Jean-Louis Marsan genannt Lou-Lou, habe sie in den Orden eingeführt. Er selbst sei schon seit 1970 Mitglied gewesen. Anfang Sommer 1982 sei die Fürstin angeblich zur »Hohepriesterin« inthronisiert worden. Das veröffentlichen die Autoren in der *Sunday Times* (21. Dezember 1997) und in ihrem auf dem britischen Channel Four ausgestrahlten Dokumentarfilm »Grace: Die heimlichen Leben einer Prinzessin«. Drei Tage später dementiert der Palast in einem offiziellen Communiqué und bezeichnet die Behauptungen der Autoren als »ungesunde Fantasien«. Prinz Albert bedauert in einem späteren Interview die Unterstellungen.

9 *Principauté de Monaco et blanchiment: Un territoire complaisant sous protection française.* Président Vincent Veillon, Arnaud Montebourg, Rapporteur; Les Documents d'Informations de l'Assemblée Nationale, Paris 2000 (Nr. 2311).

10 Nach Kenntnis der Autorin sind allein zwei französische Biografien Ende 2001 in Arbeit. Rainier III. wurde allerdings wiederholt zusammen mit Grace ausführlicher porträtiert, vor allem als die ersten Biografien über die Fürstin nach ihrem Tod 1982 erschienen und erneut im Rahmen der

Dynastiegeschichte oder der Monaco-Porträts seit den 90er Jahren. Zu Rainiers 50-jährigem Thronjubiläum 1999 allerdings erschien erstaunlicherweise keine Biografie. Es ist denkbar, dass er zusammen mit einem beauftragten Autor an einer Autobiografie beziehungsweise seinen Lebenserinnerungen arbeitet, auch wenn er, so Meyer-Stabley, erklärt habe, er werde nie seine Memoiren schreiben.

11 Das Fürstentum sieht sich genötigt, zu diesem Bericht Stellung zu nehmen in einem offiziellen, käuflich erwerbbaren Wirtschafts- und Statistikbrevier über Monaco: »Réponse aux rapports français du Trésor et de la Justice sur Monaco«, in: The Best of Monaco, Monaco 2001, S. 16.

12 Zu dem geschätzten Grimaldi-Vermögen siehe ausführlicher den Artikel von Roger-Louis Bianchini, in: *L'Express*, 15. Juni 2000.

13 Das französische Abitur ist zum Teil strenger als das deutsche. Die Prüfungen werden zentralistisch abgefragt, die Antworten sind extrem genormt, der Spielraum ist eng. Bei den schriftlichen Prüfungen kennen die Korrektoren die Schüler nicht. Zu den mündlichen Prüfungen werden Beisitzer aus der zuständigen Académie, dem schulischen Verwaltungsbezirk, hinbestellt, die über die Note mit entscheiden.

14 Der englische Autor John Glatt, Verfasser vieler Biografien und Lifestyle-Berichte, beleuchtet das Leben der Familie ausschließlich in den zwei Jahrzehnten nach dem Tod von Fürstin Grace. Für ihn befinden sich die Grimaldis während dieser Jahre eindeutig im »Niedergang«. In seiner Monografie bringt er vieles aus dem Leben der Grimaldis in den USA ans Licht, was in Europa bis dato unbekannt ist oder von der Presse ignoriert wurde.

15 Das holländische Top-Modell Karen Muldgler deklariert öffentlich in einer französischen TV-Sendung im November 2001 zur Prime Time vor Millionen Zuschauern, ein »gekröntes Haupt« in Monaco habe sie vergewaltigt. Der Moderator schnitt ihr das Wort ab, in Presseberichten wurde sie als »verrückt« und unter Drogen stehend bezeichnet. Zunächst äußerte sich der Palast nicht zu diesem Skandal, dann dementierte er.

16 In alten amerikanischen (Geheim-)Archiven wird Monaco nicht als selbstständiger Begriff geführt – und damit nicht als geografisch und politisch eigenständiges Land angesehen. Diese Erfahrung machte Journalist Pierre Abramovici während seiner Recherche in den USA bezüglich der amerikanisch-monegassischen Beziehungen im Zweiten Weltkrieg. In den Archiven wurde Monaco als Vasallenstaat von Frankreich eingeordnet. Inzwischen, so meint er im Interview mit der Autorin im Dezember 2001, wird das Fürstentum dem Stichwort »Côte d'Azur« zugeordnet.

17 Unter den bisherigen Olympiateilnehmern gab es bereits einige andere adlige Vorbilder, darunter auch Mitglieder verschiedener Königshäuser. Beispiele sind die englische Prinzessin Anne, im Spring- und vor allem Military-Reiten oder Prinz Konstantin von Griechenland, der 1960 Olympiagold im Mannschaftssegeln holte.

18 S. Jean-Charles de Fontbrune, Nostradamus, Historien et prophète. Ses prophéties de 1555 à l'an 2000, Monaco 1980, S. 385. Fontebrune gilt in Frankreich als einer der gelehrtesten und seriösesten Interpreten des Propheten. Er untersucht dessen Prophezeiungen über die Geschichte der westlichen Zivilisation aus der Perpektive Frankreichs und des Papsttums. Laut dieser Ausgabe heißt es bei Nostradamus unter »X, 60«:

»Je pleure Nisse, Mannego, Pize, Gennes,
Savonne, Sienne, Capue, Modene, Malte:
Le dessus sang et glaive par estrennes,
Feu, tremble terre, eau, malheureuse nolte.«

19 Ebd., S. 406 f. Nostradamus zitiert unter »II, 65«:

»Le parc enclin grande calamité,
Par l'Hesperie et Insubre fera,
Le feu en nef, peste et captivité,
Mercure en l'Arc Saturne fenera.«

Vgl. ebd. andere Passagen über Monaco, »II, 4« und »IX, 42«. Nostradamus prophezeit im Übrigen die Restitution der Monarchie in Frankreich und den Empfang des Königs in Monaco …

Bibliografie

Literatur

Aus den zahlreichen Veröffentlichungen über Monaco seien hier vornehmlich Werke genannt, die sich in jüngster Zeit und zumeist ausschließlich mit der Grimaldi-Dynastie oder dem Fürstentum befassen. Vereinzelt finden auch solche Werke bibliografische Erwähnung, denen bisher weniger bekannte Zitate oder Fakten über die Familie entnommen wurden (zum Beispiel Daniel de Cosnac, François Ravel)

Abramovici, Pierre, Un rocher bien occupé. Monaco pendant la guerre 1939–1945. Paris 2001

Bianchini, Roger-Louis, Monaco. Une affaire qui tourne. Paris 1992

Cazelles, Raymond, Le Duc d'Aumale. Prince aux dix visages. Paris 1984

Decaux, Alain, Monaco et ses princes. Sept siècles d'histoire. Paris 1996

De Cosnac, Daniel, Mémoires. Publiés par Le Comte Jules de Cosnac. Paris 1852

De Fontebrune, Jean-Charles, Nostradamus, Historien et prophète. Ses prophéties de 1555 à l'an 2000. Monaco 1980

Delorme, Philippe, Les Grimaldi. 700 ans d'une dynastie. Paris 1997

Des Cars, Jean, Il était une fois Monaco. Une famille 700 ans d'histoire. Monaco 1996

Duchaine, Charles, Juge à Monaco. Paris 2002

Duchíne, Jacqueline, Henriette d'Angleterre, duchesse d' Orléans. Paris 1995

Ducruet, Daniel, Lettre à Stéphanie. Paris 1997.

Edwards, Anne, Les Grimaldi. Histoire d'une dynastie 1297–1993. Paris 1993 (Erstausgabe USA 1992)

Glatt, John, The Ruling House of Monaco. The Story of a Tragic Dynasty. London 1999

Klarsfeld, Serge, Les Transferts des Juifs de la région de Nice vers le camp de Drancy. Paris 2. Auflage 1998

Lacey, Robert, Grace. New York 1994

Meyer-Stabley, Bertrand, Les Monaco. Altesses, Superstars. Paris 1988

Meyer-Stabley, Bertrand, La véritable Grace de Monaco. Paris 1999

Principauté de Monaco et blanchiment: Un territoire complaisant sous protection française. Président Vincent Veillon, Arnaud Montebourg, Rapporteur; Les Documents d'Informations de l'Assemblée Nationale. Paris 2000 (Nr. 2311)

»Réponse aux rapports français du Trésor et de la Justice sur Monaco«, in: *The Best of Monaco*. Monaco 2001

Ravel, Jean-François, Le Voleur dans la maison vide. Paris 1997

Robinson, Jeffrey, Rainier & Grace. London 2., aktualisierte Auflage 1997

Robert, Jean-Baptiste, Histoire de Monaco. Paris 2., erw. Auflage 1997

Spada, James, Grace. The Secret Lives of a Princess. New York 1984

Torel, Denis, Detaille, Fernand, Monaco sous les barbelés. Paris 1996

Zeitungen und Zeitschriften

Es wurden sowohl aus der umfangreichen den Grimaldis gewidmeten Regenbogenpresse im deutschen, englischen und französischen und vereinzelt spanischen Sprachraum als auch zahlreiche Artikel aus der internationalen seriösen Tages- und Wochenpresse ausgewertet, sowie Aufsätze der seit 1977 vom Palastarchiv in Monaco herausgegebenen offiziellen *Annales Monégasques. Publication des Archives du Palais Princier.* Genannt seien untenstehend nur die Quellen, aus denen zitiert wurde.

Tages- und Wochenpresse: Chicago-Sun Time, Die Zeit, Herald Tribune, Le Canard Enchaîné, La Principauté, La Tribune de

Génève, Le Figaro, Libération, Le Monde, Monaco-Hebdo, Monaco-Matin, Nîce-Matin, The Financial Times

Magazine: Capital, Die Bunte, Der Spiegel, Der Stern, Focus, L'Express, Le Nouvel Observateur, Paris-Match, Points de Vue – Images du Monde, OH là!, Time, Voici

Rundfunk- und Fernseharchivalien

Deutschsprachige Berichte und Interviews: ARD, DeutscheWelle TV.

Französische Sendungen, Interviews, Reportagen, Dokumentarfilme: Antennne 2, ARTE, Eurovision, France 2, FR 3, La Cinq, M 6, TF 1.

Die Filme und Reportagen der französischen staatlichen und privaten Fernsehsender wurden, sofern sie historisches Material oder Sendungen bis 2001 betrafen, bei der INA (Institut National Audiovisuel) in Paris ausgewertet oder aktuell im Fernsehen verfolgt (wie TF 1, *Reportages: Les Coulisses du Palais*, 4. Mai 2002).

Berichte von Radio Monte Carlo fanden nur Berücksichtigung, sofern sie von anderen Medien – ganz oder ausschnittweise – übernommen wurden. Die RMC-Archive sind, laut Auskunft der Angestellten, dem Publikum ohne Erlaubnis des Fürsten nicht zugänglich.

Interviews

Viele der Informationen und Urteile über Prinz Albert von Monaco und die Fürstenfamilie entnahm ich Gesprächen mit Angehörigen des französischen Adels, Freunden und Bekannten der Grimaldis, in Monaco oder im Palast arbeitenden Angestellten. Sie stehen der Fürstenfamilie mehr oder weniger nahe, kennen sie oft persönlich oder spiegeln die Meinung der »Straße« wieder. Nicht alle geführten Interviews werden hier aufgelistet, denn einige der Gesprächsteilnehmer möchten ihre Anonymität wahren.

Deshalb seien nur genannt:
Pierre Abramovici, Interview, 21. Dezember 2001
Roger-Louis Bianchini, Interview, 20. November 2001
Dario dell' Antonia, Interview, 16. November 2001
Arnaud Montebourg, Interview, 15. Januar 2002

Fotonachweis

Bildstrecke I: Seiten 4, 5 dpa. Seiten 1, 2, 3, 6, 7, 8 ullstein bild.
Bildstrecke II: Seite 8 unten dpa. Seiten 1, 2, 3, 4, 5, 6, 7 und 8 oben ullstein bild.
Bildstrecke III: Seiten 1, 2 oben, 3 oben, 5 und 6 oben dpa. Seiten 2 unten, 3 unten, 4, 6 unten, 7 und 8 ullstein bild

Danksagung

Mein Dank gilt dem langjährigen Freund und Juristen Philippe Léon für seinen Einsatz von diplomatischer Raffinesse, Sabine Stamer für ihre Unterstützung und kritischen Anmerkungen, Pamela Wilkinson für ihre Recherchehilfe, dem Marquis de*** – er weiß wofür –, Emanuella de Bruc für ihre Aufgeschlossenheit und Anregungen, Arnaud de Verthamon für seine Vermittlung. Besonders danke ich jenen Monegassen, die mich empfangen haben, aber ungenannt bleiben möchten, ebenso der S.B.M. für ihre Hilfsbereitschaft und Kompetenz sowie vor allem den französischen Kollegen und Monaco-Insidern wie Pierre Abramovici, Roger-Louis Bianchini und Bertrand Meyer-Stabley für ihre spontane Zusammenarbeit. Mein Dank gilt außerdem jenen, die mir großzügig ihr Privatarchiv öffneten – oder es mir gar gänzlich überließen. Dank auch an die Produzenten von SAGA, die mir ihre Grimaldi-Sendung zur Verfügung stellten. Ein besonderes Dankeschön an die hilfsbereiten Archivare des *Institut National de l'Audiovisuel*, der *Bibliothèque Nationale Française – Bibliothèque François Mitterrand*, von *Paris-Match* und dem *Nouvel Observateur* sowie dem einmalig unkomplizierten *Canard enchaîné*. Ich danke den hilfsbereiten Menschen im *Quai d'Orsay* und im *Conseil d'Europe*.

Prinz Albert eröffnet mit seiner Schwester, Prinzessin Stéphanie, den traditionellen Ball des Roten Kreuzes am 3. August 2001.

Der Grimaldi-Fürstenpalast im Jahre 1994. Unter Fürst Rainier III. wurden Fassade und Innenräume restauriert. Die historischen Prunkräume gibt er zur Besichtigung frei.

Blick über den Yachthafen des »Hongkong am Mittelmeer«

Fürst Rainier III. und der 35-jährige Prinz Albert von Monaco beim Begräbnis von König Baudouin von Belgien in der Sankt Michels Kathedrale in Brüssel

Vater und Sohn auf dem Palastbalkon am Nationalfeiertag 1997

Prinzessin Caroline mit ihrem 2. Ehemann Stefano Casiraghi und ihren Kindern Andrea und der nur sechs Wochen alten Charlotte Marie am 20. September 1986

Fürstenvater Rainier III. mit seinen Kindern und den Enkeln Pierre (vorne links im Bild), Charlotte und Andrea (vorne rechts) auf dem Balkon des Palastes am Nationalfeiertag

Prinzessin Stéphanie mit ihrem Sohn Louis 1992

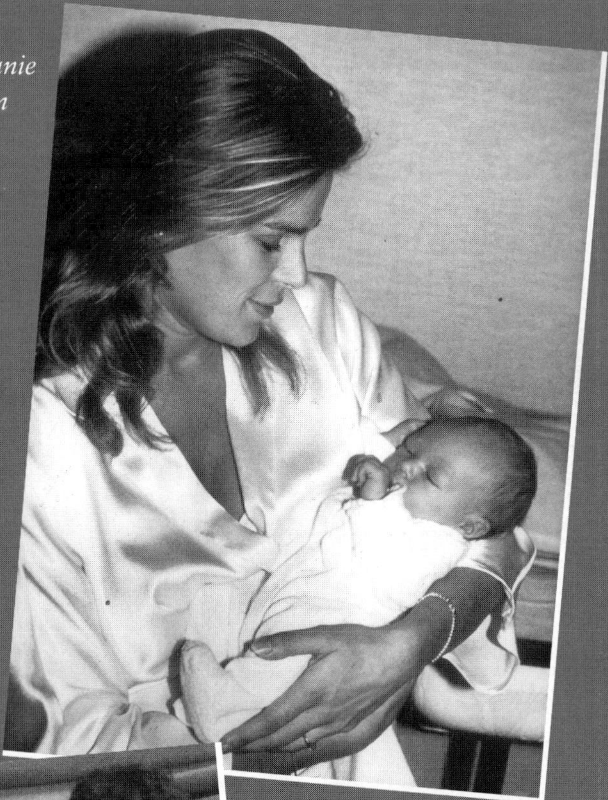

Prinzessin Caroline zusammen mit ihrer zweijährigen Tochter Prinzessin Alexandra und ihrem dritten Mann Ernst-August Prinz von Hannover beim Internationalen Springreittunier am 25. April 2002 in Monaco

Prinzessin Stéphanie während einer ihrer Auftritte als Rocksängerin 1991

Im Jubiläumsjahr der Dynastie 1997 zeigt sich Fürst Rainier III. gutgelaunt mit seinen Töchtern beim Ball des Roten Kreuzes am 8. August in Monte Carlo

Albert von Monaco mit Schwester Caroline
und Schwager Ernst-August Prinz von Hannover,
seiner Nichte Charlotte und seinen Neffen Andrea und Pierre
am 19. November 1999